无泪而泣

——奥斯维辛－比克瑙集中营的“特别工作队”

[以色列]吉迪恩·格雷夫(Gideon Greif)　著
曾　记　译

SPM
南方出版传媒
广东人民出版社
·广州·

图书在版编目（CIP）数据

无泪而泣：奥斯维辛比克瑙集中营的“特别工作队”/（以）吉迪恩·格雷夫著；曾记译．—广州：广东人民出版社，2020.1（2020.3 重印）
ISBN 978-7-218-13793-3

Ⅰ．①无… Ⅱ．①吉… ②曾… Ⅲ．①纳粹大屠杀—史料 Ⅳ．①K152

中国版本图书馆 CIP 数据核字 (2019) 第 177313 号

图字：19-2019-114 号

WULEI ER QI: AOSIWEIXIN-BIKENAO JIZHONGYING DE “TEBIE GONGZUO DUI”
无泪而泣：奥斯维辛－比克瑙集中营的“特别工作队”
（以）吉迪恩·格雷夫著　曾记译

出 版 人：肖风华

策 划 方：万有引力 Gravitare
责任编辑：钱飞遥
责任技编：周　杰　吴彦斌
出版发行：广东人民出版社
地　　址：广州市新港西路 204 号 2 号楼（邮政编码：510300）
电　　话：（020）85716809（总编室）
传　　真：（020）85716872
网　　址：http://www.gdpph.com
印　　刷：恒美印务（广州）有限公司
开　　本：890 毫米 ×1240 毫米　1/32
印　　张：16.75　　　字　　数：404 千
版　　次：2020 年 1 月第 1 版
印　　次：2020 年 3 月第 2 次
定　　价：69.80 元

如发现印装质量问题，影响阅读，请与出版社（020-85716849）联系调换。售书热线：（020）85716826

目　录

译 序

译者是原著最亲密的读者。但阅读、翻译格雷夫教授的这本书，却没有一般意义上的“愉快”的阅读体验。阅读与翻译都成为沉重而艰辛的时光之旅、心灵之旅：穿行在词语搭建的世界中，与无数陌生的灵魂相遇，他们中间有罪孽深重的施暴者，有默默死去的受难者，当然最鲜明的是那些处在苦难最深处的犹太奴工，也就是所谓的“特别工作队”队员。格雷夫教授通过细腻的访谈和冷静的评述，再现了的这些队员的恐惧、绝望、愤怒、抗争、沉默、倾诉和解脱，描绘了他们曾经遭受的创伤、他们曾被剥夺的尊严、他们从未泯灭的人性。这本书带给我们的心灵震撼是无与伦比的。翻译这样的著作，不仅需要外语水平和历史知识，也需要把情感投入进去，捕捉到冷峻的文字背后的残酷与温情。

从未有一本书如此真实、完整、细致地还原奥斯维辛－比克瑙这座死亡集中营里最隐秘、最关键的环节，也从未有一本书以这样不可超越的深刻与公正，剖析了这批最特殊的幸存者的内心世界。格雷夫教授聚焦的是“犹太大屠杀”核心环节中的寥寥数人，却又通过他们的叙述纵览大屠杀的全景，用相互印证的史料和无比丰富的细节铸成了这部经典之作，展现了法国史学家马克·布洛克所说的那种“历史学家的技艺”。

2013 年 9 月到 10 月间，我应邀赴以色列“犹太大屠杀纪念馆”（Yad Vashem）参加大屠杀相关的教育研讨会。在阳光灿烂的耶路撒冷，纪念馆的白色建筑掩映在苍翠的山林中，庄严肃穆。两周的时间里，我和来自中国的 20 多位学者一起学习了“反犹主义”与“犹太大屠杀”的相关历史，与讲学专家探讨了大屠杀背后深刻的宗教、历史、文化、政治和心理根源。期间，我首次聆听格雷夫教授讲述“特别工作队”的故事，许多内容颠覆了我先前从零散的资料中获得的一知半解。2016 年 1 月，作为“国际大屠杀纪念日”系列活动的一部分，在以色列大使馆的安排下，格雷夫教授首次来到中国，在多地巡回演讲。我特意邀请他来到中山大学，在广州南校区和珠海校区各举办了一场讲座，这也是中大学子首次接触到“犹太大屠杀”最核心的内幕，了解其中最特殊的一类人的遭遇。2016 年 5 月，中山大学代表团应以色列外交部邀请赴以访问，期间参观了犹太大屠杀纪念馆。格雷夫教授得知，又亲自赶来为代表团担任解说。当我提及想把他的著作翻译给中文读者时，格雷夫教授欣然应允，随即用最为优厚的条件委托我处理这本书的翻译出版事宜。在随后的两年半中，这本书的译稿经过了几次修改，最终出版的时间也比预期延后了许多，但愿译者的努力能够不辜负这本书的固有价值。

20 世纪的大屠杀是人类历史上最为黑暗的一页。在这场浩劫中，600 多万无辜的生命被残忍地剥夺，其中绝大多数是犹太人。二战以后，对大屠杀的认识和反思从未停止，无数学者从历史学、宗教学、人类学、心理学、政治学等不同的角度对之进行探索和剖析。这种不懈的努力，不仅是为犹太民族的苦难寻求公正，也旨在捍卫文明的底线和人类的良知。

然而很多时候，公众对于大屠杀的了解毕竟是浅显的，常常局限于少量的数字和画面，甚至形成了一些刻板印象，其中不乏误解与扭曲。譬如，在讲座中，格雷夫教授和我本人被反复问到的问题包括："这些凶手怎么会这样残忍，他们是野蛮人吗？他们是疯子吗？""那么多的遇难者，为什么不反抗？""那些在集中营里工作的犹太人，帮助德国人杀戮自己的同胞，他们难道不是帮凶吗？"公众常常并不理解"犹太大屠杀"这种"体制化"的罪恶，这种凭借工业时代的"生产力"执行的种族灭绝；他们也未能真正进入受害者面对的残忍现实和痛苦的内心世界。岂止是普通大众，甚至汉娜·阿伦特这样的当代著名思想家，在涉及"犹太委员会"和"特别工作队"的问题上，也充满了无知与偏见。格雷夫教授的这本书，为许多常见的问题提供了解答，也为更多的探索提供了指引。

600多万是一个庞大而抽象的数字。这个数字背后，其实是600多万条曾经鲜活的生命，600多万个曾经绚烂多彩的世界，他们的痕迹已经永久地消失在时光的长河里。文字能够还原的东西，不过是历史的小小碎片。"犹太大屠杀"这段惨痛的历史已经过去了70余年。在这个问题上，"时光能冲淡一切"的说法，显得真实而残忍。二战后的世界不乏冲突与杀戮，但勉强维持了整体的和平。也许升平日久，曾经的恐怖与伤痛在娱乐至上的时代中显得越发格格不入，或者时常沦为猎奇的对象、消费的商品。但是，像格雷夫教授这样的历史学家依然在执着地追寻每一个细节，还原每一个亲历者的世界，保存每一点珍贵的记忆。这种追寻真相的努力，不仅意在还原过去本身，也意在捍卫着人类社会的价值基础。

中华民族与犹太民族一样，是苦难深重的古老民族，格雷夫教授和我本人都希望每一位中文读者对犹太民族的苦难感同身受，期待他们更加全面地了解大屠杀的实质与根源，让每一个论断都出于系统的认知和严肃的思考，而非源自荒谬而肤浅的理由。对于“犹太大屠杀”的认识，正如对“南京大屠杀”等事件的认识一样，不仅检验着我们的历史知识，也拷问着我们的良知，提醒着我们对于未来的责任。因为，那些潜伏在人类社会中的黑暗力量从未被完全根除，它们始终像幽灵一样徘徊在我们脆弱的文明之中，它们随时有可能卷土重来，往往只需要一些累积的偏见，一个动荡的时代，一些堂皇的借口，一个偏执的领袖。

本书中文版的翻译和出版得到了以色列外交部、以色列驻广州总领事馆和中山大学国际翻译学院的支持和资助，格雷夫教授和我对此深表感谢。我还要感谢为本书的翻译和整理做出贡献的中山大学国际翻译学院学生：2015 级硕士生陈明玲、王迪试译了本书的部分章节，并以此为素材撰写了毕业报告；2016 级硕士生韦思慧、陆沿汐参与了初稿的审阅，并提出许多修改意见；2018 级硕士生翟一鸣、盘嘉蕙参与了本书注释部分的整理。此外，在 2018 级翻译研究生的“英译汉”和 2016 级本科生的“翻译批评与赏析”课堂上，我都曾用本书的章节作为翻译讨论的材料，也常常从学生的讨论中受益。

曾　记

2019 年 2 月于中山大学

中文版序言

自1999年问世以来，这本书已在全世界以12种语言出版，畅销全球。它是一部具有先驱意义的历史著作，使得人们对“犹太人问题的最终解决方案”以及对奥斯维辛的研究发生了彻底的改变。对于理解史称“犹太人大屠杀”的恐怖事件，这本书具有里程碑式的意义。

本书中文版的出版让我尤为欣喜。中华民族同犹太民族一样，是古老而智慧的民族，对于文明价值观的形成和世界文化的发展做出了巨大贡献。这本书如今已成为研究大屠杀的必读书目，而现在成千上万的中国人可以阅读它，对此我深感自豪。

本书问世之初，许多读者感到十分震惊。大屠杀期间，德国人对犹太人所犯下的罪行造成六七百万犹太人死亡，骇人听闻。广大读者们对这一事实都有所了解，但大多数人都不清楚罪行的具体细节。本书旨在记录这些细节，因为这些细节可以生动地展现出奥斯维辛集中营的邪恶本质，刻画出那些筹划、运作这座灭绝营的德国人的骇人行径。

为了完成这部纪实作品，自1986年起，我采访了全世界31名

“特别工作队”的幸存者。“特别工作队”是由犹太囚犯组成的队伍。在奥斯维辛这座最大的灭绝营，他们被迫充当德国人的奴隶。当时我很清楚时间是多么有限，因为所有幸存者都垂垂老矣。回首30年余前所做的事，我很高兴能找到“特别工作队”仅存的目击者，把他们亲眼所见的事情成功地记录下来。他们的故事无可替代，也正是靠着他们的证言，我们才能了解奥斯维辛这座死亡工厂的“工业化”性质。

我将本书献给奥斯维辛集中营数百万无辜受害者，他们绝望无助，无力反抗。他们想活下去，但德国人用尽手段杀害他们。受害者理应得到我们的尊重，理应永远铭刻在我们记忆之中。他们没有碑石，没有坟墓，只有抛洒在奥斯维辛附近的骨灰。

让我们永远铭记他们！

如果能得到中国读者对本书的反馈，我将十分感激。欢迎您给我写邮件，分享您的感受。我的电子邮箱是：dr.gideon.greif@gmail.com。

我曾去过一次中国，对这片广袤的土地印象极其深刻。我很高兴这本书能有机会翻译成中文。我尤其要感谢中山大学国际翻译学院副教授、中东研究中心负责人曾记博士。他最早意识到这本书对中国读者的重要性。在他的不懈努力下，这个想法终于成为了现实。

希望能够再次来到美丽的中国。

吉迪恩·格雷夫

第一章

奥斯维辛－比克瑙集中营的“特别工作队”：他们眼中的自己与别人眼中的他们

引子

“换做你，又当如何？”

你曾从炉中铲出亲友的骨灰吗？
你曾在雪地里吃力地拽着拖车
把骨灰倒在先前烧出的灰堆上？
“只要焚尸炉还冒着烟，你就能活着，
因为你还有用”，这是说给你听的吧？
身上沾满骨灰时，你有没有
用集中营里的词语，向他们报告？
额外的汤水，是你挥动铲子的酬劳吗？
双倍的口粮，是你付出汗水的回报？

"不久之后的某个时刻，
填进炉子里的除了煤炭，还有挖煤人"，
是说给你听的吧？

不是你！也不是我！我们不会受到这样的折磨！
每个夜里，在梦中，
你似乎在铲着炉中的骨灰
推着装满骨灰的车。
但那人心中发生的一切
你却丝毫不能知晓 。
你只会不时地朝天空望去，仿佛在思考：
"换做你，又当如何？"

——冈瑟·安德斯（Günther Anders）

安德斯的这首诗[*]，写于阿道夫·艾希曼（Adolf Eichmann）受审期间。诗歌以惊人的洞察力，触及了一个微妙而复杂的问题：在集中营和灭绝营里，那些被德国人强迫执行某些任务的犹太人是怎么做的？在这个方面，这首诗似乎超前了20年，因为像他这样把这些特殊的犹太受害者区分出来，提出如此敏感的观点，是很久之后才有的事情。安德斯的问题并没有现成的答案，不过，亲历了这些可怕事情的人们留下了证言，每个人一旦听过或者看过，都会给出自己的答案。

人在这样的极端条件下会怎么做？要想得出一个一致的答案绝非易事。实际上，在这样极端的条件下人们会如何应对，不仅不可知，也无法预见；这个问题必须放置在人们所处的各种具体情境中，尤其是那些如同在地狱最深处煎熬的情形。例如，在“隔都”[1]和中转营里，有时候犹太母亲们不得不决定要留下哪个孩子，把哪个交给刽子手[1]；在一些犹太社区里，犹太委员会（Judenrat）不得不列出名单，决定把哪些人从“隔都”送往灭绝营[2]。然而，这些情形都不能与“特别工作队”（Sonderkommando）悲惨处境相比。队员们大多是涉世未深的年轻人。大屠杀发生之前的世界，提供不了相应的先例和规范，来帮助他们解决精神和道德上的矛盾。

要精准、连贯、真实地描述这些特殊囚犯的生活，是注定失败的，因为奥斯维辛－比克瑙集中营里的情况是不断变化的。工作队队员经常更换，进入集中营的人们又是来自不同的国家，有不同的文化和社会背景。因此，工作队中的囚犯差异很大，各有特点，每个人的智力、道德感和道德观、性格倾向都有所不同。唯一的共同点就是他们的犹太血统。

许多大屠杀幸存者都反复说：“没有亲历过的人，是不可能理解的。”对于“特别工作队”的队员而言，这句话尤其适用。因为他们被迫经历的一切是人类历史上从未有过的。我们无从比较，也不知道其他人在相似情境下会怎样做。正因如此，在评价这些人的行为和反应时必须极其谨慎。想要详尽地重现“特别工作队”的历史是不可能的，因为它极其复杂，而且那段时间中也发生了太多的变化。毕竟，绝大部分队员都被杀害了，没有留下证言。

“特别工作队”的设立

第一批被党卫队强迫去搬运、焚化尸体的并不是犹太人，起初

[1] Getto，犹太人居住的街区。有些是聚居形成的，有些是为限制、隔离犹太人而建的。

也没有“特别工作队”这个说法。奥斯维辛－比克瑙集中营里的屠杀设施包括毒气室和焚尸场，主要是为了大批量地处死犹太人而启用的。所有遇难者中，犹太人占了绝大多数——奥斯维辛集中营里九成以上的死者都是犹太人。不过，死于毒气室的也有很多非犹太人，包括波兰人、苏联战俘、吉普赛人（辛提人和罗姆人）以及其他人。第一批被挑出来用毒气处死的人是波兰囚犯，他们是死于一项所谓的“安乐死”[3]计划，该计划旨在除掉一些无法治愈的病号。他们从集中营被运往位于索能斯泰因[4]的“安乐死”设施，再用一氧化碳毒死。[5]之后不久又有第二批病号，本来要从奥斯维辛运到索能斯泰因。不过，这批人最终被毒死在奥斯维辛一座焚尸场的停尸房内，这座焚尸场 1940 年就已启用。1941 年 9 月 3 日，250 名囚犯（大部分是波兰人）从集中营的医院被挑选出来，用于试验齐克隆 B 毒气的效果。他们被带到位于奥斯维辛主营二区的地窖。之后，又有大约 600 名苏联战俘、军官和政委从战俘营被运到主营区，带到了二区的地窖。这些人全部都被毒气毒死了。[6]

还有一些临时毒气室［称为“一号地堡”（Bunker）和“二号地堡”］，也被用于处死非犹太裔的囚犯。[7]比如，1942 年 6 月 11 日，原先关押在一处监禁地的 320 多名波兰囚犯在“地堡”被处死。[8]同年 8 月 3 日，德国人又从医院里挑出了 193 名患病的囚犯，把他们押到了比克瑙，用毒气杀害。[9]1942 年 8 月 29 日，德国人又以同样的方式处死了一批波兰囚犯，多达 746 人。[10]

“特别工作队”（Sonderkommando）的说法于 1942 年 9 月正式使用。“工作队”几经变更，于 1943 年初才最终成形。“特别工作队”一词源于“焚尸场工作队”（Krematoriums–Kommando），后者指的是 1940 年奥斯维辛主营区的焚尸场启用以后被派去那里工作的一小批囚犯。[11] 关于“特别工作队”初始时期的情况，目前尚无目击者的证词。因此，我们没有办法确定这一时期工作队里具体有多少人，只知道其中很少几个人的名字，包括瓦茨劳夫・里普加（Waclaw Lipka）。[12] 这批队员的任务是往焚尸炉里添燃料，焚烧囚犯的尸体。这些囚犯或死于集中营中的恶劣条件，或是被党卫队的人杀害。

起初，集中营的管理者并未将焚尸场工作队中的囚犯与其他囚犯区别看待，也没有把他们归为“知密者”（德语 Geheimnisträger，目睹罪恶的人），于是几个波兰队员就想办法重新分配到了其他的工作队。弗拉迪斯拉夫・汤米切克（Wladislaw Tomiczek）就是其中一员。我们还得知另外两名波兰队员的名字，分别是约瑟夫・伊尔丘克（Jozef Ilczuk）和米奇斯瓦夫・莫拉瓦（Miecyslaw Morawa）[13]——他们在焚尸场工作队一直做到 1941 年 6 月。而这份差事还有个名字，叫做“司炉工”（stokers, Heizer），这个说法符合他们在那一阶段的实际工作内容：焚烧尸体。1942 年 5 月，发生了一些变化。首先，从那时起，焚尸场工作队开始由六名囚犯组成：三名波兰人和三名犹太人。[14] 其次，一度又单独组建了一个新的小队，称为“费舍尔工作队”（Fischl–Kommando，以队长费舍尔的名字命名），附属于焚尸场工作队。[15]“费舍尔工作队”由四到七名囚犯组成，听命于集中营内盖世太保[1]办公室（政治部）。盖世太保的工作职责之一就是焚尸场管理（Krematoriumsleitung）。当时焚尸场的负责人是沃尔特・卡科纳克（Walter Quakernack）。

“费舍尔工作队”的成立，是因为 1942 年 5 月起有大批犹太

[1] “国家秘密警察”缩写（Gestapo）的音译。

人被送到集中营。[16] 越来越多的尸体需要运送到焚尸场去，集中营里需要有一支特殊分队来执行这项任务——而此前负责这项工作的是一个号称“运尸工作队”（Leichenträgerkommando）的小分队，专门搬运那些指定要焚烧的囚犯尸体。这些囚犯大都死于饥饿、疾病或纳粹的毒手。但是在毒气室里被处死的人太多了，超出了这个小队的工作负荷。于是，“费舍尔工作队”的囚犯们就被派去进行焚化尸体前的准备工作（焚烧环节则由“司炉”接手），并在毒气放完之后清扫毒气室。有段时间，他们还要把尸体身上的衣服脱下来。不过，从 1942 年 6 月底起，走向死亡的囚犯们在进入毒气室之前就被迫脱光衣服。“费舍尔工作队”的队员们则负责把衣服收集起来备好，交给另一个工作队运走。他们还需要清理焚尸场的院子。如果那些脱光衣服进入毒气室的囚犯留下了什么东西，也由他们来收起。工作队必须在下一批囚犯送达前迅速完成这些任务，这样新到的囚犯才丝毫不会觉察到这里发生过的一切。[17] 从一开始，“欺骗”便是大屠杀这一罪行的中心原则。

作为一个单独的小队，“费舍尔工作队”只存在了几周时间。1942 年 6 月前后，两个小队就合并到“焚尸场工作队”里面。据丹努塔·切克（Danuta Czech）的说法，1942 年 2 月 15 日，按照“犹太问题最终解决方案”，第一批被指定处死的犹太人从上西里西亚地区运到奥斯维辛集中营。[18] 这些人被带到了主营区中的毒气室，在那里惨遭杀害，尸体在焚尸炉里化为灰烬。1942 年 5 月，因为要维修烟囱和锅炉房，主营区里的焚尸场暂时关闭。[19] 因此，所有的尸体都被运出奥斯维辛，送到了比克瑙，扔进了大坑里，用土盖上。所有这些任务都是“费舍尔工作队”的囚犯们完成的。焚尸炉修好以后，主营区里的焚尸工作便又恢复了。

比克瑙的埋尸坑是由"埋尸工作队"（Begrabungskommando）的囚犯们挖出来的——这个工作队的成立就是为了这项差事。[20]1942年5月，一批批的犹太人开始被定期运到集中营，于是又出台了另一项和灭绝犹太人有关的规定：系统的屠杀行动要在比克瑙进行，而不是奥斯维辛。因为奥斯维辛的焚尸炉频出故障，已经不能进一步大规模使用。[21]德国人决定在比克瑙集中营地面上挖出的大坑中焚烧尸体。他们把大坑的位置选在一片白桦林内。在1941年底或1942年初时，鲁道夫·赫斯[1]（Rudolf Höss）认为，这片树林边的两栋房屋可以改建成毒气室。[22]这两栋房子一栋被称作"红屋"或"一号地堡"；另一栋则被称为"白屋"或"二号地堡"。可以肯定的是，"一号地堡"的第一次毒气屠杀发生于1942年的早春。随后，"二号地堡"也同样投入使用。[23]前面提及过的"埋尸工作队"成员和被派到"地堡"的囚犯一起，构成了之后"特别工作队"的核心。党卫队选了一群来自斯洛伐克的犹太人到"一号地堡"工作。这群囚犯大约有200人，其中30到50人被派到"地堡"里面工作，而其余的人则负责挖坑和往坑里填尸体。另一队犹太囚犯由大约50名男性组成，被挑选到"二号地堡"去工作。[24]他们的任务是：确保囚犯们在进入毒气室前能尽快在"地堡"外把衣服脱掉（1942年8月起有了专门的脱衣室）。脱衣之后，工作队成员便带领囚犯们进入毒气室。在这一过程中，他们还要把那些起了疑心、紧张不已的人隔离出来，以防扰乱其他囚犯的情绪。工作队队员要带着这些隔离出来的人，还有毒气室塞不下的人，来到"地堡"后面的一个地方，由党卫队将他们全部枪杀。

[1] 鲁道夫·赫斯（1901—1947），曾是奥斯维辛集中营在任时间最长的党卫队长官，是大屠杀的重要参与者，1947年被波兰最高法庭判处绞刑。

有段时间，毒气室只在晚上运行。随着送来的囚犯数量不断增多，开始增加一个白班。“特别工作队”的职责之一，就是在毒气屠杀结束后对毒气室进行细致的清理，这个任务非常辛苦。他们首先要给毒气室通风，然后把齐克隆B晶体的残留物和囚犯中毒后的排泄物清理干净。根据集中营囚徒的证词，队员们有时会戴着防毒面罩干活。

队员们把尸体运出毒气室，按十具一组分好，搬到轨道车上，沿着一条窄轨把尸体运到约300米外的尸坑。每个尸坑可以容纳100到600具尸体。之后，队员们就往坑里面撒上生石灰，再在上面盖上30—50厘米厚的土。从1942年5月到9月，他们大概填满了100多个这样的尸坑。这些坑都是他们在“一号地堡”的西侧挖出来的。[25]

阿努斯特（恩斯特）·罗辛是“埋尸工作队”的少数幸存者之一。关于“特别工作队”在“一号地堡”内部的工作，他的证词如下：

> 一天，我们正走在去干活的路上，押送我们的负责人是党卫队的人，他停下来说道：“现在有个差事给你们，赶紧做完！”那里先前挖了两个大坑，我们来到第一个旁边。他们就命令我们往里面填土。党卫队的人朝我们大声叫嚷，让我们快点干。我们注意到之前已经有人往坑里填了些土。我们看到从土里露出来的手指、脚和鼻子……我们意识到这些是人的尸体，只是我们不知道尸体是从哪儿来的。我们注意到有一条窄轨从大坑这里一直通往改建好的那座房子。就在大坑的不远处，我们看到了大桶的生石灰、氯粉，还有屋子旁边轨道上的小铁车。

他们拿来了食物，我们就过去吃午饭了。我们看到 30 个先前和我们分开的同伴也去了那里。他们隔得很远，但我们还是可以用斯洛伐克语和他们交流，以免党卫队的人听懂。党卫队不准他们跟我们说话，他们只能小心翼翼地传达消息。于是我们得知，他们就在那座房子边上工作，那里有很多死人。他们没有说这些人是怎么被杀的。之后，我们又用同样的方式了解到：这些人被派到那里干活，协助德国人用毒气杀害犹太人。那座房子就是为了屠杀而改建的。

这些人就是“特别工作队”的第一批队员。工作队首次参与用齐克隆 B 杀人，是在这座经过翻修、装了新窗户的房子里。他们把这座房子称为“一号地堡”。遇害的人们被塞进车厢，运到那里，先在隔壁的谷仓中脱去衣服。党卫队借口要他们去洗澡，把他们赶进那座房子里的毒气室。之后，“特别工作队”的 30 个人便把尸体从毒气室里搬出来，堆到拖车里，运到我们之前在附近挖出的那些大坑边上。到了那里，“特别工作队”就把尸体抛进坑里，再在上面盖上一层土。因为他们都是晚上干活，看不清楚，刚好我们是第二天来接手，就看到了土里露出来的死人肢体。[26]

1942 年 7 月，另一群来自法国的犹太囚犯也加入了“地堡”的工作队；8 月，又有一些来自荷兰的犹太人。大部分囚犯都在“一号地堡”工作，这是因为“一号地堡”旁边的尸坑比“二号地堡”旁边的那些要大得多。1942 年 7 月 17 日到 18 日，海因里希 · 希姆莱视察了奥斯维辛 – 比克瑙集中营，[27] 之后集中营的负责人清空了所有的尸坑，以清除痕迹、销毁证据，掩盖他们的罪行。奥斯维辛的这次行动之前，是效仿切尔姆诺（Chelmno）灭绝营，后者已进行了一次类似的行动，是党卫队的保罗·布洛贝尔（Paul Blobel）负责的。[28]参与切尔姆诺行动并在其他屠杀地点销毁尸体的队伍，被称为“1005特别工作队”。销毁屠杀罪证的整个行动，代号为“1005行动”（Aktion 1005）。1942年9月26日，奥斯维辛集中营的头目鲁道夫·赫斯和他的两名手下霍斯勒（Hossler）和德亚库（Dejaco）一同前往切尔姆诺，向布洛贝尔和他的手下学习销毁罪证的经验。[29]

从比克瑙的尸坑内挖出尸体，并在“一号地堡”旁焚尸灭迹，这些工作是夏天快结束时开始干的。[30]起初，成员们在多个地方点起火堆，焚烧尸体；后来，他们又把尸体扔回尸坑里进行焚烧。到11月中旬的时候，大约有107000具尸体焚烧完毕[31]，所有的埋尸坑都已经被清理干净。焚尸工作都是由犹太囚犯们完成的，此时这些囚犯的数目已经攀升至400人。从1942年9月起，这些囚犯开始正式被叫做“特别工作队”，当时焚尸行动刚刚开始。[32]在切尔姆诺灭绝营，“特别工作队”指的是布洛贝尔手下的人，这个词既指负责处理这一事务的党卫队成员，也指执行销毁罪证任务的囚犯。然而，在奥斯维辛，“特别工作队”一词只能用来指囚犯们。并且，只有在奥斯维辛－比克瑙集中营才用这个称呼专指执行此类任务的犹太囚犯。其他的集中营负责类似工作的人都用其他称呼。比如，在特雷布林卡（Treblinka）灭绝营，这些人被称为“收尸人”（Leichenträger）。

无休止的焚尸工作使得“特别工作队”里的囚犯们产生了出逃的念头。为人所知的出逃事件有两起。1942年12月7日，两名“特别工作队”成员逃出了集中营，分别叫做弗拉迪斯瓦夫·克诺普（Wladyslaw Knopp）和萨缪尔·库莱亚（Samuel Culea）。两天后，又有六名囚犯试图出逃[其中两个分别叫做巴尔·博尔恩斯泰因（Bar Borenstein）和诺耶赫·博尔恩斯泰因（Nojech Borenstein）]。不出意料，这六个人全部都被抓住了，在“特别工作队”全体成员面前被公开处死。工作队的囚犯们原本计划在 1942 年 12 月 9 日集体出逃，但不料有人向党卫队通风报信。12 月 3 日，所有的“特别工作队”成员（约 300 人）都被残忍杀害，以儆效尤。[33]旋即又有一群囚犯被挑选出来组成了新的“特别工作队”，这里面就包括埃利泽·艾森施密特（Eliezer EisenSchmidt）、亚伯拉罕·德拉贡（Abraham Dragon）和什洛莫·德拉贡（Shlomo Dragon）兄弟以及弥尔顿·布基（Milton Buki）。其中，前三人的证言都被收录了在本书中。

随着越来越多的囚犯被运到集中营，仅仅两座“地堡”已经很难应付大规模的屠杀行动了。即将遇难的受害者被迫在指定地点脱去衣物，然后被带到不同的毒气室去。等到一切都结束之后，他们的尸体被拖出来，在几百米外的地方被焚化成灰。这个漫长的过程涉及的工序相当复杂费时，在那些发动灭绝行动的人看来，效率十分低下。为了使灭绝行动实现流水化操作，节省“宝贵”的时间，有关人员开始进行一项长期而复杂的工作——制定出新的方案，以期使灭绝程序所有环节的效率达到最大化，这些环节包括：脱去衣物、毒气处死、拔出金牙、剪下头发、焚烧尸体、收集骨灰再倒入河中。此外，他们还提出了几个工程计划：比如在主营区建设一座大型焚尸场，在比克瑙建设一座临时的“露天”焚尸场，等等。在自传里，赫斯列举了一系列因素，这些因素最终促成了一项决定，即在比克瑙建造新的联合设施（也就是焚尸炉和毒气室）。在最初几批尸体被露天焚烧之后，他们便清楚地意识到，长期干是不行的。碰上天气不好或是刮起强风的时候，焚烧尸体的恶臭会飘出好几英里，使得周边所有居民都知晓焚烧犹太人的事情，议论纷纷，官方再怎么用宣传来掩饰也没用。事实上，所有参与灭绝行动的党卫队成员都是要对此事保密的，但即使是最严厉的惩罚也阻挡不住他们对传播小道消息的热忱。

防空部门反对使用明火焚烧尸体，因为夜间从很远的地方都能看到火光。然而，焚尸工作不能停，即使夜间也要干，否则后续送来的囚犯就无法接收。每次行动的时间表是在交通部的会议上制定的，执行者必须严格遵守，以避免运输车与军列争道，或者产生混淆。出于以上这些原因，1943 年，两座大型焚尸场（“一号”和“二号”）的燃料规划和建造工作完成了，还新建了两座较小的焚尸场（“三号”和“四号”）。另一座焚尸场也在筹备当中，规模将超过其他场地。然而，这个焚尸场最终未能建成，因为 1944 年秋天希姆莱紧急叫停了对犹太人的灭绝行动。[34]

然而，有人可能会不同意赫斯所说的兴建焚尸场的原因。比如有人会说，“地堡”和焚尸坑的造价要低得多，技术上也没那么复杂，并且也不太容易出现故障。“托普夫父子公司”（Topf und Söhne）负责为集中营提供焚尸场设备，而集中营方面与该公司的通信记录也被保存下来了，尤其是与该公司工程师库尔特·普吕弗（Kurt Prüfer）的通信。基于这份通信记录，可以认为，使用配有焚尸炉和毒气室的建筑来取代“地堡”和焚尸坑的做法，是该公司“营销活动”的结果，最终促使德国人决定在比克瑙新建四个焚尸场。1943 年，这些设施在下列日期被移交给党卫队中央建设管理局（Zentralbauleitung der Waffen SS und Polizei SS in Auschwitz

Oberschlesien）：一号（二号）焚尸场[1]，3 月 31 日；二号（三号）焚尸场，6 月 25 日；三号（四号）焚尸场，3 月 22 日；以及四号（五号）焚尸场，4 月 4 日。[35] 在主营区，22 名犹太囚犯被挑选出来，组成了一个特别分队，接受训练，学会如何使用焚尸设施。1943 年 3 月 4 日，这个分队中的 12 名成员（其他人在训练过程中已死去）和五名波兰人被调拨到比克瑙，在一号（二号）焚尸场工作。[36] 奥斯维辛主营区的焚尸炉于 1943 年 7 月底停用。焚尸场工作队的所有囚犯都被转移到了比克瑙的新焚尸场去工作，其中主要是三号（四号）焚尸场。[37] 一开始，他们和“特别工作队”剩下的成员一起被安置在 BIId 营的十三区。与此同时，所有来自男囚营 BId 营的囚犯也被重新安置到了上述营区。[38]

这一章引言之后，是对“特别工作队”幸存的前队员们的采访。采访中，他们详细讲述了从 1942 年 12 月到 1945 年 1 月这段时间里，“特别工作队”成员在“地堡”、四个焚尸场里以及在四号（五号）焚尸场旁的焚尸坑所做的工作。

人间地狱里的一天

“特别工作队”的工作

德国人强迫“特别工作队”的囚犯执行集体灭绝行动各阶段的各种任务。就许多方面而言，囚犯们的工作是非常有组织的，与工

［1］ 关于奥斯维辛的资料里习惯把主营的焚尸场称为“一号焚尸场”，而比克瑙四个焚尸场分别是二号、三号、四号、五号。本书中每个焚尸场有两个编号是因为：主营区的一号焚尸场停用之后，比克瑙的四个焚尸场被重新编了号。

业化生产的流程十分相似。奥斯维辛–比克瑙的灭绝设施就像是工厂里的流水线一样，里面有倒班制度、有工头（Vorarbeiter）、有环环相扣的流水线、有资产损益表、有工作强度周期，等等。

然而，从两个重要方面来看，奥斯维辛–比克瑙集中营和“普通”的工厂相比，还是有很大的差异：它的“原材料”是活人，而它最终的“产品”是骨灰；作为灭绝营里的劳力，“特别工作队”是死亡工厂里一支由奴隶组成的小分队，这在人类历史上是前所未有的。于是，这些人成了大屠杀这段历史中最悲情的角色、最不幸的人。他们是一切苦难的人中最为苦难的。

当“特别工作队”需要新成员的时候，就会从新近运达集中营的囚犯中挑选，或者从营内资格较老的囚犯中挑选。不论哪种情况，“政治部”（Politische Abteilung）的党卫队员会进行专门的选拔，由焚尸场的负责人选出那些在他看来适合这一特殊部门的人。大部分选拔都是在隔离营（BIIa 营）完成的。被选中的人对他们要做的事一无所知。他们被牵着军犬的党卫队员押送到“特别工作队”的营房，直到此时，那里的老队员才会把残酷的真相告诉他们。

“特别工作队”分为五组，在灭绝过程的特定环节中执行不同的任务：在脱衣室接收新囚犯，让囚犯脱衣，在他们离开后清理留下的衣物，毒气释放完毕后把尸体运到焚尸间，收集贵重物品，剪下死尸头发，拔下金牙，用焚尸炉把尸体焚化成灰，敲碎残余的残骨，倾倒骨灰。

大多数情况下，“特别工作队”的囚犯们一旦被派到哪个组，就是永久性的。不过，有时候分组情况也会发生变化。比如，当有大批的囚犯运进集中营时，有些囚犯就会被拨到不同的组中。当任务繁重的时候，“特别工作队”里的任职囚犯，包括队长（Kapo）、副队长

（Unterkapo）、组长（Vorarbeiter）、营房文书（Blockschreiber）、和营房内勤（Stubendient）等等，有时也会受命加入。几乎所有“特别工作队”的任职囚犯都是犹太人，包括职务最高的人员（即大队长，Oberkapo）。他们定期从焚尸场的管理者那里得知即将运达到营中处死的囚犯数量，再根据数量来布置分工。“特别工作队”的囚犯通常分两班（白班和夜班）轮流工作，轮班主要取决于每次运来用毒气处死的囚犯有多少。

“特别工作队”的囚犯们是被隔绝的。他们基本不与其他囚犯接触，也不允许离开自己的营房。营房门口有个岗哨，二十四小时看管。他们在营房里吃饭，工作队中的任职囚犯会把食物从集中营食堂里给他们拿过来。他们有专用的厕所和洗浴设施。一切安排都是为了杜绝工作队的囚犯与集中营里其他囚犯接触。“特别工作队”里的囚犯和其他劳动队的成员们一样需要点名，通常一天一次。他们点名也是单独的，而且没有什么严格的执行规范。队员们可以根据时节的变换穿普通的便装，衬衫或者夹克背后都画着红色的十字。他们不用穿囚服，这点和“加拿大工作队”的成员们一样。[39]

不当班的时候，队员们可以在营房里休息，努力克服这项工作给他们带来的沉重的心理负担。党卫队不在的时候，他们可以睡觉或交谈，不过党卫队一向就很少来察看他们的营房。在可怕的工作之后，他们有一定的时间可以稍微休息，放松一下，在这段时间内得到片刻的宁静，恢复气力后再去轮班。有些队员，尤其是那些来自希腊的犹太人，会唱唱歌，或深情回忆逝去的青春和挚爱的亲人，以此来互相鼓劲，改善自己的心态。如果没有犹太人运来集中营，囚犯们会清扫自己的住所，或干脆什么都不做。

脱衣阶段

在脱衣室，“特别工作队”的队员们会见到刚刚到达营区的犹太人，这些人都是党卫队在站台上挑选出来准备立即处死的。只有在这儿，队员们才能接触到活着的人，但接触的时间很少会超过二十分钟。之后，队员们就只能和尸体打交道了。他们尽量不和新到的囚犯交谈，免得要靠撒谎来隐瞒把他们送到集中营的真实目的。不过，他们经常要喊“快点，快点，快点”或者“请自觉把衣服脱掉”，催促这些囚犯，还得尽可能地帮他们脱衣——尤其是对那些年老、患病或残疾的囚犯。叫人们脱光衣服的时候，队员们总是很犹豫，因为知道这些人会感到多么不安、多么难堪。他们会尽量不去看那些赤身裸体的囚犯的眼睛。

这样的自我克制表明，对于“特别工作队”的囚犯们来说，和这些人接触是多么痛苦，因为知道他们难逃一死。他们明白这些人是绝无可能得救的，所以他们倾向于掩盖真相，免得这些受害者遭受精神折磨。只有在极少数情况下，比如遇到了家人、熟人或朋友时，队员们才会感到他们无法再隐瞒真相。

当这样的两群人相遇时，脱衣室里便弥漫着一种巨大而悲伤的张力。“特别工作队”的犹太队员对即将开始的毒气屠杀知道得一清二楚，而对于刚刚抵达的囚犯们而言，大多数只是一无所知地走向了死神。本书中的材料也包括了对这种状况的描述。

“特别工作队”的囚犯们必须让新到的人迅速脱下衣服，尽快全裸着离开脱衣室。这些人把衣服和之前千方百计带上的东西都留了下来。按照党卫队的指令，到达营区的人必须把他们的大部分随身物品留在火车上或者站台上，只有小包裹能带进脱衣室。根据要求，“特别工作队”要保持高度警惕，一旦发现囚犯中有人出现紧张情绪或起了疑心，就必须上报。他们要安抚那些疑虑、紧张或者烦乱的囚犯。如果安抚不了，他们就会立即把这些人和其他囚犯隔离开。如果有人提问，他们可以给出简短、含糊的答案。根据党卫队的指令，队员们要反复向那些刚刚到达的囚犯解释他们是要去洗澡、消毒。队员们还承诺，洗完澡后，这些新来的人就会被分成几个劳动队，并且能和家人团聚，在新营区的新环境里开始新生活。队员们心中萌生出的最深切也最痛苦的情绪，是一种无助感，这种感觉无情地折磨着他们，因为他们无法帮助这些处于死亡边缘的可怜人。他们所经历的这一幕，用一位队员的话或许能够最恰当地表现：

> 偌大而幽深的房间，所有的重量都压在房中的十二根柱子上。房间被电灯照得雪亮。墙边和柱子周围，摆着长凳，凳子上方有挂钩，供囚犯们挂衣服用。这些东西早已准备就绪。第一根柱子上贴着一张用多种语言写的告示，告知人们是来“洗澡”的，所有人（包括女人）都得把衣服脱掉，好把衣物拿去消毒。
>
> 我们见到了他们，面无表情地盯着对方。他们什么都知道，什么都明白，这根本不是浴室，这个房间只是通向坟墓的走廊。
>
> 房间里站满了人。卡车运来了一批批可怜人，这个屋子将他们一一吞噬。我们全都迷茫地站在那里，什么都不能告诉他们。这不是我们第一次经历这种场景。在他们之前运来的囚犯已让我们忙得不可开交，这不是我们第一次看到这样的场景了。然而，我们依然感到无力，仿佛要和他们一起昏倒。
>
> 我们仍然感到迷茫。那些充满着诱惑和吸引力的肉体，包

裹在早已破烂不堪的旧衣里。面前是许多长着卷发的头颅，黑色的、棕色的、金色的，还有一些是灰色的；头颅上的那些眼睛——大大的、黑色的、幽深的、充满魅力的眼睛——正凝视着我们。我们注视着那悸动着、颤抖着、充满活力、含苞待放的生命。他们满含来自生命源泉的汁液，就像花儿、就像园中的百合一样生长，被雨水浸透，被晨露滋润。他们花儿一般的眼睛流下的泪水，像是折射着阳光，熠熠生辉，明若珍珠。

我们没有勇气和胆量跟我们亲爱的姐妹们说：必须除去衣衫。毕竟，身上的衣服仍是庇护她们生命的铠甲。当她们脱去衣服，像刚出生时一样站在那里的时候，她们就失去了生命的最后的支柱，最后的依持。所以，没有人愿意告诉她们必须立刻脱下衣服。让她们在那里再站一会儿，在那件铠甲里、那件生命的外衣里再待一会。[40]

对于“特别工作队”的囚犯们来说，最残酷的事莫过于见到脱衣室里来了一批刚刚被带到集中营的犹太孩子，这种残酷只要是人都无法忍受：

中午，600个12岁到18岁不等的犹太男孩被带了进来，身上穿着集中营里发的长长的条纹衣服，质地单薄，破烂不堪，脚上穿着鞋子或者木屐。这些孩子漂亮、匀称；破烂衣衫里，他们的身体似乎散发着光芒。那是1944年10月中下旬的时候。他们是被22个持枪的党卫队员带进来的。当他们走进院子的时候，党卫队的小队长（Kommandoführer）命令他们就地脱掉衣服。孩子们看见空中飘着的滚滚浓烟，立刻明白自己要被杀害了。他们害怕极了，疯了似的在院子里四处逃散，撕扯自己的头发，不知如何自救。很多孩子惊恐地哭了出来，之后所有孩子都嚎哭不止。小队长和他的助手们就开始凶残地殴打他们，强迫他们脱掉衣服。他们毒打着这些孩子，棍棒打断了就再换一根，接着往孩子们的头上打去。强壮的大人们赢了。孩子们脱光了衣服，本能地怕得要命。他们全身赤裸，光着脚，紧紧地互相依偎着，在棍棒和拳脚下保护着彼此。但是他们还没有走进（脱衣室）去。一个勇敢的男孩跑到我们面前，（并央求）小队长让他活下去，说他什么都愿意做，再苦再累的活都可以。一记棍棒猛击在孩子头顶，算是回应。许多孩子发疯似的跑到“特别工作队”里的犹太人跟前，紧紧抱着他们的脖子，哀求道：“救救我们！”其他人则全身赤裸，在大院子里四处奔逃，想要躲过一劫。小队长就叫副队长（Unterscharführer）带上他的橡胶棍来帮忙。

渐渐地，孩子们柔嫩而清亮的声音变得痛苦而粗重。大声的哭嚎回荡在远处；所有人都被这样绝望的悲恸震慑住了，不能自已。而党卫队员们脸上挂着满意的微笑，毫无怜悯之意，为自己的胜利洋洋自得。他们用拳脚把孩子们赶进“地堡”。副队长站在阶梯上，一旦有孩子没有按照命令去赴死，他就用橡胶棍狠狠地打他们。然而，仍然有一些吓傻了的孩子跑来跑去，想要逃命。党卫队员们就追着揍他们，抽打他们，直到局面得到控制，孩子都被推了进去。党卫队员们是那样开心，简直让人匪夷所思。难道他们中间就没人有孩子吗？[41]

“特别工作队”的囚犯们感到十分无助，对于受害者遭受的一切无能为力。他们十分同情这些走向死亡的人们，在看守着这些刚来到脱衣室的人们时，他们的良心受到了极大的折磨。尽管成员们充满了同情，但他们还是得干活。甚至，在少数情况下，他们是在这些将死之人的诅咒中进行工作的——这些人把他们看做是纳粹刽子手的帮凶。有一个生动的例子，说的是脱衣室里的一名犹太女孩。她这样去指控、谴责“特别工作队”中一名队员：

> 那是 1943 年冬末。集中营来了一批人，全是孩子。他们是从母亲的住处被抓进巡逻车带过来的，而他们的父亲已经被抓到立陶宛的希奥利艾（Siauliai 或 Shavli）和考纳斯（Kaunas 或 Kovno）两座集中营干活。党卫队小队长派了个手下的犹太人来给年纪较小的孩子脱衣服。一个八岁左右的小女孩正在给她的弟弟脱衣服。她对那人说：“走开，你这个犹太杀人犯！你手上沾满犹太人的血，别用你的手碰我弟弟。我现在就是他的妈妈，他要死也得死在我怀里。”站在他们旁边的一个七八岁的男孩说：“你是一个犹太人！你怎么能为了自己活命，就把这些无辜的犹太人带进毒气室呢？你和这群杀人犯是一伙的，难道你的命比这么多犹太人的命更宝贵吗？”[42]

从毒气室搬出尸体

将齐克隆 B 毒剂放入毒气室的工作一直都是由德国“卫生员”（Sanitäter）来做的，从无例外。毒气屠杀结束之后，“特别工作队”的囚犯们必须进入毒气室把尸体拖出来。搬运尸体是他们所做的最痛苦的事情之一。这是他们处理死尸的第一步，而几分钟前这些人还活生生地出现在他们面前。毒气室打开以后，他们面前的景象无疑是十分恐怖的，仿佛噩梦一般：屋子里都是尸体，纠缠在一起；毒气是从地面向上扩散的，强壮一些的人本能地爬到那些较为弱小的人（孩子和婴儿）上面，以求多吸一口气。在随后的混乱和绝望里，最弱小的人最先窒息而死，最强壮的人则会撑到最后才死去。那成堆的尸体呈现出的令人毛骨悚然的场景，是无助的人们最后的“生存竞争”。

幸存者们的证词详细地描述了尸体的模样：尸体呈紫色，皮开肉绽；面部因痛苦而扭曲变形；眼球凸出，目眦欲裂。这些都证实了这些人在生命的最后时刻经历过怎样的痛苦。

为了把尸体从毒气室里搬出来，再拖到焚尸炉那里去，“特别工作队”的囚犯们不得不硬生生地把尸体一具具分开，常常还需要使劲把死尸的肢体扯开。因为意识到死亡来临的时候，人们会本能地挤在一起。尸体拖出来之后，囚犯们会把它们装到升降机里，运上一楼——那儿是焚尸炉的所在地。[43] 尸体全部搬出毒气室之后，囚犯们就要把毒气室里残留的齐克隆B晶体和受害者们的排泄物清扫干净，从而把这一批人的痕迹全部抹掉。他们必须得确保下一批人不会起疑心。为了清除难闻的气味，他们会在毒气室里洒上香水，香水是之前遇害的妇女留下的。毒气屠杀结束之后，毒气室里的情景实在太可怕了，对于“特别工作队”的囚犯们来说，把尸体从毒气室里拖出来是一种极大的折磨：

> 弟兄们用颤抖的双手抬起了四道门栓。两扇门打开了，像是打开了两座巨大的坟墓。残忍的死亡气息汹涌而来，让人痛苦万分。所有人都愣在那里，根本无法相信自己的眼睛。他们坚持了多久？那些颤栗着的女人和年轻男子们，还会在我们眼

前浮现多久？他们在这个世界最后的哭嚎，还会在我们的耳中回荡多久？他们深邃的、满含泪水的眼睛投来的目光，还会追随我们多久？

现在，他们怎么样了呢？这成千上万鲜活的、生动的、欢畅的生命，现在全都匍匐着，被死亡冻结。这里何来一片死寂？他们再也发不出声音。他们的眼神已经凝固。他们匍匐着，一动不动。僵硬的尸体毫无声息，但还是能听到极其微弱的声响，那是体液从尸体的孔窍中缓缓流出的声音。在这一刻，在这个巨大的死亡世界里，那是唯一还在活动的东西。

我们两眼发直，精神恍惚，盯着突然呈现在眼前这片裸尸之海，这个赤裸的世界。他们倒下了，却没有着地，而是扭曲纠缠在一起，仿佛撒旦在他们死前玩了一个特别的恶魔似的游戏，让他们定格在这样的姿势。这边，一具趴着的尸体正摊在其他尸体上面；那边，一具尸体与另一具紧紧搂抱着，坐倒在墙边上。这边，你只能看到突出的部分脊背，尸体的头和腿都被其他尸体压住；那边，你只能看到一只手和一条腿伸在空中，而其他部位都被淹没在这片裸尸的海洋里。在这个赤裸裸的世界里，你只能从表层看到尸体的某些部分。

数不清的头颅浮在这片浩瀚的赤裸海洋中。它们从这片赤裸的浪潮里探出来，看起来就像人们在这片无尽的深海里游泳，只把头从深深的赤裸海浪里露了出来。

那些头颅——黑发的、金发的、棕发的头颅——不过是这片裸尸之海里的仅有的浮出的东西。[44]

贵重物品、头发和金牙

至此，“特别工作队”第一组的囚犯们已经进入脱衣室，开始收集被害者们留下的衣服和其他财物了。他们把这些东西整理好，装到车上，运到仓库所在的营房，这些营房被称作“加拿大”一号和“加拿大”二号。[45]

“特别工作队”的一个小组负责搜寻和整理人们带进集中营、试图藏起来的贵重物品（如珠宝、钻石等），另一组则负责拔下尸体口中的金牙，剪下它们的头发，正如前文所提到的那样。

所有的这些工作都在党卫队的严密监视之下，以防这些囚犯私吞任何贵重物品。贵重物品和金牙一经取下，就会立马被投进有盖子的、封好的大金属箱里。党卫队员们一直试图从这些容器里盗取贵重物品。由于这一点是被明令禁止的，他们就利用“特别工作队”的囚犯帮他们达成目的。金子会被送到金匠那里熔铸成金锭。钻石和珠宝则由其他匠人进行分类和加工。剪下的头发清洗之后被装进麻袋里，供随后生产纺织产品使用。

“司炉”

“特别工作队”的另一组囚犯负责把尸体送进焚尸炉。党卫队的人把这些囚犯叫做“司炉”。事实上，这也是这群囚犯的正式名称，它被用在集中营的文件里，比如营中“就业处”的文件用的便是这一名称。在这种情况下，出于保密的考虑，所有“特别工作队”的囚犯都被登记为“司炉”。“特别工作队”一词从未在文件中出现过。

“司炉”的工作让人心力交瘁。队员们把尸体塞进炉中，然后时不时地用特制的叉子来翻动尸体。焚尸炉区域的温度很高。“司炉”们的身上总是沾满了骨灰和烟尘。炉子里散发出让人难以忍受的恶臭。炉中这些人几分钟前还活得好好的，而现在他们的尸体因为高温而在炉子里不时抽搐——囚犯们被这样的场景折磨得快发疯了。只有身体和心理都十分强大的人才能做这项工作。从囚犯们后来的陈述中，我们可以看出，这些“特别工作队”的成员们被认为是十分冷血、“野蛮”的人。他们身上令人作呕的恶臭和粗鄙冷漠的生活方式激起了很多其他囚犯的反感和厌恶。

“司炉”们对于焚烧尸体的各个环节逐渐娴熟起来。比如，他们得知道炉中的尸体全部焚化完需要多久、焚尸炉一次可以放多少具尸体、什么样的温度才合适，等等。焚尸工作完成之后，他们还要把骨灰收集起来倒到容器里去。

处理骨灰

纳粹凶手们企图把罪证销毁得一干二净，不惜任何代价。集体屠杀的规模越大，销毁罪证的工作强度也就越大。因此，“特别工作队”的另一组囚犯们（第五组，即最后一组）负责把没有完全焚化的残骨分拣、敲碎。比如，囚犯们会在焚尸场院子里用巨大的木杵把骨头捣成粉末。在比克瑙，骨灰会被倒到很多地方去，比如三号（四号）焚尸场和四号（五号）焚尸场之间、一号（二号）焚尸场后面的一个小小的天然水塘里。当焚尸场里积攒了大量骨灰时，“特别工作队”的囚犯们就会把它们装到卡车上，在党卫队的护送下运到维斯瓦河或者它的支流索拉河（流经集中营附近），将骨灰倒入河中。

“特别工作队”的另一项任务就是在指定地点焚烧德国人认为没用的物品，比如相簿、书籍、文件、宗教物品（《托拉》经卷、祷告巾、祷告书、犹太经文匣等等），还有玩具。“特别工作队”的囚犯们还需要清扫自己居住的营房以及焚尸场的院子。

生死两难

“特别工作队”的成员常常要把自己亲人的尸体从毒气室里拖出来，丢进炉子里烧掉。这些亲人们到达集中营的时间比他们略早一点，或者略晚一点。扎曼·雷文塔尔（Zalman Lewental）是这样描述那些可怕的场景的：

> （21）“特别工作队”的囚犯们忙碌着……（他们不可能）有别的举动，因为一旦四处张望，就可能会被枪杀……（他们）开始把营房里剩下的人赶到“地堡”里去，让他们被毒死。人们哭嚎着、喊叫着，和前夜的情景一模一样。队员们照例需要把尸体拖出去焚烧。此时他们意识到刚才从营房驱赶过来的人是他们的亲人，他们心爱的人，他们的家人：父亲，还有妻子、孩子……那样的场景是多么恐怖、多么悲惨！很多人在尸体里认出了自己的家人。这个工作队里的人都是最新一批到达集中营的人，一到这儿就被派来干活了。所以，1942 年 12 月 10 日的那个深夜，那些被杀死的人全部都是跟我们一起过来的人，全部都是我们那个社区、那个城镇的人，他们是我们亲爱的父母、妻子、孩子、姐妹、兄弟；剩下的人也都在第二天被杀害了。[46]

“特别工作队”的囚犯们如果不能或者不愿意做这项工作，那么他们只有一个办法——终结自己的生命。目击者们的证词表明，极少有人会选择这条路。雷文塔尔试着解释了为什么鲜有“特别工作队”的成员选择自杀：

（31）我们没有勇气结束自己的生命……那时没人自杀……至于原因……这仍然是个问题，我现在也没法回答。但是当我们从集中营出来之后，渐渐恢复了，有很多人一旦生病或被什么（异常）事件扰乱了生活，就仓促地结束了自己的生命……是在出了集中营之后……他曾是那几百个人中的一个……那几百人都被枪杀了……这仍然是个问题……[1]

（32）心理学家（说）一个人如果失去了所有的希望和机会，就对任何事情都不会有反应了，因为他已经是行尸走肉。而一个人如果相信只要大胆去做，愿望就能实现，那么他就会有能力、有活力、有积极性。但是当他失去最后的希望和机会时，他就不再这样了……他开始考虑自杀……（这是心理学家要研究的问题）他们让自己像羔羊一样被牵着走。我们被带到这里，所有东西都被夺走，被迫穿上囚服。蜷在陌生的衣服里，感到莫大的耻辱……最先崩溃的那些人，往往就是我们中间最强壮、最勇敢的人。

（33）强烈的求生意志和活下去的冲动不知不觉间也影响到我们的心智；你试图说服自己你在乎的不是自己的生命，而是为了大家的利益活着，为这样或者那样的原因坚持着；你为自己找了几百几千个借口，其实你只是想不顾一切代价活下去罢了。你想要活下去，因为你还活着，因为整个世界还活着，

[1] 意思是：在集中营的绝境中没有自杀，出了集中营反而自杀了，是个值得深思的问题。

因为所有能令你开心、让你依恋的一切都首先是依附于生命本身的。如果没有了生命……这就是真相。所以，简而言之，如果有人问你为什么……我会回答……这是因为……我还是要说，我自己太软弱了，成了求生意志的俘虏，所以我才有可能正确地判断……想要活着而不是……[47]

还有一个原因支撑着“特别工作队”的囚犯们熬过这些折磨：他们希望能够指证这些滔天罪行。这些囚犯目睹了来自欧洲各地的犹太人走向毒气室，担心等到战争结束犹太人已经灭绝了。因此，他们坚信，至少要有一部分见证过这一惨剧的人活下来，才能把纳粹惨无人道的灭绝行为告诉世人。他们无法想象犹太人的踪迹都被抹去，每一点痕迹都消失在毒气室和焚尸场里。他们无论如何也要活下来，就是为了指证纳粹灭绝犹太民族、销毁罪证的行径。

“活下来作证”这一信念，在“特别工作队”囚犯们的书面和口头叙述中都表达得很清楚。幸存者之一约书亚·罗森布鲁姆（Yehoshua Rosenblum）说道：“我在脱衣室里遇见过一个极端正统派的拉比，并告诉了他接下来会怎么样。当他听到这一切的时候，他回答道：‘你要活下去，你必须向全世界作证，告诉他们这些罪犯对我们做了什么。’”[48]罗森布鲁姆一直在努力完成这一使命，直至他离开人世。

菲利普·穆勒（Filip Müller）写下了一次类似的经历，解释了那些让他们不能自杀的两难处境。他描述道：一天晚上，来自特莱西恩施塔特（Teresienstadt）的犹太人在所在的营区被屠灭。在脱衣室里，人们开始唱起《希望之歌》（*Hatikva*），也就是后来的犹太人的国歌。这些绝望中的人们展现出来的团结，深深地打动了穆勒，他决定进入毒气室，和这些犹太人一起赴死。他的举动引起了这样的回应：

“是的。其中一个（女）人说：‘所以你想去死。但这是毫无意义的。你的死不会让我们活下来。这是不可能的。你必须活着离开这儿，你要为我们遭遇的苦难和不公作证。’”[49]

“特别工作队”囚犯们的世界

被迫适应

关于他们何以能完成这样恐怖至极的强制劳动，“特别工作队”的成员们给出了不同的解释。有一名证人是这样说的：

> 这颗心，这颗有知觉的心，必须被杀死，必须让它麻木，对所有的痛苦无知无觉。他们不得不压抑内心残酷的折磨，痛苦像风暴一样涌入四肢。他们不得不漠然应对、视若无睹，把自己当作无知无识、毫无感情的机器人。
>
> 腿和胳膊还是要去应付差事。一群群囚犯站在那里，每个人都被分派了工作：用力拖拽，把乱作一团的尸体分开，有时候拉的是脚，有时候拉的是胳膊，怎么方便怎么来。你会觉得，他们这样不停地拖拽尸体，下一刻就会崩溃。然后，尸体在冰冷肮脏的水泥地上被拖走，美丽洁净如雪花石膏般的肉体擦去了一路的污垢。他们搬起一具四肢摊开的尸体，将其脸部朝外摆放。那双眼睛一动不动地瞪着你，仿佛想问：“你要对我做什么，我的兄弟？”有时，你会认出熟人，在踏入这个坟墓前，你们曾经打过交道。三个男人站在那里处理尸体。一个人把一

把冰冷的钳子塞进了漂亮的嘴巴里，寻找着金牙，找到了就把金牙连着肉拔出来。另一个人在剪一具女尸的卷发，她一头秀发全部被剪了下来——而第三个人则快速地把耳环拽了下来，动作粗暴，血都溅了出来；摘不下来的戒指，就用钳子夹断。

然后（尸体）被拽到了升降机前。两个人像码木头一样把尸体码在升降机里。等放了七八具尸体之后，一个人拉下操纵杆，升降机开始上升。[50]

雷布·朗非（Lajb Langfus）在他辛酸的回忆中讲述了“特别工作队”成员们的悲惨处境。他说，这些囚犯完全是拥有正常人性的普通人。他们既没有嗜杀的倾向，也绝非道德沦丧。“他们是有心、有情、有意识的人。”尽管如此，由于被迫去做噩梦般的工作，他们中的大多数人都习惯了自己的“职业”，适应了这样的日常工作，从而逐渐漠然地接受着身边发生的一切。

朗非认为，“特别工作队”的囚犯几乎所有的人类情感都被抹去了，但这不是他们的过错。他的同事扎曼·雷文塔尔，也试着向读者解释了德国人是怎样强迫“特别工作队”的囚犯们服从命令、不敢反抗的：

（25）党卫队看守高举着棍棒驱赶着我们，（我们）就跑动起来，直到我们的脑袋一片混乱；我们谁都不知道自己在干什么，谁在做这些事，自己到底怎么了。我们完全丧失了意识。当他们驱赶我们的时候，我们就像死人、机器人一样；我们不知道自己要往哪儿跑，为什么要跑，下一步要做什么。（没人）看着别人。我知道一件事，那就是在那一刻我们之中没有人是活着的，没有人在想事情或者思考问题。那就是他们对我们所做的事，直到……意识逐渐恢复……知道有人被拖向焚尸场，知道那里发生的事情。紧接着……（被毒气杀死的）人们已经被拽到了推车上，推进“地堡”，扔到（焚尸的地方）烧掉，前一天、再前一天那里都有人被烧掉……。尸体被扔进熊熊烈火里。做完这些活之后，在他们返回营房的路上，当他们躺（下）休息时，那时……

（26）真正的悲剧才开始。每个人都开始相信前一天晚上不是梦，是真事——（他的）家人，他挚爱的人都已经不在了，他再也看不见他们了，永远都不能了，因为他们亲手焚烧了这些人；如果这是真的，为什么还要活着，活着还有什么意义，只是吃喝吗？因为，当然不光是……有认知能力的人类，就连动物或者野兽也是这样：如果失去了后代或者一同长大的同伴，当这一切让它痛苦难耐时，它就会拒绝（吃）喝。作为一个需要……的人，在这种时候自然而然地就会情绪消沉。到处都听不到……哭声了……营房里现在只有犹太人，因为……他们现在只用犹太人，之前他们也用过波兰人和俄国人。但是在我们那时候不是这样了，全部都是犹太人……这的确是一个问题，是否……

（27）……对于这个世界里的我们来说，当我们渴望着活着见到一些人时……有些东西……有些东西……会激发我们的意志，让我们活下去、艰难度过一切困境。让这场无可比拟的悲剧更折磨人的，是我们的恐惧……而且正因如此，所有人都在忍受着……就像用指甲挖出自己的眼睛……去想象……这种痛苦，这种悲伤，这种折磨……当你知道有个人为了某件

事……为什么，就为这个原因，为什么生活……已经发生了吗……那是罪人们……有没有什么……慰藉……[51]

“特别工作队”囚犯们如何对待受害者

“特别工作队”的囚犯们很同情那些走进脱衣室的人，尽管他们清楚自己不可能帮助他们。这些人的生命即将走到终点，队员们试着缓解他们的痛苦，或者至少让他们晚几分钟再死去。领着这些犹太人走上这条不归路时，许多情绪在队员们心中翻涌，困扰着他们：怜悯，关心，同情，还有因为这些人死期将至而感受到的深切痛苦。格拉多夫斯基（Gradowski）是这样描述这些感情的：

> 他们英勇而从容地直面死亡。这一点最让我们惊讶。他们不知道在等待他们的是什么吗？我们同情地看着他们，脑海中已经想象出了一个新的可怕的场景：这些生命将怎样在抽搐中终结？每个人的鲜活的世界，以及从他们身上迸发、飞升的生命的颤栗，又将怎样在几小时后归于沉寂？他们将永远沉默下去。那些闪亮的眼眸，含情脉脉，令人心醉，很快就只能空洞地凝视着某个方向，在永恒的死亡中徒劳地寻觅。[52]

因此，当“特别工作队”的成员们眼睁睁地看着受害者们等待死亡的时候，他们内心的同情和悲伤让自己备受折磨。雷文塔尔是这样描述他们的这种心情的：

> 三千个赤裸的女人
>
> 那是1944年初。凛冽的寒风夹着雪花，到处肆虐，大地

冻得硬邦邦的。第一辆抵达二号（三号）焚尸场的火车上载满了赤身裸体的妇女和女孩。她们并没有像往常那样互相紧贴地站着；不，她们是站不住了，因为她们已经筋疲力尽；她们无助地躺着，压在彼此身上，不住地呻吟着、叹息着。火车停了，车斗的盖帘揭了下来，这些“货物”就像铺路的石子一样被倒到了地上。那些躺在车门附近的人最先坠落在坚硬的地上，她们的头和身体因此受了伤，无法再动弹。其他人摔落在她们身上，她们被身上承受的（重量）压伤，喘不过气来。呻吟声……充斥着耳畔。有些人……从人堆底下爬了出来，站了起来……开始往上爬。

……地上。她们在这可怕的严寒里瑟瑟发抖。她们缓慢地向那个被称为“脱衣室”的“地堡”挪去，台阶向下延伸，像是通向地窖。其他人则由“工作队”带过去。工作队已经收到命令，迅速集结，接收这些无助的受害者；他们小心地扶起这些被压伤、气息微弱的女人，帮助她们从人堆底下爬出来，再匆忙地把她们带进“地堡”。其中许多人已经无法站立，只能被抬进去。她们已经在集中营里待了很长时间，非常清楚这个“地堡”就是她们死前的最后一站；然而，她们还是很感激，点头致谢，并用手示意自己无力开口说话。看到这些给自己带路的男人们眼中同情而悲伤的泪水，她们显得满足而安心……面对着领她们去“地堡”的那些人。她们打起了寒战，颤抖起来。……那些已经进到“地堡”里的人得到允许，坐了下来，其他女人也在陆续被带进来。下面……房间里很冷。严寒令她们瑟瑟发抖。一只煤炉被拿了进来，不过只有几个女人靠过去，接收一点热量。其他的人依然沉浸在悲伤之中。寒冷折磨着她们，但是她们对生命和痛苦都已漠然，即便肉体还可能得到片刻欢愉，也无动于衷，只是默默地坐在边上。有些人在交谈；其他人则疲惫不堪地躺着……一个年轻女人……叫做本津（Bedzin），是今年夏末到营里来的，她那一大家子人只剩下的她了。她总是很努力地干活，尽管遭受着营养不良和寒冷的折磨，却仍然健康。她一直渴望能挨过这段艰难的日子。大约一周前的一天，这批犹太人被禁止外出干活。“犹太人，出来！”有人命令她们。一个营区又一个营区的年轻犹太女人，都被集中了起来，无一例外；却没有人检查她们的身体状况如何，健康与否，就这样把她们叫了出来。之后她们就被带到了二十五区，被命令脱去衣服，进行健康检查。脱光衣服之后，她们就这样赤身裸体地被塞进了三座营房，每座一千人。她们在里面被锁了三天，一滴水、一点面包屑都没有。那是饥渴难捱的三天。第三天晚上，她们终于领到了面包，每 16 个女人分吃一块 1.4 千克重的面包……“如果他们能枪毙我们，或者用毒气把我们杀死，我们还会好过一些。很多人都晕倒了，其他人都已经昏昏沉沉。她们都挤在铺位上，筋疲力尽，没法动，也没力气动。死亡并没有战胜我们。在被关押的第四天，我们被带出了营区。那些已经昏倒的人被带到了医务室，其他人则领到了正常的集中营食物，并被允许休息了一下。直到……我们被带去……还活着。”

“第八天，也就是五天之后了，他们再一次命令我们脱掉衣服，然后把我们关在营区里。衣物全都被拿走了。在冰冷的天气里被冻了很久之后，我们被带上车厢，扔到地上。我们最后的自我欺骗终于画上了悲伤的句号。究竟我们在母亲的子宫里遭到了怎样的恶毒诅咒，才会这样悲惨地结束生命啊。”本津没有把遗言说完，声音被潸然而下的泪水哽住了。

……有个年轻女人变得歇斯底里起来。她们的眼神扫过我们的脸，寻找着怜悯的痕迹。有个“特别工作队”的队员站在角落那里，深深地凝视着这些可怜无助的人。他再也控制不住，嚎啕大哭起来。一个年轻女孩见状说道：“啊！在这个满是凶手的集中营里，在我死前，我有幸还能看到有人露出哀伤的表情，为我们悲惨的命运流下同情的眼泪。毕竟，在这儿，有这么多人被折磨、被毒打、被杀害；在这儿，人们目睹了众多的杀戮和无尽的恐惧；在这儿，看着这些惨绝人寰的场景，我们已经变得迟钝麻木；在这儿，人类的情感全都消失了，你可以亲眼看着自己的兄弟或姐妹死去，却连一声叹息也发不出。是的，在这儿，还会有人对我们的灾难感同身受，为我们的命运痛哭失声吗？哦，多么美好的景象，多么反常的事情！还能看到一个有感情的犹太人，有一个活着的犹太人用眼泪陪我走向死亡，还会有人会为我们悲伤！我本以为我们会像可怜的孤儿一样离开人世，现在，我在这个年轻人身上找到了一丝安慰：在这些凶手和罪人当中，我在死前发现了一个有感情的人。”她转过身不再看我们，头靠在墙上，苦涩的泪水从她的心底静静地涌出。她的心在她体内慢慢消融……[53]

格拉多夫斯基描述了德国人的卑劣和狡诈，以及他们对饱受折磨的犹太人的憎恨：

这些天真的可怜人什么都不知道，什么都不明白，也不可能揣测到这些卑劣至极的施虐狂和罪犯心里怀着怎样阴狠恶毒的想法。他们不明白，这些人让他们活到现在，只是为了一个特殊的邪恶目的。这就是为什么这些残暴的恶棍们要求他们必须活下去。一旦他们用这样的骗局达到目的之后之后，那些可怜人的生命就不再重要了，他们和所有其他犹太人就没有任何区别了——他们的最终命运就是死亡……。

这样一个精心设计的骗局，是安抚、麻痹那些理智的人最好的办法。所有人，不论性别年龄，都很快囿于假象之中，相信自己是被送去干活的。然后，那些恶棍一旦觉得这样的“麻醉”计划奏效，就会发动灭绝行动。

这些恶棍用欺骗的手段，打散家庭，隔绝男女，分置长幼，之后再用同样的方法把受害者们带到附近空着的集中营去。他们满嘴谎言，把天真的受害者们一队一队地带到那里，安置在冰冷的小木屋中，之后就用木板把门钉死。这样，第一招就成功了：让受害者们既困惑又焦虑。此时他们已经无法理智地思考了，等到他们开始明白到底发生了什么，知道（德国人）用这种方式把他们囚禁了起来是为了杀死他们，他们已经孤立无援，极其虚弱，无力思考如何去斗争和反抗。因为每个人，即便是那些尚未从欺骗和假象中清醒过来的人，都开始有新的担忧。连那些年轻力壮、勇敢坚强的人们，都被悲痛击倒，蜷在那里，苦苦思念当天被迫分离的年轻妻子和年幼子女。每当他们不堪折磨，想要反抗、斗争的时候，每个人心中的焦灼就会扼杀反抗的念头。悲剧在每一个家庭上演，每个人都沦为这场悲剧的人质。每个人都心急如焚，无力思考，置身于这种整体的困境之中，却无法制定任何整体的计划。那些热爱自由、精力旺盛、本可能起来抗争的年轻人，呆坐在那里，一动不动，委顿不堪，幻灭、崩溃。

这五千名受害者迈出了走向坟墓的第一步，没有反抗。

那个历时已久的骗局，那些恶魔般的行径，到此已经奏效了……。[54]

下面的证言来自一名“特别工作队”的囚犯，他描述了一群犹太女人生命的最后时刻。他的讲述充满了对德国人的憎恨，同时也是对勇敢的犹太女性的赞歌：她们直面死亡，从未屈服，从未乞求活命，也从未丧失尊严：

门敞开了。地狱呈现在受害者们眼前。在那间通往坟墓的小房间里，站着几个集中营的高级官员——他们肃立在那里，像是要检阅部队。今天，政治部的所有人员都来参加这个聚会了。还有些高级军官，是我们在过去十六个月里从未见过的。他们中间有一个女人，是在女囚集中营总部工作的“党卫队之花”。她也来了，来观看这次盛大的“民族”庆典——观看我们的所有同伴被屠杀殆尽。

我站在一边看着他们——不光看着这群畜生、这群狠毒的刽子手，也看着我的姐妹们，这些受害者们，这些不幸的人们。

行军开始了，这是死亡的行军。她们骄傲地前进着，迈着坚定的步伐，勇敢无畏地走着，仿佛走向新生。没有什么能将她们打败，哪怕看到了生命的最后一站，生命中最后一个重大事件发生的场所。看到自己被地狱的中心俘获的时候，她们的双腿毫无退缩，依然迈着坚定的步伐。很久之前，还没来到这里之前，她们就在上帝面前与世界和人生结清了账目。她们还在囚室里的时候，已经断绝了和生命的联系。因此，她们现在可以安静克制地赴死，走向生命的尽头，并没有崩溃。这些强大的女人们身无寸缕地行进着，中途未曾停歇。这一幕仿佛化为永恒，好似一场永不结束的行军。

那一刻，仿佛整个世界都被剥光了衣衫，来这里参加这场邪恶的游行。

母亲们怀里抱着婴儿；再大一点的孩子小手被牵着往前走。现在，母亲们亲吻着孩子们。母亲的心情很是急切，一路上不停地亲吻着自己的孩子。姐妹们手拉着手往前走着，成了一个整体。她们想在一起走到生命的尽头。

她们憎恶地看着在场的军官们，更确切地说，她们连看都不想看他们一眼。没有人提出乞求，没有人请他们大发慈悲。受害者们很清楚，他们这些人（德国军官们）的心里已经没有丝毫良知，而（受害者们）也不想让他们从绝望将死之人的乞怜中获得巨大的快感。

突然，这个赤裸的队伍一下子停住了。一个九岁的小女孩正往前走着，她很漂亮，一头金发，整齐的发辫像金色的丝带一样垂在瘦弱的背上。走在她后面的是她勇敢的母亲，她停下脚步，勇敢地转过身朝着那些军官们说道："杀人犯，混蛋，没良心的罪人！是的，你们现在要杀死我们，这些无辜的女人和孩子（……）。恶棍们，你们记住！你们会付出代价的——全世界会为我们报仇的。"然后，她朝那些人的脸上吐了口口水，带着她的女儿跑进了"地堡"。他们被吓得目瞪口呆，没有勇气去看她的眼睛。他们刚刚听到的这个真相刺穿并撕裂了他们凶残的灵魂。尽管他们知道此时此刻这个女人可能会跟他们说些什么，他们还是让她说了，他们想知道一个女人、一个犹太女人临死之前在想些什么，会和他们说些什么。这些刽子手和禽兽们现在冷着脸站在这里，陷入了沉思。那个女人像是从坟墓里伸出手撕掉了他们脸上的面具，预言了他们不久会落得怎样的下场。[55]

有些人认为，“特别工作队”的囚犯们是自私的，对那些被领去屠杀的犹太人十分冷漠。格拉多夫斯基则明确驳斥了这一观点。他讲述了那些骇人听闻的场景。他在日记中描述了他和他的同事们所感受到的强烈的情感。他的描写中满含怜悯和爱意：

现在，受害者们看到了真相：她们正被引上一条死亡之路。她们最后的希望，最后一束光亮，最后一点火花，都已经熄灭。世界从她们身边掠过，仿佛一部电影。她们的眼睛，她们的目光，向四方张望，似乎想把目光所及的一切都吸收进去。

远处，隐约可见她们的家园。毕竟，那是她们每天都看到的地方。更远处的大山裹在层层白色的雾幔里，从她们热爱的土地上捎来一声声日常的问候。啊！大山啊，我热爱的峰峦！你们卧在那里，在月光下静静地睡去，满足地进入梦乡；而我们，你亲爱的孩子们，和你们骨肉相连的孩子们，却要被毁灭了。你们记录了我们的生命中多少美好的日子，多少喜悦和快乐，多少美妙的时光。你赐予我们多少爱意、怜惜与温情！多少个今天这样的夜晚，我们躺在你们的怀中，畅饮那些永不枯竭的清泉。这一切最终为了谁？现在，他们从你身边把我们带走；在他们身后的远处，在那些大山后面，立着一栋孤零零、空荡荡的房子。它在孤单中等待着，等它那苦命的孩子们回家。

啊！温暖而可爱的家啊。它在召唤着她们，呼喊着它那幼小的、忠诚的孩子们。

现在呢？她们被带到哪里去了？世界如此美好、如此有趣、如此迷人，充满了诱惑，它召唤着你，鼓励着你，让你渴望活下去。成千上万根毛细血管把她们和这个生动、宏大、广袤的世界联系在一起。现在，它向你张开双臂，就在这夜晚的静谧里，有人听到它对她们说："我的孩子们，我的忠诚的孩子们！我深深地爱着你们。来我这里。这儿有足够的地方，大家都可以过来。很久以前，我在这儿为你们埋下了许多宝藏。无论你地位如何，来自什么阶层，我汩汩流淌的泉水都会永远滋润着每一个人。我为你们而存在，我为你们而生！"

那些亲爱的、忠诚的孩子们已经融入了世界，那个可爱的、忠诚的世界。她们不忍和它分离，因为她们还年轻、健康、精力充沛、活力四射、充满朝气。每个人都是如此美好。她们想活下去。她们当初就是为了活着才出生的啊。

她们全都清醒着，努力用双手紧紧抓住这个世界，用牙齿紧紧地咬住生命，就像孩子紧紧抓住将被带离身旁的母亲一样。此时此刻，尽管没有犯下任何过错，她们却要被残忍地、无缘无故地带离这个她们深爱的世界。

如果她们能张开双臂，紧紧地、紧紧地拥抱自己的内心，拥抱世界，拥抱整个世界，拥抱天空、星星、月亮、群山和白雪，拥抱冰凉的土地、树木、小草，拥抱世间存在的一切事物，她们该有多开心啊。

如果这些孩子们，这些不幸的受害者们，能够无限伸展自己的手臂，直到可以拥抱住这个广袤的世界，用流血的、火热的心脏温暖这冰凉的土地，用滚烫的泪水浸透它僵硬的背脊，亲吻这个巨大而可爱的世界的肢体，那该有多好啊！

啊！如果突然间她们能尽情享受世界和生命，立刻获得满足，那该有多好！这样她们对世界和生命的渴求就能永远平息。啊！如果她们还能拥抱这些美好的事物，该有多好！她们这些被幽暗笼罩的孩子、这些不幸的受害者们，现在就坐在坟墓里，等待死神的降临。此时此刻，她们还存在于这个世界，她们想要抚摩、热爱、亲吻每一个活生生的事物（……）。

她们迷茫地站在那儿，手无寸铁，温驯顺从。她们早已知晓真相。无边深渊就在眼前，她们已坠入其中。她们感觉所有事物——世界、生命、田野、树木，每一个生灵——都在消失，和她们一起坠入深渊之底。星光正在熄灭，天空变得黯淡，月亮不再爬升，整个世界同她们一起走向沉沦。而她们，这些不幸的受害者们，只想快点消失在这片泥淖之海里，越快越好。

她们把随身携带的包裹丢到了一边，包裹里放着她们为所谓的“旅行”准备的所有家当。她们再也不想要、再也不需要任何东西了。

她们任由卡车把自己倾倒下来，不加反抗——仿佛昏迷了一般从车上掉下来，就像成捆的谷穗，直直地落入我们怀中。来，我亲爱的兄弟，抓住我的手，陪我走完这从生到死的最后一段路。我们领着她们，领着这些亲爱的、珍贵的、温柔的、脆弱的姐妹们；我们架着她们的胳膊，支撑着她们。我们在这样的静默里一步步前行着，感觉着心脏的律动。当她们在受罪、流血时，我们也感同身受；我们感到脚下的每一步都与生命渐行渐远，离死亡越来越近。下到那个深深的“地堡”之前，在她们踏上坟墓的第一个台阶之前，她们最后把目光投向了天空和月亮——一声叹息从心底爆发出来，从她们的心，从我们的心，两拨人的心仿佛已融为一体。被我们领着的这些姐妹们，她们的眼泪在明月的光辉里闪耀着，而她们身边的兄弟，脸上还残留着泪痕。[56]

纳粹用来摧毁工作队队员心理的方法之一就是羞辱和蔑视。让队员们在脱衣室里面对数百个赤身裸体的女人，尤其能够起到贬损他们自尊心的效果，特别是对于那些有宗教信仰的成员们更是如此，比如扎曼·格拉多夫斯基（Zalman Gradowski）。赤裸场景的主题在他的很多篇日记里都出现过：

一束新的光芒照耀着这个世界，这个巨大的墓地。这个地狱的一边，身体如海鸥般白皙的女人们笔直地站在那里，等待着，等待着地狱的大门打开，给她们开出一条通往坟墓的道路。我们这些男人们则穿着衣服站在这里，面对着他们，看着这一幕，一动不动。此刻，我们没法判断这到底是真实还是梦幻。我们是不是无意中走进了一个满是裸体女人的世界，而撒旦正在耍弄她们？抑或我们只是在一个博物馆里的某个地方，不小心走进了一个艺术工作室，里面的人们都在低声抽泣、呻吟——而且（女人们）在给艺术家做模特，为他的艺术事业服务。[57]

格拉多夫斯基是一个坚定的正统派犹太教徒。他的文字让我们意识到女人们赤身裸体的场景给他带来的难堪和羞辱。因此，我们应该用谨慎的态度和体恤的心情来解读他下列的讲述——关于他在脱衣室里面对年轻女人们时的感受。他所描绘的情绪应被视为一个渴求生命的年轻男人表露出来的感情，十分自然，无可厚非。然而，对于他看到裸体女人们时心中奔涌的情绪，我们审视它的时候，应该透过一面棱镜，也就是那些一再被重复的生死隐喻：正在成熟、渴望爱情的年轻生命和不久之后就要到来的死亡所构成的对照。这些年轻女子，尚未好好活上一次，就要失去生命。对于这样的事情，格拉多夫斯基表达了自己心头的悲伤。

格拉多夫斯基的描述揭示了一种复杂的处境：面对这些未着寸缕的女子，令他感到难堪；而他又希望在她们临死之际，在去往毒气室的路上，给她们一点点人性的关怀，让她们感受到温暖、同情、留恋和爱意。

> “告诉我，我的兄弟——”，另一个女人说道。她早已经对生命和世界失去信心了。她大胆地问我们，语调很勇敢：“告诉我，兄弟，死需要多久？痛苦吗？（死亡）来得容易吗？”
>
> 但凶手们不会让她们那样一直站着。他们是些食肉的野兽，能够立刻引起人们的注意。醉醺醺的暴徒们的叫喊声撕裂了空气。他们想要遏制自己下流的眼睛对我那亲爱的、美丽的姐妹们的裸体产生的欲望，越快越好。棍棒击打在她们的背上、头上和其他部位，衣服从她们的身上迅速滑落。有些人感到难堪，她们想躲起来，以免被别人看见自己赤身裸体的样子，但是这儿根本无处可躲，羞耻感在此无处存身。伦理道德与她们一起径直走向了坟墓。

她们有些人倒在我们身上，就像喝醉了一样。她们像恋爱中的女人一样投进我们怀中，带着尴尬的眼神，请我们帮忙把衣服脱掉。她们想要忘记一切，她们什么都不愿去想。她们踏上这个坟墓的台阶上的那一刻，便和昔日的世界作了清算，和它的伦理、原则和道德观念永远诀别。现在，她们就要坠入死亡的深渊，她们勉强维系着生命，只是身体尚有感觉，尚有知觉，尚有去享受某些事物的冲动。她们想拥有一切，她们想付出一切，去享受从生命中可以得到的最后一丝欢愉，最后一点幸福。她们想要尽情地感受，在这种欢愉消失殆尽之前获得满足。因此，她们想让自己年轻的、奔涌着旺盛生命力的身体被陌生男人触碰。此时此刻，这个陌生男人就是离她们最近的爱欲的对象，只有他的手才能抚摩她们的身体。恍惚间，她们觉得那是爱人或丈夫的手，如今正温柔地轻抚着她们情欲澎湃的身体。现在，我那些亲爱的、美丽的姐妹们，她们想要让自己兴奋起来，她们滚烫的双唇带着浓浓的爱意向我们靠过来，急切地想亲吻我们——只要她们和她们的双唇还活着。[58]

从“特别工作队”成员与脱衣室里的犹太人之间的短暂接触可以看出，这些囚犯们的工作条件是何等艰辛。队员们一直都处于完全孤立无援的情况下，而且根本没有办法以任何形式帮这些即将死去的犹太人。尽管他们很清楚将要发生的事，却救不了任何人。

很多人对“特别工作队”囚犯们的行为持有相反的观点，尤其是在谈到他们对活着的受害者和死者尸体的态度时。[59]有些人认为这些人已经变成了畜生或者冷漠至极的怪物，他们已经泯灭了人性，毫无对生命的尊重。然而，这些人应该好好想一下队员们是如何对待那些即将死在同胞面前的犹太人的：

这些美丽诱人的肉体悸动着，充满着生命力，不久就会变得令人作呕，伏在肮脏不堪的地面上。雪花石膏般纯洁的肉体也将沾满排泄物。

嘴巴现在还能说话，不一会儿便会血流如注，牙齿连着肉被拔了出来。

紧接着，两股液体先后从那轮廓鲜明的鼻子中流了出来——一股是红色的，另一股是黄色或者白色的。

眼下还白皙红润的脸庞，会被毒气变成青色、黑色，她们的眼睛里将全是淤血；现在站在这里的人，一会儿便面目全非，无法辨认；然后，会有两只冰冷的手把她们头上浓密的卷发剪下来，再扯下她们的戒指和耳环。

接下来，陌生的男人们会戴上手套，或者拿些布条绑在她们的手上。她们的手眼下还白晰莹润，不久就变得令人作呕，队员们绝不愿意徒手触碰。他们拖着那如花般可爱年轻的身体，走在肮脏的水泥地上。而那具尸体会把沿途的秽物擦得一干二净。

然后，她们就像肮脏恶心的动物一样被丢了出去。这些尸体被升降机送到地狱去——在那里，她们被投入熊熊烈火中，短短几分钟之后，这些沉重、健壮的身躯就全都化为灰烬了。

我们看得到、也感受得到她们最终的宿命。我望着她们，望着这么多鲜活的生命，数量多到能把如此巨大的空间填满。在这里，她们代表着无数个完整的世界。再过几分钟，我仿佛会看到一幕截然不同的场景：一名工作队队员推着一车骨灰去往那个巨大的坟墓。现在我正站在这群女人旁边，她们大概有十到十五个人。她们所有人的肉体和生命都将终结在那辆推车里。所有站在这里的人，占满许多个城市的人，曾在这个世界上有过一席之地的人，都不会留下一丝痕迹，一点记忆。他们很快就会被彻底清除，就像从未来到过这个世界。痛苦撕扯着我们的心。我们真真切切地感受到、体会到了这种由生向死的痛苦（……）。

我们内心对她们的苦难充满了同情。哦！如果我们能用自己的生命换取我们亲爱的姐妹们的生命，我们该有多开心啊！我们想把她们贴在自己痛苦不已的心上，亲吻她们的肢体，贪婪地感受这些很快就要消逝的生命，把她们鲜活的样子深深印刻在心里。她们将从我们眼前消失，但她们的音容笑貌会永远伴随着我们。我们如今都成了噩梦的俘虏。她们——我们亲爱的姐妹们——惊讶地看着我们：为什么她们这么安静，我们却如此颓丧？她们想跟我们好好说话：她们死了以后，我们会对她们做什么？但是她们没有勇气问出口——而这个秘密就这样伴随她们，直到尽头。

现在，她们一大群人站在那里，浑身赤裸，眼睛愣愣地盯着什么。可以看出一个模糊的念头渐渐在她们的脑海里编织成型，直到一切终结。[60]

处理尸体

从“特别工作队”成员们的书面和口头证词来看，他们中有些人的确变成了机器。他们陷入了这样一种生存状态：所有和伦理、生命、人体有关的事物都失去了意义。然而，另一些人眼睁睁地看着犹太同胞被毒死，倒在毒气室里，为此痛苦万分。

你呆呆地站在那里，看着这一切。他们把两个人放了上去。两个人，两个世界，本来在人性的准则下各有其所。他们活过，存在过；他们做过事情，曾有所建树。他们的作为既是为了世界，也是为了自己，为这座宏伟的大厦添砖加瓦，也为这个世界和未来锦上添花——然而转瞬之间，就在这二十分钟里，他们一丝痕迹也不会留下。

现在他们又往那儿放了两个人，她们被杀害了。那是两个曾经美丽动人的年轻姑娘。她们曾构成这个地球上的两个完整的世界。她们曾带来了多少快乐和幸福。她们的每一抹令人舒心的微笑，每一次笑意盈盈的凝视，每一句仙乐般迷人的话语，都令人欢愉。不管她们去往何方，都会带去快乐和喜悦。多少颗心爱慕着她们，而现在，这两个姑娘却趴在铁板上。不一会儿，炉门就要打开；几分钟后，她们也将消失，不留一丝痕迹。

又有三个人被放在了那里。一个男孩被妈妈紧紧地抱在怀里。他出生的时候，妈妈和爸爸该有多开心、多高兴啊。他们一起建立家园，构想未来——世界对他们来说就像美好的田园；然而转瞬间，就在这二十分钟里，他们连一丝痕迹也不会留下。[61]

友谊与互助

即使是在“特别工作队”里，囚犯们也和那些承受重压、遭遇不幸的人们一样，寻求彼此的扶持。下文中所引用的讲述，展现了队员们团结一致的精神，以及他们对同胞及自身命运的关切。当党卫队的军官为了杀掉一部分队员而在他们中间进行挑选时，这些品质就表现得尤为突出。

现在，他们在同样的恐惧和颤栗中团结到了一起。大家都知道终究难逃一死，所有人都饱受折磨。我们现在感觉到，这十五个月中我们一起做着悲惨恐怖的差事，这已让我们成为了亲密无间的朋友，让我们融汇成了一个整体，最终变成了密不可分的兄弟。即使到了生命的最后时刻，我们也依然如此。人人为我，我为人人。我们每个人都能发自内心地感受到集体的痛苦与悲伤，我们每个人都已经开始感受到这种折磨即将带来的苦楚。尽管没有人明白这种折磨会怎么表现出来，但是每个人都猜得到“有些事”一定会发生；我们早已知道，每一次“变化”都是由生向死的转变。（……）

野兽的咆哮声回荡在空中，带着残暴的野性穿过消沉的营房，震醒了这些深陷于痛苦中的人们。回声中传来了一个新的指令：“所有人都出来！”我们所有人都走出营房，因为院中站立的是我们的兄弟。他们必须得马上报到：带上他们的东西，带上吃的，离开他们的家，离开营中的生活。再没人与他们相伴，因为他们也要离开我们，离开这个死亡世界里他们深爱着的、与他们最亲最近的人。现在，我们是他们为数不多的兄弟，我们还活着，尚未被凶兽捕杀。尽管此时此刻我们就是他们的一切，充当着父亲、母亲、妻子或孩子的角色，却不能在离别时与他们握手、亲吻。我们多想祝福他们，想在这分离时刻酣畅地表达兄弟情义（我们不能这样做）。这种情感驱使我们来到了路上。没人可以一动不动、安安静静地站在原地。一小组一小组的伙伴们来来回回地走动着，既紧张又害怕。有些人在说话，有些人沉默着，所有的一切都被包裹在这样的伤感之中。令人痛苦不堪的几分钟过去了。每个人都知道，也都感觉得到，这儿再也不是他们的地方了，他们在做离开的“准备”，而留下的这些人也想跟他们一起走。每个人都会感觉是自己站在那儿，站在“那儿”所在的那条街上。他们的肉体和灵魂都是一体的，既不会被分割，也不愿被撕裂，除非有一只野蛮的手抓住了他们，撕碎那颗已成为一体的心，把他们互相交织在一起的灵魂撕扯得四分五裂。他们感受得到即将在这儿进行的这场“手术”是多么令人痛苦、悲伤。

就像哀悼者泪眼婆娑地望着逝去的亲友留下的物品一样，我们也有同样的感觉。我们发现他们床铺旁的地上扔下的各种物品。几个小时之前，它们还被自己的主人视若珍宝，现在它们躺在那儿，既像是逝者撒手人寰前遗留的药渣，又像是被遗弃的孤儿。它们没有了主人，再没有人需要它们。它们只会唤起痛苦，提醒我们所有这一切都是生命存在过的证据，而我们曾与这个生命之间血脉相连。这条宝贵的生命去了哪里？这时，你踩在了什么东西上，感觉心上被刺了一刀一样。你的朋友、兄弟曾在不久前拿着它。你还能感觉得到他的手的温度——那只曾托着这件东西的手。他曾经凝视着它，又在绝望中把它掷在地上，他的眼神似乎还留在上面。

我们抬起眼睛，凝视着这片虚空，死亡的气息从那里吹来，此时我们感到自己就像前来哀悼的人一样。你能感觉得到，一双双看不见的手从虚空中、从死亡里伸出来，渴望还活着的人握住它们。

哀悼者把死亡看作是一种四处游弋、无所不在的存在，他们无法让自己从中得到解脱，因为死亡已经在他们身上扎根——那就是我们当时的感觉。我们感觉到自己和它已经融为一体了（……）。死与生这两个极端已合二为一。而在别处，这样的两个极端是分开的——诚然是被痛苦地分开，但毕竟还是分开的，边界清晰；可是，在这儿，我们感觉到这两个极端已经融合在一起了，死亡和生命竟然会挽手同行。

哀悼者珍视这个逝去的存在所留下的回忆，他们与这个存在之间有着千丝万缕的联系，而现在，既然它已经死了，他们就把见到的遗物铭刻在自己的回忆里，铭刻在心中，铭刻在灵魂里——所以，我们才会感觉到自己的灵魂和生命在这些时刻陪伴着他们。我们感觉到，这些与我们已永别的兄弟，还在影响着我们自身肌体的运转。我们全身的肢体都感受到自己的生命已经缺失了一块，没有了这一块，我们根本寸步难行。[62]

宗教生活

据扎曼·格拉多夫斯基所说，“特别工作队”的成员们维持着自己的文化生活，甚至连宗教生活也没有放弃。尽管听起来很难以置信，但仍有一些囚犯每天在焚尸场的阴影之中诵读犹太教祷词：

> 我爬到上面去，看看大烟囱后面的情况如何。之前，很多年纪大一些的朋友会坐在那上面，有些年轻人也会坐在那儿，他们干活的地方就在那里。他们躲过守卫的眼睛，吟诵赞美诗，或者《密西拿》里的经文，或者祈祷文。他们干活时，只是在做样子，其实活儿很快就可以干完。这样一来他们就可以拖延一点时间。装样子并不是很难。很多有宗教信仰的成员都这么做过，那些生病、体弱的人也会这样，以便转移一点注意力。
>
> 我脑海里又浮现出了“地堡”的景象。一个队员在那里放哨，观察是否有人靠近，一旦有人来，有宗教信仰的犹太人们就会糊弄那些压迫他们的人（……）。他们经常会匆忙地摘下头上

经文匣，在祈祷中途冲过去干活，假装什么都没发生过一样。他们也常常会被抓个“现行”。这时候，残暴冷漠的党卫队二级小队长（Oberscharführer）就会喊道：“谁让他们在这儿搞‘读经工作队’的？”但是在内心深处，连他也是感到满足的，因为在这群身处地狱中心的犹太人中，在那座吞噬着千百个犹太生命的烟囱旁，还有一些人背靠着砖头，坐在那儿祈祷、诵读赞美诗、学习《托拉》经卷。身后的砖头在火焰的炙烤下变得愈发坚硬，那火焰正焚烧着无数犹太死难者，焚烧着他们的父亲、母亲、妻子、儿女。如果这些犹太人还能够承认在这个地方发生的一切都是在更高的神的权威下进行的，那么就应该允许他们自由地传达信仰，让他们在此时此刻沉浸于其中。这样的宗教氛围使情况显得不那么糟糕，看起来积极一点，人们也会更加平静。因此，他们容忍着这一切，不会拿这种违规行为小题大做（……）。

也有几名队员不以为然地打量着那些聚在一起举行安息日仪式、进行晚祷的犹太人。还有一些人不满地看着他们，觉得这些每天都在眼前上演的残酷现实不应该唤起他们对造物主一丝丝的感激，更别说赞美了，因为造物主竟允许一群野蛮之徒屠杀成百上千万的无辜生命。这些男人、女人和孩子们仅有的过错，就在于他们生为犹太人，就在于他们认同上帝无所不能的权威，向他求告，就在于他们把“一神论”带给这个世界。这正是他们惨遭迫害的原因。经历了这一切之后，他们还要吟唱赞歌吗？他们为什么还要在自己的鲜血汇成的海洋上高唱《海洋之歌》呢？（这首赞歌描绘的是摩西带领犹太人逃离埃及，法老和他的追兵淹没在红海里，犹太人因此感谢上帝）为什么还要去哀求这位连无辜婴孩的悲泣嚎哭都不愿倾听的上帝？不！任何人只要不认同他眼中的万物之理，他就愤恨不已，暴怒不已，抛弃他们。

甚至连那些曾经信教的犹太人，如今也冷漠地站在远处。他们已经很久不能和自己的上帝心平气和地相处了。他们对上帝的行事方式耿耿于怀。他们不能理解一个“父亲”怎么能把自己的孩子送到嗜血暴徒们的魔爪之中，送到那些嘲弄上帝、蔑视上帝的人手上。他们不想自己去弄清楚这件事情，唯恐失去最后的堡垒和安慰。所以他们安静地坐在那里，既不祈求上帝惩罚凶徒，也不为他奉献什么。他们只想祈祷一次，解除内心的负担，但是他们却无法做到。他们不想撒谎，不想欺骗上帝，也不想欺骗自己。

怨愤激荡着人们的内心，让他们不得不去质疑，追问这一切的缘由，拒绝接受这一切。尽管普遍的氛围如此，但一群信仰坚定的犹太人还是表现得不一样。他们压抑自己的痛苦，抑制内心的怨愤，让自己沉陷于朴实的信仰之中。他们只是坚定地去信仰，不去计较，不去探究。即使现在，他们仍然坚信，落在我们身上的一切，我们所遭受的惨痛，都是一个我们无法企及的、更高的权威所做的安排。单凭人类的智慧，是无法找出答案的。他们每天的言行，都表现出这样的认识。即使到了现在，他们仍然紧紧地跟随着他们的上帝。他们心中抱着这样深刻的信仰，即使他们看到、感受到、察觉到这片信仰的海洋正在吞噬自己。当然，也可能，可能在他们内心深处，他们也深受折磨，也被“某些东西”弄得心神不定，但他们硬撑着，唯恐失去最后的安慰、最后的堡垒。

在这个五百人的大家庭里，既有信教的人，也有不信的人，既有忐忑不安的人，也有沉着镇定的人。有一小群人从一开始就选择了另一条路，后来他们的队伍越来越庞大——这些人就是组成祈祷团、进行每日颂祷的信徒。（教义规定，有十个成年男子，就要组成祈祷团，进行集体礼拜仪式）

时常会有某个不做礼拜的队员被那些祷告歌曲击垮。传统的安息日晚礼传来的回响和韵律传到他耳边，这声音与可悲可怖的现实是如此格格不入。他的头脑被一拨又一拨的思绪打乱，他回忆着过去的岁月，想象着自己坐在家中的场景。[63]

在“特别工作队”成员们的生活中，有一点着实令人意外，那就是囚犯们在集中营里是怎样履行他们的宗教义务的。他们的“秘密写作”描述了这些事情[64]。在这里，所有的人类价值都遭到了玷污、亵渎和践踏，然而仍然有一些囚犯坚定不移地信仰着上帝，遵守上帝的诫命，这样的信仰让他们能够保持着道德和希望。

囚犯们的口头证言表明，“特别工作队”的许多队员都还坚持着他们的信仰。他们没有成为无神论者，也没有放弃他们的宗教，而且认为过去接受的那些价值仍然十分重要。他们始终相信：希望并没有消失。对他们来说，信仰就像一道壁垒一样保护着他们，不让他们陷入绝望，变得冷漠。

我们很难想象他们如何在焚尸场里做礼拜，甚至根本无法想象在那里还有做礼拜这种事。这些被夺去尊严、本应该失去希望的人，却为了保持虔诚而费尽心力。有一些囚犯仍然坚持每日三次祈祷（Shaharit、Minha和Ma’ariv，分别指的是早祷、午后祷和晚祷）。这样一来，他们就能把最重要的人性特征保留下来，正是这种人性让他们不至于在地狱中失去理智。他们对上帝的敬畏当然也可以表明，这些人具有着极高的道德水平。这个“无神之地”里还有这样的神圣氛围与虔诚信徒——连知道这事的党卫队在注意到这些时，心里都产生了某种满足感。甚至，他们从这些祷告中得到了某种救赎，他们的良知的悸动也得到了某种宽慰，哪怕这些祷告是给一位犹太神明的。就连十恶不赦的罪人，在临刑时也会想将手伸向上帝——抑或是上帝的代理人，某位神职人员。

抵抗运动与斗争

起义计划

“特别工作队”的囚犯们一直在等待着，希望那成千上万掉进纳粹罗网之中的年轻力壮的犹太人，那些刚刚来到集中营、渴望活下去的人，在被杀害之前能够发起一次反抗，哪怕只是象征性的反抗也好。然而，他们看到的一切总是事与愿违：那些人始终顺从、被动地接受了自己的命运。对于“特别工作队”的成员来说，这样普遍的消极状况让他们沮丧不已。当然，新到的犹太人进行反抗的事情也有，不过却是少之又少，只是偶尔出现而已：

> 不止一次，成百上千个强壮健康的生命排成纵队从我们面前走过去。这些人来自俄国和波兰，也有吉普赛人。他们知道自己是被带到这儿来送死的，但是没有人试图反抗或斗争。他们就像是一群待宰的羔羊。在那十六个月里，只出现过两个特例。在一批从比亚韦斯托克（Bialystok）运来的囚犯里，有一

个勇敢的年轻人，是个真正的勇士。他用刀子突袭了警卫，刺伤了几个人，使他们流了血，然后在逃跑的时候被射杀了。至于第二个特例，是和华沙运来的人有关的，我要为之鞠躬，表达我的尊重和敬仰。这批人都是来自华沙的犹太裔美国人，其中有一些就出生在美国。这些人原本都要从德国的一个隔离营送到瑞士去，在那里得到红十字会的保护。然后，“文明”、正直的当局并没有把这群美国人带到瑞士去，而是把他们送到了这里，送到了焚尸场，送到了烈火之中。这件英勇的事情就发生在那时：那位年轻的女英雄是一个来自华沙的舞者，她从奥斯维辛“政治部”的党卫队上士[1]夸克耐克（Quakernack）手中抢下了一把手枪，并用它打死了集中营的登记员、臭名昭著的席林格（Schillinger）下士。

她的举动鼓舞了更多勇敢的女人，她们捶打着这些暴怒不已的禽兽、这些穿着制服的党卫队员，把瓶子和其他东西朝他们脸上砸去。

被送到集中营来的人都知道自己已经置身死地了，但只有这两件事中有人奋力反抗过。而那成百上千个死难者，尽管心中知晓，但就这样走向死亡，就像是待宰羔羊。[65]

偷偷写日记的那些人，是“特别工作队”抵抗运动中最重要的成员，他们在准备并发动起义的过程中扮演着重要角色。他们中间大部分人都为此付出了生命的代价，而那些没有死在起义中的人，也没过多久就被杀害了。他们在日记中特别强调了组织一次武装起

［1］ 党卫队的军衔体系独特而复杂，本书中的军衔是参照对应的国防军军衔级别来翻译的。

义的念头：

我们希望并且相信起义会发生在今天。今天就是决定我们命运的日子，是我们一直以来屏息以待的日子，是这件大事发生的日子——这一天，这群绝望的、站在坟墓边缘的人们举起抗争的大旗，跟我们手拉着手，一起参加到这场敌我悬殊的斗争中。那样，我们就不会在意到底是不是已经无力回天，或者究竟能不能靠抗争赢回自由、保住生命。对于我们来说，此举最大的意义，就是我们可以英勇地终结自己惨淡的生命。这些可悲、可怕的事情终归要有个了结（……）。

我们没有人认为这件事会很顺利。一旦他们试图把我们这个大家庭拆散，“特别工作队”的兄弟们就会证明自己是什么样的人，那将是我们的第一次抗争。我们会证明自己，因为他们不能再欺骗我们，让我们觉得他们带我们来这儿干活，是因为我们才是他们需要的人，而不是其他人。我们目睹了成千上万活生生的人从军火工厂被带到这里，送进焚尸场，他们才是纳粹最需要、也最有活力的人。这些暴徒、这些阴险卑鄙的恶棍，再也不能让我们相信我们劳作着的双手还要用到其他的地方去。不能！他们再也不能这样蒙骗我们。一旦他们凶残的双手伸向我们这个坚如磐石的团体，加害我们，我们就会起来反抗，所有人团结一致，就像是受伤的野兽被惊醒一般，扑向这些曾残杀无辜的凶手和罪人。然后，决定性的时刻就到来了，就由不得他们了。再然后，这种已经在内心深处酝酿了好多好多个月的复仇情绪就会喷发出来，像熔岩，像火山。这可怕、痛苦的噩梦持续了十五个月，终将宣告终结。

我们希望，也深信着：只有在那个时刻，只有当我们直面那种要除掉我们性命的威胁时，我们才会清醒过来，才会明白悲惨的现实已经为我们揭示了赤裸裸的真相：我们所有的希望、梦境和幻想都只不过是空想而已，之前我们一直依赖的不过是迷惑自己的假象，好让自己对那些一直威胁着我们性命的可怕危险视而不见。然后，我们意识到自己已经快把机会给耗光了，再这样下去，我们就再也没有希望能在还活着的时候进行反抗，反抗这个野蛮人的国度，报复他们对我们这个民族犯下的难以置信的、前所未有的暴行——我们再也不能等下去了，我们等不到最终的时刻了。当我们感受到的只是自己的坟墓在被一点点挖出来，面前的深渊在一点点展开，那个伟大的时刻就到来了。在工作队干活的这段可怕的时间里，我们心中产生的愤恨、暴怒、痛苦和挣扎让我们燃起了复仇的迫切渴望，这些情绪全都集中到了一起。所有这一切与威胁着我们的生命的危险交织到了一起，然后再加上我们心中为集体复仇、捍卫生命的渴望——它们点燃、刺激、鼓舞了我们身体里的每一束神经。接着，爆发的时刻到了。复仇的烈火让每一个人都燃烧起斗志——每一个人，没有例外，不管体力如何、个性如何(……)。

如今，我们都站在坟墓边缘，濒临死亡，马上就要经历最后的挣扎。为什么要在地狱里苟活，呼吸着同胞死亡的气息呢？我们现在能回答这样的质疑了。我们这样坚信着。[66]

组织一次“特别工作队”起义并不只是不切实际的幻想。这个念头日渐成熟，终于在1944年底被付诸实施。

“特别工作队起义”

这一事件在奥斯维辛历史上被称为“特别工作队起义”，发生于1944年10月7日，周六的正午时分，地点就在比克瑙的一号（二号）焚尸场和三号（四号）焚尸场。从发生顺序来看，这已经是犹太囚犯们在纳粹灭绝营里发起的第三次起义了，前面两次起义分别发生在特雷布林卡（Treblinka）[67]和索比堡（Sobibor）[68]。党卫队对待囚犯们穷凶极恶，暴虐残忍，不时会逼得集中营里的犹太人起来反抗，刑囚工作队[1][69]的起义和苏联战俘的大规模出逃事件也是出于同样的原因。[70]

但是，“特别工作队”的起义是独特的，因为它是奥斯维辛历史上唯一一次武装反抗行动。由于他们是在孤立无援的情况下发起反抗的，参与起义的犹太人的英勇无畏表现得尤为突出。尽管他们和集中营抵抗运动的许多地下组织展开了合作，并且一起策划了一场全面起义，但他们最终还是只能靠自己。起义爆发的那一天，他们的行动是完全独立的。

“特别工作队”的起义得以实现，是由于他们与抵抗运动组织“奥斯维辛斗争队”[71]以及它的犹太分队进行了合作。犹太分队里的第一批囚犯是在1942年从两个地方送到奥斯维辛的，这两个地方是切哈努夫和姆瓦瓦；正是这批人组成了抵抗运动组织的核心。该组织策划了多次保卫行动和复仇行动。“斗争队”的成员人数稳步增长着，还在比克瑙建立了一个分支。[72]其中，最著名的成员有斗争队的领袖莫特克·比洛维奇（Motek Belowicz）（又名莫尔代

［1］ 因犯罪或过错而被遣送到集中营的囚犯组成的工作队，带有惩罚性质。

哈·哈勒里 Mordechaj Halelli）、阿里（莱伊拜克）·布劳恩（Arie Lejbek Braun）、伊斯瑞尔·古特曼（Israel Gutman）、耶胡达·劳佛（Jehuda Laufer）、哥德尔·希尔博（Godel Silber）、诺亚·扎布罗多维克茨（Noach Zabludowicz）和摩西·科尔卡（Moshe Kulka）。[73] 这个队伍组建之后不久，就为了合作而与奥斯维辛的抵抗运动建立了密切联系。[74] 这样一来，它就获得了国际性抵抗运动组织的领导之一——布鲁诺·鲍姆（Bruno Baum）的帮助。[75] 正如上文所说，各个抵抗运动组织想要策划一次所有囚犯（包括犹太人和非犹太人）的全体起义，因为他们相信苏联红军已经迫近，并且住在集中营附近的波兰人也会参与到斗争中去。

在准备起义的过程中，在生产炮弹装药的军工厂工作的犹太人负责把炸药偷偷运出来，用于制造炸弹和手榴弹。伊斯瑞尔·古特曼和耶胡达·劳佛两人曾被分配到军工厂，他们与在该厂工作的年轻犹太女囚们取得了联系。[76] 罗莎·罗伯塔（Roza Robota）是一位来自切哈努夫的年轻犹太女子，她在女囚营里的服装间工作，正是她说服了这些女囚与抵抗运动组织合作。[77]

罗莎·罗伯塔从诺亚·扎布罗多维克茨[78] 那里了解到准备起义的事，诺亚是罗莎自年少时在切哈努夫结识的朋友。罗莎组织了一群在炸药车间工作的犹太女人。这些囚犯们冒着生命危险，答应罗莎会趁着收工回到比克瑙集中营时，把炸药偷偷运出来。她们只能运出极少量的炸药，这样才能躲过党卫队的检查。把炸药带到集中营以后，她们就转交给罗莎·罗伯塔，罗莎再把炸药交给和她联系的“特别工作队”的囚犯。他们把炸药藏在手推车里，再拿其他东西把手推车塞满。随后，他们再将这些炸药藏到焚尸场楼房墙壁的凹洞里。[79]

伊斯瑞尔·古特曼和耶胡达·劳佛也能在这群犹太女囚的帮助下得到少量炸药，他们把炸药藏在面包片或者装有活底的饭盒里，再偷偷带出来。[80] 等到炸药以这种方式到达奥斯维辛主营区之后，就会立刻被送到抵抗运动的成员们手中。这些把炸药偷偷运出工厂的囚犯们——伊斯特（艾斯图西亚）·瓦斯布鲁姆（Ester Estusia Wajsblum）、艾拉·加特纳（Alla Gartner）和蕾佳娜·萨菲尔（Regina Safir）——之后都为此付出了生命的代价。[81]

在那几个月里，参与到抵抗组织中的“特别工作队”队员们一直在劝说整个集中营抵抗运动的领导层立即发动一场武装起义。甚至在1944年春天从匈牙利运来大批囚犯之前，他们就已经开始加紧敦促领袖们发起行动。然而，抵抗运动的领袖们推迟了进行全体起义的决定，希望等到条件更好的时候，并建议“特别工作队”的成员们不要擅自发动任何形式的抵抗。[82]“特别工作队”的囚犯们认定，他们与集中营抵抗运动领导层存在着利益和目标上的分歧。[83] 集中营抵抗组织里的同志请求他们保持耐心，但他们看到的却是数千名被运往比克瑙的犹太人惨遭杀害。因此，他们自行制定了几个行动日期。据列昂·科恩（Leon Cohen）所说，原本定于1944年8月19日发动的“特别工作队起义”，随后被提前到了8月15日。[84] 然而，集中营的抵抗运动需要依靠正在推进的苏联红军的帮助，所以他们反复敦促“特别工作队”的领袖们推迟发起行动，而后者也不太情愿地接受了这一建议。[85]

迅速发起起义的计划屡屡受挫，“特别工作队”里的一些队员决定自己对压迫者进行反击。渐渐地，他们意识到集中营的抵抗运动组织之所以无法发起起义，就是因为武器和准备都不够充分。他们相信自己的日子已经屈指可数了，不久之后自己就可能会被杀掉。

1944年10月初，有传言说德国人要除掉他们这些目睹滔天罪行的人。这样一来，就很难指望有人能够逃出去，把这个死亡工厂的真相告知天下人。[86]“特别工作队”的囚犯们注意到他们的人数正在逐渐减少，更加强烈地意识到时间已经不多了。[87]

随着运到集中营来的囚犯数量逐渐减少，“特别工作队”的队员们知道他们不能再等下去了。[88]起义前集中营里发生的几件事也促使他们决定单独行动。1944年6月底，为了更有效地把“特别工作队”与其他囚犯隔离，德国人把“特别工作队”的队员们从男囚营的BIId营转移到了焚尸场那边。[89]1944年9月23日，又有200名“特别工作队”的囚犯被骗出去，惨遭杀害。[90]1944年8月，党卫队二级上士（Hauptscharführer）奥托·莫尔（Otto Moll）杀害了焚尸场的囚犯大队长（Oberkapo）雅各布·卡明斯基，而卡明斯基就是正在酝酿的起义的组织者之一，是“特别工作队”中极其特殊的人物。[91]

就在起义发起的前几天，“特别工作队”的成员们发现，他们很快就要追随那300名同志的脚步被杀死了。9月底，党卫队一级下士（Scharführer）休伯特·布希（Hubert Busch）列出了一个名单，要求名单上的300名成员“到另一个工作队去”。几个列入名单的人把这件事告诉了“特别工作队”抵抗组织的领导层。他们声称自己会主动抵制调离，绝不会让敌人“护送”他们调离工作队。这导致“特别工作队”里出现了分歧，一部分人认为应立即行动，而“特别工作队”抵抗组织的领袖们却仍然决定不能擅自单独行动，否则会使集中营抵抗组织和特别工作队地下组织之间的合作陷入困境。[92]

由于起义的目击者都没有幸存下来，而且我们也没有和其相关的文件资料，起义的过程仍十分模糊，疑问重重。故事有多个版本，在谈到参与者的英雄精神和该行动的象征意义时更是众说纷纭。然而，“特别工作队”囚犯们的证言可以让我们还原出这次起义的大致轮廓。预先设定的信号一发出，“特别工作队”的队员们就把一切能拿到手的东西当作临时武器，包括石块、铁棍、短斧和铁锤。他们开始攻击三号（四号）焚尸场场院里的党卫队队员，还引爆了几颗事先准备好的手榴弹，然后便试图逃出焚尸场。很多人往附近的森林里逃去，而另一些人则往四号（五号）焚尸场跑去，那里离三号（四号）焚尸场只有几十米远。[93] 这场战斗完全出乎德国人的意料。战斗过程中，囚犯们杀死了三名党卫队员，他们分别是鲁道夫·艾尔勒（Rudolf Erler）、约瑟夫·普尔克（Josef Purke）和威利·弗里兹（Willi Freese）；[94] 此外，党卫队还有很多人在起义中受了伤。还有几个囚犯用浸过汽油的破布把焚尸场顶楼放着的床垫给烧着了。

火势蔓延得很快，熊熊烈火在大楼上燃烧了起来。有很多证言提到，“特别工作队”的囚犯们事先秘密准备了手榴弹，还有装满炸药的盒子，他们把盒子藏在了不同的地方——起义过程中，他们就是用这些东西炸毁了焚尸场。[95]

一号（二号）焚尸场的囚犯们看到三号（四号）焚尸场的火光和滚滚浓烟、听到党卫队的枪声，他们推断全体起义已经开始了，并立即采取了行动。[96] 首先，他们攻击了那个叫卡尔·康佛恩特（Karl Konvoent）的工作队大队长，把他活生生地扔进了焚尸场里熊熊燃烧着的火炉中。[97] 他们没法和三号（四号）焚尸场的同伴们取得联系，而且大批党卫队员正在赶来，让他们惊慌不已，所以他们纷纷越过围栏逃了出去。围栏外面是带刺的铁丝网，对面是 BIb

区的女囚营。他们冲了过去，用钳子把铁丝网剪破几处，然后竭尽全力跑了几公里，一直跑到了拉伊斯科（Rajsko）。那里有一座奥斯维辛附属营区，他们跑进去，躲到了一座谷仓里。然而，党卫队的人很快就包围了他们，往谷仓放了一把火，烧死了所有藏在里面的囚犯。[98] 二号（三号）焚尸场的"特别工作队"队员并没有参与到这次起义中，因为他们的队长让他们进到焚尸场的楼里面去，并向进入焚尸场的党卫队保证：他的手下决不会参与起义。只有一个囚犯起来反抗，然后被处死，[99] 其他所有人都暂时活了下来。

在起义期间，451 名"特别工作队"的囚犯惨遭党卫队杀害，212 名囚犯活了下来。[100] 几乎所有的起义领袖都被杀死了，包括：约斯・华沙斯基、扎曼・格拉多夫斯基、雷布・朗非、阿切克・卡尼亚克、约瑟夫・德莱辛斯基和雷布・帕努兹。随后，党卫队在起义后的检查中又杀死了一些囚犯，受害者的数量随之增加，其中就包括詹克尔・汉德斯曼（Jankiel Handelsman）。

之后不久，党卫队开始调查整个事件。他们搜出了炸药，并由此找出了在军火工厂做工的女囚。这些年轻女人被指控为叛乱者提供所需物品。与此同时，集中营政治部展开了一项强硬的紧急调查，以确定哪些囚犯与"特别工作队"在暴乱中里应外合。他们的怀疑集中在四个女人身上：罗莎・罗伯塔，以及她的三位同伴蕾佳娜・萨菲尔、艾拉・加特纳和伊斯特・瓦斯布鲁姆。他们把这四个女人关了起来，严刑逼供。[101] 集中营抵抗运动的犹太组织成员们害怕这些女人会在酷刑下屈服，供出他们的名字。[102] 然而，他们的担心是多余的。在她们被处死前不久，诺亚・扎布罗多维克茨去了位于二区（被称为"死亡营房"）的囚室中，看望了罗莎，是该营区的犹太队长雅各布・科泽茨克（Jacob Kozelczyk）把他放进去的。

罗莎用最后的力气写了一封信给那些积极参与抵抗运动的朋友们。她的一位同伴讲述说：

> 诺亚给我们带来了罗莎的一封信，那是她最后的致意。她告诉那些折磨她的调查者，是她主动把物资给“特别工作队”的人的，而且她一点也不后悔。她在信中说，死并不是件容易的事，但是我们没有理由害怕死亡。她决不会背叛（我们）。她说，盖世太保能找出的跟起义有关的人，就到她为止了。她只有一个请求，那就是：有一天，我们之中有人能够重获自由，能够复仇。她还在这封信的最后写了一句祝福，“要坚强，要勇敢”（hazaq ve–emats）。[103]

1945 年 2 月 6 日（也有资料说是 2 月 5 日），罗莎和她的三名同伴在奥斯维辛的女囚营被公开处以绞刑：两人在早点名时被处死，两人在晚点名时被处死。这时正是集中营被撤空的前几天。在绞索套上脖子之前，罗莎挣扎着大喊：“姐妹们，报仇啊！”[104]

伊斯瑞尔·古特曼是奥斯维辛里犹太复国主义抵抗组织的成员。他阐述了“特别工作队起义”所具备的重大意义，哪怕起义失败了，大部分参与者也付出了生命：

> “特别工作队”的起义最终以失败告终。奋起反抗的囚犯们没有得到任何外界力量的支援，而且集中营里的大量囚犯也没有加入到他们的斗争中去。然而，“特别工作队”起义的这个日子，象征着他们的复仇精神和英勇气概。在这个杀戮之谷，数年来有成千上万的受害者失去生命……而那些起义者则是战

斗过的犹太人。偌大的集中营关着数以万计的犹太囚犯，只有极少数犹太人撕破了顺从的风气，拒绝接受命运。在来自欧洲各国的囚犯们面前，“特别工作队”的起义表明犹太人是有能力起来战斗的，而且他们也知道该怎样捍卫自己的生命。[105]

一位女囚的证言向我们描述了那时的普遍氛围，以及目击者如何评价参与起义的勇士：

那是 1944 年的 10 月。一个清冷、安静的早晨。奥斯维辛里一个普通的早晨。

在营房里，工作还要继续。突然间，轰！轰！……营房不远处发生了爆炸。我们都在摇晃。整个集中营仿佛要被震动抛到空中。营房之间都是人，惊恐万分、气喘吁吁。他们四处跑着，想要找到个地方躲起来。他们朝营房跑去，又跑了回来。没用的，根本无处可逃。党卫队的守卫们拿着手枪追赶着他们，疯狂地吼叫。子弹划破空气，火光四起。

“站住！”你可以听到他们喊叫着，随即是一串子弹射来。我看到那些男孩倒下去。目光所及之处，遍地死尸。

党卫队有个人冒了出来。“你还活着？”他怒气冲冲地问着一个浑身鲜血的男孩，用穿着靴子的脚踢他。“你还活着？狗东西！”

那个男孩先是趴着，然后畏缩着翻过身来，躺在营房附近的地上，鲜血从他的脸上涌出来，眼珠凸出了眼窝。

我们现在能看到远处浓烟滚滚。着火了！二号焚尸场烧起来了。警报声呼啸起来，加剧了骚乱。出了什么事？起义了？

焚尸场起义了？[106]

起义结束后，活下来的囚犯对那些在战斗中牺牲的“特别工作队”成员们的勇气大加称赞：

谁能估量我们伙伴中每个人的勇气和奉献呢？他们之中有三个人留在焚尸场里，想把它给炸掉，甚至和它同归于尽……

当（希望）终于偷偷溜进心里时……可能无论怎样，他们都会放弃希望的……这难道不是刻意牺牲自己的生命吗？他们一心向死，选择了自我牺牲，因为没有人逼他们这样做。没错，他们本可以和别人一起逃走，但他们并没有这样做。谁能恰如其分地评价我们的伙伴有多伟大、有多英勇呢？实际上，我们中间最出色的那些人在那里倒下了，最好的、最珍贵的、被选中的那一群人……他们带着尊严，不管是活着还是死去。[107]

和“特别工作队”囚犯们有关的文献

“特别工作队”囚犯和他们的“秘密写作”

关于“特别工作队”成员们的内心世界——包括他们的想法、情绪、担忧和他们在灭绝设施里工作时所遭受的折磨——我们手头最可靠的材料就是那些被叫做“特别工作队秘密写作”的资料了。这些文件里既有日记，也包括其他的历史和文学文本。它们大部分都是用意第绪语写就的，其作者大多是正统派的犹太教徒。在策划了“特别工作队起义”的抵抗运动组织中，他们十分活跃。这些人包括扎曼·格拉多夫斯基、哈依姆·赫尔曼（Chaim Herman）、雷布·朗非、扎曼·雷文塔尔和马塞尔·纳加里（Marcel Nadjary）。他们在比克瑙营房里的小木床上偷偷摸摸地写下了这些文字，然后把它们埋在焚尸场附近的土里，希望这些手迹终有一天被人发现，成为原始的历史资料，供人们研究奥斯维辛里灭绝犹太人的行动和“特别工作队”囚犯们的工作。这些作者们相信，他们是德国人屠杀罪行的最后的见证者。他们担心，如果不把这些罪行记载下来，后人就没有证据和资料来指证那些骇人听闻的事件。

到目前为止，人们只发现了一小部分日记，而且这些断章残篇由于长年累月处在潮湿的环境中，已经遭到了破坏。用来藏这些文件的锡罐并不能为它们提供充分的保护。而且，这些作者弄不到高质量的纸张和墨水。尽管如此，现在发现的这些文本仍然具有极高的历史价值。这些手稿最终被汇编成了一本书，名为《奥斯维辛手卷》（*The Scrolls of Auschwitz*），并被译为多国语言出版。[108] 通过他们记录下来的这些文字，我们可以了解奥斯维辛里灭绝行为的全部过程，知晓这些人的内心活动，理解他们创造的生命哲学。这些记录回答了几个很重要的问题：作为犹太民族灾难的直接目击者，“特别工作队”的囚犯们有什么感受？在受害者们死前，队员们最后见到他们的时候，在那几分钟里是怎样对待他们的？当他们把成千上万具尸体从毒气室里拖出来的时候，他们的情绪是怎样的？他们怎么看待自己和工作队的同伴？他们怎么看待德国人？他们试过阻止灭绝过程吗？他们最后的念头是什么？

大多数情况下，“秘密写作”中展现出来的“特别工作队”囚犯们的形象都与一直以来人们对他们的偏见截然相反。这些文字证实：当囚犯们面对无处不在的死亡、痛失兄弟姐妹时，情感反应其实是很强烈的。这些手稿使我们得以了解队员们在这样严酷的现实中，内心的情感世界和道德观念是怎样的。这些作者们并没有试图去模糊或者粉饰事实，也不惧怕暴露他们日常生活中的阴暗面，而这些又进一步确保了记录的可信度。同样，他们也毫不犹豫地强调了自己在奥斯维辛这座炼狱中所做的一些高尚行为。

给后人的历史文献

"特别工作队"的成员们想要给后人留下一些书面的文献记录，以纪念那些在他们眼前被杀害的犹太人，记录他们曾经遭受过的苦难与折磨。扎曼·格拉多夫斯基是其中一位日记作者，他对日后可能发现日记的人提出了请求：

> 发现这些日记的有缘人！
>
> 我对你有一个请求。我写下这些东西的真实目的，其实是因为我的生命注定要终结，我希望它至少能有一些分量，希望我在人间地狱里的那些日子、那些绝望的早晨，能为将来提供一点意义。
>
> 我所告诉你的，是这个叫比克瑙-奥斯维辛的地狱里发生的事情，我所说的只不过是一部分。你可以想象那里的现实是怎样的。我写下来的比你现在看到的要多得多。我相信，只要你能循着这些文字的痕迹，就一定能体会、能想象我们的兄弟姐妹是怎样死去的。[109]

在日记的另一处，格拉多夫斯基写道：

> 我写下这些文字，也是为了能让你们多多少少得知我们的兄弟姐妹是怎样惨死的，得知你们应该怎样报仇雪恨，为了他们，也为了我们。这些暴行的证据虽然在我们手上，但是谁知道我们能不能幸运地活到重获自由的那一天呢？因此，我希望我写下的东西能够唤起你们的情感，在你们心中点燃复仇的火苗，这火苗会点燃所有人心中的怒火，让他们团结在一起，让那些使我们血流成河的人血债血偿。[110]

日记的作者们往往还抱着这样一种想法：希望他们写的东西最终会成为史料。扎曼·格拉多夫斯基请求将来发现他的手稿的人不要停止搜寻，直到找出所有埋在比克瑙的土地里的文件为止：

> 亲爱的发现者，在这儿的每一寸土地找找吧。这儿埋着几十份文件，都是由我和其他人写下的，里面揭示了这里发生的事情。这儿也埋着很多牙齿。我们这些“特别工作队”的成员把它们散布在这个地方，埋在我们能到达的每个角落，好让无数惨遭杀害的冤魂留下的痕迹有朝一日能被发现。至于我们，我们从很早前就已经放弃了希望，不指望能活到重获自由的日子。尽管有些好消息已经传来，但我们意识到，在这个世界里，这群野蛮人仍然能以空前的规模彻底灭绝剩余的犹太人。[111]

“特别工作队”的囚犯们比其他人更害怕后人无法得知奥斯维辛里发生的惨剧。因此，他们希望能够给这个世界留下准确可靠的记录，好让后人了解这场针对犹太人的灭绝式的大屠杀，了解屠杀的原因和整个过程：

谁知道明天太阳升起的时候，目睹了今夜的残酷和黑暗的人还在不在呢？你心里可能会想，你周围的这些巨大的、可怕的破坏是大炮的杰作，你当然也会认为我们的兄弟姐妹遭遇的灭顶之灾仅仅是战争的后果。你会觉得在欧洲的以色列子民全数消失不过是由于一场自然灾害罢了，仿佛上帝降下了征兆，大地张开，全世界的犹太人聚集到那里，被大地吞噬。

你会拒绝相信这样骇人的毁灭竟然是人类造成的，仿佛人已经变成了凶残的野兽。[112]

扎曼·雷文塔尔强调，他和同伴所做的这些事情具有重大的历史意义。“如你所见，”他在文中对读者说，“一个对历史感兴趣的人，会不辞辛劳地收集照片、证据、报告，还有那些能够吸引将来的历史学家来到这里的那些信息，这些信息都是有用的。”[113]

雷文塔尔想要确保后人能够准确地看待、理解犹太人大屠杀，不要混淆、扭曲任何相关的事件。他很担心，因为他知道人类是无法想象集中营里真正发生的事情。这就是为什么对于“特别工作队”的囚犯们来说，能有一名成员活下来特别重要。只有活下来的人才能原原本本地讲述这儿发生的一切事情和他们所遭遇的苦难。[114]

然而，雷文塔尔强调说，即使是这样的讲述也不可能呈现全部的真相。真相“远比这些要可悲、可怕得多”。因此，这就要靠历史学家来继续搜寻，因为那些资料被埋在不同地方的土里面，而把它们找出来是至关重要的。[115]

没人能想象这样的事情，所以人们不会相信我们，他们不相信那种权力会放过我们，让我们活下来……那些人的力量……讲述这些事情……我们这个有限的群体……多一个……我们中间谁能有活下来的机会呢？我们自己都觉得连百分之一都没有。当我发现一包书面材料时，我意识到我必须把它藏起来……这样，他写的东西才不会消失，这个世界才能……未来……因为种种原因，我无法自己去讲述我想讲述的每一件事情，主要是因为当时我们很不幸地处于监视和看管之下。我们犯过大错，认为他们是需要有人干活，我不能对这种错误缄口不言。他们确实需要有人干活。但是，灭绝犹太人是他（们）的……首要任务。特别是……将来研究者们会描述这一点，然后历史学家和心理学家也会清晰、确切地描绘这段历史和他们所经历的苦难（……）……那是对真事的描述，但仍然不是全部的真相。真相远比这些要可悲、可怕得多。就在笔记本里……挖吧，找到那些埋在各个地方的本子。接着找！你会发现更多东西的。[116]

朗非无时无刻不在担忧着这些手稿的命运。他对将来发现这些文件的人提出了请求：

我之前写下了几本手稿，上面标了几个字母：A.J.R.A.。我把它们放在了罐子和盒子里，埋在了二号（三号）焚尸场的场院中。我请求您把它们全部找出来。还有两本比较长的手稿，一本题为《遣送》，就藏在一号（二号）焚尸场的残骸坑里，另一本题为《奥斯维辛》，藏在那个场院西南边的一个残骸堆里。我后来全部重新誊抄了一遍，然后把它们分开埋到了二号

（三号）焚尸场的骨灰堆下面。我请求您把这些手卷编纂成册，然后将这本书以《恐怖的屠杀》为名出版。

现在，我们剩下的这 170 个人现在要去“桑拿房”了。我们确信，他们是要把我们带过去杀害。他们选了 30 个人留在四号（五号）焚尸场里。

今天是 1944 年 11 月 26 日。[117]

自我批判

“秘密写作”是“特别工作队”的成员们对自己的悲惨处境的反思，既深刻又真实。首先，正如普利莫·利维（Primo Levi）所写的那样，人们理所当然地认为：经历过此等羞辱的人怎能客观地记录事实？相反，他们写出的东西更可能是“哀叹、咒骂、赎罪，或者尝试着为自己辩解、修复名声：是一种释放自身的宣泄，而不是坚实的真相。”[118] 所以，当我们发现“秘密写作”的作者们从未试图隐瞒任何事，也从未粉饰、歪曲事实的时候，真的感到不可思议。他们的文字里反而包含着大量的批评，针对的是道德滑坡的队员以及整个小组，这些人都受到其他囚犯的负面评价。

我们得知，这些文字的作者大多是正统派的犹太教徒，他们试图抵制“特别工作队”成员中出现的消极现象，而且往往都成功了。

看着身边的同伴们变得淡漠，甚至慢慢习惯了这份差事，扎曼·雷文塔尔感到痛苦万分。他抱怨说，单纯、谦卑的普通犹太人会循规蹈矩地完成工作，带着消极的情绪看待纳粹对他们成千上万的兄弟姐妹犯下的罪行：

（34）……你们为什么要做这样不体面的工作？你们该怎

么活着？活着的意义是什么？你们想要什么？……你们这辈子还有什么事情想要实现吗？……这就是这个工作队的（弱点），而且我一点也不想为这个弱点辩解什么。不过，我必须得说实话：随着时间的流逝，不止一个人失去了人性。你为自己感到羞耻，而他们全然忘了自己在做什么，忘记了这份差事的性质。随着时间的推移，他们慢慢习惯了，这让你感到惶惑不已……[119]

根据雷文塔尔的记载，第一批“特别工作队”的成员是由最谦逊、最优秀的人组成的。然而，他们却没办法活下来，很快就被杀掉了。能留在“特别工作队”里的人都不是那么值得称道的人：消极地讲，他们来自较低的社会阶层，素质没那么高。[120]他们中大多数人最终都变得有些麻木不仁了。然而，就算是在“特别工作队”里，也不缺乏那些能够抵制人性缺失的人；也许有的人会想“吃吧喝吧，明天我们就要死了”，但那些人从不认同这样的原则。[121]

“特别工作队”的道德问题

二战之后有一个突出的现象，就是人们强烈地渴望从道德层面了解犹太大屠杀，探索其中看似深邃无比的道德问题，尤其从受害者这一方面去看。当被驱逐、被非人化和被灭绝的可怕经历慢慢被理解的时候，人们开始发问：为什么会发生这些事情？如此规模的集体屠杀是怎么实现的？尤其对于幸存者而言，从奥斯维辛地狱生还之后再回头看时，或许可以更透彻地回顾过去发生的这些事情，找出那些在集中营和灭绝营里杀害了数百万人的凶手，让他们接受正义的审判。然而这种伸张正义的强烈渴望往往有一个副作用，那就是连一些受害者也要承担一部分指责。幸存者们试图克服大屠杀带来的创伤，然而这一过程中却出现了这种广泛存在的现象。我们可以列出多种因素来解释这一现象，包括心理因素、历史因素和社会因素。

很多人发现，单靠让有罪之人受到审判，从而让自己摆脱人类历史的这一深渊，这种做法前景并不明朗。大多数作恶者都身份不明，他们藏在集中营的体制内，在这个“国家社会主义”制度的体系里根本发现不了。此外，很多要抓捕的人在二战结束后设法逃到了南美，或者利用伪造的身份在德国或其他国家销声匿迹，这其中就包括多名曾在奥斯维辛任职、欠下累累血债的人。除了几次抓捕之外，犹太幸存者们鲜有精力、时间和耐心来追捕这些凶手，为死难的人们讨回公道，他们不得不开始新生活、建立新的家庭，勉强填补被杀害的亲人们留下的空白。

要直面这些罪行，并从道德层面去理解它们，人们就必须找出那些真正该负责的行凶者（或者至少是他们的帮凶）。因此，很多人便认为，控诉“最容易找到”的嫌犯是合情合理的做法——而这些嫌犯大多是当初的任职囚犯（队长或是营头），还有犹太委员会的成员，他们在集中营里被迫以这样那样的方式协助德国人。尽管对于犹太人来说，指控这些人意味着将矛头指向自己的兄弟，但在当时而言，为了发泄他们心中长期郁积的懊丧和痛苦，这不失为一种慰藉人心、甚至无可避免的方法。指控某些人相对比较容易，特别是许多当初的任职囚犯就生活在幸存者中间，很容易被发现、被抓住，尽管这些人试图保持低调。在这种追求公道的冲动之下，犹太社会将一部分注意力放在搜寻这些“纳粹帮凶”上面。

当人们指控对这些人与德国人相互勾结时，其实掺杂着对这些人的一种特殊的愤恨。一般来说，这些人的差事是帮助集中营当局确保营内的技术规范、官僚程序和经济事务顺利运转。在大多数情况下，他们被迫去做的事，都是最让人反感、恐惧的事。

作为任职囚犯体制的一部分，“特别工作队”的成员必须在实施集体屠杀的所在地——毒气室和焚尸场——夜以继日地工作。由于他们在整个灭绝过程的核心环节工作，因此当人们指控任职囚犯和其他可能充当帮凶的人有道德问题时，他们往往会是人们关注的焦点。

对于奥斯维辛－比克瑙集中营的囚犯们来说，这些有职务的囚犯在焚尸场和毒气室干活，是尽人皆知的事情。尽管这些队员与其他囚犯之间保持隔离状态，而且在营中也极少和其他人打照面，但是所有人都知道“特别工作队”的存在，而他们的恶名也在集中营里的普通囚犯们之中引起了恐惧、怜悯和不安。虽然集中营里的囚犯们对灭绝场地和“特别工作队”了解得很清楚，他们还是压抑住了这种恐怖的认识。他们不愿去想和灭绝设施有关的事情——这很自然，因为他们很害怕哪天就会在那里被杀掉，或者被派到“特别工作队”去。

很多人试图把“特别工作队”的这一现象放在某种道德框架下来看，然而这些做法都充斥着极大的不确定性。至于如何理解并解释“特别工作队”的囚犯们的行为，极少有人能给出清晰的、有指导意义的解答。这些犹太囚犯们的处境极为复杂，使得很多人对他们产生了各种偏见，这些人大多都没能理解“特别工作队”的特殊处境，还经常直接或间接地谴责队员们与德国迫害者相勾结，从而使队员们遭受不公。然而，大部分此类文献都表现出极大的不确定性，这就表明，在任何分析性的道德框架中评判“特别工作队”现象时，都避免不了许多根本性的问题。

当我们试着去做道德分析时，明智的做法似乎就是：从一开始就牢记，我们是历史的观察者，跟这一立场有关的一些基本问题要牢记在心底；同时还要扪心自问：在这种情形下充当审判者是否正当。这些问题和我们理解、评判这些现象的能力高度相关，这些现象是人类历史上前所未有的。事实上，历史上从来没有类似奥斯维辛这样的事情，更没有"特别工作队"经历的情形，没有人做过他们做的这些差事。

很多当初的囚犯们在他们的证言里解释说，在纳粹集中营里的日常生活，是建立在彻底颠覆所有道德标准的基础之上的。权力主要意味着可以压迫、折磨他人。像仁慈和怜悯这样的价值观则被视为是极端的、负面的、扭曲的。发生在这些集中营里的暴行和虐待，似乎根本没有什么限制，想象力在这里可以得到肆无忌惮的发挥。这种"价值转变"充斥并主宰了奥斯维辛－比克瑙的日常生活，特别是对那些任职囚犯产生了影响。由于他们身份特殊，要生存下去，必须比普通囚犯做出更多的调整，来适应这种"罪恶体制"。囚禁在奥斯维辛的日子里，即使原本没有任何邪恶、残暴的念头的人，也往往会被卷入到这些暴虐残忍的行为模式中去[122]。事实上，这种被迫适应，是集中营和灭绝营一切事情的基础。它带来的是一个颠倒的世界，或者用奥斯维辛幸存者、作家 K·蔡特尼克（K. Tzetnik）的话来说，是"另一个星球"，另一个按照一套完全不同的、未知的原则来运转的世界。[123]

即便不去了解这个概念更确切的含义，人们也会接受奥斯维辛幸存者们用大量的证词为这个地方勾勒出来的形象：在奥斯维辛里真实发生过的那些事情，在历史上没有先例，也不曾被人了解，更别说亲身体验了。之前历史上还从没有谁被迫去应对像集中营和灭绝营里这样既复杂又混乱的道德状况。为了在奥斯维辛活下来，人们必须用另外的方式来行动、思考。囚犯们不得不去适应这一切，尤其是当正常的行为标准已经不足以解决他们在营中遇到的心理和道德冲突的时候。

我们这个“正常”世界和集中营那个万恶的“颠倒”世界之间的距离是那样遥远、漫长，这再一次凸显了那些试图分析受害者行为的历史观察者们的尴尬立场。对于这一点，普利莫·利维简单地写道：“我觉得没有人有权评判他们，即使是那些经历了类似莱加集中营[1]生活的人也不能，那些没有经历过的就更不用说了。”124

“特别工作队”的囚犯们身处的极端环境提醒着我们，要用最大的感性去思考他们所经历的苦难。然而，这并不意味着对他们行为的具体分析会不加分辨地导向廉价的同情。

接下来，本书将从多个角度探讨“特别工作队”这一现象中道德层面的问题。在探讨了对“特别工作队”的明确谴责和其他更为微妙的描述之后，在普利莫·利维的证词的基础上，我们最终认为：就“特别工作队”的道德品行而言，即使是高度差异化的论述都是具有一定局限性的；而如果不能对这些奥斯维辛受害者还以公道，我们是不可能克服这些局限的。

对“特别工作队”的谴责

首先，我们会注意到，尽管非犹太裔幸存者也猛烈抨击“特别工作队”，但对他们评价最为刻薄的却是那些犹太幸存者。时至今日，我们还时常听到很多人斥责队员们在焚尸场里的所作所为。往

[1] The Lager, 纳粹建在英吉利海峡奥尔德尼岛上的一座集中营。

往连提及“特别工作队”这个词都会引发强烈的情绪反应和责难。

很多针对“特别工作队”的贬损之言，是源于人们的无知和偏见。营里一些囚犯的供述，甚至流露出他们对“特别工作队”成员的嫉妒。毕竟，尽管队员要做的工作十分可怕，但他们却可以得到比一般囚犯更好的口粮；而且对于奥斯维辛－比克瑙的一般囚犯们来说，“营养充足”和“营养不良”之间的差距，也往往意味着生与死之间的鸿沟。因此，有一些囚犯们从集中营出来之后，就控诉“特别工作队”甘做党卫队的爪牙，谴责他们残忍粗暴地把受害者赶进毒气室。

阿尔弗雷德·费德基维茨是一位曾被关在集中营里的波兰人。他描述了这样的景象：

> 焚尸场里发生了一些不可思议的事情。（……）“特别工作队”的成员们手上拿着短棍，站成了两排，每一批囚犯都安静地走在这两列中间，走向死亡。（……）偶尔，会有囚犯（冲着德国人）爆发出满腔怒火，这时，他的同胞们（工作队队员们）就会控制住他，把他带进毒气室。
>
> 一旦有意外发生，党卫队队员就会命令（“特别工作队”的囚犯们）去“安抚”打破平静的人。而当这种情况出现的时候，事情就升级成公开屠杀了。“特别工作队”的囚犯们就会操着短棍，把那人赶到毒气室去。
>
> 党卫队的队员站在一边，盯着“特别工作队”的囚犯们做这些事。他们观察着队员们，看看他们到底有没有好好干活——或者说，看他们有没有卖力地、不停地敲打这些大限将至的人。如果党卫队发现“特别工作队”里哪个队员没有使劲打人，就

会把这人也赶到毒气室去。对此，“特别工作队”里的每一个人都心知肚明。所以，他们就会不停地痛打那些即将遇害的人们。

对于那些摔倒在地上的人，他们没有半分怜悯之心，倒在地上的人就这样任人踩踏。那些尚能站立的人看到这一场景，则像闪电一般直奔毒气室（……）。

这就是一批批被送去毒气室杀害的人所要经历的一切，每一批人的数量都要超过一百。有些批次人数较少，过程就更为简单了。人们被命令在焚尸场前脱光衣服，但接下来却不是进毒气室，而是直接被带到焚尸间。在焚尸间后面，有人命令他们排成一行，然后，党卫队和“特别工作队”的人站到队列的两侧看守（他们）。有人命令他们一个接一个地走到焚尸炉门旁的铁担架边上。在那里，所有人都会被一名党卫队队员枪杀，倒在铁担架上。尚在抽搐着的身体就被塞进了炉中（……）。[125]

对于“特别工作队”囚犯们的描述，表现出一种总体倾向，即把这些纳粹的受害者们描述成纳粹的帮凶，全然不顾他们是被德国人强迫参与灭绝过程的。德国人设计了一些相似的机制——比如说，他们组建了“犹太委员会”，让它负责在隔都执行纳粹的反犹政策。隔都里的犹太人往往会觉得，真正的罪人是那些犹太委员会的成员，而不是在隔都地界极少见到的德国人。在这种情况下，“特别工作队”无疑就成了德国人“欺骗策略”的一个极端例子。而这些印象，在几个幸存者言辞激烈的证词里也有所体现，他们把党卫队犯下的罪行安在了“特别工作队”囚犯的头上：

队列的前排已经抵达焚尸场。几个党卫队的人在解说入营登记前的程序，说每个人都要冲澡、消毒……装在天花板上的淋浴喷头打消了人们的疑虑。

有些人不想走进毒气室，“特别工作队”的人便用棍子毒打他们，逼迫这些人进去。

然而，有时候毒打也没有用，“特别工作队”的人就会放出狼狗来咬他们。[126]

我们不能截然否认“特别工作队”里有人行为残暴。但是，如果说是“特别工作队”的囚犯们操着棍子把受害者赶进毒气室，则是十分可疑的。没有什么证据证明他们这样做过，而且形形色色的猜测也表明，只有在非常特殊的情况下才有这样的事，只有受到党卫队队员的直接而严酷的压力时，他们才会这样做。至于指控“特别工作队”的囚犯放狗去咬抵达焚尸场的人，也与事实不符，甚至是荒唐的，因为只有党卫队的人才会用狗。

有些陈述明显不准确，而另一些则没有充分地解读事实，得出了错误的结论，从而扭曲了“特别工作队”囚犯们的形象。这种误读的一个典型例子就是波兰人雅尼娜·柯曼达（Janina Komenda）的话，（她也曾是奥斯维辛的一名囚犯），她这样描绘“特别工作队”的囚犯们：

犹太囚犯是焚尸场里唯一的劳动力，他们千方百计地夺走那些将死之人身上的贵重物品、黄金和钻石……他们指望着用这些东西去贿赂党卫队的军官，以便得到更好的待遇、更多的甜头，因为在焚尸场里干活的犹太工作队经常被替换掉……[127]

柯曼达的证言不能说一点都不对。在很多时候，囚犯们的确从尸体身上拿走贵重物品，并用它们行贿。一只婚戒或者一条项链就能拯救一个人的性命，再不济也会延长一些。还有很多队员把这样的贵重物品交给了其他囚犯，也为集中营里偷偷摸摸进行的物资和援助的再分配出了一份力。他们的这些行为，严重动摇了柯曼达的解释（他们“千方百计”地抢走受害者的财物）。更重要的是，囚犯们并没有把拿走死人的随身物品、再在集中营里偷偷使用的行为看作是偷窃。事实上，他们把这种行为叫做“组织”——其本质上是一种生存策略，集中营任何囚犯只要能在干活时拿到贵重物品、食物或其他东西，大都会这么做。这进一步说明了雅尼娜·柯曼达的看法是不准确的。

这些针对“特别工作队”成员的责难有一个共性，那就是泛化程度很强，也就是说，只用少量的现象就来推断“特别工作队”这个整体。这种方式是很成问题的，尤其是我们清楚地知道，“特别工作队”包括几年间在焚尸场里工作过的成百上千个人。这些囚犯来自不同的国家（事实上，奥斯维辛的囚犯来自多少国家，他们就来自多少国家），文化背景也十分多样。因此，他们对于奥斯维辛里的情形的反应，以及在集中营里活下去时所用的办法也各不相同。因为这些差异，几乎不可能把“特别工作队”的囚犯当做一个同质的群体来描述。大量的证词也为我们粗略描述了一个复杂的形象，里面包含了各种各样的举动和行为模式。

下面的这段摘录就着重表现了“特别工作队”成员们行为的多样性：

“特别工作队”那群醉醺醺的犹太人，对待他们即将被处死的犹太同胞的方式和党卫队的人很像。他们就是可悲的例子，让我们看到人们是怎样在这个叫做比克瑙的炽热“丛林”里迷失自我的。

而另一方面，这个工作队的囚犯们会走到栅栏那里，冒着生命的危险，把那些被送进焚尸场的人的最后的问候转达给集中营里的其他囚犯。他们有时会带来一些小小的纪念物、照片或者信件——作为死难者给家人最后的消息。[128]

要想公平地看待“特别工作队”的复杂性，关键就在于将许多不同的、甚至相互矛盾的证言整合在一起，得出更为全面的描述和评价。然而，就算是汉娜·阿伦特（Hannah Arendt）这样的知名学者也未能达到这一标准，她的分析也得出过一些不牢靠的、偏颇的结论。阿伦特对于任职囚犯的指控使得围绕“特别工作队”的道德问题的争论达到了顶点。历史学家雅各布·罗宾森（Jacob Robinson）认为，阿伦特对于“特别工作队”的认识似乎大都来自于集中营长官鲁道夫·赫斯的描述。[129] 赫斯从未宣称“特别工作队”的囚犯们直接参与到了谋杀当中，但是阿伦特还是指控他们积极地参与灭绝过程，并且谴责他们为了活命而犯下这些罪行。[130] 她对这些犹太囚犯的指控既有失公允，也没有任何事实依据。尽管他们在焚尸场里工作的确是被迫的，但是这一事实显然对于阿伦特的观点没有产生什么影响；她直接断言，这些人必定是为了一己私利才加入到这个工作队的。而且，她甚至还认为这些人的真实工作其实是操作这套灭绝机器。她说：“灭绝营里实际的屠杀行为都是由犹太工作队一手完成的，这个众所周知的事实，已经被（艾希曼的审判）里的证人的证言牢固地建立起来。”不仅如此，她还这样描述希腊犹太人：“在奥斯维辛，很多希腊犹太人都被招进了所谓的死亡工作队里，这个工作队负责运作毒气室和焚尸场。”[131]“特别工作队”里的确有希腊犹太人，但他们和焚尸场里的其他犹太人干的活是一样的。他们是整个工作队中的一部分。“特别工作队”没有任何成员实际操作过毒气室。这些屠杀中心都是由党卫队管着，其他人不能染指。至于工作队里的任职囚犯，不管地位如何，都只能听从党卫队队员的命令，被他们胁迫。阿伦特对事实的扭曲广受诟病（正如她对犹太委员会的指控一样），引发了激烈的公开辩论，甚至愤怒的抗议浪潮。[132]

雅各布·罗宾森坚决反对阿伦特的观点，并以令人信服的方式驳斥了她的许多误解：

> 真正下手杀人的是党卫队员和他们的乌克兰帮凶们。“特别工作队”只负责处理尸体，并不参与放毒气杀人。（……）新近发现的奥斯维辛“特别工作队”的日记表明，工作队的成员秘密地编写了受害者的名单，他们每天都在冒着生命危险，只为把发生的事情记录下来。和阿伦特女士的描述截然相反，奥斯维辛里的起义并不是“这些集中营里发生的为数不多的起义之一”。事实上，在六个集中营里，有三个（索比堡、特雷布林卡和奥斯维辛）都曾发生过“特别工作队”的起义。[133]

罗宾森认为操作毒气室的只有党卫队，他通过考察党卫队的行为，提出了进一步的证据。约翰·保罗·克莱默是奥斯维辛党卫队的一名军医，罗宾森引用了他的日记，证明党卫队员之间经常为谁可以参与毒气杀人而争吵，因为执行这样特殊任务一般都会得到特殊的配给作为奖赏，比如五升烈酒、五支香烟或者若干香肠和面包。[134]

阿伦特将赫斯的话作为主要的史料来支持她的论点，这也带来了另一个十分严重的问题。赫斯在费尽心机写下的日记里试图把自己描述为一个中立的观察者。然而，他实际上代表着凶手的视角。在日记里，他多次对“特别工作队”囚犯们的行为表示惊讶，尤其是他们执行党卫队的命令时表现出的恭顺和服从。从下面的片段里，我们可以看到在赫斯所描述的脱衣室里发生的事情：

> 在囚犯们脱下衣服、走进毒气室的过程中，“特别工作队”的人一直都在热切地帮助他们，这实际上看起来十分古怪。我从来没有看到、也没有听到有人对这些要被毒气毒死的人透露一点点即将发生在他们身上的事。相反，工作队千方百计地欺骗着这些人。最主要的是，一旦有人似乎猜测到前面等待着他们的究竟是什么，工作队队员们就一直努力安抚这些人。(……)我看着“特别工作队”是怎么对他们说谎的，又是怎么用令人信服的词句和手势强调着这些谎言，感到很是有趣。
>
> “特别工作队”成员们平素的行为也一样奇怪。他们全都心知肚明：等到一切结束的时候，他们也会像在之前死去的同胞一样，遭受同样的命运，虽然在同胞们死去的过程中他们“帮”了不少。尽管如此，他们仍然带着热切的心情做着这份工作，在囚犯们脱衣期间关心、帮助他们；不过他们也会用暴力对待那些不愿脱下衣服的人。这也让我感到惊奇。他们从不曾告诉这些受害者前面等待着他们的是什么。他们也会把制造麻烦的

人带走，然后在后者被枪毙的时候紧紧地按住他们。他们小心地领着那些受害者，不让后者看到那个站在那里、拿着手枪准备就绪的士官。如此一来，那个士官就可以在不被发现的情况下，瞄准他们的后颈。[135]

赫斯的惊讶之情看似十分真实，但实际上都是装出来的。如果我们仔细研究他的这种情绪，就能搞清楚这个罪大恶极的恶棍的想法——他根本就不能（也不愿意）如实地理解和分析这些受害者的动机。他从极远的距离之外观察着“特别工作队”囚犯们的行为。其目的不是为了理解被他所迫害的人的行为，而是给这些人的整体境遇寻找托辞。事实上，他的“客观”描述是十分刻薄、恶毒的：这个人明明是“特别工作队”成员们受苦受难的罪魁祸首，而他竟敢观察甚至批评他们。赫斯的证言，反映了党卫队的人看待“特别工作队”的真实心理：他们才是真正的罪人，他们建立这些工作队就是为了减轻他们自己的责任，把沉重的罪恶转嫁给这些受害者。党卫队不希望受害者感到自己是无辜的。[136]

首先，赫斯的“震惊”揭示出犹太囚犯在他眼中的形象：他们是完全退化、卑微下贱的“亚人类”，自然让他这样的“正常”人类（哪怕不说是 “优等”人）难以理解。因此，我们在研究赫斯的日记时必须万分谨慎。如果像阿伦特那样对赫斯的话照单全收的话，就很容易对这些历史事件产生严重的误读。尽管赫斯在一定程度上如实地描述了事实，但却没有给出真正的解释，或者说他的解释只是在为自己的思想意识辩护罢了。因此，他的证言把自己的罪行强加给了“特别工作队”的囚犯们，并用他们的行为来证明他们实际上是“没有生存权利的生物”（lebensunwürdig Wesen）。

和赫斯日记中的影射相反，“特别工作队”在脱衣室里的行为，并未表现出他们参与了党卫队的阴谋。这些囚犯们并不是为了党卫队顺利地进行屠杀才去安抚、欺骗那些走向毒气室的人的。相反地，他们是想在这个绝望的时刻，在这些人走到毒气室的短暂路途中，让他们感受到一丝温暖和人性。从这个角度来说，“特别工作队”成员掩盖事实，是为了受害者们。站在他们的立场，队员们唯一能做的就是向这些人隐瞒他们的命运，让他们在人生的最后时刻少一些痛苦。对于队员们而言，这个暴虐横行的世界已经麻木了他们的认知和感觉，而在脱衣室里与人们（而且还是犹太同胞）短暂的相遇、对话，则给了他们一个难得的接触他人的机会。[137]

对于“特别工作队”的指控铺天盖地，但和阿伦特的指控一样，它们是很有问题的，它们忽略了一点：有些时候，“特别工作队”的成员也会对受害者表现出公开的同情。不仅如此，赫斯的描述也证明：一个人可以多么轻易地把表面上冷酷无情的“特别工作队”队员歪曲成道德败坏的人：

> “特别工作队”的囚犯们经常会在尸体里或者走向毒气室的人群里发现自己的亲人。尽管他们很明显受到了影响，但却从来没有因此出现过一起事故。
>
> 我曾亲眼目睹了这样一起事件：当尸体从毒气室里被拖出来的时候，“特别工作队”的一名队员突然停了下来，在那里站了一会儿，看起来大为惊愕。然后，他就帮着同伴们把这具尸体拖到了一边。我就问队长他怎么了。队长发现，原来那个受惊的犹太人在那堆尸体里发现了他的妻子。而那个人就那样一直拖拽着尸体，干着自己的那份活。过了会儿，我又来看这

个工作队。他和其他人坐在一起吃着东西，像是什么都没发生过一样。他真的能这样完全隐藏自己的感情吗？还是说他已经变得麻木不仁，这样的事情根本影响不了他？[138]

还有一些报告也记录下了“特别工作队”的囚犯们遇到亲人后的反应。然而，与赫斯的描述不同，这些报告表明，在他们冷漠的表面下，仍然是一个个心理和情感世界没有完全支离破碎的人。但是，出于某些原因，那些指责“特别工作队”成员的人却经常会忽视下文这样的证词：

有一回，一个犹太老妇从匈牙利被送到了集中营。她的儿子就在“特别工作队”里。她看到了儿子，当时儿子正在焚尸场里堆木头。她开心地朝他跑过去。而她的儿子其实已经在之前的尸堆里找了她好久了。母亲问他究竟发生了什么事。

“你要在这儿休息一下。”他回答说。

“这怪味是从哪儿来的？”

“那是烧破衣服的味道……”

“那我们为什么要来这儿？”

“让你们洗个澡。”

儿子把毛巾和肥皂递给了母亲，两人一起走了进去。他们消失在了那个烟囱筑就的地狱里。在那里，这样可怕的事件、可悲的相遇和难以置信的场景重演了千千万万次。每一天，都有目击者把这些事情转告给我们（……）再也没有什么事情会让我们感到惊讶了。[139]

这个片段记录的是人在生命危在旦夕时流露出的人性与爱。那个“特别工作队”的囚犯自愿和他的母亲一起死去，尽管他本来可以不管母亲，自己活下来（起码能活得久一些）。这样的记录显然不同于阿伦特等人对“特别工作队”成员充满偏见的描述。

赫斯的观点在目击者记录中算是比较特别、极端的一种，因为他是从党卫队凶手的视角来看待这些事情的，在仔细阅读的时候，它给了我们一个重要的提醒。赫斯的日记表明，一个观察者尽管是在心思缜密地描述事情，但始终没有真正试图去理解“特别工作队”里囚犯们的行为。他的日记触及了很多相关的问题，但在他虚伪的内心里，他根本不敢回答或者解释任何一个问题。他终究还是在日记里嘲弄了这些受害者，以掩饰自己的恶毒：

> 这些犹太人没日没夜地干着这些可怕的活，他们到底哪来的力气？他们是不是指望自己能幸运地从死神的口中脱身？又或者，他们已经因为恐惧而变得过于铁石心肠或者孱弱不堪，甚至都不能了结自己，摆脱痛苦？我仔细地看着这一切，但还是不能彻底搞懂他们的行为。犹太人的生与死，对我而言是解不开的一个谜。[140]

赫斯的日记和阿伦特的观点（其论据就是赫斯的证言）同样表明，即使是在引述事实的时候，观察者们仍然会（有意无意地）严重误解“特别工作队”囚犯们的实际情况，并对他们的行为加以谴责。这些谴责是因为他们对“特别工作队”有种毫不遮掩的（比如赫斯）或潜在（如阿伦特）的憎恶，不愿或不能从适当的角度来理解这些人的苦难。

对于“特别工作队”的囚犯们的道德问题，需要进行更加差异化的讨论，而这一讨论的起点还应包含一个既具批判性又能让人设身处地的视角。许多对“特别工作队”进行严厉批判的人（比如汉娜·阿伦特）都很少设身处地地去考虑这些囚犯们所承受的苦难。相反，他们只是一味地谴责“特别工作队”的成员，并没有完全领会这些人所经历的道德困境和生存处境有多么复杂。

愧疚之后，努力理解

按道理说，大家可能会设想这些囚犯们在毒气室和焚尸场工作时，一定以各种方式对抗这种极端而又特别的心理压力。由于他们所处的环境实在令人痛苦，我们应该认识到，单个囚犯的行为模式是极不稳定的，很可能会出现极大的波动。很多目击者都描述了“特别工作队”的囚犯们如何渐渐“习惯”了他们骇人的工作。党卫队也很清楚这种心理适应的过程，所以也会尽快开始并完成这一过程。他们的目的就是：从这些人加入“特别工作队”的那一刻起，就要摧毁他们内心反抗的意志和能力。扎曼·雷文塔尔解释说：

> 在适应的过程中有一个很重要的因素，那就是最开始的时候，当一批批囚犯进入灭绝设施时，（党卫队）并没有让工作队过来干活，因为那些人还活着……工作队是早上进入毒气室的，他们会看到“地堡”里全都是被毒气杀死的人，营房里全部都是用过的东西，但他们从来没有见过一个活人。[141]

不断见到尸体而引发的心理冲击，必然会使他们的头脑变得麻木，对一切都无动于衷。当囚犯们刚开始进入“特别工作队”干活时，或者说当他们仍然会产生道德疑虑、内心仍然有抵触情绪时，他们一直都无法和那些还活着的受害者进行接触。这种孤立十分重要，尤其是考虑到当囚犯们在脱衣室里和那些受害者面对面，和那些还活着、理论上来说还存在生还希望的人相视而立时，他们内心的道德困境就会变得尤为明显。然而，由于这些囚犯们一开始的工作是专门负责从毒气室里把尸体搬运出来，以及操作焚尸场的设施，他们连抱有一丝希望的机会都被完全剥夺了。日复一日，他们被迫去面对这些沉重压抑而又无所不在的工业化的屠杀和死亡。最终，他们陷入了无能为力的境地，这使得党卫队可以轻而易举地把他们变成听话的工具。

一上来，这种强大的内心创伤很快就让大部分刚被“招入”“特别工作队”的人变得冷漠起来。这种心理和情感上的麻木或许可以解释为一种心理防御机制——也许当囚犯们站在焚尸场里那一具具扭曲纠缠的尸体中间时，他们只有这样才能保持活下去的信念，维持表面的清醒。沃夫冈·索夫斯基（Wolfgang Sofsky）这样写道：

> 即使是在必死无疑的时候，人们一般也不会反抗，他们只会万念俱灰。人会对环境漠不关心，行为会变得机械。冷漠成了一种自我保护的盔甲，只让习惯来发挥作用，而习惯又会强化人对自己的行为的冷漠，会弱化认知和道德感。[142]

那么可想而知，当人处于这种极端痛苦的环境中时，他（或她）就会无法完全意识到自己的行为，按照自己的意志去行动的能力也会严重受限，在极端的情况下时甚至会完全丧失。焚尸场的环境就是如此。因此，对于“特别工作队”的囚犯们来说，很难再按照自己先前的道德标准行事。这样一来，他们不应该为自己程序化的行为负全部责任。

“特别工作队”的成员们被迫屈从于毒气室和焚尸场里可怕的工作程序。每个囚犯受影响的程度显然并不一样。不过，也只有少数几个人能够或多或少地应对这样压抑痛苦的日常生活。雷文塔尔解释说：

> ……但是只有少数几个人没有受到（影响），未被这种适应的过程左右，因为他们不愿意让这些成为自己的日常生活。当然，我们中有这么一些有教养的人，比如那位来自波兰马佐夫舍地区马库夫的正统犹太教法官，他们无论如何都不愿意玩这种“活一天是一天”的把戏，所以一直想方设法硬撑着。最初他们的影响微乎甚微，因为他们人数太少；他们也没给人留下什么印象，因为没有组织起来。他们不能代表普通大众，很快湮没在人群之中。[143]

尽管“适应”是焚尸场里的囚犯行为的一个基本方面，但光用冷漠、消极和麻木来表现“特别工作队”成员们的特点似乎是不够的。在被动的、机械的死亡工厂工人这一外壳下，其实是一个个活生生的、感情充沛的人。因而，寻找并凸显那些能够体现出这一面的事例，是同等重要的。

奥斯维辛的幸存者大卫·施姆莱斯基（Dawid Szmulewski）是修缮工作队（Dachdeckerkommando）的成员。他形象地描述了“特别工作队”的囚犯们多种多样而又相互矛盾的行为：

> “特别工作队”里并非所有人都一样。有一些人的目的仅仅是为了多拿到一盘汤、一点喝的，或者一件从死者那里偷来的东西。他们的感情已经完全麻木了。这些人是原始人，变得凶残无比的原始人。但是也有一些人从不安分，从第一天起就在组织抗争运动。固然，从一方面来说，“特别工作队”的人在帮着党卫队执行恐怖的杀戮行动。但是看事情不能只看一面。[144]

波兰人玛利亚·耶杰尔斯卡（Maria Jerzierska）也曾被囚禁在奥斯维辛集中营里。她试图公平地评判“特别工作队”的囚犯们多种多样的特征。尽管她心里很清楚，这些人出现了普遍的道德失格现象，却仍然着重描述了他们的高尚行为：

> “特别工作队”的人在干活的时候是什么感受？我无法描述这一切。不管怎样，他们中有很多人在干活过程中都是出了名的残暴；这些人除了自己活命和享乐外，根本不作他想，比如有些人整天就想着畅饮那些快要遇害的囚犯带来的酒水，其他人则变得如牲畜般暴虐；他们的感觉麻木了，对于自己所做的事全不在乎。因为罪恶的确会滋生罪恶。但是德国人并没能使所有的人堕落。有一些人就是在“特别工作队”的帮助下才活下来的——他们完全可以证实这一点。[145]

耶杰尔斯卡提到一个例子：“特别工作队”的人曾为集中营里的囚犯提供人道帮助。他们暗中把自己能够“组织”到的药品转交给营中的其他人，挽救了很多囚犯的生命。甚至有些时候，“特别工作队”的成员还帮助其他囚犯逃出了集中营。比如说，1944 年春天，四名犹太囚犯逃出了集中营，他们分别是鲁道夫·弗尔巴（Rudolf Vrba）、阿尔弗雷德·韦茨勒（Alfred Wetzler）、切斯拉夫·莫多维奇（Czeslaw Mordowicz）和阿努斯特·罗辛（Arnost Rosin）；而在集中营里，“特别工作队”里有一群人为他们提供了一些秘密清单，还有统计数据及证据，以便他们逃出去以后能够让世人了解奥斯维辛－比克瑙发生的集体屠杀。[146]

与耶杰尔斯卡充满同情的质疑相似，曾被关进集中营的波兰人玛利亚·勒什里克（Maria Rychlik）也试图指出“特别工作队”的囚犯们悲情的一面，以及他们所作所为中的人性因素：

> “特别工作队”里的犹太囚犯们不得不协助德国人残害自己的手足同胞。他们醉醺醺的，非常无助，被这份差事击垮——他们所承受的苦难，是如此悲惨。有时，他们会无精打采地出现，远远地朝站在栅栏后的女人们望去，然后把一些小东西扔给她们。[147]

所有的这些想法，背后都是同一个问题，那就是：“特别工作队”的囚犯们所能采取的行动，究竟能有多明智、多实际？“他们能做些什么？”要设身处地地回答这个问题，必须触及这些囚犯们所处困境的核心。玛利亚·耶杰尔斯卡再次强调了“特别工作队”队员的悲惨处境：

> 他们又能做什么呢？……要是抗议、造反的话，最后都只会是徒劳无功。他们也许能从党卫队的手中救下一些人，但这

里到处都围着带刺的围栏，到处都是巡逻的哨兵；就算能逃出去，整个波兰都已经被占领了，到处都是德国人在全权统治，而如果你长得像是犹太人的话，就必死无疑了……那些没被关起来的人十分愤怒，因为他们的同伴们不愿意拿起武器捍卫自己的尊严和生命。但是，“特别工作队”里的人却身处奥斯维辛这个巨大的死亡工厂里，忍受着充满了死亡和屈辱的痛苦生活。所以，别急着评判。[148]

“别急着评判！”

普利莫·利维所写、所思考的大部分东西，都是奥斯维辛的事情，他没有避开“特别工作队”，而是进行了广泛的探讨。利维本身就是经历过奥斯维辛大劫的幸存者，所以他是一位当之无愧的见证人，也完全有能力说明相关的情况，清晰地描写死亡营里的现象。前面已经提到，他认为没有人有资格或者有能力去评判“特别工作队”的人——即使是曾被关在奥斯维辛集中营里的人也不行。他解释说，“特别工作队”的成员们所面临的道德困境是极其复杂的，因此根本不可能用传统的道德标准来衡量他们的行为。所以，利维采取了极其谨慎的方式，而且从不急于下结论。尽管他清楚地表达了自己对于负罪和责任等问题的关切，但最终还是觉得自己没有能力揭示那些人所处的复杂的道德情境。

利维的分析有力地地揭示了建立“特别工作队”的真正意图。党卫队之所以组建起这支工作队，就是为了把犹太人变成纳粹的帮凶。可以说，纳粹凶手们想要摧毁囚犯们的良知，而“特别工作队”就是他们最极端的手段，因为他们强迫这些人参与到自己同胞的灭绝过程中。利维充分地介绍了纳粹的这一卑劣目的，并将其称为"'国家社会主义'最邪恶的罪行"。[149] 他模仿着党卫队的口气写道：

> 我们这个种族是主宰，是你们的毁灭者，而你们其实和我们一样邪恶。只要我们乐意——我们也确实乐意，我们不光能摧毁你们的身体，还能摧毁你们的灵魂，就像我们摧毁了自己的灵魂一样……我们拉拢你们，再摧毁你们，让你们和我们一起堕入深渊，你们这些骄傲的人啊：被你们自己的血搞得肮脏不堪，我们也一样。你们啊，和我们、和该隐[1]一样，都杀死了自己的兄弟。[150]

利维着重刻画了党卫队的动机，从而凸显了他对一个问题的关心，那就是在"特别工作队"的工作可能会给队员们带来怎样的影响。有些问题让他感到深深的困惑，比如队员们为什么没有表现出更多的内心的抗拒，为什么选择屈服而不是反抗或者自杀，又为什么看起来那么迅速、那么顺从地去毒气室和焚尸场工作，卷入到这个毫无人性的深渊中去。

像利维这样的幸存者，尽管挨过了奥斯维辛里的痛苦经历，保持了自己的力量和人性，但似乎也不能对这些恼人的问题给出满意的答案。利维提到有几个囚犯违抗了党卫队的命令，拒绝加入"特别工作队"（随后就被用毒气毒死了），还提到了1944年10月发生的"特别工作队"起义。除了这几簇希望的火光，他最关心的还是那些精神崩溃、在强加的命运面前屈服的囚犯们。那几起事件尽

[1]　《圣经》中的人物，亚当与夏娃之子，因杀死弟弟亚伯而受上帝的惩罚。

管带来了一点希望，但却丝毫没有减轻利维的担忧——他很担心这些“痛苦的大屠杀劳工们……一班又一班地干着活，宁愿再多活几个星期（这是怎样的活法？），也不愿意立刻死掉；但他们从来没有亲手杀过人，不论是主动地还是被迫地。”[151]

利维反复强调说，“特别工作队”的囚犯们并没有直接犯下任何罪行。他还表达了自己对这些“痛苦的大屠杀劳工们”的强烈同情。尽管他原谅这些人，但他也痛苦地承认，冷漠使得这里面的许多人变成了逆来顺受的工具，被那些真正的凶手控制、利用。利维认为，“特别工作队”的囚犯们作为有目的性、有自我意识的人的能力已经被严重侵蚀了。他们反抗的意志一定遭到了严重的打击，所以才会逆来顺受地向命运屈服。他把这种情况和韦尔科（Vercor）所说的“灵魂之死”联系起来。[152]

如前所述，像“心理防御机制”这样的概念，从某种程度上可以解释一个人所遭受的这种精神崩溃和由此产生的冷漠。然而，要用它们去解释囚犯们的处境，仍然难以触及那些至关重要的问题——利维写道：“对于这些让人震撼的问题，我们迫切需要找出一个答案，来重塑我们对人性的信心。”[153]

沃夫冈·索夫斯基对“特别工作队”所面临的道德问题进行了缜密的讨论，但仍然无法对那些“让人震撼不已的问题”给出让人信服的回答。索夫斯基论断的基础是：“特别工作队”的囚犯们除了自杀之外别无他法。他总结说，道德判断并不适用于这种情况：

> 只有当人们有选择的时候，道德判断才能存在。然而，死亡（或者说自杀）并不是一个选择，因为它让进一步行动所需的所有条件都化为乌有。殉难并非真正的出路。自我牺牲是最

高等的道德行为，而它的可能性从一开始就等于零。杀死自己并不能拯救任何一条人命。[154]

索夫斯基的论断的确是站得住脚的。不过，像他这样理性看待“特别工作队”处境的做法，并不会消除我们对这些囚犯道德状况的疑虑和不安。许多人似乎都和阿伦特的想法不谋而合，总是想着如果没那么多囚犯屈服于党卫队的指令、拒绝听命行事的话，纳粹的死亡机器就不会运转得那么顺畅了。对“特别工作队”的特征和角色的激烈争议表明，许多人还是持这样的想法，没有完全摆脱这种毫无希望的期待。

索夫斯基甚至进一步地指出，对“特别工作队”的成员进行道德审判不仅是不正当的，而且是毫无意义的。他写道：“当绝对的罪恶变成制度时，任何道德行为都无从谈起。”[155]他认为，就“特别工作队”成员所处的境况而言，他们绝对不可能做出合乎道德的行为——这个推断看似有些夸大其词。正如本书中的证言所表明的那样，“特别工作队”的囚犯们还是可以有一定程度的道德行为——即使是在焚尸场里（用索夫斯基的话说：在那儿，罪恶成为了制度）。不过，我们还是可以把索夫斯基的论断当做一个警告，它提醒我们，想要理解“特别工作队”这一现象中的道德维度，是困难重重的。

在这种情形下，普利莫·利维完全有理由去关注“特别工作队”囚犯们的处境和他们灵魂的“精神福祉”。有很多次，囚犯们的行为都表明他们的自我意识和人性依然完好无缺，但是这些事情的说服力还不够，不足以支撑他的整体评价。利维最后的结论是妥当的，不需质疑，但他对一些案例讨论得不够充分，需要纠正——

在这些例子中，囚犯们实际上表现出了同情和反抗（心理和身体上都是如此）。这样的行为反过来形成了一种必要的"反叙事"，与他的描述中隐藏着的悲观情绪形成了对照。

比如，1944 年 10 月发生了一起"特别工作队"起义。如果对这件事进行更加详细的分析，利维就该了解到这次行动进行了长时间的准备，有大批囚犯参与了反抗活动的筹划。虽然凸显这种"积极面"不至于扭转事实（即囚犯中广泛存在的漠然和消极），然而，对这些案例的描述所展示的丰富的细节，必定会增强对"特别工作队"的整体描述的真实性和全面性。它从相反的角度描述了"特别工作队"行为的许多方面，一定程度上可以缓解利维对"人性"极其悲观的整体评价。然而，它最终也无法彻底化解（或清除）"特别工作队"现象中的内在道德困境。

人们期待并希望奥斯维辛–比克瑙的囚犯们起来抗争，而对"特别工作队"成员的反抗行为的强调，也会让人们聚焦其中的一些基本问题。集中营的幸存者经常会在证言中谈到，他们尤其期待"特别工作队"的成员们能够发起反抗，并说"特别工作队"是可以阻止、或者至少破坏对成千上万无辜犹太人的杀戮活动的，因为他们离那些杀人装置最近，更有机会拿到弹药、枪支这些东西。这些希望大屠杀能够终结的想法，反映了囚犯们内心深深的绝望，因为当成千上万无辜的犹太人被残忍杀害时，他们只能无能为力地看着这一切。

一般来说，把"特别工作队"成员的处境和集中营里其他囚犯的处境相比较，只在很小的程度上是合理的。当我们更细致地分析这些证言和案例时，会发现"特别工作队"的囚犯们在集中营体系中的位置确实特殊。

首先，除了听从党卫队的命令之外，他们别无选择。其他的任职囚犯还可以退出不干或者要求被换下来；而“特别工作队”的人为了逃脱自己的道德困境，只能选择自杀。他们被选中成为“知密者”，就注定要在这个工作队里干活，直到有一天自己也被杀害——死亡无可避免，他们心知肚明。

第二，“特别工作队”的囚犯在干活时，必然承受着巨大的心理压力。其他任职囚犯在忍受集中营中的残暴时，至少还能在他们的日常生活中建立一定程度的“平衡”；而且，他们甚至还拥有离开营房、和其他囚犯见面说话的特权。相比之下，“特别工作队”的成员大部分时间都被完全隔离在焚尸场里，并且身旁全都是尸体、骨灰，以及杀戮和死亡的场景。

第三，集中营里的任职囚犯都是和活人打交道的。而在“特别工作队”里，只有负责脱衣室的队员才能见到活人。最多的时候，他们有十五到二十分钟的时间可以接触到这些受害者——就在他们被赶进毒气室之前。而除此之外的所有差事，都只和尸体有关。不仅如此，其他任职囚犯的工作职责或多或少地和营中生活的“正常”一面有点关系，比如抄写文书、维持纪律、传达指令，等等。与他们不同，“特别工作队”的生活从一开始就是扭曲的，他们身处但丁笔下的炼狱的最中央，在集中营生活的边缘地带。

奥斯维辛幸存者、作家、诗人克里斯蒂娜·兹沃斯卡（Krystyna Zywulska）和“特别工作队”的一名囚犯之间有过一场对话。克里斯蒂娜用这段对话进一步表明：就反抗而言，把“特别工作队”和其他囚犯直接进行对比，是很荒谬的：

“你们为什么不组织起义呢？”我大胆地问道，“你为什么不反抗、不保卫自身呢？”

“那你们怎么不组织起义呢？就因为你们这群人坐在办公室里做事？你们到底有多少人？六十个？那集中营里成千上万的囚犯们呢，他们怎么不反抗？……他们很清楚，一旦有反抗的举动，那些人一定会用机关枪把我们全部杀光……你知道到底有多少人试图反抗，最后以失败告终吗？”他竖起食指：“你觉得“特别工作队”的人都很可怕……但是我可以向你保证，他们和其他囚犯一样都是人……只不过更加悲惨罢了。”[156]

关于责任和反抗的问题，是和所有的囚犯群体相关的，而不仅仅是针对“特别工作队”。考虑到队员在焚尸场中会被极端痛苦的环境所影响，人们会怀疑，“反抗”这一具体的集体责任，“特别工作队”到底该不该承担？要承担多少？只要观察一天，就会清楚奥斯维辛里每个囚犯的承受极限，一旦超出这个极限，他们的反抗意志就会最终崩塌瓦解，消失殆尽——特别是到了最后的时候，每个囚犯都清楚地意识到：任何试图反抗的举动都只会让自己白白送命。

普利莫·利维认为，评估他人是否有能力在生死关头奋起抗争，道德审判是有局限性的。他的结论对于这样的情况是非常适用的。我们应该一字不落地引述普利莫对于“特别工作队”的看法：

在屈服或崩溃之前，没有人知道自己的灵魂究竟能承受多长、多惨烈的考验。每个人都有一股连自己都不了解的力量，或大或小，也有可能根本不存在；而只有在极端的逆境里，我们才能衡量它。除了“特别工作队”这个极端的例子之外，连我们这些有幸生还的人在讲述自己的身世沉浮时，也会听到别人这样回应："如果我是你，我一定连一天都撑不下去。"这句话是没有什么实际意义的：因为没有人能代替别人。每个人都是如此复杂的个体，想要预见一个人的行为是没有任何意义的，更不用说是在这样极端的情况下了；况且我们连自己的行为也根本不可能预见。因此，我请求大家带着同情之心和严谨的精神来看待"焚尸场之鸦"（也就是"特别工作队"）的故事，但不要急于评判他们。[157]

普利莫·利维对"特别工作队"道德问题的反思，充满了由衷的关切和忧虑。最终，他没有对工作队进行道德审判，并且总结道："特别工作队"的案例属于"特别"情况（毕竟 Sonderkommando 在德语里的意思就是"特别工作队"），所以不能用一般的道德标准来评估。利维提出了"合作边界"（caso–limite di collaborazione）的概念，试图用一个宽泛的术语来概括这一现象。[158] 从这个词来看，利维对于"特别工作队"的态度并不明朗。"合作边界"包含了两个讯息——一是他心中尚存疑虑，二是他决心避免最终的评判。然而，对于这一概念错综复杂的内涵，利维并没能阐释清楚。尽管他明确要求不要妄下评判，但"合作"一词却意味深长——不管他是有意使然，还是无意使然。利维用了这个词，起码表明：他在潜意识里对"特别工作队"还是抱着评判的态度的。

利维使用了"合作"这一概念，这表明在对大屠杀、特别是对"特别工作队"的历史分析中，存在着一个重要的内在问题。在描述大屠杀时，人们使用的言辞都很小心、慎重，这样才能公正地评判其中有争议的特殊情况，更重要的是还可以避免不公正地对待受害者和幸存者。每当涉及与集中营以及大屠杀有关的事情时，就算调查再缜密，也很难恰当地描述出来，因为很难保证所用的表达没有不当的含义。在“特别工作队”这样的极端案例上，我们甚至找不出恰当的表达，来让我们感受在焚尸场工作的囚犯们所经历的恐怖，以及他们所处的道德困境。大屠杀是一场空前的灾难，要衡量它的重要性和意义，需要有新的评估标准、评估方式和表达方式。然而，大屠杀本身疑问重重，这也意味着我们有时也得承认自己的思维太过狭隘，不能完全理解“特别工作队”成员那种被迫活着、被迫死去的极端处境。

换句话说，道德话语是有一定的界限的；而一旦越过了这条界限，就可能会导致大屠杀的受害者们遭受到不公对待——尽管并不是有意为之。在研究大屠杀的这段历史时，当务之急就是要避免让受害者们遭遇“二次不公”。这一点也符合我们在前文中的呼吁：希望人们在用批判的眼光看待奥斯维辛－比克瑙集中营内的生活和囚犯们的行为时，能够保持悲悯之心。尤其是在书写“特别工作队”成员们的历史的时候，作为观察者，我们有责任在某些时候后退一步，承认自己并不能彻底理解、体会这段骇人历史的方方面面——哪怕这也意味着我们最终不能衡量它的每个方面，以及其中涉及的道德问题。因此，和普利莫·利维的结论一样，我们对“特别工作队”的囚犯们的最后审判结果也是“暂缓判决”。

“特别工作队”的前队员：1945 年之后

公众看法

五十年来，针对大屠杀的学术研究在调查“特别工作队”时采取的是匿名的做法，从而让这段历史留在阴影里，裹上一层神秘的色彩，隔绝了公众对这一问题的关注。许多年来，“特别工作队”的前队员都一直不为人知，甚至没什么人知道他们还活着。大部分人，甚至连一些专家也都认为“特别工作队”的囚犯们无一生还。而与此同时，有很多关于“特别工作队”和成员本性的轻率言论却散布开来。因此，出现偏见也不足为奇。大屠杀之后的历史研究和著述在描述、分析“特别工作队”时并没有尽什么心力。本书是第一部试图帮助读者全面了解“特别工作队”的活动和内心世界的作品，其中的描述和分析都是基于对工作队前队员的访谈。

“特别工作队”问题在以色列遭到了边缘化，甚至几乎被遗忘，这是有原因的。许多大屠杀的幸存者多年来都对这一切缄口不言，因为他们当初的证言受到了冷遇和漠视。很多年之后，以色列的社会才成熟起来，才有了理解这些问题的条件。“特别工作队”的前队员们也经历了同样的过程。[159]

20 世纪 50 年代和 60 年代的时候，在以色列和其他一些地方，对于那些被迫为德国人干活的犹太人（一方面是犹太委员会的成员，另一方面还包括营头、囚犯队长等人）的主流态度都是很负面的。“特别工作队”的成员们也位列这一类人之中。当时有一个普遍的倾向，那就是把这些人看作是叛徒或帮凶——只想着让自己、家人还有亲朋好友活命，而不惜置别人于死地。

所以，前队员们不愿意承认他们曾在这个充满争议的工作队里待过，而且希望能够把他们的过去埋藏得越久越好，这种现象就不足为奇了。他们甚至不会跟最亲密的家人、妻子和孩子说起这段可怕的经历。毕竟，他们害怕自己就像之前住在隔都和集中营里的无数囚犯一样，被人指责曾经犯下过错，甚至要被迫接受审判。战后，在以色列、波兰和其他一些国家，有很多之前为德国人做事的犹太人被找了出来；他们中有些人遭到了指控，甚至还有几个真的受到了起诉。这样的审判使得公众舆论对于叛国和通敌等重大问题愈发敏感起来。正因如此，"特别工作队"的前队员们不惜一切代价地想要避免和其他奥斯维辛的幸存者们正面对质。他们一般都过着隐姓埋名的生活。没有人想到去起诉他们或者扯下他们的面纱。

要找到那些还活着的"特别工作队"成员绝非易事。我们先前说过，大多数人都不相信他们还活着。甚至大屠杀期间都有传言说这样的囚犯最多只能活三四个月。奥斯维辛里的囚犯们不能和"特别工作队"的人接触，所以想当然地这么认为。在艾希曼接受审判期间，那些活着的队员们也一直藏身暗处。他们没有人愿意出庭作证，也没人提起要他们来作证。一般来说，起诉中并不会提及大屠杀的恐怖阴影给内心带来的痛苦；相反，他们把焦点放在纳粹凶手和被告个人身上。如果他们在艾希曼审判期间触及"特别工作队"的问题，相关人员的注意力就不光放在凶手身上，还要放在受害者身上。因此，当时为什么没有谈及这个问题就很容易理解了。"特别工作队"的前队员和其他的幸存者一样，也要应对日常生活中的各种困难，维持生计。现实强迫他们把自己在集中营里噩梦般的经历全部忘掉，因而他们投身于各种日常事务之中，正好逃离那些令人不安的回忆。

谁都知道，对于大屠杀的幸存者们、尤其是那些曾在灭绝营里待过的人来说，在战后开始新的生活有多么的困难。他们在失去了一切之后，不得不在这片曾将他们驱逐的土地上建立一个新世界。这绝非易事。

这些人需要强大的精神力量，才能抹去深植于内心的悲痛。在隔都和集中营里，他们不能把情绪表露出来。很多人在重获自由之后，才意识到他们经历的灾难有多么可怕。对他们之中很多人来说，意识到这一点，是一记沉重的打击。“特别工作队”的前队员们经历过无数暴行，也目睹了“犹太问题最终解决方案”的所有环节——对他们来说，重新回到一个自由的国度、重新开始正常的生活，要比其他人更加艰难。他们在死亡工厂待了一周又一周，一月又一月，一年又一年，时不时还在那里把亲人的尸体焚化成灰，可是这些苦难好像还远远不够；在战争结束后，别人对他们亲身经历的磨难满是猜测和怀疑，而他们又不得不应对这一切。那些曾试图记录历史的人，被怀疑已经疯了。笔者在这本书中收集到的目击者证言清楚地表明，当“特别工作队”的前队员们想要向亲人们倾诉他们所经历的一切时，总是面临着诸多问题。当他们遭到大家的怀疑后，就宁愿对这一切闭口不谈。他们想开始新的生活，某种意义上，这也有利于他们淡化自己关于奥斯维辛的记忆。对很多人而言，这真的可以起到治疗作用。找份工作，建立家庭，试着愈合内心的创伤——这些需求对他们有所帮助，至少在白天能让他们压制住那些悲惨的记忆，不去想集中营里的种种恐怖往事。

这些队员们过去对“特别工作队”的话题保持沉默，有一个原因就是：他们想对孩子们隐瞒这些恐怖的事情。其他的幸存者也是抱着这样的想法缄口不言。[160]但是，这并不意味着奥斯维辛的记忆会就这样消失。许多幸存者都曾在梦中回到焚尸场和毒气室。多年来，这些可怕的梦魇一直压抑着他们的生活，也使他们的家人不得安宁。另一些人则通过治疗寻找慰藉，或用其他的方法摆脱这些噩梦，减轻良心上的痛苦——自从他们在奥斯维辛被迫做那些可怕的工作，这种痛苦就一直折磨着他们。

面包师雅科夫·西尔贝格（Ya’acov Silberberg）选择了重操旧业，这门手艺是战前在普朗斯科学的。为了不用在夜晚睡觉，他在面包店总是选择上晚班。约书亚·罗森布鲁姆在以色列生活了很多年，为海法的一家宗教葬礼机构做事。他之所以选择做这份工作，可能是因为这样就有机会做一些在“特别工作队”时没法做的事情：尊重逝者。在葬礼机构工作一定满足了他内心的某种需要，之前在焚尸场里，这种需要是无法满足的。

对于曾在隔都和集中营里担任职务的犹太人，人们通常会持批评的态度，甚至普遍敌视他们，因而，“特别工作队”的前队员们更愿意回避一切与公共生活有关的活动。只有在极少数情况下，才会看到他们抛头露面、参与到针对纳粹罪犯的公开审判当中。紧接着他们又会重新回到暗处。

作证的“特别工作队”成员

1945 年 2 月到 3 月，苏联委员会在已经解放的奥斯维辛开展调查，而第一批指证纳粹罪犯的“特别工作队”成员就是那些向委员会报告情况的人。作证的人包括沙尔马·德拉贡（Szlama Dragon）（又名什洛莫·德拉贡）、亨里克·陶伯（Henryk Tauber）（又名亨涅克·福斯布朗纳）（Heniek Fuchsbrunner）[161]、斯坦尼斯拉夫·扬可夫斯基（Stanislow Jankowski）（又名艾尔特·范西尔伯）（Alter Feinsilber）[162] 和亨里克·曼德尔鲍姆（Henryk Mandelbaum）。从 1945 年 3 月起，奥斯维辛里的纳粹罪行问题交由波兰当局处理，而波兰当局也因此设立了“德国在波兰罪行调查中央委员会”和“克拉科夫地区德国战争罪行调查委员会”。最高国家法院主要的证据材料包括波兰专家调查集中营期间所做的记录，以及在审判鲁道夫·赫斯以及四名奥斯维辛隔离营管理人员时收集的文件。[163]“特别工作队”的前队员们，包括艾尔特·范西尔伯和亨里克·陶伯在内，也出庭作证了。[164]

1947 年，卑尔根－贝尔森集中营的守卫们在德国哈根接受审判，出庭作证的有两名曾经加入过“特别工作队”的法国医生，分别是西吉斯蒙德·本德（Sigismund Bendel）和安德烈·莱提奇（André Lettich）。[165]同年，奥斯维辛集中营前长官鲁道夫·赫斯在华沙接受审判时，法院传唤了“特别工作队”的前队员们（包括阿努斯特·罗辛在内）[166]出庭作证。也是在那一年，克拉科夫也进行了针对奥斯维辛罪犯们的审判，“特别工作队”的前队员们也出庭指证了他们的罪行。

“特别工作队”的其他成员（包括多夫·派斯科维奇、菲利普·穆勒和弥尔顿·布基）（Dov Paisikovic, Filip Müller，Milton Buki）也在法兰克福的奥斯维辛审判（1963—1965）中作了证，这场审判针对的是曾在奥斯维辛集中营供职的 24 名纳粹监工。在此之前，他们从来没有为自己在“特别工作队”的所作所为作过证。他们是在审判之前被作家、历史学家赫尔曼·朗宾（Hermann Langbein）邀请过去的。朗宾本人也曾是奥斯维辛集中营里的一名囚犯。他帮助法院找到了很多曾被关在奥斯维辛集中营的人，既有犹太人，也有非犹太人。

1972 年 1 月，工程师沃尔特·德亚库和弗里茨·埃尔特（Fritz Ertl）在维也纳接受了审判——他们曾是党卫队员，在集中营的建设处任职。这两个人主持建造了比克瑙集中营的四个焚尸场。在这场审判中，亚伯拉罕·德拉贡和什洛莫·德拉贡在警察在场的情况下，从以色列远程作证；而弥尔顿·布基则在以色列驻巴西大使馆提供了证词，因为他当时生活在巴西。[167]

文学和影视作品中的“特别工作队”

历史研究与出版物

正如前文所述，在战后许多年中，“特别工作队”的话题没有得到广泛的讨论，在历史研究和著作中也没有得到特别的关注。

不过，这并不意味着人们完全忽略了这个话题，也不意味着它从没出现在历史研究和文学作品中。它的确出现过，尽管并不是重点和中心。仔细分析和奥斯维辛有关的出版物，就会发现全面的调查研究已经开始，只不过尚未完成。不幸的是，调查活动开始的时候，许多工作队的前队员已离开人世，他们本来是可能提供大量重要细节的。下面，笔者将试着总结这些已经出版的作品，向那些“特别工作队”研究的开拓者、那些让笔者获益良多的专家们致敬。

第一位涉足这一领域的研究者是埃里希·科尔卡（Erich Kulka），他也曾是奥斯维辛集中营里的一名囚犯。科尔卡一直不遗余力地搜寻关于“特别工作队”的信息和细节。他关于奥斯维辛历史的最重要的作品[168]（与奥塔·克劳斯合著）首版发行时，就用很多笔墨论述了“特别工作队”。科尔卡是有资格撰写关于“特别工作队”的学术著作的，因为他本人曾在奥斯维辛里做过囚犯，而且他和许多重要囚犯（包括犹太人和非犹太人）的私人关系使得他十分熟悉集中营生活背后的故事。

科尔卡在位于比克瑙集中营里 BIId 营的金属加工车间干活。从 1943 年起，抵抗运动组织就把这里作为秘密会议的地点。囚犯们在这里接头，想要制定共同的策略来反抗党卫队，但是他们的努力并不顺利，最终导致了犹太囚犯与非犹太囚犯之间的决裂。在这次争端之后，“特别工作队”的囚犯们决定靠自己单独行动。在秘密会议进行的过程中，科尔卡与“特别工作队”的几位成员（主要是菲利普·穆勒）建立起了高度的默契。

究其根源，科尔卡对“特别工作队”历史的浓厚兴趣还有一个原因：有一次行动是要营救关在“家庭营”的囚犯（这个营区都是从特莱西恩施塔特运来的犹太人），但不幸失败了，科尔卡经历了极大的痛苦和失望。[169] 这次行动是营区的囚犯和“特别工作队”一起筹划的起义，本该由“家庭营”中一位杰出的人物来领导，他叫弗莱迪·赫希（Freddie Hirsch）。

成千上万的捷克犹太人在大屠杀中死去，他们对于科尔卡来说是无比珍贵的亲人同胞，而“特别工作队”的成员们也无能为力，所以，科尔卡多年来一直为此不安，希望能够好好纪念这些受害者，还有那些最终没能拯救他们的营救者们。他打算出版一本书，详细、深入地记录“特别工作队”的历史，并且把重点放在发起反抗和起义的组织身上。他认为这个组织十分重要，因为它代表着这个特殊的工作队历史发展中的高潮。科尔卡希望能够赋予这次起义应有的历史地位，从而对参与其中的人做出公正的评价——毕竟这些人在奥斯维辛的炼狱里做了一些看似绝无可能的事情。

为了执行这一计划，科尔卡开始采访为数寥寥的幸存者，他们大多数生活在以色列或者美国，包括约书亚·罗森布鲁姆、雅科夫·加拜（Ya’acov Gabai）、艾里梅尔切（弥尔顿）·布基、什洛莫·德拉贡和丹尼尔·本纳明（Daniel Bennahmias）。[170] 科尔卡对那些在军火工厂干活的囚犯特别感兴趣，因为他们把炸药偷偷带进集中营里。这些炸药后来被用于制造手榴弹、炸弹和其他东西，在起义中使用。

这些采访具有极其重大的历史意义，也清晰地展现了“特别工作队”囚犯们的生活。20 世纪 80 年代中期，赫尔曼·朗宾的著作《奥斯维辛里的好人》（*Menschen in Auschwitz*）问世，[171] 之后许多人一直致力于恢复“特别工作队”的囚犯们业已受损的尊严，科尔卡就是领头人之一。[172] 但由于他的身体状况恶化，再加上书中的内容需要进行大幅删减，科尔卡直到临终也没能看到这本歌颂“特别工作队”英勇精神的书付梓面世。

另一位人物是贝尔·马克（Ber Mark），华沙犹太历史研究所的前所长。他使得“特别工作队”相关的文献变得丰富起来。马克晚年致力于研究“特别工作队”和奥斯维辛里发生的犹太抵抗运动。和科尔卡一样，他最感兴趣的问题也是集中营里的抗争。20 世纪 50 年代，马克还进行了多项研究，其中一项的主题就是华沙隔都的起义。[173] 其中的部分研究结果是他临终之前在华沙写下的。马克去世之后，他的夫人伊斯特女士移居以色列，出版了他的研究成果。

《奥斯维辛手卷》一书中大段大段地引用了扎曼·格拉多夫斯基、扎曼·雷文塔尔和雷布·朗非等人的“秘密写作”，还有关于“特别工作队”和奥斯维辛－比克瑙的抵抗运动组织的资料。这本书的波兰语版由奥斯维辛的奥斯维辛－比克瑙国家博物馆出版发行。书中收录了这些“秘密写作”的内容，还摘录了哈依姆·赫尔曼和马塞尔·纳加里的文章，以及艾尔特·范西尔伯的证词（他在集中营时用的名字是斯坦尼斯拉夫·扬可夫斯基）。[174]

马克很早就开始收集与“特别工作队”有关的资料了。战争一结束，他就造访了囚犯们当时居住的营地，在那里采访了他们。在他后来的著作里，马克充分地使用了这些访谈的内容。历史学家伊扎克·艾尔伯洛维茨（Itzhak Alperowicz）20世纪60年代初也在以色列采访了幸存者们，他那时是以色列犹太大屠杀纪念馆（Yad Vashem）访谈部门的主管。他的采访结果对马克的研究也起到了很大的帮助。

在以色列和另外一些国家，许多其他出版物中也提及过“特别工作队”的话题，比如学者们的历史研究和幸存者们的传记。伊斯瑞尔·古特曼的《人与灰》（*People and Ash*）是最早讲述奥斯维辛故事的书籍之一。[175]古特曼是奥斯维辛犹太抵抗运动的成员，他在书中讲述了自己的旧事，也记录了一群幸存下来的战友们的回忆。这本书里有一个章节，题目叫做“目击者的证词和文件”，摘录了“特别工作队”成员们的“秘密写作”。这本书还介绍了“奥斯维辛收藏品”，这些东西都是“秘密写作”的作者们收集起来的历史材料，但还没有被发现，可能是因为已经遗失了，也可能是因为那些囚犯没能把它们埋藏起来。后来，“特别工作队”前队员们的证词节选开始出现在各类期刊和书籍中，包括一本专供萨洛尼卡犹太群体的刊物[176]和另两本希伯来语期刊，分别叫做《次数》（*Pe'amim*）[177]和《证言》（*Edut*）[178]。由于很多萨洛尼卡来的犹太人都曾加入过“特别工作队”，因此在这个犹太群体的刊物里载有大量关于“特别工作队”的资料。类似的例子还包括：迈克尔·莫丘（Michael Molcho）和约瑟夫·尼查马（Joseph Nechama）合著的关于希腊犹太人被灭绝的书[179]，约瑟夫·本所著的关于希腊犹太人奋起反抗纳粹的书[180]，什穆埃尔·拉斐尔整理的希腊犹太人的证言集、波兰历史学家丹努塔·切克所著的一篇关于奥斯维辛里的希腊犹太人的文章[181]，还有以色列犹太大屠杀纪念馆出版的一本希腊犹太人回忆录。[182]

从波兰的各个地方送到集中营的囚犯当中，只有很少一部分犹太人被分配到了“特别工作队”。而纪念他们这个群体的书刊都会特别强调他们的死亡给人们带来的痛苦，因为几乎所有这些人都在工作队干活过程中被杀害了。在切哈努夫纪念册[183]里有关于“特别工作队”起义的记录，里面提到了切哈努夫的罗莎·罗伯塔——正是她为“特别工作队”的起义提供了炸药。

“特别工作队”的许多囚犯都是从姆瓦瓦来的。姆瓦瓦犹太人纪念册[184]的第二卷里展示了许多关于工作队历史的材料，包括莫迪凯·哈勒里（Mordechai Halelli）关于奥斯维辛中犹太复国主义抵抗运动的证词，以及艾里梅尔切·斯克里尔（Elimelech Skliar）的回忆录，回忆录中包含了大量的详细信息。什洛莫·德拉贡的证词也出现在了茹罗明犹太人的纪念册中。[185]

访谈与纪录片

从与波兰的各个犹太人群体（切哈努夫、诺伊迪瓦、马佐夫舍地区马库夫和姆瓦瓦）相关的历史材料以及以色列犹太大屠杀纪念馆出版的纪念文献《犹太社区记录》（*Pinkas Hakehillot*）当中，我们也可以撷取到“特别工作队”的相关信息。[186]工作队的前队员在历史学家和纪念馆人员前来采访时相当沉默。即便如此，以色列犹太大屠杀纪念馆依然在20世纪70年代寻访了哈赞、萨卡尔和德拉贡等人（采访人是伊扎克·艾尔伯洛维茨），前文介绍的对埃里希·科尔卡的寻访是在20世纪80年代时进行的。

1986年，本书作者启动了“特别工作队”文献的整理计划，最开始是在以色列，后来又遍访工作队成员们所在的其他国家，包括希腊、意大利、波兰、荷兰、美国和加拿大。有些成员在过去的二十年间已经加入纪录片的制作工作。BBC在20世纪70年代制作了系列纪录片《战争中的世界》（*A World at War*），有一部分就是专门介绍“犹太问题最终解决方案”的，里面还收录了对多夫·派斯科维克的专访。著名的犹太裔德国导演卡尔·弗拉特曼（Karl Fruchtman）拍摄了一部叫做《一个单纯的男人》（*Ein einfacher Mensch*）（1985）的电影，讲述了“特别工作队”的前队员雅科夫·西尔贝格和他的妻子的故事，夫妻俩都从奥斯维辛–比克瑙幸存下来。

在克劳德·兰斯曼（Claude Lanzmann）拍摄的电影巨作《大屠杀》（*Shoah*）（1985）之中，有一段是对“特别工作队”的第一批成员之一菲利普·穆勒的采访，采访很长，也很感人。[187] 扫罗·哈赞（Shaul Chazan）也出演了阿里耶·艾格蒙（Arieh Agmon）的电视电影《从萨洛尼卡到奥斯维辛》（*Saloniki–Auschwitz*），这部片子是依据笔者为以色列陆军电台（Galey Zahal）制作的广播纪录节目《从萨洛尼卡到奥斯维辛》拍摄而成的。

1993年夏天，笔者发起了一部纪录片的制作工作，有六名“特别工作队”的前队员参与其中。拍摄是在奥斯维辛–比克瑙的现场完成的。现在，这些影像片段正等待着剪辑，以便为上映做最后的准备。

20世纪80年代初，历史学家和研究者们对于“特别工作队”的看法开始发生变化，而他们观点的转变也影响了公众的看法：对于那些战时被纳粹选去在集中营里担任职务的人（包括犹太委员会），人们的态度也发生了变化。新的态度让人们对这些人产生了更加强烈的同情心，而且努力从多个方面探讨这一问题。人们开始审视这些人所处的特殊环境，以及他们因服从或违背德国人的指令而引发的悲剧。人们也承认，从过去的这么多年来看，在某些特定情形中，人们并不能恰当地评判大屠杀期间个人或集体的所作所为。

这些变化的另一个积极方面就是：幸存的“特别工作队”队员们终于不再“躲躲藏藏”，而是走到了世人面前，这一点自20世纪80年代之后尤为明显。他们不再隐瞒自己的身份，并且开始在广播、电影、甚至媒体采访中露面。然而，以色列社会直到20世纪90年代才充分成熟，才能准确、恰当、设身处地地分析犹太委员会和“特别工作队”的这种现象。在如何看待隔都和集中营、灭绝营里的犹太任职囚犯的所作所为这一问题上，公众态度发生了转变，对“特别工作队”的看法也随之转变。这些年来，由于各种回忆录、证人证词、著作和电影披露了大屠杀的许多细节信息，一开始的排斥、谴责、无情批判和冷漠等种种反应慢慢消失了，取而代之的是对这个问题的正确理解。不过尽管如此，工作队前队员们的证词还是表露出一种担忧：他们害怕后世会对自己在奥斯维辛死亡工厂里做的事情产生错误判断。正是由于这一点，他们的戒心才会这么强。他们总会解释说自己也是受害者，并没有犯下什么罪行。在焚尸场里干活时，他们的良心深处已然感到不安，这种不安可能导致了他们的戒心；我们甚至可以推想，公众对他们的非难会加重这种不安，让他们痛苦万分，根本无法排解、平复。直到今天，仍然有一些人指责“特别工作队”的囚犯们是罪人，坚持认为他们应该接受审判。2001年，笔者在以色列和美国还亲耳听到了这样的言论。

最后的证人

由于大屠杀之后越来越多的人站出来作证，再加上所经历的这场浩劫造成的创伤如此惨烈，“特别工作队”的成员们基本上都无法恢复内心的安宁，也没有心力在一切刚刚结束的时候以书面的形式记录下自己的磨难。只有四名成员出版了回忆录，他们分别是：马塞尔·纳加里、列昂·科恩、菲利普·穆勒和米克洛斯·尼斯利（Miklos Nyiszli）。

马塞尔·纳加里出生在萨洛尼卡。他在 1947 年写了回忆录，但是很多年以后才在希腊出版。[188] 列昂·科恩也在同年写了回忆录，不过他的书不久之后就在法国出版了。期刊《次数》[189] 用希伯来文刊载了书的节选，该书的英文版也于 1996 年面世。[190] 而以德文和英文出版的菲利普·穆勒的回忆录 [191]，是重要的历史资料，这主要是因为穆勒是“特别工作队”的首批成员之一，并且在工作队里做了很长时间。通过穆勒的描述，我们可以更深入地了解从“特别工作队”成立的那一刻起，这些人究竟忍受着多么骇人的心理折磨：

> 我就像是被催眠了一样，盲目地服从着每一个指令。对毒打的恐惧，尸体成堆的骇人场景，刺痛双眼的烟尘，嗡嗡作响的风扇，摇曳的火舌，构成了炼狱般的混乱景象，使我迷失了方向，也无力思考。过了一段时间，我才意识到有人躺在我的脚边——那些刚被杀害的人。但让我难以想象的是，这么多人，怎么一下子就被杀光了？
>
> （……）我这才开始意识到自己的处境多么危险。在那个时刻，我要活下来，只有这一种可能，尽管也只是多活几个小时或者几天。我必须让斯塔克相信，他想让焚尸场工人做的任何事我都可以做到。正因如此，我才会像个机器人一样执行他的所有命令。
>
> ……我的每一个念头，身体的每一部分，都集中在一件事

上，那就是：活下来！哪怕多活一分钟、一小时、一天，或者一星期，就是不能去死。毕竟我还这么年轻。父母、家人，在家乡时的少年时光，这一切的记忆已慢慢消逝了。我的脑袋里只有一个信念，那就是我一定不能死。我见过成堆的尸体，也搬过成堆的尸体，这让我更加坚定这个信念，我要尽一切可能活下来，不能像这样死去，不能躺在那堆尸体之中，不能被推进炉中，被别人用铁叉扒拉，最后变成烟尘和灰烬。除了这些，什么都可以！我只想着一件事：活下去。说不定到了某个时候，因为某种原因，我会有机会离开这里。但是，如果我想活下来，就只能做一件事：我必须服从他们，执行他们的每一个命令。在奥斯维辛的焚尸场里，一个人只有抱着这种态度，才能进行这笔让人毛骨悚然的交易。[192]

这本书的英文版和德文版之间有一些差别，显然是英文文稿的翻译和编辑造成的。[193] 后来，正如前文所说，穆勒在兰斯曼的经典电影《大屠杀》中出镜作证。他的证词也被收录在了电影剧本中，并被译成多种语言在各国出版。[194] 出演了兰斯曼的影片后，穆勒的身体和精神状况都明显恶化，所以他再也不想再接受采访，也不想再以书面的形式回答问题。

米克洛斯·尼斯利隶属于“特别工作队”，不过他是约瑟夫·门格勒（Josef Mengele）[1]的直接下属，并不听命于焚尸场管理处。他和三位同事［包括病理学家阿道夫·费舍尔 (Adolf Fischer)，还有丹尼斯·格雷格 (Denes Greg) 和约瑟夫·科纳 (Josef Kerner)］组成

［1］ 德国纳粹党卫队军官，奥斯维辛集中营的医生，曾在集中营进行残酷的人体实验，被称为“死亡天使”。

了所谓的“医疗工作队”（Sektionskemmando）]，就住在焚尸场的楼里面。1947 年，尼斯利在匈牙利的德布勒森（Debrecen）首次出版了他的著作。[195]1960 年，这本书在纽约推出了英文版，题为《来自纳粹地狱的报告：奥斯维辛犹太医生记述》[1]。1963 年，这本书以袖珍本的形式再度出版，加入了尼斯利的传记，并且此后重印了五次。[196]尼斯利提供了大量关于“特别工作队”的细节信息。因为他在门格勒手下做事，所以享有在集中营里走动的自由——相比奥斯维辛其他的囚犯，这算是一项极大的特权。这本书中还详细地介绍了“特别工作队”在灭绝过程的“流水线”上的每一个环节要做的工作，从囚犯运达集中营开始，到抛洒骨灰结束。不仅如此，尼斯利还描述了成员们“工作”时的氛围、成员之间的关系以及他们的反应和行为模式：

> 在所有的死亡工厂里，大家都在全力以赴地干活。卸载犹太囚犯的站台被分成了四块，像四根巨大的手指般延伸出去，又像是三角洲地带泛滥的河流，受害者们带着疯狂的愤怒，被卷进漩涡，掉入死亡的深渊。我惊恐不已，看着屠杀正井然有序地进行着，带着机器人一般的精准。这些工厂仿佛是永远存在的。我想，如果我还有机会能活着离开这儿，并且有机会讲述我在这儿看到的、经历的一切，谁会相信我呢？一切言语和描述，都无力还原这里发生的一切。所以，尽管我拼命把看到的一切记在脑海里，刻在记忆中，到头来可能只是徒劳。
>
> 这样的沮丧充斥着我的脑海，我在四个焚尸场“参观”的

---

［1］ 这本书已有中文译本。——译者注

第一天就这样结束了。[197]

还有两本日记据说是“特别工作队”的成员所写的，但是很有争议，可信度尚不明确。其中一本作者是马克斯·波克尔（Max Perkal），现居费城。书中有一章讲述了他在“特别工作队”的差事。按他的说法，他是在 1943 年 1 月 30 日被从普鲁扎内（Pruzany）的隔都送到奥斯维辛的，然后于 3 月 18 日被分配到“特别工作队”。[198] 波克尔声称他只在“特别工作队”里做了短短两个星期。然而，他的描述时间上并不准确，也难以令人信服，这就让人不禁怀疑他到底有没有在奥斯维辛的“特别工作队”里待过。

另一本[199]是唐纳德·瓦特（Donald Watt）写的，他现居澳大利亚悉尼。书的名字叫《司炉》（*Stoker*）。[200] 瓦特和波克尔一样，自称曾是“特别工作队”的一员，并且在这本书里用两个章节讲述了他在比克瑙的焚尸场里所做的事。他的故事绝对是捏造出来的。如果仔细阅读这些章节的话，会发现很多不实之词和重大错误，所以瓦特根本连一天都没在“特别工作队”干过。他笔下的“特别工作队”都是自己臆想、虚构出来的。很难想象竟然会有人愿意冒充“特别工作队”的前队员。因此，一个由澳大利亚教授康拉德·克维特（Konrad Kwiet）领头的小组联合了法兰克福的弗里茨 – 鲍尔研究所（Fritz–Bauer Institute）及其代表韦尔纳·兰兹（Werner Renz），对这本书的可信度提出了质疑。

对“特别工作队”问题感兴趣的人，应该了解一下另一些相关的研究和证言记录。赫尔曼·朗宾出版了几本关于奥斯维辛的书，并在其中描绘了“特别工作队”的生活和差事。[201] 他最重要的一部作品就是两卷本的《奥斯维辛审判实录》（*Der Auschwitz Prozess—*

Eine Dokumentation），里面收录了许多法兰克福审判中的证词片段。同时，朗宾还和汉斯·艾德勒（Hans Adler）及埃拉·林根斯－赖纳尔（Ella Lingens–Reiner）一起合著了一本名为《奥斯维辛：证词与报告》（*Auschwitz—Zeugnisse und Berichte*）的书。书中重印了伊斯瑞尔·古特曼关于“特别工作队”起义的一篇文章。[202]

洛雷·谢利（Lore Shelley）现居旧金山，此前也是奥斯维辛的一名囚犯。谢利写了几本书，书中收录了奥斯维辛囚犯们的证词，这些著作都为我们的话题提供了相关的材料。[203]

最后一批“特别工作队”的成员有 100 人，他们和其他囚犯一样，原本从进入集中营的那一刻起就踏上了死亡之旅。人们普遍认为，在这最后 ,100 名成员里，有 80 人活到了战后。其中，有 30% 的人来自希腊，50% 的人来自波兰，10% 来自匈牙利，其余则来自荷兰、捷克斯洛伐克和法国。

写这本书的时候（2003 年），有 20 名左右的成员还活着，他们在不同的国家定居，包括以色列、美国、加拿大、意大利、德国、波兰，还有希腊。

据悉，另有 18 名成员曾在以色列生活过，但已离开人世，这些人包括：摩西·维格南斯基（Moshe Wygnanski，1948 年死于以色列独立战争）、本哈德·萨克尔（Bernhard Sakel）、莫里斯·谢莱克斯（Morris Shellekes）、多夫·派斯科维奇、艾里梅尔切（弥尔顿）·布基、雅科夫·加拜、列昂·科恩、约书亚·罗森布鲁姆、摩西·魏因克兰茨（Moshe Weinkranz）、巴鲁克·布鲁姆（Baruch Blum）和什洛莫·德拉贡。下列这些人则是如今还生活在以色列的前队员们：亚伯拉罕·德拉贡、埃利泽·艾森施密特、雅科夫·西尔贝格、约瑟夫·萨克、扫罗·哈赞、林克·普利斯科（Lemke Pliszko）和约瑟夫·魏斯（Josef Weiss）。

有些之前生活在以色列的前队员移民到了其他国家，包括美国。他们是莱泽尔·魏贝尔（Lajzer Welbel）、耶沙亚胡·埃尔利希（Yeshayahu Ehrlich）和亚历山大·艾森巴赫（Alexander Eisenbach）。

后记——“特别工作队”的悲剧

“特别工作队”的悲剧是由几个相互关联的因素构成的。

首先，犹太人遭遇的最惨烈的灾难都发生在他们眼前，一览无遗。不管愿不愿意，他们都只能痛苦地看着一群群的犹太人走上通往毒气室的不归路，而自己却什么都不能做，只能看着犹太同胞被灭绝，然后转移视线，不忍再看。灭绝和屠杀的场景不断在他们面前上演，一波又一波，从未消退，这使得他们感到无限的绝望。

其次，纳粹强迫“特别工作队”的囚犯们协助他们实施残暴的罪行，在焚尸场和临时的灭绝设施里对他们的同胞进行集体屠杀——这里面有老有少，有男有女，甚至还有孩童和婴儿。任何像这样的任务都会彻底打破一个人内心的宁静。不仅如此，他们还被迫把这些罪行的痕迹一一抹除。

第三，“特别工作队”的囚犯们不能为逝去的同伴和挚爱之人表达哀思，他们只能亲手把这些人的尸体塞到炉子里。同样，他们既不能在干活时停下片刻，为逝者们哀悼，也不能有片刻与他们独处，作为最后的告别。他们只能对肉体和灵魂的神圣保持冷漠、麻木。纳粹剥夺了他们许多天然的人权：他们不能哭泣，不能为民族的毁灭和家人的逝去而哀悼，而且作为犹太人，他们也不能诵读《珈底什》（*Kaddish*），祈祷至亲之人的灵魂飞升天堂。

所以就有了本书的标题。标题的用词绝不是随意而为的：这些词是雅科夫·加拜所用的，他向笔者解释为什么“特别工作队”囚犯们的眼泪已经“干涸”了。在毒气室和焚尸场里是很难哭得出来的。除了加拜，别的工作队队员也这样描述。在我采访加拜之前的几十年，扎曼·格拉多夫斯基就已经在他深埋在比克瑙的土里的秘密日记里写道，在那里，是不可能哭泣、不可能让眼泪流淌出来的：

> 即使是现在，回到自己的营房后，我也一点都哭不出来，因为我每天都淹没在鲜血的海洋。一浪高过一浪。你一刻也不可能缩回自己的小角落里，坐在那里为这场灾难哭泣。井然有序的杀戮持续不断，每一个人仅有一次的生命被剥夺，这些已让我的感官变得麻木、混乱、迟钝。即使是最凄惨的苦难，我也感觉不到。个人的毁灭，已被集体的毁灭吞噬了。有时候，我肝肠寸断，灵魂被撕裂——为什么我还安静地坐在这儿，而不是去为自己的惨况哀痛、哭泣呢，为什么我们的所有感情都被冻僵、麻痹甚至抽干？有时候我希望我偶尔也能安慰自己，告诉自己总有一天我会得到可以哭泣的特权——但是谁知道……所以这就是我想要的——我唯一的心愿——那就是如果我不能为他们哀悼的话，希望能有一个陌生人为我至亲之人的遭遇流下眼泪。[204]

如果悲伤最后没有化成眼泪，人们就会感到一种恐怖的孤独，会感觉与周遭的世界切断了联系，毫无瓜葛，甚至拒绝了解、承认他们所处的现实世界——正是这些感觉笼罩着“特别工作队”的成员们。为了叫醒这个世界的良知，为了获得拯救，他们承受着巨大的伤痛：

> 升降机升上去又降下来，载着不计其数的受害者们，看着就像是一个屠宰场。如今人们成堆地躺在那儿，等着轮到他们。
>
> 三十张地狱之口在这两栋巨大的建筑里张开，燃着熊熊烈火，吞噬了数不胜数的受害者们。只消一小会儿，五千条人命，五千个世界，就这样消失在火焰之中。
>
> 炉中火焰翻涌，就像是风暴里的浪涛。这火是很久之前被这个世界里的暴徒和凶手点燃的，他们要用这种火焰来照亮他们那个残酷的世界。
>
> 火焰燃烧着，狂野而又平静。没有人会干扰它，也没有人会把它扑灭。它就这样一直接纳着数不清的受害人，仿佛这个古老的、历经磨难的、神选的民族，生来就是为了这个目的。
>
> 你，这个宏大而自由的世界，可曾注意到过那团大火？你，这个人，是否会在黄昏时分，伫立在你所处的地方，抬头望向那深蓝色的、被火光覆盖的天空？如果是这样，你这个人，这个自由的人，就会知道这是一座火焰的炼狱，人们会一个接一个地在这里葬身火海。或许这团火焰会让你的心恢复热度，你冰凉的双手会伸到这里，扑灭这团火焰。可能你的心会积攒起勇气和胆量，把那些被带到这里、带到这个永恒燃烧的火狱中的受害者们替换出来，而让那些点燃火焰的人被烈火销蚀。[205]

“特别工作队”的成员们很清楚他们的作用有多么卑微，也明白他们的角色在整个过程中的道德意义。他们不会用冷漠和平静筑起高墙，蜷缩在墙后面。毕竟：

这个计划制定得仿佛军事行动一般，每个细节都严密而精确。我们这群可怜的受害者，却被调去前线，与我们的兄弟姐妹、我们最亲最近的人对峙。我们的位置在第一线——那些受害者就这样扑到了我们面前，而站在我们身后的，全都是“为（伟大）力量斗争的英雄和斗士”，他们手上拿着机枪、手榴弹和步枪——他们就站在那儿开枪。（……）

不消一会儿，我们就会成为目击者，用一双双犹太人的眼睛见证发生的一切。我们将不得不看着我们自己被毁灭；看着这五千个人，五千个犹太人，五千个强壮有力、充满生机、含苞待放的生命——其中有女人、孩子、丈夫、婴儿、老人，不分性别、不分年龄——看着他们承受着可恶的刽子手们的压迫；看着这些罪人拿着步枪、手榴弹和机枪，在永远的伙伴——撒开四腿的凶猛恶犬——的帮助下，杀气腾腾地追赶他们，推搡他们，毒打他们，虐待他们，让他们狼狈不堪；看着这些囚犯们被迫走进死神的怀抱。

不仅如此，作为他们的同胞，作为他们最亲最近的人，我们却不得不帮着恶人们完成这一过程：把他们从卡车里赶下来，把他们领进“地堡”，帮他们脱下衣服，直到他们像新生儿一样一丝不挂。然后，我们还要押送他们、时刻准备着押送他们进到“地堡”——进入那个死亡的坟墓。[206]

第四，“特别工作队”的每一个队员都很清楚，当他被选入这个工作队的那一刻起，他的命运就已注定。作为“知密者”，他注定是活不了的。所以，这些囚犯们一直住在“死囚房”里，等待着斧头的落下，只是不知道到底何时。在这期间，他们又不得不接着做这份人类历史上最为恐怖的工作。

第五，除了不得不参与到大规模屠杀之中，“特别工作队”的成员们还陷入了一个可悲的悖论。他们潜意识里希望送来的犹太人越多越好，因为，姑且不说“死亡工厂”的任务终止，只要送来的人变少了，他们就会有被杀掉的危险。他们能不能活下来，完全取决于是不是有囚犯被源源不断地送过来。

第一章　尾注

* *Aufbau*, Vol. 29, no. 26, June 1963. 感谢我的同事玛格丽特·史莱因（Margalit Shlain）给我推荐这首诗。

1 Yitzhak Arad, Yisrael Gutman, and Abraham Margaliot (eds.), *Documents on the Holocaust: Selected Sources on the Destruction of the Jews of Germany and Austria, Poland, and the Soviet Union*, Jerusalem 1981, pp.283–284 (Chaim Rumkowski's speech at the time of the deportation of the children from the Lodz Ghetto, September 4, 1942).

2 参见 Yitzhak Arad, *Ghetto in Flames: the Struggle and Destruction of the Jews in Vilna in the Holocaust*, Jerusalem, 1976, pp.279–285。

3 “安乐死”是纳粹的一项计划，旨在系统地杀害那些所谓“不配活着”的人（lebensunwerte Leben）。这一计划尤其针对有身体和精神障碍的人，但随着时间的推移，死于“安乐死”计划的人群范围不断扩大。被执行“安乐死”的总人数约为 275000 人。

4 索能斯泰因在德累斯顿附近，是“安乐死”杀人中心之一，1941 年 9 月“安乐死”计划正式结束之后仍在使用。有大量随机挑出的集中营囚犯在索能斯泰因被杀害。

5 Danuta Czech, *Auschwitz Chronicle 1939–1945: From the Archives of the Auschwitz Memorial and the German Federal Archives*. New York, 1992, p.75.

6 Czech, *Chronicle*, p.86.

7 参见 Franciszek Piper, "Gas Chambers and Crematoria," in I. Gutman and M. Berenbaum, *Anatomy of the Auschwitz Death Camp*, Bloomington, 1994, p161。

8 Czech, *Chronicle*, p.178.

9 这批人中有一名成员叫卡罗尔·斯威博济（Karol Swiebocki），他是奥斯维辛－比克瑙集中营博物馆历史学家亨里克·斯威博济（Henryk Swiebocki）的父亲。参见奥斯维辛博物馆文献，Sterbebuch, t. 13 k. 1123; Stärkebuch, t. 2 k. 291, Death certificate 19141/194; Proces Hössa, t. 7 k. 155; Akta szpitala obozowego AuI, bl. 28, k.347。

10 Czech, *Chronicle*, p.230.

11 主营区焚尸场的第一座焚尸炉建于 1940 年 8 月 15 日。参见 Jean Claude Pressac, *Les crématoires d'Auschwitz: La machinerie du meurtre de masse Paris*, 1993, p.13。

12 Czech, Chronicle, p.28. 参见 *Wsrod koszmarnej zbrodni: Rekopisy czionkow Sonderkommando*（《身处可怕罪行之中："特别工作队"成员的手稿》）（以下称 *Manuscripts of the Sonderkommando*），*Zeszyty Oswie–cimskie (Hefte von Auschwitz)*, Numer Specjalny (II), Oswiecim, 1971, pp.40–42, 48。关于"特别工作队"成员"秘密写作"出版物的具体细节，参见第 108 条。

13 约瑟夫·伊尔丘克（第 14916 号囚犯）担任主营区焚尸场的营房文书，米奇斯瓦夫·莫拉瓦（第 5730 号囚犯）担任工作队队长。

14 Filip Müller, *Sonderbehandlung—Drei Jahre in den Krematorien von Auschwitz*, Munich, 1979, p.64.

15 同上，pp.66–67。

16 Czech, *Chronicle*, p.170.

17 Müller, *Sonderbehandlung*, p.24.

18 Czech, *Chronicle*, p.135. 然而，之前囚犯和党卫队的证词表明，1941 年秋天，就已经有一小部分犹太人被带到主营区焚尸炉了。参见 W. Dlugoborski and F. Piper, eds., *Auschwitz 1940–1945. Key Problems in the History of the Camp*, Oswiecim, 1995, Vol. III, p.131。

19 Czech, *Chronicle*, p.167.

20 对安德烈·巴尔班的采访（Andreas Kilian, Frankfurt am Main, January 14,

1999; Andreas Kilian private archive）。

21 Müller, *Sonderbehandlung*, pp.31–32.

22 Steven Paskuly (ed.), *Death Dealer: The Memoirs of the SS Kommandant at Ausch–witz*, by Rudolph Höss (后改为 Autobiography of Rudolph Höss), New York, 1996. 赫斯在回忆录（p.29）里写道，1941 年秋天，他和艾希曼一起选择了两栋适合做毒气室的房屋。艾希曼在接受审判时否认曾和赫斯见过面。

23 Piper, "Gas Chambers and Crematoria," p.161.

24 对阿努斯特（恩斯特）· 罗辛的采访（Andreas Kilian, Düsseldorf, May 13, 1995; November 4, 1995; May 10, 1997; Andreas Kilian private archive）。

25 参见对阿努斯特 · 罗辛的采访；参见 Pressac, *Les crématoires d'Auschwitz*, p.117; and *Maurice Schellekes' report*, Haifa, December 1981, and the correspondence between Morris Schellekes and Erich Kulka on January 29, 1982［Yad Vashem Archives (hereafter YVA) P25］。

26 埃里希 · 科尔卡对阿努斯特（恩斯特）· 罗辛的采访，May 13, 1975 (YVA 033/1329)。

27 Czech, *Chronicle*, pp.198–199.

28 有关布洛贝尔，参见 Israel Gutman (ed.), *Encyclopedia of the Holocaust*, Vol. A, New York, 1990, pp.219–220。保罗 · 布洛贝尔关于焚尸炉和销毁证据的证词，参见 Arad et al., *Documents on the Holocaust*, pp.471–473。

29 Czech, Chronicle, pp.238–239.

30 同上，p.242。

31 *Autobiography of Rudolf Höss*, p.32. 赫斯所记的尸体数量没有证据来源。

32 "特别工作队"（Sonderkommando）这一术语来源未知。纳粹经常在单词前加前缀特殊（Sonder）进行委婉表达，例如，特殊处置（Sonderbehandlung）、特别行动（Sonderaktion）。

33 Czech, *Chronicle*, pp.277.

34 *Autobiography of Rudolf Höss*, pp.35–36. 注意：在英文原版中，焚尸场的编号为"二号、三号大焚尸场和四号、五号小焚尸场"。关于焚尸场的不同编码，参见第 35 条。

35 焚尸场有两套编号：一号到五号（包括主营区的焚尸场）和一号到四号（只包括比克瑙的焚尸场）。一号到五号在德国文件、囚犯报道以及相关文学作品中更常见。采访中，"特别工作队"成员使用的是一到四号编号。为了避免混淆，两套编号都作了保留，使用一到四号时，主营区焚尸炉的一到五号编码就写在括号中。

36 Czech, *Chronicle*, pp.344–345.

37 同上，p.442。

38 在比克瑙集中营，“特别工作队”囚犯被分配在以下几个地点：首先是在 BId 营的二十二和二十三区，后来到二区；随后他们被派到 BIId 营的十三区、九区和十一区。最后他们待在二号（三号）和四号（五号）焚尸场的顶楼工作。

39 更多有关“加拿大工作队”（Kanada Kommando）的信息，参见第 45 条。

40 Zalman Gradowski, “In harz fun geheynom: A dokument fun Oyshvitser Zon–derkommando, 1944”（《在地狱中心：奥斯维辛“特别工作队”的文献，1944》）（以下称 *In the Heart of Hell*）, unpublished manuscript, tr. from Yiddish into Hebrew by Itiel Rubinstein, Bnei Brak, 1998, p.55（此译文版权为吉迪恩·格雷夫所有）。有关“特别工作队”成员《秘密记录》的出版物全部细节，参见第 108 条。

41 Zalman Lewental, “Pamietnik czlonka Sonderkommando Auschwitz II”（奥斯维辛二号集中营“特别工作队”一位成员的日记）（后改为 Lewental, “Diary”）, tr. from Yiddish into Polish by Adam Weza and Adam Rutkowski, Biuletijn ZIH 65–66 (January– June 1968), pp.220–221; Ber Mark (ed.), The Scrolls of Auschwitz, Tel Aviv, 1985, pp.211–212。有关“特别工作队”成员《秘密记录》的出版物全部细节，参见第 108 条。

42 *The Scrolls of Auschwitz*, p.208.

43 只有一号（二号）和二号（三号）焚尸场装有升降机，因为毒气室和脱衣室在地下，三号（四号）和四号（五号）焚尸场没有地下区，没有必要安装升降机。

44 Gradowski, *In the Heart of Hell*, p.77.

45 “加拿大”——集中营的一个大型储存区域，用于储存从奥斯维辛集中营及其卫星集中营的囚犯身上搜来的物品。这一营区的官方名称是财产储存室（Effektenlager）。共有两个营区。第一个是一号财产储存室（Effektenlager I），位于奥斯维辛主营区的德国装备工厂（Deutsche Ausrüstungswerke）附近，包括五个木制营房和一个石制营房，要被打包运往德国的战利品就贮存在此。二号财产储存室（Effektenlager II）在比克瑙 BIIg 区建好之后，“加拿大”一号就只有在“加拿大”二号装满时才会使用。“加拿大”二号有 30 个木制营房，大部分用于分类储存，有两个营房供在此工作的男女囚犯居住，还有一个营房是党卫队的生活和办公区。截至1943年底，有1000到1600名男女囚犯在“加拿大”一号工作。从1944年起，有1500到2000名囚犯在“加拿大”二号工作。

我们现在能确定的是，“加拿大”（Kanada）这个词是两名在财产储存室工作的波兰犹太囚犯想出的。“加拿大”一号工作队的成员打开新运来的手提箱和背包，将里面的物品分类，搜寻藏起来的值钱物品，清除掉犹太人的痕迹，再把受损物品和还能用的优质物品分开。由于财产储存室这个小小世界中积累了巨大的、难以想象的财富，分拣者就感觉他们好像在处理像加拿大一样的富饶国家的财富，波兰人认为加拿大是财富的象征。这种为装满战利品的隔绝世界，其命名的方式令人绝望，颇具讽刺意味。还有另外一种解释，“加拿大”工作队中说德语的成员在分拣物品时经常会问：“里面有值钱的东西吗？”（Kann er da nicht was drin’ haben?）（Kann er da的德语发音听起来像“加拿大”）。

在“加拿大”工作队干活，是奥斯维辛集中营最好的、也是囚犯最想做的工作之一，因为这个小队的囚犯在处理物品时，很容易为自己、家人和朋友“组织”一些东西，用来换取食物和必需品。此外，“加拿大”工作队囚犯在室内工作，不是特别辛苦。这也解释了为什么“加拿大”工作队的幸存者相对较多。

46 *The Scrolls of Auschwitz*, p.218. 诸如此类的引用选自英文版的“秘密写作”（参见下文第108条）。原作中方括号之外的省略号为原文中的省略号，通常表示由于文件损坏造成的缺失；方括号中的省略号表示本书作者作出的省略；方括号中的文字表示本书作者的解释，尖括号表示作者对缺失的文本猜想。在采访中，省略号表示讲话中的停顿。中文译本由于不同语言的语序差异调整等原因，在这些方面不作区分。如有需要可对照英文版。

47 同上，p.220。

48 对约书亚·罗森布鲁姆（Yehoshua Rosenblum）的采访（Gideon Greif, Haifa, September 17, 1990）。

49 Claude Lanzmann, Shoah: *An Oral History of the Holocaust*, New York, 1985, p.165.

50 Gradowski, *In the Heart of Hell*, p.79.

51 *The Scrolls of Auschwitz*, pp.219–220.

52 Gradowski, *In the Heart of Hell*, p.57.

53 *The Scrolls of Auschwitz*, pp.212–214.

54 Gradowski, *In the Heart of Hell*, pp.47, 89. 55.

55 同上，pp.60–61。

56 同上，pp.52–53, 54。

57 同上，p.57。

58 同上，p.56。

59 关于“特别工作队”的声誉和道德问题的争议，稍后在本章的“‘特别工作队’的道德问题”部分会讨论。

60 Gradowski, *In the Heart of Hell*, pp.58–59.

61 同上，p.79。

62 同上，pp.84, 96。

63 同上，pp.108–109, 110–111。

64 这些记录稍后在本章的“‘特别工作队’囚犯和他们的秘密写作”会讨论。

65 同上，p.45. 参见 Czech, *Chronicle*, p.513; Filip Müller, *Eyewitness Auschwitz: Three Years in the Gas Chambers*, Chicago, 1999, pp.86–89（英文版为 Müller, Sonderbehandlung 的删减版）。

66 Gradowski, *In the Heart of Hell*, pp.87, 88.

67 1943 年 8 月 2 日，特雷布林卡灭绝营发生起义。参见 Yitzhak Arad, *Belzec, Sobibor, Treblinka: The Operation Reinhardt Death Camps Bloomington*, 1987, pp.81– 89, 270–299, 360–365。

68 1943 年 10 月 14 日，索比堡集中营发生起义。参见同上，pp.306–334, 360–365。

69 Czech, *Chronicle*, p.177; Henryk Swiebocki, *Auschwitz 1940–1945*, Vol. IV, *The Resistance Movement*, Oswiecim, 2000, pp.243–244.

70 Czech, *Chronicle*, p.264; Swiebocki, *Auschwitz 1940–1945*, pp.123, 233.

71 关于集中营抵抗运动，参见 *The Scrolls of Auschwitz*, ch.3: “The General Insurrectionist Underground at Auschwitz,” pp.27–38。

72 Israel Gutman, “The Jewish Resistance Movement at Auschwitz,” in Bulletins of the Ghetto Fighters’ House, No. 14/15, April 1956, pp.43–48 (Hebrew); Mordechai Halelli (a.k.a. Motek Bielowicz), Ha–mahteret ha–tsiyyonit be–Oshvits（奥斯维辛的秘密“犹太复国主义”者）, private publication, p.13; testimony of Noach Zabludowicz (Hebrew), YVA 03/1187, pp.17–18; interview with Noach Zabludowicz (Gideon Greif, April 18, 1997, and August 12, 1998).

73 Gutman, “The Jewish Resistance Movement at Auschwitz,” pp.46–47; Israel

Gutman, *Anashim va–effer—Sefer Auschwitz–Birkenau*（《人与灰——奥斯维辛－比克瑙集中营》）（以下称 *People and Ash*），Merhavia, 1957, pp.144–147.

74 *People and Ash*, pp.118–172.

75 Halelli, *Ha–mahteret ha–tsiyyonit be–Oshvits*, pp.17, 19–20; Moshe Kulka, YVA, 03/1186, pp.17–18.

76 Halelli, *Ha–mahteret ha–tsiyyonit be–Oshvits*, p.15; *People and Ash*, p.147.

77 关于罗莎·罗伯塔的相关信息，参见 *People and Ash*, pp.151–157; Raya Kagan, *Women in the Chamber of Hell*, Merhavia, 1947, pp.227–229 (Hebrew); "Robota, Roza," in *Encyclopedia of the Holocaust*, pp.1286–1287; *The Scrolls of Auschwitz*, ch. 14, pp.147–154; Halelli, *Ha–mahteret ha–tsiyyonit be–Oshvits*, pp.21–22; Ingrid Strobl, *Sag nie, du gehst den letzten Weg*, Frankfurt am Main, 1995, pp.297–300; Haya Kroyn, *Take Me With You*, Tel Aviv, 1995, pp.66–68,74–75 (Hebrew); Yuri Suhl, *They Fought Back: The Story of the Jewish Resistance in Nazi Europe*, New York, 1975, pp.189–195。

78 Moshe Kulka, YVA 03/1186; A. Wolf–Jasny (ed.), *Yizkor–buch Ciechanow* (hereafter *Ciechanow Memorial Book*), (Yiddish/Hebrew) Tel Aviv, 1962, pp.385–386; *Noach Zabludowicz testimony*, pp.18–19.

79 参见 Testimony of David Nencel, YVA 03/6014, pp.71–72。

80 参见 Jehuda Laufer's testimony in Lore Shelley, *The Union Kommando in Auschwitz—The Ammunition Factory in the Eyes of Former Slave Laborers*, Lanham, 1996, p.181。

81 *Ciechanow Memorial Book*, pp.22–23.

82 *The Scrolls of Auschwitz*, pp.224–230.

83 同上，pp.134–135。集中营抵抗运动的成员努力说服“特别工作队”的囚犯：出于一系列原因，现在不可能发动起义，但他们给出的理由全部遭到“特别工作队”囚犯的拒绝。“特别工作队”的囚犯知道每天有成千上万的犹太人被毒死焚化，他们的反抗的情绪和决心很高，很难做出任何妥协。

84 *The Scrolls of Auschwitz*, pp.228–229; Leon Cohen, "From Greece to Birkenau—the Uprising of the Crematorium Workers," in, *Peàmim (Journal for Research on Jewish Communities in the East)*, No. 27, pp.125–133 (Hebrew); Müller, *Sonderbehandlung*, pp.146–147; Erich Kulka, "Jewish Revolt in Auschwitz," in *The Voice of Auschwitz Survivors in Israel*, September 28, 1984, p.3.

85 *The Scrolls of Auschwitz*, p.228 (“We ground the teeth and kept silence”).

86 Miklos Nyiszli, *Auschwitz: A Doctor's Eyewitness Account*, New York, 1993, p.130.

87 *The Scrolls of Auschwitz*, pp.228–229. 88.

88 同上，pp.229–230。

89 Müller, *Eyewitness Auschwitz*, p.147; Ota Kraus and Erich Kulka, *The Death Factory: Document on Auschwitz*, Oxford, 1966 (*Tovarna na smrt*, Prague, 1946 年英文版), pp.151–152。

90 Czech, *Chronicle*, pp.715–716.

91 *The Scrolls of Auschwitz*, p.229; Müller, *Eyewitness Auschwitz*, p.152; testimony of Filip Müller, in Hermann Langbein, *Der Auschwitz–Prozess–Eine Dokumentation*, 2 vols., *Vienna*, 1965, Vol. 1, p.132.

92 *The Scrolls of Auschwitz*, pp.229–230; Noach Zabludowicz testimony, p.19; Kraus and Kulka, *The Death Factory*, p.258; Müller, *Eyewitness Auschwitz*, pp.154–155.

93 Müller, *Eyewitness Auschwitz*, p.156; Kulka, “Jewish Revolt in Auschwitz,” pp.4–5; Erich Kulka, “40 Jahren–Der Aufstand der Juden in Auschwitz” in *3. Deutsch–polnisches Jahrbuch der deutsch–polnischen Gesellschaft Bremen*, Bremen, 1985, p.197; Czech, *Chronicle*, pp.725–726.

94 Czech, Chronicle, p.726.

95 关于“特别工作队”的囚犯是否点燃或引爆了三号（四号）焚尸场，说法不一。参见 Kraus and Kulka, *The Death Factory*, p.256–260; Shelley, *Union Kommando in Auschwitz*, pp.303–305; *Ciechanow Memorial Book*, p.25; Mordechaj Papierblatt, *Mavriah ha–karpionim–900 yom be–mahanot Oshvits*（The carp smuggler–900 days in the Auschwitz camps）, Tel Aviv, pp.344–355; Kagan, *Women in the Chamber of Hell*, p.218; Olga Lengyel, *Five Chimneys*, Chicago, 1947, pp.162–163; Hadassah Priwes, *In roych fun Brzezinki* (以下称 The Smoke of Brzezinka 布热津卡的烟雾), Tel Aviv, 1966, p.194; Reuben Ainstein, *Jewish Resistance in Nazi–Occupied Eastern Europe*, London, 1974, p.812; 对哥德尔·希尔博（Godel Silber）的采访（Gideon Greif and Andreas Kilian, Toronto, January 10, 1998）。

96 Müller, *Eyewitness Auschwitz*, p.159; Kulka, “Vor 40 Jahren,” p.199; Gutman, “The Jewish Resistance Movement at Auschwitz,” p.47; Czech, *Chronicle*, pp.725–726.

97 Müller, *Eyewitness Auschwitz*, p.159; Kulka, "Vor 40 Jahren," p.199; Halelli, *Ha– mahteret ha–tsiyyonit be–Oshvits*, p.21.

98 Müller, *Eyewitness Auschwitz*, p.159; Czech, *Chronicle*, pp.725–726; *The Scrolls of Auschwitz*, p.143.

99 弥尔顿·布基的证词, in Langbein, *Der Auschwitz–Prozess—Eine Dokumentation*, Vol. I, p.130; *The Scrolls of Auschwitz*, p.143。

100 Czech, *Chronicle*, p.726.

101 Kagan, *Women in the Chamber of Hell*, pp.227–229; Kroyn, *Take Me with You*, p.73; *Ciechanow Memorial Book*, p.25; *People and Ash*, pp.154–157; Halelli, *Ha–mahteret ha–tsiyyonit be–Oshvits*, pp.21–22; 对吉扎·魏斯布鲁姆（Gisa Weissblum）的采访（Gideon Greif, Ramat Gan, July 6, 2001, and Givatayim, July 20, 2001）。

102 *People and Ash*, pp.155–156; Halelli, *Ha– mahteret ha–tsiyyonit be–Oshvits*, pp.21–22.

103 同上，pp.156–157。

104 Kroyn, *Take Me With You*, p.75; *Ciechanow Memorial Book*, p.391.

105 Gutman, "The Jewish Resistance Movement at Auschwitz," p.47; *People and Ash*, pp.153–154.

106 *The Smoke of Brzezinka*, p.194.

107 *The Scrolls of Auschwitz*, p.232.

108 这些年来，"特别工作队"成员的写作多次出版。首先，一些记录如雷文塔尔的《日记》，在华沙犹太历史研究所公报上发表（参见第 41 条）。之后，奥斯维辛 – 比克瑙州立博物馆的 *Zeszyty Oswiecimskie* 上发表了不完整波兰语版（参见第 12 条）。后来出现了这一版的英译本，*Amidst a Nightmare of Crime, Oswiecim*, 1973；随后又出现了波兰语和德语译本（*Inmitten des grauenvollen Verbrechens*, Oswiecim, 1996。同时，贝尔·马克（Ber Mark）在特拉维夫大学的出版的杂志 *Gal–ed* 上发表了希伯来语的节选版 (no.1, 1973, pp.309–335)，完整的意第绪语版本于 1977 年在以色列发表，标题为 *Megilas Oyshvits*（《奥斯维辛手卷》）。马克的版本被译为希伯来语（Tel Aviv, 1978）和英语（参见第 41 条）重新发表）。

109 Gradowski, *In the Heart of Hell*, p.32.

110 同上 , p.82。

111 Manuscripts of the Sonderkommando, p.74.

112 *The Scrolls of Auschwitz*, p.174.

113 同上，p.238。

114 同上，p.239。

115 同上，p.240。

116 同上，pp.239, 240。

117 同上，pp.210–211。

118 Primo Levi, *The Drowned and the Saved*, New York, 1988, p.53.

119 Lewental, "Diary," pp.221–222.

120 *The Scrolls of Auschwitz*, p.222.

121 Lewental, "Diary," p.222.

122 参见对雅各布·弗赖马克（Yaakov Freimark）的采访（Gideon Greif, Givatayim, June 8, 2001）；参见"埃斯"·格吕鲍姆（"Ace" Grünbaum）的事件，他是比克瑙集中营的"营头"，波兰犹太复国主义政治家伊扎克·格吕鲍姆（Itzhak Grünbaum）的儿子。*The Scrolls of Auschwitz*, pp.50–51。

123 *Mishpat Eichmann: Eduyot*（《艾希曼审判：证词》），Vol. II, Jerusalem, 1963, pp.1122–1123.

124 Levi, *The Drowned and the Saved*, p.59.

125 Alfred Fiderkiewicz, *Brzezinka: Wspomnienia z obozu*（《比克瑙：集中营的回忆》），Warsaw, 1965, pp.132–187.

126 Franciszek Stryj, *W cieniu Krematorium: Wspomnienia z dziesieciu hitlerowskich wiezien i obozow koncentracyjnych*（《焚尸场的阴影下：十处监狱和集中营的回忆》），Katowice, 1965, pp.245–249.

127 Janina Komenda, *Lager Brzezinka*（《比克瑙集中营》），Warsaw, 1986, p.100.

128 Seweryna Szmaglewska, *Smoke over Birkenau*; Oswiecim, 2001 (波兰语版：*Dymy nad Birkenau*; Warsaw, 1968), pp.281–282.

129 Jacob Robinson, *And the Crooked Shall Be Made Straight*, New York, 1965, p.336. Robinson 在书中参考：Hannah Arendt, *Eichmann in Jerusalem: A Report on the Banality of Evil*, New York, Viking Press, 1963。

130 Robinson, *And the Crooked Shall Be Made Straight*, p.200; referring to Arendt, *Eichmann in Jerusalem*, pp.86–86.

131 Robinson, *And the Crooked Shall Be Made Straight*, p.200；参见 Arendt, *Eichmann in Jerusalem*, pp.171, 109 (emphasis added).

132 参见 H.E.Holthusen, Hannah Arendt, "Eichmann und die Kritiker"（《艾希曼和批评者》），in *Vierteljahreshefte für Zeitgeschichte*, Vol.13, 1965, pp.178–190; F. Krum– macher (ed.), *Die Kontroverse*（《争议》），Munich,

1964; S. Lietzmann, “Waren die Opfer Komplizen der Henker?” *Frankfurter Allgemeine Zeitung*, November 16, 1963。

133 Robinson, *And the Crooked Shall Be Made Straight*, p.201; 参见 Arendt, *Eichmann in Jerusalem*, p.171. 罗宾森还提到阿伦特一个错得更加离谱的假设。她认为“特别工作队”的囚犯一般是在犹太社会不受欢迎的人。事实上，她指的是所有在党卫队手下活下来的犹太人（同上，p.109）。罗宾森参考证据充分的事实，分析囚犯挑选过程，再次驳斥了阿伦特的观点。“众所周知，挑选的唯一标准就是体力。事实上，囚犯一到就立即进行挑选，没有纸质记录材料供参考，因此，负责挑选的党卫队军官只能凭体格标准来挑选。”（同上，p.335 n. 159）。由于大多数“特别工作队”的囚犯也是一到集中营就立即被选去焚尸场工作，这一理由同样适用于他们。

134 Robinson, *And the Crooked Shall Be Made Straight*, p.201.

135 *Autobiography of Rudolph Höss*, pp.158, 160.

136 这一点不仅涉及“特别工作队”，而且描绘出纳粹更为广泛的策略：他们逼迫犹太人参与灭绝行动，甚至让他们为灭绝行动提供资金。这一策略背后的目的就是要模糊受害者和犯罪者之间的界限。

137 “特别工作队”囚犯的证词，也能反映出他们对受害者尸体强烈的同情和怜悯。以下引用清楚地展现出，在麻木的感情和适应的行为之下，仍然隐匿着充沛的人类情感：“整个过程持续二十分钟后，一具尸体，一整个世界都变为灰烬。你站在这里，呆呆地看着。你把两个人放在上面，他们曾引人注目，他们是活生生的人，能行动，能创造，他们构筑了两个世界。他们曾创造世界，实现自我。他们曾构建起大厦之基，曾为世界和未来添砖加瓦。但马上，短短二十分钟后，他们什么就会化作灰烬，什么都不留下。” Gradowski, *In the Heart of Hell*, p.79。

138 *Autobiography of Rudolph Höss*, pp.160–161.

139 Krystyna Zywulska, *Przezlyam Oswiecim [I survived Auschwitz]*, Warsaw, 1996, p.187.

140 *Autobiography of Rudolph Höss*, p.161.

141 *The Scrolls of Auschwitz*, p.221.

142 Wolfgang Sofsky, *The Order of Terror*, Princeton, 1999, p.271.

143 *The Scrolls of Auschwitz*, pp.221–222.

144 同上，p.127。

145 同上，p.126。

146 更多背景材料，参见 Henryk Swiebocki (ed.), *London Has Been Informed...*

Reports by Auschwitz Escapees, Oswiecim, 1997。

147 Maria Rychlik, *Smierc daje zycie* [Death gives life], Krakow, 1967, p.110.

148 *The Scrolls of Auschwitz*, p.126.

149 *The Drowned and the Saved*, p.53. 150.

150 同上，pp.53, 55。

151 同上，p.59。

152 引用自 *The Drowned and the Saved*, p.60 (Vercors [Jean Bruller], *Les armes de la nuit*, Paris, 1953)。

153 同上，p.58。

154 参见 Wolfgang Sofsky, "An der Grenze des Sozialen: Perspektive der KZ–Forschung," in Ulrich Herbert, Karin Orth, and Christoph Dieckmann (eds.), *Die nationalsozialistischen Konzentrationslager, Entwicklung und Struktur*, Vol. II, Göttingen, 1998, p.1157。

155 同上，p.1157。

156 *Zywulska in People and Ash*, pp.103–104.

157 Levi, *The Drowned and the Saved*, p.60.

158 "合作边界"（caso–limite di collaborazione）提出于意大利版 Primo Levi, *I sommersi e i salvati* (Turin, 1994, p.36)，这一概念在英文版中被误译为"合作的极端情况"（an extreme case of collaboration），这种贬义的表达完全没能理解利维（Levi）后来对"特别工作队"的分析。（参见 *The Drowned and the Saved*, p.50）

159 关于这一问题，参见 Tom Segev, *The Seventh Million: The Israelis and the Holo–caust*, New York, 1993; Yehuda Bauer, *The Holocaust and the Struggle of the Yishuv as Factors in the Establishment of the State of Israel, Jerusalem, 1976; Ilana Shamir, Perpetuation and Memory—The Way of Israeli Society in Creating Memorial Landscapes*, Tel Aviv, 1996 (Hebrew); Ne'ima Barzel, Ad klot u–mi–neged [To the finish and aside], Jerusalem, 1998。

160 参见 Dina Vardi, *Nos'ey ha–chotam—Dialog im bney ha–dor ha–sheny la–Shoah* [Bearers of the imprint, a dialogue with second–generation Holocaust survivors], Jeru– salem, 1990。

161 Andrzej Strzelecki, *Endphase des KL Auschwitz, Oswiecim*, 1995, p.268.

162 斯坦尼斯拉夫·扬可夫斯基（又名艾尔特·范西尔伯 Alter Feinsilber），*Manuscripts of the Son– derkommando*, pp.30–66。

163 Strzelecki, *Endphase des KL Auschwitz*, pp.268–269.

164 洛莫·德拉贡（Shlomo Dragon）1945 年 5 月 10 日、11 日和 17 日的证词副本参见：Franciszek Piper, *Die Zahl der Opfer von Auschwitz*, Oswiecim, 1993, pp.203–225; 参见 Archive of the Main Commission for the Investigation of Crimes against the Polish People—National Memorial Institute, Warsaw (Glowna Komisja BZpNP IPN Warszawa) NTN 93 (the Höss trial), pp.102–118。亨里克·陶伯（Henryk Tauber）1945 年 5 月 24 日的证词副本，参见同上，pp.122–150。

165 查尔斯·西吉斯蒙德·本德（Charles Sigismund Bendel）在约瑟夫·克莱默（Josef Kramer）审判中的证词参见：*Trial of Josef Kramer and 44 others* (The Belsen Trial), London, 1946, p.130。

166 赫斯的审判于 1947 年 3 月 11 日到 3 月 29 日进行，于 4 月 2 日形成最终裁决。参见 Archive of the Main Commission for the Investigation of Crimes Against the Polish People, NTN (Proces Hossa)。

167 沃尔特·德亚库和弗里茨·埃尔特（Fritz Ertl）于 1972 年 1 月到 3 月在维也纳高等法院接受审判，参见 *Oswiecim—hitlerowski oboz masowej zagtady* (Auschwitz—Hitlerite mass extermination camp), Warsaw, 1981, p.195。

168 Kraus and Kulka, *Tovarna na smrt*.

169 “家庭营”（family camp），参见第三章第 59 条。

170 《埃里希·科尔卡访谈录全集》，YVA p.25: 1982 年 4 月 17—18 日、1983 年 10 月 7 日、1986 年 4 月 3 日，采访约书亚·罗森布鲁姆；1983 年 7 月 20 日采访雅科夫·加拜；1984 年 10 月 23 日采访艾里梅尔切（弥尔顿）·布基；1982 年 5 月 3 日采访什洛莫·德拉贡；1985 年 3 月 4 日采访丹尼尔·本纳明。

171 Hermann Langbein, *Menschen in Auschwitz, Frankfurt am Main–Berlin*, 1980; translated as *People in Auschwitz* (Chapel Hill, N.C., 2004).

172 上世纪 80 年代中期，《以色列的奥斯维辛幸存者之声》（*The Voice of Auschwitz Survivors in Israel*）发表了几篇文章，其中科尔卡和另外几名“特别工作队”幸存者，控诉朗宾玷污了“特别工作队”囚犯的形象。在朗宾临终之前，科尔卡和几名“特别工作队”幸存者发起了一项公共运动，劝服朗宾删除《奥斯维辛里的好人》一书中有关“特别工作队”成员有问题的描述。

173 Ber Mark, *Powstanie w getcie warszawskim*（《华沙隔都的起义》），Warsaw, 1954.

174 关于“特别工作队”成员“秘密写作”的完整细节，参见第 108 条。

175 参见第 73 条。伊斯瑞尔·古特曼在另一本书中写到格拉多夫斯基、他的朋友们、“特别工作队”以及“特别工作队起义”。*Ba'alata u–vama'avak*（《黑暗中的挣扎——犹太人大屠杀及其反抗的研究》）Tel Aviv, 1985, pp.270–275。

176 David A. Recanati (ed.), *Zikhron Saloniki*（《纪念萨洛尼卡》）, Tel Aviv, 1972.

177 Cohen, "From Greece to Birkenau," pp.110–142.

178 Josef Sackar, "In the Very Midst of Hell—Testimony of a Former Sonderkommando Prisoner in Birkenau, Interview with Gideon Greif" (Hebrew), *Edut*, Vol. 7, January 1992, pp.99–113.

179 Michael Molcho and Joseph Nechama, *Shoat Yehudey Yavan 1941–1944*（《希腊犹太人大屠杀 1941–1944》）, Jerusalem, 1965, pp.191–194, 196.

180 Yosef Ben, *Yehudey Yavan ba–Shoah u–vahitnagdut 1941–1944*（《希腊犹太人，大屠杀和反抗运动 1941–1944》）, Tel Aviv, 1985. 建议参考有关“特别工作队起义”的章节。

181 Danuta Czech, *Hashmadat Yehudey Yavan be–Oshvits*（《奥斯维辛希腊犹太人的毁灭》）, in *Dapim le–heqer ha–Shoah ve–ha–mered*（《有关大屠杀和起义的研究论文》）, Tel Aviv, 1973, pp.181–194。

182 Bracha Rivlin (ed.), *Pinkas Hakehillot: Yavan*(《犹太社区百科全书: 希腊》), Jerusalem, 1999.

183 *Ciechanow Memorial Book*, pp.332–407.

184 David Stockfisch, *Mlava ha–yehudit—koroteyha, hitpatchuta, kilyona*（《姆瓦瓦犹太人——历史、发展和毁灭》）, Vol. 2, Tel Aviv, 1984, Ch. 2, "Extermination and Warfare".

185 什洛莫·德拉贡的证词, in Elimelech Skliar, Abraham Dragon, and Shlomo Dragon (eds.), *Zuromin in Poland—History of a Destroyed Community*, private edition, 1992, pp.25–32。

186 Abraham Wein (ed.), *Pinkas Hakehillot: Polin*(《犹太社区百科全书: 波兰》), Yad Vashem, Jerusalem, 1976–. 迄今为止，这一系列已经出版了第一卷（罗兹市及其附近）、第二卷（东加利西亚）、第三卷（西加利西亚及西里西亚）、第四卷（华沙及其附近）、第五卷（沃伦和波德拉谢）、第六卷（波兹南和波莫瑞）和第七卷（卢布林和凯尔采）。

187 Lanzmann, *Shoah*, 对菲利普·穆勒的采访 pp.57–60, 68–70, 123–127, 145–146, 149–150, 158–159, 163–165。

188 Marsel Nadzari, *Khroniko 1941–1945*（《编年史 1941—1945》）, Salonika, 1991.

189 *People and Ash*, pp.156–157.

190 Leon Cohen, *From Greece to Birkenau—The Crematoria Workers' Uprising*, Saloniki Research Center, Tel Aviv, 1996.

191 Müller, *Eyewitness Auschwitz*.

192 同上，pp.12, 14, 17。

193 英文版的翻译与编辑由苏珊娜·弗拉塔尔（Susanne Flatauer）与赫尔穆特·弗赖塔格（Helmut Freitag）合作完成。

194 Lanzmann, *Shoah*.

195 Miklos Nyiszli, *Boncoloorvosa az Auschwitz i krematoriumban*（《奥斯维辛焚尸场的病理学医生》）, Debrecen, 1947.

196 Miklos Nyiszli, *Auschwitz: A Doctor's Eye–Witness Account*, London, 1964. 本书还以罗马尼亚语（布加勒斯特，1964—1965）、波兰语（华沙，1966）、希伯来语（贝内贝拉克，1985）和德语（柏林，1992）出版。

197 Miklos Nyszli, *Auschwitz: A Doctor's Eye–Witness Account*, New York, 1993, pp.77–78.

198 Max Perkal, *Schön war es draussen—Aufzeichnungen eines 19–jährigen aus dem Jahre 1945 / Outside Was Beautiful—The Notebook of a 19–Year–Old Written in 1945*, Zurich–London, 1995, pp.24–33, 35–36, 39.

199 2000 年初，唐纳德·瓦特于悉尼去世。

200 Donald Watt, *Stoker: The Story of an Australian Soldier Who Survived Auschwitz– Birkenau*, Sydney–New York–London, 1995.

201 法兰克福审判记录中，有关于弥尔顿·布基菲利普·穆勒和多夫·派斯科维奇证词的节选。朗宾的推荐书目还有：*Nicht wie Schafe zur Schlachtbank—Widerstand in den nationalsozialistischen Konzentrationslagern 1938–1945*, Frankfurt am Main, 1980; 以及 *People in Auschwitz*（参见第 170 条）。

202 H. G. Adler, Hermann Langbein, and Ella Lingens–Reiner, *Auschwitz—Zeugnisse und Berichte*, Hamburg, 1995.

203 洛雷·谢利的出版作品包括：*Auschwitz—The Nazi Civilization*, Lanham, 1992; *Criminal Experiments on Human Beings in Auschwitz and War Research Laboratories*, San Francisco, 1991; Secretaries of Death, New York, 1986。

204 Gradowski, *In the Heart of Hell*, p.23.

205 同上，p.80。

206 同上，pp.46, 48。

第二章

约瑟夫·萨卡尔：“活下去，才能揭露真相”

1985 年初次见到约瑟夫·萨卡尔（Josef Sackar）时，我十分震惊。他形容枯槁，内心敏感。这样一个人如何能受得住如此的折磨？我面前的人，真的是奥斯维辛集中营的幸存者吗？他有什么不为人知的秘密？

迄今为止，我尚未完全解开这些谜题。约瑟夫·萨卡尔是我认识的第一个“特别工作队”幸存者。他的存在证明：并非只有强者才可以幸存。每一个犹太大屠杀的幸存者都有一个死里逃生的故事。

约瑟夫·萨卡尔和妻子贝拉（Bella）在以色列组建了一个温暖的家庭。每一个到访的客人都能感受到这个家庭亲切而温馨的氛围。每个家庭成员都真诚地问候客人，大屠杀的乌云并没有笼罩在他们头顶。这个房子充盈着欢乐与生机。萨卡尔家的孩子佩尼娜（Penina）和约书亚（Yehoshua）在一个朴实、安全、充满爱的家庭中成长。

这是一个亲密而团结的家庭。

约瑟夫·萨卡尔应我的请求讲述了他在集中营所做的可怕的工作，即便这样的时候，他仍然保持着和蔼的微笑，仿佛在谈论发生在其他时代、其他地方的事情。交谈中，他从头到尾没有流过一滴眼泪，也没低头感伤。他只是尽力阐明事实。事实上，没有任何一名大屠杀的见证者在谈论他们的经历时潸然泪下。我不禁要问，他们会在夜里哭泣吗，或者他们的眼泪早就流干了？约瑟夫·萨卡尔在一次采访中回答了这个问题。他说："所有的泪水已经在奥斯维辛枯竭。"在那里，哭泣已经无法表达丧失亲友的悲痛和对民族屠杀的愤恨。

每次我们的对话录音结束时，约瑟夫·萨卡尔都要求我们把录音磁带给他一份。他说："这不是留给我自己的，是给孩子们的，以后他们会知道发生的一切。"1983年，在准备一部关于"特别工作队"的纪录片时，我邀请他跟我一起去奥斯维辛集中营参与拍摄。他接受了我的邀请，毫无畏缩，并且带上了妻子和孩子们。

拍摄中发生的两件事仍然令我记忆犹新。第一件事是我们在更衣室时问他是否欺骗过来这里的人，告诉他们只是来这洗澡或是消毒。我问这个问题，是想知道"特别工作队"的囚犯所面临的道德困境，以便突显他们所面对的残酷现实。

他的反应非常激烈，我从未见他如此暴怒。"难道你不知道，我们要说什么、什么时候说，德国人都规定得死死的？你不知道不服从命令就会死吗？"

后来我意识到自己有失公道，直到现在也为此内疚。原谅我吧，约瑟夫！

第二件事是约瑟夫·萨卡尔和扫罗·哈赞之间的争论。当时我们正在奥斯维辛–比克瑙拍电影，拍的镜头是要放进我那部关于“特别工作队”的纪录片当中的。在二号（三号）焚尸场[11]的院子里，这两个人突然激烈地争论起来。争论的焦点是很久之前发生的事情，当时他们都是奥斯维辛集中营的囚犯。不用细究争论的内容，仅仅是争论本身就足以让我感受到“特别工作队”囚犯的生活充满了争吵，紧张和焦虑更是加剧了这些争吵，而他们的日常生活充满了求生的挣扎，不仅为了肉体的生存，也为了心理的生存。约瑟夫·萨卡尔赢得了胜利。他离开了比克瑙集中营，并没有留下太多的伤痕。他左臂上文着的囚犯号码会永远伴随着他。但是，这些号码只刺在他的肉体上，而不是心灵上。以后的岁月里，后辈子孙会讲起这个老人的故事，他在人间地狱熬过了漫长的十个月，并未失去人性。

萨卡尔先生，谈谈您的少年时光吧。

1924 年，我出生在希腊的阿尔塔（Arta）[2]。我在那里长大。阿尔塔有大约两百户犹太家庭，分为两大社区。总共有两位拉比——一位年轻的，一位年长的。城镇里有两座犹太会堂，我们每天都去那里做礼拜。安息日去做礼拜的人比平时多。我们还有一位穆汉（mohel, 举行割礼的人）[1]和一座六年制的犹太教学校。我在那所学校读到四年级。后来，我去了一所希腊学校，直到 1944 年 3 月 24 日，德国人来了，把我们抓了起来。之前我们过着平常的日子，和希腊人住的地方一样，一切风平浪静。

阿尔塔的犹太人靠什么谋生？

[1] 犹太男婴出生第八天要举行割礼，割去包皮。

我们城镇的犹太人主要是商人，但是也有一些是手艺人，比如说铁匠、鞋匠之类。

你的父母是干什么的？

我的父亲是纺织品商人。每个周日他都去十二公里外的乡下工作，直到周五下午才回家。

你母亲工作吗？

我母亲是个家庭主妇。

你有几个兄弟姐妹？

我们兄妹四人，三个姐妹加上我自己。我和两个妹妹被德国人抓了，送到了比克瑙。姐姐和姐夫住在另一个城镇。他们设法藏在乡下，幸免于难。谢天谢地，我们四兄妹都活下来了，现在都住在以色列。

在那里犹太人和希腊人关系怎样？

关系很好。德国占领时期，犹太人在乡下和山里寻求避难，当地人给了很多帮助。

这是不是说，犹太人在那里没有感受到任何反犹太主义的气氛？

是的，从头到尾我们都没有感受到任何反犹太主义倾向。

可以肯定地说,战争爆发之前,你们一直过着平静安宁的生活？

是的，甚至战争爆发后的几个月，我们的生活仍然很安宁，直到德国占领希腊。

战争爆发之初，你感觉到有什么变化吗？

毫无变化，因为一开始来的是意大利军队。我们跟意大利人做生意，没有出现任何问题。意大利人对我们非常亲切友好。在意大利人占领期间，我们完全自由；没有人限制我们的生活方式。我们的活动范围也没有受到限制，不需要任何特别文件或者许可证。

德国人刚来时也没有什么危害。可以说，起初整个社区仍然保持着正常的生活。

后来德国人有没有限制犹太人？

德国人来了之后，情况逐渐发生了变化。我们每次出城都要获得批准，行动逐步受到限制。

所有犹太人都住在自己家里吗？

是的，没有人失去家园。我们住在自己的公寓或房子里。起初，德国人还没有乱来，并没有出现闯进犹太人的店铺抢走东西不付钱等不良事件。没有诸如此类的事件。

这样的状况维持大概一个月。之后发生了什么事？

大概一个月后，一些犹太人离开阿尔塔，希望在山区寻到藏身之处。我和两个妹妹也在逃亡的队伍中。年轻人都逃走了，年老的则留在家里。我父亲有残疾，瘫痪了，没法把他挪来挪去。我们在一个村庄里躲了一个月，觉得不能再这样下去，于是又回到了家里。

你们为要什么逃跑？

我们很害怕。有传言说德国人要找犹太人的麻烦。

当时是不是有游击队能帮助你们，开始组织你们逃亡？

是有一些人在组织。我不知道是不是能称他们为游击队，但是很明显，他们是某种活跃分子，意大利人占领时他们就出现了。我们城镇只有少量的人加入他们。后来，德国人命令我们的克希拉（Kehilla，犹太社区委员会）会长上交犹太人名单，麻烦就开始了。

这是什么时候的事？

是1943年底，就在意大利军队的占领崩溃之后。一个月后，德国人让克希拉会长上交一份犹太人名单。

德国人有说他们为什么要这份名单？

他们说只是要一份犹太人的名单和地址。我以为这只是人口调查，因为阿尔塔并没有像雅典一样实行户口登记。

你知道这份名单是用来做什么的吗？

我们什么也不知道。有传言说我们会被聚集起来，住到一个封闭的隔都里去，但没有什么异常的事情发生，直到最后一刻我们一直蒙在鼓里。

你知道欧洲犹太人——俄罗斯或是波兰犹太人——遭受了什么事情吗？

我们什么也不知道，一点风声也没有。我们只听说他们限制了犹太人行动，不允许他们在城内自由活动。但是我们对集中营一无所知。

你们有足够的食物吗？或者粮食方面你们遇到了什么困难？

食物倒不缺乏，四周都是乡村，我们能弄到面包、玉米、小麦、蔬菜等等，需要的东西都有。

这样的情况维持了多久？

直到 1944 年 3 月 24 日[3]那天晚上，德国人突然来了，带走了名单上的所有人，无一例外。我们被抓起来，在剧院关了大概两天，之后被塞进卡车，运到了阿格里尼翁[4]（Agrinion），又关了几天。在那里，和德国人勾结的希腊人拿走了我们所有现金、珠宝和值钱的东西。后来又走海路，把我们运到了佩特雷（帕特莱）[5]（Patras 或 Patrai），之后是雅典，最后到达了海德（海德里）（Haidar 或 Haidari）集中营[6]。那里以前是希腊军营或者监狱，我记不清楚了。我们待在那里，直到 1944 年 4 月 3 日，期间有别的犹太人从普雷韦扎（Preveza）[7]和雅典被运了过来。最后，在 1944 年 4 月 3 日，他们用装货的车厢把我们运到奥斯维辛集中营。红十字会的人给了我们一些路上吃的食物和其他一些有用的东西。

请你描述一下路途中的情况？

我们上了运牲畜的车厢，车厢里拥挤不堪，条件十分恶劣。没有足够的食物，火车经过保加利亚时，保加利亚人好心把面包和其他食物扔到车上，但是德国人又把食物给扔回去了。

你跟家人在一起吗？

我跟父母和两个妹妹在一起。

那时候你们知道车是开往奥斯维辛吗？

我们什么也不知道。他们说我们要去一个劳动营。我们所有人都一无所知，没有人向我们透露一点消息。

你还记得你们是哪天到达奥斯维辛的吗？

我到达的时间正好是逾越节[1]前夕，那天是1944年4月14日。

你记得到达的具体时间吗？

就在天黑之前。

刚到达奥斯维辛时，都经历了什么事？

到达之后，车门立即被打开，他们命令我们快速下车。我们下了车，我的妹妹们扶着母亲；我负责照顾父亲，他已经瘫痪，不能走路。这时一个人走过来对我说："你不能跟他待在一起，你最好不要跟他一起。"[8]说着他就拽开我，硬是把我和父亲分开了。他们

---

[1] "逾越节"是犹太教传统节日，源自《圣经·出埃及记》，又称"无酵节"，是犹太历正月十四日白昼及其前夜，是犹太人的新年。逾越节来源于《圣经·旧约》的《出埃及记》。传说，犹太人在古埃及生活时期，遭到法老的残酷迫害。上帝命令摩西把犹太人带出埃及，但法老不准犹太人离开。为此，上帝决定杀死埃及家庭的所有长子和头生牲畜。为避免误伤犹太人，上帝吩咐摩西通知所有的犹太人，在自家门框上涂上羊血，上帝见到羊血时便"逾越而过"。

拖走了父亲，并把他扔到一辆卡车上，像对待一条狗一样。

你能看到这些吗?

我亲眼看到的。

你父亲呼叫你了吗? 他喊出来了吗?

那个时候他怎么还能向我呼救呢? 他都快七十岁了。

你的母亲也在那里吗?

是的，我母亲也在那里，但是下火车后我再也没有见过她。

接下来发生了什么?

我们刚下火车，他们马上就开始“挑选”[9]（Selektion）。他们把我的父母赶到一边，我和两个妹妹则在另外一边。我和妹妹们被挑出来做工。而另一边的人，我想就在那天被烧成灰烬了。从约阿尼纳（Ioannina）[10]、特里卡拉（Trikala）[11]、沃洛斯（Volos）[12]来的一批人跟我们同时到达，他们也是先被送到奥斯维辛集中营，经挑选后被带到比克瑙集中营，当天就化成灰烬。

我们还在站台上，他们把男人和女人分开。男人又经过了一轮挑选，之后被命令步行前往比克瑙。我们走了整整3.5公里，最后被带到洗浴室。洗浴前，他们在我们每个人的前臂上文了一个号码。我的号码是182739。他们把我们全身的毛发剃得一干二净，然后把我们送去了隔离营。

你到今天还记着你的号码?

当然，德文和希伯来文我都能念出来，182739。那是我的新名字。

他们叫你的名字吗?

不会，我们在那里没有名字。我们一无所有。

接下来发生了什么?

我们被带到隔离营，叫比克瑙集中营二号营（BIIa 营）[13]。我们在那里待了三周。

在那一个月期间，你知道整个营中发生的事吗？你有没有看到发生什么事情？

我们什么也没看到。根本看不到。我们被关在隔离营，什么也没看到。

你是什么时候被选进特别工作队干活的？

一天晚上，从匈牙利运来的第一批人到达了，他们又来了一次"挑选"，有 200 到 220 名希腊犹太人被挑了出去。他们把我们带到一处特殊营房——他们称之为"营区"——十一营区、十三营区，如果我没有记错的话。我去的是十三营区，我们被分到焚尸场。

你还记得是谁来挑选工作队队员吗？

好像是党卫队的人。他们没有告诉我们为什么要挑选。他们是根据我们的外形来挑选的，还问了每个人的职业，接着就挑完了。

隔离营里还有其他希腊犹太人被选到工作队吗？

当然有，不幸的是他们都不在世了。幸存的犹太人中，我记得有加拜兄弟[14]、扫罗·哈赞[15]、威尼齐亚（Venezia）兄弟[16]——两人一个现居意大利，另一个在美国——还有列昂·科恩[17]。

到达隔离营十三区的时候，你知道自己会被分到"特别工作队"吗？

我们到了营里他们才说的。

谁告诉你的？

先来的囚犯。那里已经有许多囚犯了。他们说我们什么都会不缺，我们所需的一切，包括食物之类，都会发放。但是他们还补充说，这里的工作会很辛苦。

你知道你们要做的工作是什么吗？

不是很清楚，但是我很快就明白了。

你还记得你第一天在“特别工作队”干活的情形吗？

我记得很清楚。我们在 D 营[18]。一天晚上，我们被带到了最后一座焚尸场后面。在那里，我见到了一生中看过的最恐怖的画面。那天晚上有一小批人运抵集中营。他们没有让我们工作，只是把我们带到那里，让我们习惯那样的场面。他们在那里挖了一些坑，称之为“地堡”[19]。尸体从毒气室里抬出来，就在坑里焚烧。他们把尸体运到“地堡”边，扔进去，然后焚烧。

怎么烧的？他们用的什么燃料？

木柴和其他一些易燃的东西。他们点燃木柴来烧这些尸体。

之前比克瑙有没有用过这些“地堡”？

我在那里的时候，匈牙利犹太人一到，他们就开始用这些“地堡”了。焚尸场的炉子已经不够用了，他们重新启用了“地堡”。

你在“地堡”那里干过活吗？

我看见过“地堡”那里是怎么焚尸的，但是没有在那里干过活。

你能描述一下“地堡吗”？

可以。“地堡”是一个坑，不是特别大，尸体被运过来就扔进去。这些坑很深，坑底堆着一些木柴。尸体从毒气室运出来之后，就马上扔进坑里。所有坑都是露天的。这些焚尸用的坑还挺多的。

一开始你只是看着吗？

是的，我只是在一旁看着。

你还能回忆起自己当时的反应吗？

我的反应？我都懵了，感觉自己要疯了。我对自己说：“我要完了。”即便如此，我还是不得不尽快打起精神，告诉自己：“我们必须活着出去。”这就是我的感受。“一定要活着出去”，我一直就靠这样的想法活着。

你一开始的想法就是这样吗？

从第一天进比克瑙集中营，我就知道我会活着出去的。

你是怎么知道的？

我想应该是某种直觉。

那天晚上之后发生了什么事？

我马上被带到三号（四号）焚尸场。我被迫在那里工作了几天。

你愿意说说你第一天到了三号（四号）焚尸场，开始在特别工作队干活时的感受吗？

一开始我们没看到什么特殊的东西。后来我们被带去毒气室，大门紧闭，门打开后他们朝我们大吼："过来，把尸体抬走，扔到火炉里！"

你还记得当时的感受吗？

我还记得很清楚。没人忘得了。那样的场景是永远都抹不掉的记忆——成百上千的尸体。

你当时是不是感觉自己在做梦？

不，我没有觉得自己在做梦。我相信眼前的一切都是真的。这些尸体必须拖出去。我们怎能用双手触碰这些尸体？那是一堆令人恐惧的血肉。

你也搬运尸体了吗？

是的，我搬了，我们每个人都搬了。

你想过这些死人都是谁吗？你认识他们吗？

犹太人。我们知道他们都是犹太人。我们知道所有犹太人都在劫难逃，但是我一直坚信我能够活着出去。我一直都相信。

你第一天在焚尸场工作时，有没有想过要逃跑？

没有，完全没有，那是根本不可能的。

为什么？

我们无路可逃。他们会把我们当场击毙。

你在那干了很久吗？

我们在三号（四号）焚尸场干了三天，之后被送到不同的地方工作。我被送到了二号（三号）焚尸场，并且一直干到最后。每天早上去焚尸场工作，晚上才回来。后来一批批的人从匈牙利运来的时候，我们就要一直待在焚尸场。我们住楼上，楼下就是焚尸的地方。

二号（三号）焚尸场是什么样的？

它四周围着栅栏，原木竖起来的，有两米高，所以从外面什么都看不出来。焚尸场外面有电网，有个入口通向里面的大院。院子约二十米长，尽头就是安放焚尸炉的房子。我们把受害者带到房子左边，那里有楼梯，走下去就是脱衣室。脱衣室上面没有别的楼层了[20]。上面有四个开口，党卫队的人就是从这些开口放入毒剂，毒死里面的人。为了防止空气进入，他们会用盖子把开口盖上。右边是焚尸场的入口，那里有楼梯，是通往特别工作队囚犯宿舍的。脱衣室和毒气室的边上有两层的建筑，下一层是焚尸场，上一层是工作队的宿舍。整栋建筑的顶上耸立着一个很高的烟囱[21]，至少有二十米高，冒着滚滚浓烟。

那栋楼是什么颜色？

红色。红砖砌的。

也就是说，从外面看这栋楼是没有什么可疑的？

是的，它看起来就像一个普通的工厂，没有什么特别的。就是一栋简单的建筑。

这栋楼有窗户吗?

工作队宿舍有窗户。

窗户可以打开吗?

可以。

那个院子是什么样的?你可以描述一下吗?

进到栅栏里面,房子外圈是院子,就像别墅的院子一样。房子左右两边都挖了大坑,焚烧后的骨灰就倒在坑里。院子面积足够大,可以挖很多坑。我们把所有的骨灰都倒在里面。后来,他们命令我们把骨灰从这些坑里挖出来,洒到河里[22]。庭院里不长草,不长花,也不长树。只有栅栏旁边有些树。

院子晚上有灯光吗?

栅栏四周有很亮的探照灯。

人们是怎么从火车上下来,到达焚尸场的?

我们这些希腊犹太人在那儿干活的时候,火车到了比克瑙集中营就直接开到焚尸场,是一号(二号)焚尸场或是二号(三号),后面又增加了三号(四号)和四号(五号)。此外还有“地堡”,也就是尸坑。一号(二号)和二号(三号)焚尸场是面对面的,火车就开到中间的空地[23]。车一停他们就立即把人赶下车,先做一次“挑选”,然后带到焚尸场,有的时候是带到一号(二号),有的时候又是带到二号(三号)。要看哪一座焚尸场当时可以用。

“挑选”之后,是谁领着这些人去焚尸场的?

德国人,只有德国人。跟我们刚到的时候一样,到达奥斯维辛下车,然后被德国人带到比克瑙集中营。那些被选出来杀害的人也是由德国人押送去焚尸场的。

有许多老年人，已经70岁甚至75岁了，有的生病，有的残疾。他们没法走路，于是就被堆上货车，到了之后就像垃圾一样被倒下车。

到达焚尸场之前，先要穿过一个院子，我说的对吗？

是的。

在那里有没有人跟他们说些什么？

党卫队的人。党卫队叫他们向左转，带着他们下楼进入脱衣室。

门口有人把守吧，这样他们就逃不出了？

他们能逃到哪里去呢？他们无处可逃。最重要的是，他们也不熟悉周边环境。

之后，这些人还要下一段楼梯是吧？

是的。

去地下室之前就没机会逃走吗？

就算有机会逃，他们又能逃哪里去呢？四周都被围起来了。

你能描述一下那个入口吗？

入口看起来像楼梯间。他们从地上往下走，走过一段挺宽的楼梯。那里有扇门，可以锁住。

他们是一起下去的吗？

当然不是。脱衣室没有那么大，容不下1000多人。

那是怎么做的呢？

他们排成三到五列长队。依次走下楼梯，脱去衣服，继续向前走；后面的人再下楼梯，脱衣服，向前走。

“向前”是去哪里？

毒气室。

一次有多少人下楼梯？

每次只有几个人。党卫队的人没有关门。人们进去的时候门一直是开着的。

一开始几个人进去?

算一算就知道了：楼梯有五米宽，能走几个人呢?六个人?每次六个人下楼，六个人进去，一拨接着一拨，按顺序来。

脱了衣服的人就往毒气室走，后面的人跟着就进入脱衣室。就是说整群人都这样送进去?

不，不是这样的。不是所有人都一起进去。这需要很多时间。

谁来把握速度的?谁说："到你了?"

他们并不需要等待。把两千人送到毒气室，整个过程只需要一小时，一小时就够了。这就是把人们送到毒气室所需要的时间。

排在队伍最后的人，要等一个小时以上?

是的，这取决于这批到达的人数。

他们是自己往前走，还是有人押送?

是德国人带领他们，一队队的，像行军一样，一般是三到五队。

德国人站在队伍前后或中间吗?队伍是怎么前进的?

德国人端着步枪站在队伍旁边，他们一直跟着队伍到楼梯，在那里等着，然后命令他们下楼。

人们下楼之后，德国人会离开吗?

有一些德国人在楼下，但是更多德国人站在楼梯上，把人们赶下去。

这个过程中，其他人在哪里?有些人还没到达脱衣室，他们在哪里等着?

在上面，在外面，排队等着。整整一个小时，慢慢往下进人，一队一队地进去。他们在脱衣室脱完衣服，就进入毒气室。脱衣室仿佛是个过道。

下雪天他们也是在上面等着吗?

不管什么天气，他们都在上面等着，不管下雪、下雨还是下冰雹。他们都要慢慢地等着进去。

你在那里主要负责什么?

一有人被运过来，我们就要到脱衣室去。德国人命令我们去告诉他们，脱衣后带他们去“洗澡”，但真相不是这样。这就是我们在那里的工作。毒气室在脱衣室旁边，看起来像浴室。人们脱完衣服，德国人就离开了，随后他们就被毒气毒死。

大部分时间你们在哪里?在脱衣室外面还是里面?

我在二号(三号)焚尸场的脱衣室。来到这里的人都会被告知:“你要洗个澡，消消毒。”然后我们就让他们脱衣服。

你有没有命令人们这样做?

我有什么选择呢?那是我的工作。年轻人、老人、孩子、婴儿，他们都要脱衣服。我们的工作就是带他们去“洗澡”。他们进入毒气室后，党卫队的人就开始放毒。

人们进入毒气室的时候你在哪?是已经在脱衣室了，还是等他们进去了你才进去?

我已经在楼下了，在脱衣室里面。党卫队的人带他们下楼，工作队队员们在下面等着。

人们脱衣服的时候，你站在哪?

在房间的中间。一般是在中间，有时候在中间，有时候在前面入口处，有时候在后面。我必须监督他们。

你站的位置是怎么安排的?

这个不是固定的。每个人找个地方站就行了。

人们进去的时候，有多少工作队队员在那儿？

10 个或是 20 个。我们必须使人们镇静下来，告诉他们快点脱衣服，然后带他们去那个所谓的“浴室”。

人们脱衣服要多长时间？

1500 到 2000 人大概要半个小时，有的时候需要整整一个小时！

他们脱衣服的时候，你有没有帮他们脱？

有时候有些老年人需要帮助。没错，任何时候只要可以，我们都会帮助他们。

他们知道你是在那儿工作的吗？

他们当然知道，毕竟是我们命令他们脱衣服的。他们很清楚我们是在那里工作的。

你用什么语言跟他们说话？

我在那里学会了一些意第绪语和德语。我能听懂意第绪语。

所有人都听从指示吗？

他们有什么选择呢？他们必须听从。

你是怎么知道有一批人要到了？谁来告诉你？

我们会收到通知。党卫队的人告知囚犯队长[24]，队长通过组长通知我们。

组长的工作是什么？

组长管我们队里一小拨人；队长管所有的组长。

有人告诉你这些犹太人来自哪个国家吗？

不，他们没有告诉我们这些犹太人来自哪里。但是有一段时间，都是从隔都来的人。整个家庭一起来的人，各地的隔都几乎都有。只要德国人感觉差不多到时候了，就会把整个隔都清理掉。有一段时间，大概是在最后几个月，送来的人都来自匈牙利。

你能详细形容一下脱衣室吗？它是什么形状的？

像一个通道，一道长廊。

你还记得它的尺寸吗？

至少 50 到 80 米，如果我没弄错的话，大概就是这么大。高度是二米半到三米。那是一个地下室。

地面铺地砖了吗？

没有，地面是水泥的。房间里两边有长凳。墙上有挂钩，人们可以把东西挂在那里。

那些长凳是木质的吗？

是木质的，挂钩也是。所有东西都是松木做的，像是更衣室那样。长凳跟房间的长度一样，也就是说，每个人都有地方坐下来脱衣服。

每个挂钩都有编号吗？

是的，但是挂钩只够 100 到 150 人用。

没有挂钩用的人怎么办？

他们把衣服堆在地上，都丢在一块。

他们因为这个吵过架吗？

没有，没有，他们没有争吵过。像我之前说的，他们一个一个进去，不是所有人同时进去，我们一直努力使他们镇静。[25]

房间有灯光吗？

有弧光灯和电灯照明。毕竟有些人是三更半夜才运来的。

脱衣室有没有什么异味呢？

没有，一点异味都没有。只有那么几天，尸体特别多，紧接着另一批人又到了，那样就会有恶臭。

在脱衣室脱衣服的人没有闻到这种气味吗？

气味飘不了那么远。在人们到达脱衣室之前，甚至就在他们脱衣服之前，所有一切都用水冲刷干净，不留一点污渍。毒气室也是这样的——一切结束之后，会马上清理干净。

在脱衣室工作的所有人都是犹太囚犯吗？

是的。我在那的时候，除了我们希腊犹太人，还有来自波兰犹太人。组长是来自捷克斯洛伐克的。

人们肯脱衣服吗？还是很抗拒？

你也知道，他们没有选择。他们当然得同意。有些人觉得很尴尬，但是也没有办法。很多妇女都觉得羞耻。她们坐在那儿，蜷着身子，不让别人看到。不要忘了她们大多数都来自有宗教信仰的家庭，从来没在外人面前脱过衣服，甚至是在她们丈夫面前也没有。所以她们很多人都感觉受到了侮辱，很多人也知道自己即将死亡。他们有预感。

他们是怎么知道的？

他们就是知道这些。消息都传开了。这些人能做什么呢？我们跟他们说："不是这样的，你们只是要洗个澡，之后就要开始工作了。"

谁命令你们这样说的？

党卫队，队长，还有组长。队长都是些老手：他们已经在"特别工作队"干了一年到一年半了。他们告诉我们该怎么说。

有时候，你有没有想要跟他们说些别的？或者给他们一些不同的说辞？

我们没有别的话可说，也没有理由去说别的。难道我们要告诉这些人他们能活着出去吗？我们不想撒谎。

有人坐下来脱衣服吗？

有，有坐下的也有站着的。如果有足够的空间，他们都会坐下来脱衣服。如果不够，他们就站着脱。我们对他们说，消毒之后他们就能拿回自己的衣服。

所有人都把自己的衣服留在那儿了吗？

是的，每个人都把衣服留在那儿，就像刚出生时一样，赤裸裸地走进毒气室。

你是说，全部人脱完衣服至少要半个小时？

半个小时，有时候要一个小时。

是要等所有人都脱完衣服了才进毒气室，还是脱完衣服的就可以先进去？

脱完衣服的就可以进去了，不是一起进去的。

根据你的记忆，请描述一下进入脱衣室的人都是什么表情？

进去的时候，大多数人看起来都很悲伤。那些明白过来的人非常恐惧。人群里有老年人，有带着五岁或七岁小孩的年轻人，有搀扶着父母的人，还有十多岁的孩子怀里抱着婴儿。

你说他们当中有些人很恐惧。但是他们知道自己要去的是什么地方吗？

他们并不是很清楚，但是已经感觉到情况不好。进入毒气室的时候，他们感觉到自己已经进了圈套。

你能感觉到他们在担忧吗？

当然，很多人都说自己难逃一死了。

你是怎么知道这个的？你听到的吗？

我亲耳听到一个漂亮的少女说的。她对我说：“我知道自己活不过半小时了。”但是我想让她冷静。为了让她感觉好些，我告诉她不要担心，她不会受到任何伤害。

你还记得你用什么语言对她说的吗？

她说的是意第绪语。

你懂意第绪语吗？

是的，现在也还听得懂。但是到了以色列，我再也不想听到这种语言了。

你是在哪里学的意第绪语？

我们就在那里学的。我们没有选择。我们必须学点语言，才能听得懂德国人说的话，否则就会挨打。

照你看，脱衣室里的人已经知道等待他们的是什么了吧？

有些人完全知道要发生什么事。毕竟，哪怕是德国以外的地方，犹太人正遭受屠杀这件事也已众所周知。

然而，这些人却被告知马上要去“洗澡”。

他们跟这些受害者说了很多事。他们还告诉受害者，说他们会跟一起来的亲人团聚。有些人相信了。

人们都有哪些表现？他们是紧张还是镇定？

他们很害怕，纯粹的害怕。他们非常恐惧。母亲紧紧抱着孩子。亲人们都互相拉扯着。人们彼此搂抱着，一起向前走。有些人很尴尬，有些人不敢直视眼前的一切。队伍里什么人都有，有十八岁或者二十岁左右的女孩，有很多老人、孩子，还有年轻男子。人们都感觉很窘迫，但也无能为力。所有人待在一个地方。有些人因羞耻和害怕而大哭。他们非常非常恐惧。

他们互相交谈吗？

他们在交谈，但是我听不懂他们在说什么。

孩子们有什么表现吗？

小孩还是小孩的样子。他们牵着父母的手，抱着父母。他们能知道什么呢？他们什么也不懂。

他们当中有信教的吗？

当然有。很多人都戴帽子。也有一些“哈瑞迪派”教徒（极端正统派犹太教徒）。他们来到这还穿着传统服装。

有人祷告吗？

是的，很多人祷告，祷告的主要是从匈牙利过来的人。匈牙利来的所有人都祷告。有一回来了一批人，还带了《妥拉》[1]经卷。

他们大多时候都很安静？

是的，他们都很镇定。

虽然你听不懂他们的语言，当他们知道你在那工作时，他们还是会试着跟你交谈吧？

是的，他们试着跟我说话，但是我被禁止跟他们说话。这是问题所在[26]。

你的反应是什么？怎么做的？

他们站在我前面，右前方，说着话，但是我听不懂他们说什么。

你跟他们说了什么？

我告诉他们脱衣服。我还能怎么说呢？我告诉他们是要去工作的。所以我跟他们说：“先去洗个澡，然后就开始工作。”

用德语？

是的，用德语。那时候我已经会说德语了。

他们有没有问你，在那里会遭遇什么吗？

没有，通常他们没有问我。其实即使他们问了，我也不能回答。组长和队长都在边上巡视。这两个人一直都在附近监视。

---

[1] 指《旧约》的首五卷，犹太教称为“摩西五经”，即《创世记》《出埃及记》《利未记》《民数记》和《申命记》。

你在“特别工作队”的同伴们是怎么做的？

一般没有人想开口。

你记不记得在脱衣室工作的工作队队员——不一定是来自希腊的——当中有谁非常刻薄残酷的吗？

哦，有。我很遗憾地说，有些人的确是那样的。

他们是怎么殴打受害者的，用手还是棍棒？

用手，队长手上也经常拿着一根棍棒。

他们会打那些衣服脱得慢的人吗？

是的，为了催促他们。有一些老人自己没法脱衣服。

在脱衣室或是毒气室，你也曾经打过那些犹太人吗？

没有，我没有打过任何人。

看到你周围的人突然都开始脱衣服，你是什么感受？

我是什么感受？你可以想象那种情形多么让人难以忍受。站在他们中间很不好受，但我能怎么办呢？

有时候，你内心有没有想要告诉他们：最可怕的事情还在后头？

没有，我没有勇气告诉他们。我何必在他们临死之际还说这些话，让他们恐惧、失望？他们已经一无所有。那里还有婴儿，一两个月大或者两三个月大的婴儿，妇女，老人。他们能保护自己吗？

你的同事们对人们说的话，都是德国人命令他们说的那些？

我们说的都一样。我们都很伤心，但是我们能做什么呢？事情就是这样。

你哭过吗？

哭过很多次。不止一次。工作的时候会哭，但不会流泪。从那时起，我的眼泪就干涸了。我们会哭泣，却流不出一滴眼泪。

对于我刚才的问题，很多“特别工作队”幸存者的反应都是一样的。我还没有遇到想法可能不一样的人。你怎么看待这个现象？

在那样的环境里你无法思考。情况就是那样。我们无法思考。我们已经变成了机器人，变成了机器。我们都变了。

那些人进了脱衣室，还带着个人财物吗？

是的。他们带着包袱、食物、珠宝，各种东西。

但是他们下车的时候，没有人命令他们把所有东西留在车上吗？

是有命令。即使是这样，他们还是带着一些东西，一些小物件，小包，钱包，背包。

所以他们带了各种东西到脱衣室？

是的，小包、水果，等等。通常是一些不显眼的小东西。虽然之前命令他们把所有东西留在车上，他们还是随身携带了这些东西。

你说人们带了食物去脱衣室,那么多东西,为什么偏偏带食物？

原因很多。很多人带着小孩，得喂小孩吃东西。人在困境中也要带点食物，以备不时之需。另外，他们不知道到了那里会不会给吃的，也不知道什么时候会给。所以他们给自己带了一点食物。

他们都带了什么食物？

什么都有，甚至还有鸡蛋、水果、肉和果脯。

你之前说还看到有人带着《妥拉》经卷去脱衣室？

他们的确把《妥拉》经卷带到脱衣室，还有诗篇、圣书和祷告披肩。

这些带去的东西都放在哪？

放在脱衣室。之后，所有东西被扔到外面停着的卡车里。我们把东西搬上去，全部扔到卡车上，之后被运往“加拿大营”[27]进行分类。

那些犹太人进入毒气室时，看到你们在整理他们的财物了吗？

没有，“特别工作队”的其他人能看到。除了我们，“加拿大营”的囚犯也会过来，把衣服拿走。人们脱完衣服离开脱衣室之后，我们就马上把所有东西搬上去。

等所有人都离开脱衣室、进入毒气室之后，你在做什么？

我们必须留在脱衣室，把所有衣服和其他东西搬上去，集中放到停在外面的卡车上。

你们搬东西上去时走的楼梯，是人们下来时走的那座吗？

是的。卡车在上面等着，我们把所有东西搬上去时，走的就是同一条路。

把脱衣室清理干净，搬走所有衣服，需要多久？

一个小时到一个半小时足够了。搬东西需要很多人手，二十个在底下工作的队员基本上都要来搬。

脱衣室清理干净了，衣服也搬走了，是不是这一段的工作就完成了？

是的，这部分工作就结束了。之后，我们缓缓地打开盖子，把毒气放掉，再打开毒气室的门。我们站得够远，毒气伤不到我们。

人们一般都带着什么？

食物是最重要的，也是最珍贵的。

“特别工作队”的人会拿走那些食物吗？

是的，我们会拿走一些东西，我们没有营养不良。事实就是如此，我们在焚尸场工作，可以想拿什么就拿什么。那些回到集中营的人就会被搜身，以防有人拿去营里交换其他东西。我们一直待在焚尸场，不去营里。除了一起在焚尸场工作的工作队队员，我们不接触其他人。所以，我能拿到食物。

你把从脱衣室拿到的食物藏在哪？

放在衣服口袋里。德国人不会因为食物找我们的麻烦。我们甚至可以拿衣服。党卫队在意的是贵重物品。那些东西不许我们拿。

队员们会把这些食物分掉吗？你有没有把食物分给焚尸场边工作的其他队员？

没有，他们一直都不缺吃的。去毒气室搬走尸体的时候，他们也有时间下楼自己拿食物。

那些包裹里还装了什么？

珠宝、钻石，很多东西都藏在衣服里。还有一些人们为出行准备的东西，以备不时之需。

你必须把这些东西都交给德国人吗？

是的，当然了。我们把这些包裹交给德国人之前，有些队员还有时间搜罗些贵重物品。我什么东西都没有拿过，除了食物。

德国人有没有盘问你们是否找到金子或钻石？

有什么好盘问的？我们不允许拿这些东西。一旦抓到拿这些东西的人，当场就打，或者直接杀掉。

你的同伴们呢？你看到过他们搜衣服里藏的钻石吗？

他们经常搜，搜到很多。

他们怎么处理那些钻石？

拿去换东西。先换成香烟，再用烟换其他东西。他们用这种方式可以真正做生意。集中营里也有货币。营里的大人物们有钱，他们可以做生意。

跟谁做生意？

和在集中营工作的非犹太裔波兰人做生意。那些波兰人会做生意。他们要金子，然后提供所要的食物和其他物品。

你在“特别工作队”的日常安排是怎样的？

我们干活是分两班的——早班和晚班。十二小时换一次班。

在这十二小时工作期间，你们有几次休息时间？

上午和下午各休一次，可以去喝水。很多时候我们都没时间去吃东西，下班后才吃饭。我之前说过的，我们也会吃受害者带来的食物。他们什么食物都带，甚至有橘子和葡萄干。

除了从脱衣室拿的食物，你们还有别的食物供应吗？

有的，我们跟所有囚犯吃的是同样的食物：下午有汤，一片面包，一块黄油。有的时候没有黄油，晚上就能得到一点肉。

你吃他们发的这些食物吗？

没其他东西吃的时候就会吃。一旦有更好的食物，更多能够饱腹的食物，我们就不吃他们提供的食物。

所以你们不用挨饿。

从头到尾——从 4 月或 5 月开始，直到解放，至少有一年时间内——我没有严重的营养不良。

你们在哪儿睡觉？

我们有宿舍，在焚尸场上面。

你们在那睡的是真正的床吗？

是的，带床垫的床。

你们有毛毯吗？

也有毛毯和枕头。床垫是麦秸做的，但我们可以在上面铺些衣物。我们可以说什么都有。从来不会缺什么，不论是衣服、食物还是睡眠。我们不会挨饿，也不会睡眠不足。我们一直有衣服和鞋子。当然只有我们“特别工作队”的才有这些物品。其他囚犯只能幻想一下。我们那栋楼的设施也是特殊的。我们在焚尸场和集中营的住处有浴室。焚尸场那边的浴室在宿舍的同一层。集中营里的住处也有厕所。

你们有制服吗？你们穿什么？

我们就穿平常的衣服，和普通人一样。

哪种衣服？

就是普通的衣服。我们也会从“加拿大营”拿一些衣服。

那些衣服有特殊标志吗？

是的，衣服前后有红色的十字标志，还有每个人的囚犯号码。

你们要点名吗？

当然要。每次换班的时候，他们就会在院子里点一次名。院子有围栏围着。负责点名的人是党卫队的。点名的时候我们要用德语报出自己的号码。他们会统计人数，确保没人逃走。

如果你们当中有人生病了会怎么样？

即使发高烧了也没人敢告诉党卫队。我们互相帮着，这样德国人就不会发现有人生病了。我们所有人早上都要报到，即使是那些受罚挨了打的人也一样。

你们下班后都做什么？

我们去睡觉。如果要做饭的话就先把饭做好，吃完饭就睡觉。

有熄灯时间吗？

没有，走廊的灯基本上整夜都亮着。

你们跟德国人关系怎么样？德国人跟你们说话吗？

没有任何关系。德国人只跟队长和组长说话。队长和组长收到命令之后再传达下去。

你跟德国人说过话吗？

没有，从来没有。我自己从来没跟德国人交谈过。

他们跟你们说话吗？

只有早上报名的时候，他们报我们的囚犯号码。我们就回答“到”。

德国人跟队长交谈吗？

他们当然跟队长说话。队长负责那里的一切工作。

德国人打过你吗？

嗯，他们打过我。

打得非常狠吗？

有的人被打得更惨。在焚尸场工作时，一个党卫队员打了我的后脖颈，因为我想扔一些面包给我的妹妹。穿过一号（二号）焚尸场，围栏的另一边就是妇女营。我的妹妹们就在那里。有一次我去那里扔点东西给她们吃，党卫队员从后面发现了我。当时，我想自己肯定死定了。我回到营中的时候，一个波兰犹太人刚好在那。他用湿布帮我敷伤口，敷了整整一晚。[28]他是信教的犹太人，一般不会被叫去工作。

那些犹太主管在工作中有没有表现得很暴力？

我们的主管是队长和组长。如果他们对我们的工作不满意就打我们。要是有人干活的方式让他们不喜欢，他们也会上去打人。他们都是犹太人。我曾被两个组长打过：L.P. 和 B.M.L.P 用棍子打了我。但是他自己也被上司打了。[29]

这些主管经常都是这样对你们的吗？

他们得做些什么，好向德国人证明自己。也不是说他们总是想那样做。

他们为什么要那样做？

他们认为，如果不对我们施压，我们就完成不了工作。

在二号（三号）焚尸场有多少党卫队的人？

人不多，不到十个人。

其他队员告诉我，还有一名党卫队员是来自荷兰的。对吗？

在四个焚尸场工作的党卫队员有一小部分来自荷兰。二号（三号）焚尸场中就有一个。他很安静，从来不会找茬。其他焚尸场也有荷兰人。

等人们脱完衣服，谁命令他们进入毒气室？

德国人下的命令。我们告诉他们要进去洗澡。他们进入毒气室就大哭起来。妇女、小孩，进去的每个人都开始哭泣。

你们是怎么知道的？

我们看到的。毕竟要等每个人都进去了门才会关上。在屋顶天花板上面有许多所谓的“淋浴喷头”。人们以为进的是浴室，打开喷头就可以洗澡了。

你确定从头到尾男人和女人都在一起吗？没人把他们分开？

我十分确定。我现在还能回想起那样的场景。他们把一家一家的人带去“洗澡”。

一家人都一起进去吗？

是的，有时候一家人在毒气室内紧紧抱在一起，他们的尸体通常很难分开，把它们从毒气室搬出去是个大问题。

去洗澡的时候，一家人想待在一起吗？

是的，在那里一个家庭所有人都在一起。里面空间狭窄，所有人都挤在一起。

所以，女人、男人和孩子都是一起进入毒气室的？

是的，女人、孩子、男人，都一起进去，相互依偎着。母亲把孩子抱在胸前。他们一起走向死亡。

有些情况下，母亲试图拯救自己的孩子，把孩子塞给特别工作队的人。你遇到过这种情况吗？

没有，我从来没遇到这种情况。

人们是怎么从脱衣室走到毒气室的？你能描述一下吗？

有一条过道连接脱衣室和毒气室，类似于走廊。走过这条通道就来到了一个边上有“淋浴喷头”的大房间——那就是毒气室。通往毒气室的门前有一部升降机，升降机旁边就是毒气室的门。整个毒气室和脱衣室都在地下。

人们从一间房走到另一间房，中间有没有人问些问题？

没有，他们什么也没问。我没有听到任何问题。一切都得快速完成，没有多余的时间。

人们去毒气室时，手上允许拿东西吗？

什么都不允许带。他们完全是裸身进去的。

什么东西都不许带吗？

绝对不允许。什么东西都不许带。很多人都想带些东西，但是都被禁止了。

一个幸存的工作队队员告诉我，有些人拒绝脱掉所有衣服。他们想至少穿着内衣内裤。这样可以吗？

我从来没见到去毒气室还有人穿着衣服，哪怕只穿一点点。

你还记得人们走向毒气室时脸上的表情吗？

我也许看过他们的脸。那是个很痛苦的时刻。但我现在什么也记不得了。我也不想记住他们的脸。我尽量不去看他们的脸。

我问这个问题，是想知道你是否怕尴尬而不敢看人们的眼睛，毕竟你对他们撒谎了。

我避免看他们的眼睛。我一直都尽量不去直视他们的眼睛，以免他们感觉有什么异样。

这样他们就不会觉察你没对他们说实话？

是的。你想，他们听到的是成堆的谎话。我们说的一切都是谎言。我们告诉他们要去“洗澡”，之后他们会拿到新衣服和食物。但是这些都是谎言。

你看到过毒气室里面的人吗？

是的，他们站在那里，挤在一起。

他们一直都是那样站着吗？

一开始他们是分开站着，随着房间的人越塞越满，他们不得不紧紧挤在一起。

人们都挤作一团，这么拥挤，他们没有生气吗？他们没有向你或者向德国人抱怨吗？

他们非常愤怒，但又能怎么办呢？他们想尽快结束这一切。

然后呢？等最后一个人脱完衣服，接下来会发生什么？

最后脱完衣服的人也进入毒气室。紧接着，我们把衣物集中在一起，装进卡车。德国人的车过来收集这些“战利品”。

毒气室有灯吗？

是的，有灯，有一盏灯。毒气室里有四根柱子，柱子围着铁笼，他们把毒剂颗粒扔进铁笼。

这些柱子立在哪儿？

柱子在房子中间，在毒气室中间。从正中间一字排开，毒气室可以隔成两间，一间有两根。

他们是通过那些柱子往下扔毒剂的？

是的，人们在下面等着“洗澡”，德国人从他们头顶把毒剂颗粒扔下去。

请描述一下那些柱子。它们是什么样的？

它们是包有金属网的方形柱子，不是混凝土的，是网状的。柱子顶端有个盖子。德国人打开盖子，把毒剂扔下去，是绿色的颗粒。

这四根柱子是铁的吗？

铁的，金属的，金属网做的。柱子不是混凝土的，是金属网做的方柱子，上面有很多孔。

他们往毒气室里扔进毒剂的那些开口有多大？

至少有三十五厘米见方。

人们进入毒气室后，能认出这个柱子是干什么用的吗？他们没有发现什么可疑的吗？

一开始他们什么都不知道，他们也看不到什么东西，因为上面的口是关着的。每个人都有些麻木。在仅有的短短时间里，他们看不到周围的一切。

在二号（三号）焚尸场有两个毒气室吗？

毒气室只有一间，但可隔成两间来用。如果运来的人比较少——二百人，三百人，或五百人——他们就把毒气室中间的门关了，只用一边。这扇门打开的话房间就变大了。

换句话说，毒气室可以分为两部分吗？

可以，就像一座房子里的两间房，中间的过道有一扇门。

那是一扇滑动门吗？

不是，门关起来是密封的。

人们可以带东西去毒气室吗？

不能，除非是能藏在他们身体里的东西。但是他们能藏什么呢？比如黄金、现金、金币。但是任何大件物品都不能带进去。很多人把金币含在嘴里带进毒气室。

德国人发现这些财物了吗？

是的，大多数都被发现并且拿走了。

毒气室空了的时候你进去过吗？

人们死了以后，要过一会儿我才进去。我们走进毒气室，把尸体搬出去。那里有台升降机，用来把尸体运上楼焚烧。

毒气室的墙是什么颜色的？

就是混凝土的颜色。每一批人死后，我们都会清洗一切，撒一些东西除去毒气的味道。我们也会清理毒气室的地板。我们在那的时候是冬天最冷的月份，所以毒气的味道很快就消散了。[30]

是谁把脱衣室和毒气室之间的门锁起来的？

一直都是党卫队的人。

一直都是党卫队的人吗？

锁门的只有党卫队的人。我在那里的时候，总是看到一个党卫队的人锁门。

一直是同一个党卫队的人吗？

不，他们会换岗。“特别工作队”二十四个小时都有人值班，只是轮到谁值班的问题。不过，无论如何，锁门的都不会是“特别工作队”的人。

那扇门是什么样的？你能描述一下吗？

那扇门是气密的，而且非常厚，毒气也渗不出来。

他们把门关了之后，你听到里面有声音吗？你能听到什么声音？

听到一点点，不是很清楚。几分钟后，声音就渐渐消失了。

你还记得什么？除了你说的这些，还能听到什么？

有哭泣的声音，但什么都听不清楚。

你听到过尖叫声吗？

我记得听到过尖叫声。如果外面都能听到的话，那一定是因为人们在大声喊叫，但是门已经关了，锁死了。

人们在喊什么？

只有上帝知道吧。我要是说听到什么，肯定是猜的。我其实什么都不想听。

你听到尖叫声的时候，心里什么感受？

每当我亲眼看到、或者说我知道人们正走向生命的终点、正在走向死亡的时候，我都会有感触，心里非常难受。当你看到一岁的孩子、六个月大的婴儿、两岁的小孩，甚至十五岁的少年即将走向死亡，想到他们很快就会被烧成灰烬，心里会很痛苦。

毒剂扔进去后，接下来发生什么事了？

大约半个小时之后，他们把门打开了。

他们打开门后，你第一眼看到的是什么？

毒气室的地板上有些绿色的方块，看起来有点像碎石子一样，那是毒剂挥发后的残余。还有成堆的尸体，一具摞着一具，有一米高。

为什么会一具摞着一具？

人们要是站着的时候突然昏倒，就会压在彼此身上。毒剂扔进去，人死了，就倒下了。我们要用很大力气才能把他们分开。从他们脸上能看到那种窒息的痛苦。几个小时之后，血从尸身慢慢渗出。

除了在脱衣室工作，你还要去清理毒气室的尸体吗？

是的，我也要把那些尸体搬出去，运到升降机那里。

也就是说，搬运尸体的事你也做了？

不止我一个人，我们大概有二十人在那儿。

你们搬运尸体的时候，毒气肯定失效了吧。

是的，毒气消散了，气味也没有了。

据我所知，每一个“特别工作队”的成员都会有特定的任务。比如说列昂·科恩负责拔下尸体的金牙……

把尸体扔进焚尸炉前，我们先拔掉尸体嘴里的金牙。科恩在楼上负责拔牙。其他人负责搬运尸体，把尸体放到担架车上，然后送进焚尸炉里。我一直在楼下——在脱衣室——我也要搬尸体。

你们通过哪扇门搬运尸体？

就是人们进入毒气室的那扇门。后边的墙上没有别的门了。所有一切都紧锁在里面。

尸体是怎么搬运出去的？你能描述一下吗？

那情形太可怕了！我们用尽各种方法搬运尸体。科恩有时候是用手拽着尸体的手拖出去。有时候尸体缠绕[31]在一起，必须拽着脖子才能拖出去，就像拖着动物一样。没有别的办法。

开始拖尸体的时候，你是什么感受？

一开始把尸体分开相对容易一些，那时候尸体还是热的，但是十到十二个小时之后，尸体就冷得像冰，重得像石头。有的时候由于加热[1]和毒气的作用，尸体的皮肤会剥落。

尸体是直立的还是躺倒的？

它们一具压着一具，就像一堆垃圾。他们倒下时就压在其他人身上，最后堆成一团。

你工作的时候，会看着那些死人吗？

---

[1] 毒剂是齐克隆B，成分是氢氰酸，加入硅藻土等制成颗粒，在加热、潮湿的条件下迅速释放。

我还有什么东西可看呢？是的，我会看那些死人。里面有年轻的女人，二三十岁的样子，有的二十五岁左右，还有带着婴儿的母亲。

你有时间去悲伤、去痛苦吗？还是说你顾不上伤心，只顾工作？

我们没有时间去思考。思考是一件很复杂的事。我们把一切都屏蔽掉。

你有时间去留意你搬出来的那些尸体，观察它们的表情吗？

我们能看到。我们看到了人们的脸。脸上是持续了三分钟的痛苦，可怕的痛苦[32]。不过我认为这种痛苦不会超过三分钟。那三分钟是一场生死之争。他们知道死亡正在逼近，他们努力爬得高一些，想避开毒气。有时候，在毒气作用下，全身的皮肤都脱落了。看起来就像烧伤，烧灼之后的水泡。

这种情况经常发生吗？

是的，经常发生。

被毒气熏过之后，皮肤是什么颜色？

毒气熏过之后还是原来的颜色，但是水泡裂了之后就会发红，红得像火一样。

整个身体都是那种颜色吗？

不是，只是某些部位。不是全身。

你见到过人们在毒气室里相互握着手吗？

有，有些人紧紧握着彼此的手。

你是怎么分开那些尸体的？

我们把他们拉开，用手或是干草叉分开。我希望你还是不要追问细节了。

但是我还是得问。我希望你准确地描述一下。

好吧，我已经说了，用干草叉叉住手或脚，拖开尸体。

不用干草叉就搬不了吗？

基本上不能。尸体都连在一起，一具压着一具……把它们分开要花很多力气。

你怎么去克服那种恶心的感觉？

我什么也做不了。没有什么方法可以转移注意力。

把所有尸体搬走要多久？

即使只用了毒气室的一半，装满了人，也需要花好几个小时来清空。而搬到“地堡”里之后就不需要再花什么时间。那里有许多大坑，尸体被随意丢进坑里，一具摞着一具。

是谁监督你们的？

是我们的组长。他自己从来不会帮我们干活，他从来不干，只对队长[33]唯命是从。

你们从毒气室搬尸体，是搬到哪里去的？

我们把尸体搬出来，搬到升降机那里。升降机那里站着两个人，他们搬起尸体塞进升降机，升降机再把尸体运上去。

也就是说，不是你们把尸体放进升降机的。

有些队员在升降机那里工作，有些负责把尸体从毒气室搬出来，有些负责把尸体塞进升降机，有些在楼上负责把尸体从升降机里移出来，其他的就负责把尸体搬到焚尸炉里。每个人都做自己该做的工作。

我们再说说升降机吧。升降机有多大？

那是一个货运升降机，开放式的，金属的。

升降机多大？

非常大。一次能装得下十五到二十具堆叠起来的尸体。

它是怎么运行的？

用电，有供电设施。那里什么都有……我们的宿舍也有电。整个集中营都有电。

尸体堆进去之后，升降机是怎么升上去的？

楼下有个按钮，一按就升上去了，发出些熟悉的噪音。尸体搬出来，再按一次按钮，就会降下来。

只有一层吗？

当然，只有一层。

距离很短？

是的，只有一层楼——三米半到四米高，就是这个距离。最多四米。不会再高了。

你进过升降机吗？你乘升降机上去过吗？

没有，没有。工作队里比我强壮的大有人在，他们负责装载尸体。他们像装垃圾一样把尸体扔进升降机。楼上也有人，他们把尸体抬到担架上。

在楼上焚尸炉那里工作的人和你交谈过吗？

没有人跟我们交谈。也许在升降机那儿工作的人会和他们交谈。其实只有一层楼，说什么都能听到，但是我从来都没有在升降机那儿干过活。

升降机运行的时候，你要停止工作吗？

没有停止，我们继续从毒气室把尸体往外搬。升降机把尸体运上去之后，我们很快就把它再次填满。

升降机上下一次分别要多久？

几秒钟。楼层之间也就三到四米。算算就知道，升降机走几米能要多长时间？

焚尸炉在哪里?

在这栋楼的一层。

组长有没有催你们快点把尸体运到升降机里?

有时候会催我们动作快点。一般他们不会说什么,因为一切都是取决于楼上的进度。如果他们还没有把尸体烧完,也就没有必要催底下加快速度。

你闻到过焚烧尸体的气味吗?

焚尸炉顶上竖着个二十米高的烟囱。我相信楼上的人一定闻到一些气味了,但是底下没有。

你能靠近焚尸炉那个区域吗?

每天下班我们会经过那个区域。去往生活区的台阶就从那里上去。楼梯就在这栋楼里面。

你能看到焚尸炉那里的情况吗?

每天都能看到。他们在那里把尸体从升降机搬出去。我的朋友列昂·科恩检查尸体,把尸体的金牙拔下来,扔进一个盒子里。另外两个队员把尸体抬到担架上,还有两个人则把尸体推进焚尸炉。有些担架是固定在焚尸炉上的,还有些安在底座上的。他们用干草叉把尸体推进焚尸炉。那里一共有五座火炉。他们把尸体从升降机里一具一具搬出来。焚尸炉里的火烧得很旺,一会儿就能把尸体化为灰烬,为其他的尸体腾出地方。

是谁给焚尸炉生的火?是特别工作队的队员吗?

是的。不过,焚尸炉是二十四小时都不熄火的。自从第一批人从匈牙利[34]运来之后,就再也不用每次重新生火,火一刻不停地烧着。

你之前说,从毒气室搬运尸体的工作一直都没停过。难道就没有休息吗？难道工作从来都不会结束吗？

你说的“结束”指的是什么？哪里会有什么“结束”呢？每日每夜都有运人的火车开到这里。永远没有结束。比克瑙站是个设施完备的火车站。

如果焚尸场里的工作还没完成，又一批人运到了，会怎么办？

如果在这期间又来了一批人，他们就得等着。如果二号（三号）焚尸场仍然是满的，他们会把受害者带到一号（二号）焚尸场或是三号（四号）焚尸场，这个要看情况。有时候，一天大概有两万人被烧成灰。

如果想休息一下怎么办？

等升降机那边的事一结束，我们就有时间休息了，因为楼上只有五座火炉，尸体要一具一具放进去，不能一次性把所有尸体摞起来放进去。中间有几分钟的缓冲时间，我们可以稍作休息之后继续工作。

你说如果一个焚尸场满了，就把人运到另一个焚尸场去。谁在协调这件事？

德国人。我们自己不能做决定。在这个工业化的死亡机器中，我们只是一个小齿轮。

这些工作是怎么管理的？

有人在不同地点协调日常工作。当他们得知某个焚尸场在接下来的五六个小时都要满负荷运转时，就会启用另外一个。

如何保持联络？

负责联络的是德国人。我们当中没有人知情。我们不可能知道。

有没有发生过送来的人太少了，“不值得”用毒气室的情况？

有，有些批次只有五到十个人，主要是那些藏匿起来又被党卫队逮住的囚犯。处决他们不是在毒气室。他们被带到焚尸场那边，挨个站成一排。他们的耳朵被人狠狠地揪着，德国人对着他们后脑开枪。

谁杀的他们？

党卫队的人。我们要抓着他们。

你说的“抓着”是什么意思？

我们揪着他们的耳朵，党卫队朝他们的脑袋开枪，用的是带有消音器的手枪。

你一定知道党卫队最终还是会清除掉“特别工作队”的所有人。知道真相之后，你是怎么继续活下去的？

我们知道，在我们到达的前几个月，德国人杀害了很多“特别工作队”队员。

你在“特别工作队”总共干了多久？

从 1944 年 5 月到 1945 年 1 月，总共七个月。

你还记不记得最后一批人运到你工作的焚尸场是什么时候？

大概是 10 月末[35]。

后来发生了什么？他们停止运人来了吗？

因为当时不是他们决定停止运人，而是已经没人可运了！隔都已经全部清空了[36]。到了 11 月，他们开始拆除、销毁焚尸场设施。几乎所有人都被派去做这项工作。所有一切都要摧毁。到了一月份，我们还在忙这件事。他们也从别的地方派人来帮忙。

你们花了很长时间来拆毁焚尸场吗？

我一直在那里干着，直到最后一刻。那时候，他们已经撤离比克瑙了。

谁下令拆毁毒气室的？

是上头的命令。谁知道呢？我们怎么可能知道？[37]

你有亲身参与了拆毁工作吗？

是的，是的。我们推倒了那些建筑，把石头一块块搬走。拆毁过程中，整个营中三四百号人都去干活，包括犹太女囚。

你参与拆除的只是二号（三号）焚尸场，还是包括其他焚尸场？

拆除的时候我在二号（三号）还有一号（二号）干过活，但是没有在三号（四号）和四号（五号）干过。我参与销毁工作至少有一个月，都是徒手工作的。德国人把一切东西都搬走了，只留下一点些在奥斯维辛集中营。

德国人是什么时候炸掉毒气室和焚尸场的？

我没有参与这些。肯定是到最后才炸的。我们推倒了楼上的焚尸设备。德国人在彻底撤离之前炸掉了毒气室。

一天晚上，比克瑙集中营撤离工作开始了。德国人把囚犯集中在院子中，想知道我们当中谁是“特别工作队”的。他们想要杀死我们，但是我们跟其他囚犯混杂在一起。没有人想承认自己属于“特别工作队”。他们把我们从比克瑙带到了奥斯维辛一号营[38]，我们在那里待了一天，晚上又开始行进。途中我们在某地停留了一晚，他们把我们关在马厩里面，第二天继续前进。我们一刻不停地向前走，谁没力气了就被拉出去，就在路边枪杀了。不论走到哪，都有这种事情发生。我不记得沿路经过的那些地名。第二天我们来到了另一座马厩，在那里过夜。然后他们把我们装进货车，带到了一个我不知道的地方。如果我没猜错的话，我们进入了捷克斯洛伐克境内。途中有些人从货车上逃走了。他们会说当地语言，可能他们知道当时所处的位置，知道该往哪儿逃。

后来，我们被带到了一个火车站，塞上火车，开到了毛特豪森集中营[39]（Mauthausen）。那里已经没有什么地方了，人都关满了。撤离期间他们拆毁了很多营区，各个营的囚犯就这样被集中关押在毛特豪森。我们在那里过了两三个晚上，基本上是互相压着睡的。我们在那里停留了大概四天，之后火车把我们带到了奥地利的梅尔克 (Melk) 集中营[40]。

到那里之后，所有人被带到了为德国人制造军火的地下工厂。人们在那采石头，搬水泥。在梅尔克干活时，我被一块石头砸伤了腿。我们的鞋也不太好穿了。我算幸运的，在一个朋友的帮助下，又能站了。我们在梅尔克一直停留到 1945 年 3 月 10 日，那时候梅尔克也开始撤退了。他们把我们带到了埃本塞（Ebensee）[41]。

由于受了伤，我有十五天都无法工作。那些去工作的人可以多领一块面包。工作异常艰苦，主要在火车上和建在山洞里的工厂干活。

刚才提到的那些集中营，你都是坐火车去的吗？

是的，我们从梅尔克去埃本塞也是坐火车去的。

埃本塞那里挤吗？

是的，非常拥挤。

人们都住在哪里，营房吗？

是的，住营房。党卫队的在那里有许多大库房。某天，有传言说德国人要把集中营里所有的人集合起来带到山里，然后把山给炸了，把他们埋起来。也有传言称有一个位高权重的女人阻止了这个计划。5 月 6 日，美国人来了。我们在 5 月 6 日被解放了。

所有德国人在一两天前就连夜逃走了。我们醒来后就一个人都看不到了。之后，集中营开始暴乱，人们偷取食物和其他各种东西。解放之后还有成千上万的人死了。他们一下子吃得太多。在此之前人们饥饿过度，突然开始狼吞虎咽，是导致很多人死亡的原因之一。

你是怎么幸存下来的?

我只是因为没吃什么东西。我拿了些土豆，煮熟了，加了一些盐就吃了。我的很多朋友都因为拉肚子进了医院。有两个朋友也是队员，我们一起在"特别工作队"干过，之后也一起得到了解放。除了我们，还有很多来自希腊的囚犯，我认识他们。他们跟我们同一批到了奥斯维辛，也是跟我们一起解放的。

你在埃本塞待了多久?

时间不长，两到三周的样子。住棚节之前，我就回到了希腊。我们途经意大利。在那里我听说我那两个在奥斯维辛的妹妹也活下来了。幸存者名单从一个地方传到另一个地方。当然我们也一直在寻找幸存的亲人。

在布鲁塞尔，我们登上了美国人的船，途经意大利，到达比雷埃夫斯（Piraeus）港口。刚好在节日来临之前到达了希腊。到了那里，有亲戚告诉我，我姐姐米里亚姆（Miriam, 也叫玛丽，Marie）在希腊，还活着。我一听到这个消息就去找她了。她住哪里我并不清楚。我手上没有确切的地址。

你姐姐是怎么活下来的?

跟沃洛斯（Volos）90% 的人一样，她逃到了山里。德国人来要城镇人口名单时，犹太公会的拉比对人们说，他自己已打算离开城镇，也力劝人们跟他一起逃到山里去。我姐姐就是这样幸存的。

我找到了姐姐，跟她一起待了至少一个月。之后我回到了家乡阿尔塔。回去之后什么都没找到，于是我又回到了雅典。在雅典我找到两个妹妹，茨奥纳 (Ziona) 和希姆夏（Simcha，又名阿希姆，

Asimo），她们从德国的难民营[42]回来了。我们一起回到了沃洛斯，之后的一年多都待在那里。我开始做点生意，也就是在村里做一点小买卖，勉强糊口。我的一个妹妹在希腊嫁给了比克瑙集中营的一名幸存者。我跟另外一个未婚的妹妹决定移民至巴勒斯坦。

你向别人谈起过比克瑙集中营的经历吗？

没有，起初我没有跟任何人说起。那段经历并不愉快。

是不是怕别人不相信你？

我没有期待别人相信我。即使是现在，如果你说你在“特别工作队”工作过，还活着出来了，没人会相信。

你第一次跟别人提起你的经历是什么时候？

回到希腊后，我告诉了我的姐妹们。

她们相信你说的一切吗？

是的，毕竟她们也曾经是比克瑙的囚徒。

你是什么时候到达巴勒斯坦的？

在1946年秋的住棚节，我们在雅典经过一些训练。英国人在“以色列地”（当时叫巴勒斯坦）逮捕了我们，把我们带到了阿特利特（Atlit）[43]。那时候，犹太人被允许移民到巴勒斯坦，但是每个月都有限定的人数。那些在巴勒斯坦有亲戚或有后台的人第一个月就会被放出来。我们一个月后就被释放了。他们把我们从阿特利特送到了萨瓦村（Kefar Sava）——没有房屋，没有食物，一无所有。好几晚我都睡在大街上，睡在树下。周五那天，我去了特拉维夫。我找到了工作，赚了两英镑，但是没法回到萨瓦村。我只能睡在露天里，直到有钱在萨瓦村租下一间房。

到了“以色列地”，你有没有把你在二战期间做的事告诉过别人？

我没有人可以倾诉。我们适应的比较慢，也没有时间去思考这些。我们两手空空地来到巴勒斯坦，除了身上的衣服什么也没有。我们没有亲戚，也没有熟人。我们基本不会讲希伯来语。

你成家了吗？

我在 1951 年结了婚，在独立战争结束之后。我生了两个孩子。儿子叫约书亚，结婚了，现在有两个孩子。女儿叫佩尼娜，是一位特殊教育教师。

那些跟你一起在二号（三号）焚尸场工作的人，你还记得他们当中一些人的名字吗？

首先我要说的是那些还活着的人，包括扫罗·哈赞，加拜（Gabai）兄弟，威尼齐亚（Venezia）兄弟；然后是那些已经过世的：帕波·科利亚（Pepo Kolias）回到了希腊，之后在那去世了；摩西·利维，我俩当时结伴回希腊的；还有列昂·科恩，他们俩都是几年前去世的。

你有没有来自希腊的朋友在二号（三号）焚尸场工作？

有，还有在四号（五号）、一号(二号)焚尸场工作的，但是他们都在起义中被杀害了。

你跟之前在“特别工作队”工作过的人保持联系吗？

四十年后，我在以色列遇到了雅科夫·加拜。听到列昂·科恩重病时，我心情很沉重。

你有没有刻意去忘记在“特别工作队”干活的那段经历？

那样的经历你不会忘记。有时候，你会问自己：“在堆积着成千上万尸体的房间里，我是怎么一天天挨下去的？我怎么活着出来的？”有时候我不相信我度过了这场劫难，但是我一直告诉自己：“你已经活着出来了。”

你会经常回想起那段时间的事吗？

一直都会想起，不是偶尔。有时候我想，“什么？我们在哪？我们做了什么？我们哪里来的力量去做那些事？”

你什么时候会想起奥斯维辛——白天还是晚上？

我晚上基本不睡觉。我就睡两三个小时，之后就睡不着了。很多年来一直如此，就是受那段记忆的困扰。

在某种程度上，你已经看惯暴行了，你同意我的说法吗？毕竟，你见证了我们能想象的最恐怖的事情。经历了那些之后，还会有更糟糕的事情吗……？

是的，有时候人们告诉我们，“我们遭遇了最糟糕的事情……哦，我们受了好多苦……”是的，每当这个时候，我们只能说：“人在一天之内能经历最可怕的事情，我都看到过。要是你在那儿，你就明白了！在那里，一天受的罪赶得上常人一辈子受的。”

你为什么认为自己一定能经受住这一切？是什么让你活下来的？

是求生的意志。只有活下来，我才可以告诉后代；只有活下来，我才能说出真相。一方面，我的内心很排斥，不想重述那段历史，但是另一方面，我坚信全世界都应该知道发生的这一切。不然，人们就会以为大屠杀没有发生过。其实，现在还是有人否认大屠杀。

你活下来了。离开奥斯维辛之后，你怎么看待如今的世界？

我怎么看待这个世界？二战以来，世界在急速地走下坡路。这已经不是原来的世界了。不仅世界变了，一切都变了。

很难相信，我的一个哥哥和两个妹妹都被带到奥斯维辛－比克瑙集中营，最后都幸存了。我们家只有老一辈被杀害了，只有我的父母。如果第一天“挑选”之前，我想扶着我父亲进去时，火车站工作的囚犯当时如果没有抓住我，我可能也遇害了！

第二章 尾注

1 关于奥斯维辛－比克瑙的焚尸场的编号，参见第一章，第 35 条。

2 阿尔塔是伊庇鲁斯省南部的一座城市，离阿尔塔湾 18 公里，离约阿尼纳 75 公里。从 14 世纪开始这个城镇就已经有犹太社区。这个城镇的拉比和塔木德学者非常有名，还有 16 世纪住在此地的著名的宗教法官。大概有 350 名阿尔塔的犹太人被送往灭绝营。

3 在前一天，也就是 1944 年 3 月 23 日， 德国人开始逮捕雅典犹太人。盖世太保欺骗犹太人，散播谣言说梅利多尼街的犹太教会堂会发放逾越节用的薄饼和糖。犹太教会堂关门后，几百个犹太人（据说，有 700 到 1000 人）被困在里面。所有被拘禁的人都被送到海德（海德里）的临时拘留营。参见 Machael Molcho and Yosef Nechama, *Shoat yehudey yavan* [The Holocaust of the Jews of Greece]，Jerusalem，1965，p.152; Bracha Rivlin (ed.), *Pinkas bakebillot–Yavan* [Encyclopedia of the Jewish, community: Greece], Jerusalem, 1999, p.80。

4 阿格里尼翁是一个农业城镇，伊庇鲁斯省凯里辖区的首府。

5 佩特雷是一座港口城市，位于伯罗奔尼撒半岛北边的科林斯湾西部。

6 海德是雅典郊区的一个临时拘禁营，希腊犹太人被运往波兰之前被关在这里。被运往奥斯维辛前，许多犹太人在这里惨遭虐待和掠夺，忍受饥饿和侮辱，犹太勒索者也参与其中。

7 普雷韦扎是阿尔塔南部的一座港口城市，伊庇鲁斯省普雷韦扎辖区的首府。到达比克瑙之后，普雷韦扎的犹太人经过挑选，被分配到特别工作队；一段时间之后，他们被杀害，尸体被后来的“特别工作队”成员焚化。

8 这个人很明显属于“加拿大”工作队，是一队在财物储存库工作的犹太囚犯。其中一些成员——只有男性——在有人运来的时候在集中营的站台工作。他们要把运来的囚犯身上的财物从车里搬出来；在站台上进行筛选前，他们要把囚犯分为两队，男人一队，妇女和孩子一队。“加拿大”工作队的囚犯是最先接触运到奥斯维辛的犹太人的，在极少数情况下，他们能冒着极大危险和这些人说几句话，给他们一些警示和建议。有些人甚至为了救带着婴儿的年轻犹太妇女，把婴儿带走交给年老的妇女。有个不成文的规定是带着小孩的妇女直接被送到毒气室。这些引导和建议有时事关生死，只能通过几句话、耳语等来传达，一般情况下，刚到达的人没法真正听明白，因为时间太短，在德国人的监视下也不能说太多话。

9 挑选——这个词的确切涵义就是“死亡挑选”，由参与“安乐死计划”的纳粹医生首次使用。这个词在奥斯维辛－比克瑙暗示分离与隔绝，有各种不同的涵义。总之，这个筛选程序有七个目的：

1. 在站台上，挑选运输车里新来的人。只有“身强体壮”的才能被选为囚犯，带到集中营的营房。这轮挑选的目的是把潜在的工人从那些立即要被处决的人中挑选出来。

2. 在集中营中的挑选。他们时常会在囚犯们住的营房旁边对他们进行新的挑选，主要是检查他们的身体健康状况，看他们还能否继续工作。这轮挑选的目的是清除那些已经没用、没体力干活的囚犯。

3. 在医院里的挑选。生病的囚犯在隔离营时要接受党卫队医生的检查，来判断他们能否恢复健康。“重病”囚犯，经过一段时间之后还是“身体不行”，就会被挑去处死，为新的病人腾出空间。

4. 工作队挑选。如果营房中有新来的囚犯，或者在点名时，有些囚犯会被选去填补某些工作队的空缺。这次挑选的目的是选一些人去填补那些名声不好、大家都尽量逃避的工作。

5. 杀人设施附近的挑选。德国人试图找出并清除运来的这批人中那些不安分、多疑或焦躁的人，以及那些可能会打乱他们大屠杀的工业化流水程序的人。这些人从队伍中被拖出来，在别人看不到的地方把他们枪决。这种挑选的目的是解决那些可能会扰乱、拖慢或破坏灭绝行动秩序的人。

6. 预防性的挑选。有时候有些囚犯会被怀疑知道了一些秘密，为了不让秘密泄露、被人所知，那些人就会被挑出来杀害。

7.“家庭营”中的挑选。这种挑选是把一些囚犯移到集中营的其他地方，让他们暂时活命，而营中的其他人则被处死。除了那些被带走的囚犯，“家庭营”的其他囚犯都要被处决。

挑选没有固定的标准，德国人基本上都是任意、草率地挑选。挑选者是党卫队医生、党卫队的主管以及政治部的党卫队军官。

10 约阿尼纳（加尼纳），希腊西北部伊庇鲁斯省的首府，位于道路交汇的地方。

11 特里卡拉，色萨利大区东部的一个重要城镇，位于阿克洛奥斯河畔。

12 沃洛斯，色萨利大区的一座港口城市，马格尼西亚州的首府。

13 此处指的是在比克瑙的隔离营，BIIa 营。这座隔离营从 1943 年 8 月末一直运行到 1944 年 11 月初。大概有 32000 多名囚犯在里面待过，大多数是男囚，当中至少有一半是犹太人。囚犯在那里停留的时间从几天到几周不等。大概有 2000 多名囚犯死于隔离营，约有 4000 名被“挑选”出来送去毒气室，另外 4000 人被送到 BIIf 营的集中营“医院”。不论什么时候，隔离营始终有大约 5000 名囚犯。集中营有些营区被保存下来，有些是近年开始重建的。

官方解释说，隔离新囚犯是为了保证他们没有传染性疾病。事实上，党卫队的是想让这些新手快点熟悉营中的安排和规章，把他们训练成听话的、绝对服从的囚犯。

14 雅科夫·加拜住在以色列，1991 年 10 月死于以色列的奈维亚明 (Neveh Yamin)。他的弟弟达里奥住在洛杉矶。

15 扫罗·哈赞，参见第六章。

16 “特别工作队”中有几对兄弟。什洛莫（布鲁诺）·威尼齐亚现居罗马，他的弟弟莫里斯住在洛杉矶。“特别工作队”的其他几对兄弟还有摩西·魏因克兰茨和他的兄弟们、加拜兄弟（雅科夫和达里奥）、摩卡（Mocca）兄弟（摩西、莫迪凯、雅科夫）、德拉贡兄弟（亚伯拉罕和什洛莫）、亚侯恩（Yahoun）四兄弟、塔珀（Tapper）兄弟（巴克和艾泽尔）、福斯（Fuchs）兄弟（维尔维尔和摩西）、科尼克（Kornick）兄弟（阿比斯 – 拉伯和赫尔施）、戈齐克（Gozhik）兄弟等。

17 列昂·科恩 1989 年在以色列巴特亚姆逝世。

18 “D 营”（d–Lager）——这个词指的是比克瑙的 BIId 营，作为一座“预防性拘留营”一直用到 1943 年 7 月中旬，之后改为男囚营。

19 “地堡”指的是奥斯维辛集中营中的一些设备和场地。此处见证者指的是比克瑙最初的临时杀人设施，被称为“地堡”。从 1942 年 5 月起，成千上万的人在“一号地堡”和“二号地堡”被杀害并焚尸。“一号地堡”（也被称为“红屋”），最初是 1942 年 5 月 4 日开始启用，截止 1943 年的夏天此地所有行动停止时，共有 50000 到 80000 人在“一号地堡”遇害。三号（四号）焚尸场和四号（五号）焚尸场启用后，“一号地堡”就被拆毁了。“二号地堡”（也被称为“白屋”），从 1942 年 7 月运作到 1943 年夏天，之后又从 1944 年 5 月运作到 1944 年 9 月。据估计大概有十万人在那里被杀害。

“地堡”这个词也指奥斯维辛二号营区的地下室（“死亡营区”）。

有时也指比克瑙焚烧尸体的大坑。

这个称呼的来源在于：这些建筑和房子被之所以被称为“地堡”，是因为“地堡”这个词广义上指封闭的防御性建筑，能够保护里面的东西不受外部袭击。比如，奥斯维辛的旧焚尸场的毒气室以及二号营里的地下室都是这样的建筑，它们都没有窗户，是密封式的结构。有些虽有窗户、但是可以用厚厚的门封闭住的建筑，有时也被称为“地堡”。

20 也就是说，毒气室的屋顶上方什么也没有，所以很容易把毒剂罐放到开口处，打开盖子，把毒剂倒进去。毒气室顶部只有屋顶和上方的一些开口（这座焚尸场以及另一个焚尸座都是如此）。

21 这座烟囱有 15.46 米高。

22 索拉河是维斯瓦河的一条支流。

23 自 1944 年 5 月起，开始运来成千上万的匈牙利犹太人，火车才在比克瑙营里面停靠，停站的地方离杀人设施不远。在此之前，犹太人在奥斯维辛和比克瑙之间的一座旧站台下车，就在奥斯维辛卸货站台附近。这座站台后来被称为“犹太站台”（“die Judenrampe”）；比克瑙新站台完工之后，又称为“旧犹太站台”。新站台建在 BI 营和 BII 营之间。

24 队长（Kapo）：德国人任命的囚犯，在集中营附近或内部负责管理一组人或一个工作队。在奥斯维辛及其附属营中，这个职位既有非犹太人担任，也有犹太人担任。大的劳动队中会有很多队长，所以会任命一名大队长（总囚犯头）。关于这个名称的来源有很多种说法，其中鲜为人知的说法是“Kameradschafts–Polizei”一词的首字母缩写。这个词的字面意思是“同伴中的监督者”。这个岗位有监督职能，因此算是个合理的解释。

25 奥斯维辛集中营的军官鲁道夫・赫斯在波兰监狱写下的证词中提到，“大多数时候，他们（“特别工作队”）尽量去安抚那些心怀疑虑的人，虽然这些人不相信党卫队军官，但是他们完全信任自己的同胞……看着“特别工作队”的人如何撒谎骗他们，编出各种话，用各种动作来使他们上当，实在是很有意思。” Steven Paskuly(ed.), *Death Dealer: The Memoirs of the SS Kommandant at Auschwitz, by Rudolph Höss*, New York, 1996, p.158。

26 见证人指的是“特别工作队”成员遇到的最痛苦的道德问题：他们有没有责任告诉受害者前面等待他们的是什么，有没有责任提醒他们？根据证词，一般来说，特别工作队成员宁可不告诉他们事实。其中主要原因之一是：既然没有办法拯救这些注定被处死犹太人，还不如不让他们知道前面等待他们的是什么。这样他们还可以获得短暂的心安，还可以免受愤怒、紧张、焦虑、慌乱之类的精神折磨。一旦他们知道了这些残酷的事实，必定得忍受这些折磨。特别工作队成员认为，这是他们最后能够为那些即将死亡的犹太人所做的一点善行。

27 “加拿大”营，参见第一章，第 45 条。

28 这个见证者可能指的是雷布·朗非，马佐夫舍地区马库夫的法官（dayyan，犹太教法官），他也是特别工作队的一员。为了能让他不受干扰地记录历史，特别工作队同伴们让他不用做焚尸场的日常工作，他主要负责将遇害女子的头发进行消毒和整理，以便运往德国。战争结束后，朗非的一些记录被发现。关于朗非，参见 Nathan Cohen, “Daries of the Sonderkommandos in Auschwitz: Coping with Fate and Reality,” *Yad Vasbem Studies*,Vol.20, Jerusalem, 1990, pp. 273—312。

29 在 1994 年以及之后作者所做的几次采访中，队长（犹太人）坚决否认对他的指控。

30 氰化物是齐克隆 B 的主要成分之一，有刺鼻的苦杏仁味。

31 以下几个原因或许可以解释为什么毒气室里的尸体会缠绕在一起：惊慌失措的受害者们争夺毒气室的空气；在面临死亡的最后一刻他们情不自禁与家人相拥在一起；毒气室里面过于拥挤。

32 由窒息和惊厥而导致的死亡是很痛苦的，他们的痛苦程度取决于毒气的浓度和毒气流入受害者所处空间的速度。

33 集中营的犹太囚犯也有等级之分，“特别工作队”的成员内部也是如此。

34 第一批从匈牙利运来的人于 1944 年 5 月 16 日到达比克瑙。

35 最后一批运到比克瑙的人来自特莱西恩施塔特，于 1944 年 10 月 30 日到达，共有 2038 名犹太人，其中 1689 人直接在毒气室被杀害。

36 波兰留存的最后一个隔都位于罗兹市。最后一批运往奥斯维辛的人于 8 月 30 日离开隔都。隔都里共有 74000 名犹太人被运往集中营。

37 希姆莱下令停止毒杀犹太人的具体日期无从得知。显然是 1944 年 11 月的某一天，应该不晚于 11 月 25 日。奥斯维辛－比克瑙最后一次毒杀犹太人大概是在 1944 年 11 月 2 日。1944 年 11 月 25 日开始全面拆除焚尸场和杀人设施。在第一阶段，一号（二号）焚尸场和二号（三号）焚尸场被拆毁。三号（四号）焚尸场那时已经被拆除，四号（五号）焚尸场还在持续运作，用以焚烧死于集中营内的犹太囚犯的尸体。

38 奥斯维辛一号营是主营（Stammlager），奥斯维辛二号营是比克瑙集中营，奥斯维辛三号营是布瑙－莫洛维茨集中营，这些都是奥斯维辛集中营的主要组成部分。单单主营就有 39 个分营（Nebenlager）。直到 1943 年 11 月，奥斯维辛集中营系统才划分为这三大块组织单位。

39 毛特豪森集中营离上奥地利州的毛特豪森约五公里，建于一座荒废的采石场附近。第一批囚犯自 1938 年 8 月 8 日被送往那里。第一年的囚犯大多数都是长期犯罪的惯犯和“反社会”分子。集中营的管理岗位由他们担任。海德里希在 1942 年 8 月 19 日发布命令，将毛特豪森集中营列为最重要的纳粹集中营之一。

1940 年 5 月中旬之前，毛特豪森的大多数囚犯都是德国人。之后，成千上万的波兰人、捷克人、西班牙共和党人和苏联战俘被带到那里。从 1943 年秋季开始，大多数毛特豪森的囚犯都被送到那一地区的军工厂工作。他们的主要任务是为组装导弹、生产飞机部件的工厂建造车间。

直到 1941 年春天，才有少数犹太人被送到毛特豪森，大多数到达不久就因采石场的苦役和虐待而死。从那时起，一批批来自捷克斯洛伐克和荷兰的犹太人开始运达。1944 年年中开始，每一批次的人数变得更多，他们的来源地也发生了变化，包括匈牙利、克拉科夫附近的普拉佐集中营以及奥斯维辛。德国人通过各种方式歧视犹太人，对待他们比对待其他囚犯更残暴，给他们的生活环境也更恶劣。他们派犹太人为兵工厂开凿隧道。身强力壮的犹太囚犯到达集中营后，一两个月之内都会变得虚弱不堪，几乎连站都站不起来。

1945 年 1 月 25 日奥斯维辛开始疏散时，第二波囚犯开始分批运达，其中大多数是犹太人。跟先前犹太人的遭遇一样，他们被送到各个附属营挖掘地道。最后一大批送往毛特豪森的囚犯是匈牙利犹太人。

1944 年下半年，被送往毛特豪森集中营的人越来越多，到 1945 年 2 月，那里的囚犯人数到达 83399 人，死亡率也急剧上升。1944 年 1 月到 5 月期间，至少有 24613 名囚犯死亡。毛特豪森集中营被清空之前不久，犹太囚犯被转移到贡斯基兴集中营。据估计有 199404 名囚犯在毛特豪森集中营待过，其中 119000 名囚犯，包括 38120 名犹太囚犯，在毛特豪森或其附属营中丧命。

40 梅尔克集中营位于下奥地利州的多瑙河沿岸，是毛特豪森的附属营，于 1944 年 4 月 21 日开始运作。囚犯们被迫在恶劣的环境和残酷的待遇下开凿军需工厂的地下室。1945 年 1 月，营中有超过 10000 名囚犯。1944 年 4 月到 1945 年 4 月之间，大概有半数囚犯由于残暴的待遇和非人的环境而死亡。1944 年 6 月以后，大批来自匈牙利和波兰的囚犯从奥斯维辛被带到梅尔克集中营。1945 年 4 月中旬，剩余的囚犯被撤离到毛特豪森集中营和埃本塞集中营。

41 埃本塞集中营位于上奥地利州的阿尔卑斯山山麓，是毛特豪森的附属营。

这座集中营 1943 年 11 月 18 号开始运作。该营的囚犯要在上奥地利州的阿尔卑斯山山麓开凿隧道，建一个导弹研发基地。在巅峰时期，该集中营有超过 18000 名囚犯。在 18 个月中，他们当中成千上万的人——大概有 11000 人——死于虐待、饥饿和疾病。第一批犹太人在 1944 年 6 月初到达。由于残酷虐待、饥饿和严酷惩罚，他们的死亡率比营中其他囚犯都高。

42 他指的是难民（DP）营，在大屠杀中幸存的人会被召集在那里，等待安排他们离开欧洲，移民至巴勒斯坦或其他国家。

43 阿特利特是一座针对“非法”移民的拘留营。在 20 世纪 40 年代末的托管时期，英国人在地中海海岸地区设立该营。

第三章

德拉贡兄弟：“始终相伴，不论希望还是绝望”

1993年夏天，在拍摄“特别工作队”的纪录片时，我跟几名“特别工作队”的幸存者站在奥斯维辛－比克瑙集中营的“白屋”旁边。我在米兰犹太纪录片中心的同事马尔塞洛·佩泽蒂（Marcello Pezzetti）朝我们走过来，给我看了一张影印的书页，书页里引述了关于“红屋”和“白屋”的一些证词，是1945年采录的。提供证词的人正是什洛莫·德拉贡。证词是由一个苏联调查委员会记录的。集中营刚解放，这个委员就花了好几周在奥斯维辛采录了这些证词。什洛莫·德拉贡是来到这个委员会作证的最重要的证人之一。

根据四十多年前的证词，我的意大利同事发现我们站立的地方正是当初尸坑所在的地方，无数尸体曾在这里被焚烧成灰。我问他：为什么要看书面的证词？什洛莫·德拉贡本人就在现场，问他本人不就行了！什洛莫就站在离我们几米外的地方，个子高高的，行动很敏捷，看起来很年轻。我的同事愣住了。他一度认为，“特别工作队"的囚犯都已不在人世了。对他来说，什洛莫·德拉贡只是证言，而不是活生生的人。

确实，什洛莫和他的哥哥亚伯拉罕都是活生生的证词。他们从来没完全从奥斯维辛获得解放，他们经常在夜晚梦到集中营，梦到营中那一幕幕场景。

兄弟俩性情完全不同。哥哥亚伯拉罕内敛温和、腼腆内向、沉默寡言，基本都是让弟弟说活。而"大个子"什洛莫则很有活力，甚至有点张扬。他有着令人钦佩的毅力和勇气，他说他曾扒开衣服露出胸膛，对着党卫队，要他们开枪杀了自己。

什洛莫就是那个英勇无畏的人。就是他把手榴弹偷运到比克瑙集中营里，藏在床垫下，准备在"特别工作队"起义时使用。因此，兄弟俩有好几周是睡在藏有手榴弹的床垫上的。为了安全，也为了不让哥哥担心，什洛莫并没有告诉亚伯拉罕自己藏了什么东西。兄弟俩在集中营互帮互助，一起劳作。战争期间他们一直没有分开过，在"特别工作队"干活时也是如此。

也许是因为他们之间牢固的感情以及平和的生活态度，他们得以在那颗死亡星球上熬过了三年之久，这在"特别工作队"的历史上是罕见的。他们的同伴大多数被德国人杀害了，以防这些人活下来，揭露集中营的累累罪行。

我去亚伯拉罕家采访他时，他的妻子西姆哈（Simha）热情地迎接了我。西姆哈来自萨洛尼卡，而她的丈夫则是波兰本地人。这样的结合在以色列非常少见。西姆哈是一个很有活力的女子，富有同情心，充满乐观精神。她招待我们的蛋糕还是按照萨洛尼卡犹太人的风味做的。她虽然来自希腊，却能说一口流利的意第绪语。她对奥斯维辛了如指掌，几乎让人以为她在那个地方待过，甚至还可能在“特别工作队”做过。

什洛莫和亚伯拉罕在“特别工作队”的主要工作是“营房内勤”。营房内勤的人员负责清理“特别工作队”的宿舍（营区），分发食物，给队里的其他囚犯提供所需物品。分配到内勤的囚犯不能离开营区。到了晚上，“特别工作队”的其他囚犯回到营区，会把这一天中发生的可怕事情告诉兄弟俩。因此，同伴们做了些什么，他俩都很清楚。有时运到集中营的人太多，兄弟俩就得加入在焚尸炉的工作小组。他们会被分配去做一些特定的事情，比如收集受难者的财物，把尸体搬出毒气室、在焚尸炉焚尸，等等。

兄弟俩都有着惊人的记忆力。他们跟我讲了很多细节，而这些细节其他人都已遗忘很久了。我们每次谈话之后都要干杯。我对“酒神”什洛莫说我不爱喝酒，但没有用。什洛莫喜欢跟客人干杯——为彼此的生活祝酒。

什洛莫·德拉贡，亚伯拉罕·德拉贡，我想请你们谈谈在奥斯维辛－比克瑙集中营中当囚犯的那段时光。首先，请简要介绍一下你们的背景。

什洛莫：我们俩都出生在波兰，在茹罗明镇（Zuromin）[1]。父亲叫丹尼尔（Daniel），母亲叫马尔卡（Malka）（娘家姓贝克曼，Becherman）。战争之前我们住在茹罗明镇庇宗（Bizon）街一号。那里犹太人很少——大概只有两千五百来人。我们谋生的手段跟几乎半数的当地人一样，靠的是制衣和制鞋。我十三岁时就开始帮忙养家。我们就这样劳作着，直到1939年战争爆发，麻烦来了。

亚伯拉罕：9月1日战争爆发了，波兰当局建议所有年轻人逃离城镇。我那时候才二十岁。我们听了当局的话，迅速离开了。我们在乡下至少躲了一周，直到德国人来了，我才回到茹罗明。

为什么波兰人建议你们离开城镇？

亚伯拉罕：他们这样做是因为害怕德国人。他们担心德国人抓走所有年轻人。在犹太节庆季之前，我们心里一直忐忑不安。赎罪日 2[1] 前夕，德国人来了，他们要镇上所有犹太人的名单。1939 年 11 月，德国人命令镇上所有十八岁到四十岁的男性，无论是不是犹太人，都到市政大厅广场集合。所有人都去了。后来发生了什么呢？他们命令非犹太人在广场的一边排成一队，犹太人则在另一边排成一队。他们把非犹太人打发回家，而我们则被送去做劳工。我们要把这一带地里的土豆全都挖出来。我们干了几个星期才干完。回到家后，发现家里已经没有人了。原来德国人早已把茹罗明所有的犹太人送到了华沙 3。

什洛莫：1939 年 11 月，茹罗明就是这个情况。我们干活的农场挨着德国边境。干完活后，他们让我们回家待过一段时间。一天半夜，我们被吵醒了，听到交响乐的声音。他们把我们集中起来，赶进马拉的车里——那时镇上不通火车。走了大约三十公里后，我们来到了临近的城市，然后被押上了火车。

一路上我们经过了几个站。第一站是新维德（Neuwiedhof），到了那里，他们把我们从头到脚搜了个遍。带的黄金都要上交。我们把所有东西都交了，什么也没剩。然后我们从新维德徒步走到华沙。那时华沙的隔都还没建起来。

亚伯拉罕：一路上我都是一个人。到华沙之后，我开始寻找我

[1] 赎罪日是犹太人一年中最重要的圣日，对于虔诚的犹太人教徒而言，还是个“禁食日”，在这一天完全不吃、不喝、不工作，并到犹太会堂祈祷。以期赎回他们在过去一年中所犯的或可能犯下的罪过。

父母。我在弗兰西斯康卡（Franciskanska）街八号的犹太会堂找到了他们。我弟弟什洛莫也到了那里。

你们住在那儿吗?

亚伯拉罕:是的,我们跟其他来自茹罗明的家庭一起住在那儿。犹太会堂有很多家庭聚居在那儿，包括我家、亲戚家，还有许多熟人。

什洛莫：白天人们来会堂做礼拜时，我们就挤在角落里。到了晚上，祈祷结束后，我们就准备睡觉了。早上，我们不得不早早起床，因为人们要来做礼拜。我们那时的境况就是这样。

你们在华沙隔都待了多久?

亚伯拉罕:有一年多。我们刚到华沙时,那里还没有隔都[4]。隔都是后来建的。我们跟其他犹太人一样在那工作。

什洛莫:隔都刚建起来时，我混在“雅利安”区。我有一个身份证，能证明我是波兰人。上面没有照片，只有指纹。我利用去往隔都的有轨电车，往隔都里偷运食物[5]。电车会穿过隔都，这期间我就把食物从车上扔到街上。我哥哥在隔都里，他知道我什么时候会扔食物。我们约好信号，他就在街上等着我。他把我扔的东西捡走，我则一直待在车上，直到电车开进“雅利安”区。

我在火车站等着从乡下来的火车，车上装着代售的食物。我就是在那里买的东西。一天，盖世太保出现在火车站，逮捕了我。“举起手！”他们命令我，接着问：“你是犹太人吧？”我说我不是。他们把我带到盖世太保总部，关进监狱，审问我、拷打我、折磨我，甚至放狗咬我，直到我昏死过去。两天后，他们把我放了。电车开到隔都时，我从车上[6]跳了下去。我父母都不知道那些天我去了哪里。我在隔都里面换了衣服，待了两天又出去了。

父亲、哥哥亚伯拉罕还有我都在隔都工作，一直到 1941 年初。

你们做的是什么工作？

什洛莫：脏活。我在隔都里做的都是繁重的体力活。

亚伯拉罕：当我和什洛莫接到通知要搬去“犹太社区”时，我们都清楚这不是什么好兆头。他们把隔都里的人送去集中营。所以我们从隔都逃跑到普翁斯克（Plonsk）[7]。

你俩是一起逃的吗？

亚伯拉罕：是的，只有我们俩。那时普翁斯克还没有建隔都。到那之后我们就开始找工作。

这是什么时候的事？

亚伯拉罕：1941 年初。德国人在普翁斯克附近建了一个机场。我一直在那里工作，直到德国人与苏联人开战，前线移到东边去了。到了这个阶段，他们不再需要我们，就把我们打发回去。我们没有别的选择，只好在乡下找工作。我是个裁缝，但也会做点农活。我弟弟跟我在一起。我们都能挣点钱。

后来我们发现已经不可能回到华沙隔都了，于是就想办法让父母跟我们会合。我们找人去了一趟，让他把我们的父母从隔都带到普翁斯克。最终，我们在普翁斯克跟母亲、妹妹恰莎（Chaytscha）、弟弟伊齐克（Itzich）团聚了。而父亲因为生病没法离开隔都。大姐留在那里照顾他。后来，我听说父亲在隔都饿死了。姐姐也生了病，后来也死在隔都了。

你是如何得知你父亲和姐姐的死讯的？

亚伯拉罕：有些熟人去了华沙，回来告诉了我们。

什洛莫：那时我们全家人都在普翁斯克隔都了，可是已经一无所有，无以为生。所以我跟哥哥亚伯拉罕去一个村庄干活，但没有在一起做事。就在这时，德国人把我母亲、恰莎和伊齐克从隔都带到了马佐夫舍地区的新德武尔（Nowy Dwor，意为“新庄园”）的集中营干活。

亚伯拉罕：那时候，他们已经开始在普翁斯克、姆瓦瓦（Mlawa）[8]及其各地集中营周边地区抓人了。

什洛莫：就这样，我们和家里人又失去了联络。

亚伯拉罕：显然，他们只在那待了很短时间，然后就被送到奥斯维辛了。

什洛莫：过了一段时间，我们得到消息说弟弟从新德武尔逃了出来，回到了普翁斯克隔都。那时我们还在村里，我们想办法联系上了他。他那时才十一二岁，隔都的人把他送到了孤儿院。但如果他想待在孤儿院，就不能告诉任何人他还有哥哥在村里。我们与他联系了一段时间，还给他办了成年礼[1]聚会。我跟亚伯拉罕就一直在村庄工作，直到 1942 年。

亚伯拉罕：我们经常往返于村庄和普翁斯克隔都，但由于没了身份证明，我们不能住在隔都，所以大多数时间都待在村庄。也许我应该待在村里，把弟弟从隔都接过来，但是弟弟却不愿意离开。他不想跟孤儿院的伙伴们分开。“这里的孩子们去哪里，我就去哪里。”他这样说。

什洛莫：后来我们听说孤儿院有 400 个孩子，包括弟弟，已经被直接从隔都送往奥斯维辛。知道这个消息后，我们觉得已经没有任何理由继续待在这个村庄了。附近已经没有犹太人了。所以，我们决定夜深人静时悄悄逃走，离开了雇主家。

---

[1] 犹太成年礼（Bar Mitzvah）在男孩 13 周岁、女孩 12 周岁时举办。

那么，你们是怎么落到运往奥斯维辛的人群中的？

亚伯拉罕：1942 年，我们听说德国人围捕了所有的犹太人，然后把他们送去一个劳动营。我们决定去跟他们会合。

我猜你们当时根本不知道“送进集中营”意味着什么，我说的对吗？

什洛莫：是的。我们不知道集中营是什么样的，似乎也就是这个原因，我们才去了奥斯维辛。

所以，如果你们一直躲藏着，就不会被送上开往奥斯维辛的车了。也就是说，你们是自愿去的那里，对吗？

亚伯拉罕：是的，的确是这样。但你要知道，在普翁斯克附近的村庄里东躲西藏，不是一件容易的事。波兰人知道我们的身份，总是告发我们。所以我们不得不在各个村庄换着地方躲藏。我是个裁缝，在各地做一些缝缝补补的事，所以我们还能活着。我们从一个村庄逃到另一个村庄，最后还是无路可走。

你们在同一列火车上吗？

亚伯拉罕：是的。

亚伯拉罕，你还记得确切的日期吗？

亚伯拉罕：是在 1942 年年底。

几月？

亚伯拉罕：12 月。那时候刚好是光明节。一开始他们把我们送到姆瓦瓦的隔都，在那里待了八天。之后我们坐上了火车，前往奥斯维辛。

你还记得火车发车的时间吗？

什洛莫：火车是正午发车的。

你还记得你们乘坐的车厢是什么样子吗？

亚伯拉罕：那是封闭的家畜运输车厢，也有几节是客厢。

每节车厢都有多少人？

亚伯拉罕：这很难估计——每节车厢都塞满了人。我们都是紧紧挤在一块的。没有任何空间能让我们坐下或躺下，几乎动弹不了。实在太糟糕了。我们就想着快点到，这里简直不是人待的地方。

亚伯拉罕，除了你弟弟什洛莫，还有其他家人吗？

亚伯拉罕：只有我和什洛莫。我们已经失去了父母。母亲已经从新德武尔被送到了奥斯维辛了。母亲、妹妹和弟弟比我们早一个月就到了奥斯维辛。

你还记得到奥斯维辛的路上花了多长时间吗？

亚伯拉罕：两天。

什洛莫：是的，我们在路上至少有两天。

你们知道是要去奥斯维辛吗？

什洛莫：不知道，他们把我们押上车的时候，我们就已经听说会被送到一个劳动营。这是他们说的。事实上，直到抵达奥斯维辛，我们才知道自己是去哪儿。

那时你们听说过关于奥斯维辛的事吗？

没有，我们什么都不知道。路途中，我们可以从车厢的破孔看到外面，能看到一路上经过的地点标识。但我们不知道车要开往奥斯维辛。

你还记得到达奥斯维辛的日期吗？

什洛莫：我们到达奥斯维辛已经是两天之后了，车上有两千五百名来自姆瓦瓦隔都的犹太人。到达的时间是光明节的前一天，1942年12月7日。

你还记得到达奥斯维辛站台是什么时间吗？车上有人在途中丧

生吗？

亚伯拉罕：我很肯定我们是在晚上到的！我们是半夜才到达比克瑙的。那里只有党卫队的人，牵着狼狗，还有探照灯。他们打开门，给我们的见面礼就是一顿暴打。一开始打我们是想要我们快点下车。滞留在后面的都是一些老人和孩子，有的已经被压得半死，有的已经死了。我们在车上待了整整两天，车上连水都没有。真不知道当时是怎么活下来的。

什洛莫：是的，我们车厢里也死了很多人。死了的人被留在车厢里，之后他们把尸体都集中起来。[9]

车是在哪儿靠站的？

亚伯拉罕：车停在奥斯维辛车站特定的地方：奥斯维辛集中营在一边，比克瑙集中营则是在另一边。

每一批犹太人都是运到这个站台的吗？

亚伯拉罕：是的。

你指的是靠近集中营主营入口的站台吗？

亚伯拉罕：没错，就在离奥斯维辛集中营大门不远的地方。那里有一块空地。运送犹太人的火车就停在那里。

你俩能不能说一下“挑选”是怎么进行的？

亚伯拉罕：我们是半夜到的，只看见探照灯的强光[10]，把我们照得一清二楚。然后我们就被分开了。他们就是这样做的筛选。

什洛莫：在站台上我们还见着了集中营长官、登记员[11]，还有营中的医生。他们让所有人下车，将妇女儿童和男人分开，然后让我们每五个人站成一排，缓缓经过集中营医生面前，由他来进行挑选。除了他，还有另外一些德国人。每个人都要从他面前走过。他手上拿着一根棍子，用它来指示：到左边，到右边。他一言不发，只是拿着棍棒指一下，到这边或是到那边。我们不知道往哪边去更好。亚伯拉罕跟我走的是同一边。医生继续用棍子指着。直到他指累了，接下来的人都去了左边。过了一会儿，医生又开始拿棍子指，但只要他累了，接下来的人就直接被叫到左边。

亚伯拉罕：我们到那儿的时候，负责筛选的军官几乎没说话，他好像只是说了，“到这儿！”然后用他的手指示去左边还是右边：年轻人去一边，老人则去另一边。他们没有挑出妇女和女孩。他们有时也会从运来的人中挑出妇女和女孩，但不是我们那一批。

什洛莫：所有男子中，有两百人被挑选出来了，我跟亚伯拉罕就在其中。

这两百名被挑出来做劳工的男子有什么共同点吗？

亚伯拉罕：他们都很年轻。年纪大的人，德国人一个都没挑。

他们都是很强健的男子吗？

什洛莫：党卫队的医生只是看他们的外貌。他选择的是他们需要的人。那些被选中的人显然都是比较健壮的。随后他们会对这些男子进行检查，并记下最适合的人。被选中的人会被问及从事的职业。我们对他们说我们是裁缝，就是因为这样，我们才被选中。

过了一会儿，我们被带走，步行前往比克瑙集中营。剩下的男子就跟女人、小孩一起被推上卡车，运到集中营的某个地方。后来我才知道，他们被毒气毒死了。

亚伯拉罕：我们远远地看到那个方向冒着火光。

什洛莫：但我们不知道那意味着什么。

他们把挑选出来的两百人送到哪去了？

什洛莫：他们没有带我们去奥斯维辛，而是去了比克瑙的A营。我们到达比克瑙时，天空被映得通红，那时候还没有带烟囱的焚尸炉，只有焚尸坑。空气中弥漫着一股皮肉烧焦的气味。我们刚到那里的时候，还不知道烧的是什么。几天之后我们才明白。他们把我们带到了第二十五号营区。营区里的营头[12]叫平哈斯。

平哈斯来自哪里？

亚伯拉罕：好像是罗兹市。

什洛莫：到达比克瑙集中营时，我们问周围的人：那些跟我们一起来的其他人什么时候到。他们告诉我们说，“你们一会儿就会看到的”。然后他们指着远处升腾的烟雾说，“看吧，看吧，他们就在那里”。我们不知道那里发生了什么事。但是，我们再也没见到同车到达的人。

亚伯拉罕：德国人用车把他们拉到了尸坑，在那里将他们全都杀害了。

你们在二十五营区的第一天发生了什么事？

亚伯拉罕：二十五营区是刚到集中营、还没分配工作的人暂住的地方。其中有一个人就是格吕鲍姆（Grünbaum）的儿子[13]（格吕鲍姆是著名的波兰犹太复国主义领袖），他曾经参加过西班牙抵抗组织。

什洛莫：我们是 1942 年 12 月 9 日到达二十五营区的，在那里一直待到下午四五点。他们把我们又叫出去，给了我们一点汤喝。那是我们第一次见到党卫队的奥托·莫尔上士[14]。后来我们才知道这个莫尔是个多么可怕的人。

那天夜晚，莫尔提着灯站在我们前面。我们每个人都要在他跟前走过。莫尔盯着每个人看，问些问题，很仔细地检查我们的体力和健康状况。他解释说是要选人去橡胶工厂工作。这样说是想迷惑我们。这次点名我们不需要脱衣[15]。他问我是做什么的。我告诉他我是个裁缝，他用德语说："是的，我们需要裁缝。"他跟亚伯拉罕说了同样的话。莫尔看到我们都很健康。对于那些比较虚弱的，他说："不用了，裁缝已经够了。"如果一个看起来很健康的男子走过，他说，"是的，我们需要更多的鞋匠"。诸如此类。这就是他要的诡计。他分别与每个人交谈，最后只留下一百个人。他们把这一百人全部带到了比克瑙的二号营区。这个营先前有一群人，是在我们前面来的，就一两天前被杀害了。他们的衣服还扔在地上，好像刚刚脱下来似的。

亚伯拉罕：我们知道不久之前这里肯定还有人，因为到处都是剩下的食物和各种各样的东西。那时候我们并不知道这些人是"特别工作队"先前的队员。直到后来才有人告诉我们，这些队员被带到那里杀害了。我们是接替他们的。

换句话说，从那时开始，你们就是新的"特别工作队"了？

亚伯拉罕：是的，完全是个新队伍，之前队伍里的人一个都没活下来。后来，在"桑拿间"[16]，我们被文上了号码。[17]

你的号码是多少？

什洛莫：83059。

你的呢，亚伯拉罕呢？

亚伯拉罕：83060。

什洛莫：他就站在我旁边。

他们在哪里给你们文的号码？

亚伯拉罕：我们到达二十五号营区的晚上，就待在营里。第二天早上他们带我们去"桑拿间"洗澡。他们给我们剃了头，发了和营里其他人不一样的衣服。我们光着脚出来，什洛莫和我都快认不出彼此了。我们一个挨一个排队站着，忍不住互相打量。之后，他们在我们身上文上了号码。

是在浴室里面文的，还是在外面？

亚伯拉罕：我们在里面排队，然后他们就文了号码。

你记得他们是怎么文的吗？

什洛莫：用一枚针。文身的人抓住囚犯的前臂，卷起他们的袖子，把他们的手拉到面前，然后就用针文上号码。他文好我的号码后，就轮到我哥哥了。他的号码是我下面一个，因为他就站在我后面。

之后他们带你们去哪儿了？

亚伯拉罕：白天他们带我们去了"女囚营"，主要是为了让我们去搬运石头。那里的地面特别泥泞，我们的鞋都陷进去了。我没有别的鞋子。他们在那里做了一些很吓人的事情。司机突然发动了装满石头的卡车，把车斗抬起，然后把石头故意往我们身上倒。太吓人了。就像我弟弟说的那样，二十五号营区只是个中转营。之后他们把我们选入"特别工作队"。我们就是这样去了二号营区。

二十五号营区的所有人都被选上了吗？

亚伯拉罕：没有。工作结束后，他们命令我们去转运中心（校场）。就像我说过的那样，莫尔出现了，他选了一百来人作为"特别工作队"队员。

点名的时候，莫尔有没有解释为什么要你们这些人？他有没有明确地说他们会被分到"特别工作队"？

亚伯拉罕：没有，我们不知道自己为什么被选上。

从到达奥斯维辛到进入"特别工作队"，这中间有多长时间？

亚伯拉罕：一天或是两天。这段时间他们让我们在户外工作。

从什么时候起，德国人会用"特别工作队"这个词来指那些劳工？

亚伯拉罕：一开始就被称为“特别工作队”。女营有两个特别的营区，一号营区和二号营区。一号营区被称为“刑囚工作队”，是惩戒性质的；[18] 我们在二号营区，被称为“特别工作队”。二号营区的两边都被封闭住了。我们和一号营区的人一样，都不能离开营区。我们一整天都待在营里。

什洛莫：我们很快就意识到自己与营外面的人[19] 隔绝了。不论以什么方式、什么理由，他们都不允许我们外出。

二号营区在哪？

亚伯拉罕：在集中营大门的旁边，女囚营后来就建在那儿。

那栋楼是用什么材质建的？石头还是木头？

什洛莫：那栋楼是用石头建的。一百个人被关在里面，五个人一个床位，共用一条毯子。

你们的营头（block elder）是谁？

什洛莫：乔治，一个年轻的法国犹太人，他没有副手。但是那里有组长和队长。

你们是什么时候开始被派去工作队干活的？

什洛莫：我们在二号营区一直被隔离到第二天早上。在 1942 年 12 月 10 日，所有队伍都出去工作了。莫尔来到营中，命令道：“‘特别工作队’的人，出来！”就这样，我们知道了自己是被选去做特殊工作的，根本不是去橡胶厂干活。我们不知道会让我们做什么工作，也不知道这个“特别工作队”到底是什么，没有人给我们任何解释。莫尔发出命令后，我们按照五个人一排的队形[20] 在营前排好队。一共有两拨人，每拨大概一百人。党卫队的人带着狼狗，把我们围着，押着这两拨人离开了比克瑙集中营，朝布热津卡

（Brzezinka）村走去。我们已经看到远处有烟，还闻到了一股金属燃烧般的恶臭。但是我们什么也不知道，也没有想过在那里会看到什么样的场景。我们一无所知。

从二号营区走到树林里的那个地方要多久？

亚伯拉罕：大约十五分钟。

什洛莫：我们队伍朝森林行进时，正在下雪。后来我们到了一片空地。空地的一边有一座棚屋，像一座有着厚门板的马厩，离它不远的地方还有一座白色的农舍，屋顶是茅草的。

你描述的那些建筑都在哪里？

亚伯拉罕：在一个叫布热津卡的地方。这是个波兰地名，意思是“桦树林”，它离我们在比克瑙的营房大概一公里。

什洛莫：我们在那座棚屋前停下了。莫尔把我们分成组，一组十个人或二十个人，接着说了要做的事。随后，他打开棚屋的门，我们看到了一些奇怪的东西：地上铺了沙子，地面上有人留下的痕迹，很明显曾有人在这里脱过衣服：鞋子、男子的衣服、孩子的衣服、妇女的衣服。那些衣服摆在地上，似乎穿着它们的人刚刚脱下。全新的衣服！我们想象不出这意味着什么。我对自己说，这些衣服应该挂起来才不会弄脏。

一拨人留在棚屋内，把这些衣物打包好。另一拨人被带到农舍那边。我们仍然不知道那里到底发生了什么事，也不确定农舍里面有没有人。莫尔把要做的事吩咐下来：“你们要去搬死尸。屋里有很多尸体，用推车把它们搬出去，扔进这些大尸坑里，最后把它们烧掉。”他说会给我们东西吃，并且会让我们回营房睡觉，但我们必须卖力干活，否则就会惩罚我们。他威胁我们，有谁不想干就会挨打，还会放狗来咬我们。党卫队的人带着狗，一直在监视我们。

莫尔打开农舍的门，尸体倒出了门口。我们闻到毒气的味道。尸体有男有女。房子里挤满了裸尸，堆叠在一起，挤出了门口。

尸体从哪里倒出来的？

什洛莫：从那座农舍里面。到处都是死尸，紧紧挨在一起，一具压着一具，所以当门打开的时候，尸堆都倒了下来，堆到了门口。我看到里面有大人也有小孩。

男女都有吗？

什洛莫：是的，男的女的都在一起。

接下来发生了什么事？

什洛莫：我们所有人都震惊了，面面相觑，一声不吭，所有人都陷入了沉默。我们太恐惧了，发不出一点声音，连续几天都是这样，之后才缓了过来。我们之前从来没有看见过那样的情景。

你们知道那些是犹太人的尸体吗？

什洛莫：知道，因为第一天就听说他们在营中焚烧犹太人。我吓得魂不守舍，惊恐万分。我不知道该不该惊叫。那是我人生中第一次见到死尸。我不知道我在那做什么。我看着别人。他们也都吓得神思恍惚了。我第一个想法就是：我真的没法在那里干下去了！

你是想逃走……

什洛莫：要么逃走，要么死。有一点很清楚——我们再也不想待在那儿了。我都不知道第一天是怎么熬过来的。

你的同伴们也是类似的反应吗？

什洛莫：是的，大家的反应一样。他们都问："这里到底发生了什么？我们是在地狱吗？这是场噩梦吗？"

你那时候多大？

什洛莫：17 岁。

你呢，亚伯拉罕？

亚伯拉罕：我那时候 20 岁。

第一次看到那么多死人，你什么反应？

亚伯拉罕：我当时在整理那些衣服，所以我没看到什洛莫说的场景。当时只有一队人去农舍，另一队人留下整理衣物。我在第二队，所以我没有看到。

什洛莫：我们什么也不知道。我们既不能跟任何人说话，也不能问任何问题。但很明显那些人是被迫在棚屋脱下衣服的，遗留的衣物都是他们的。我们弄清楚了，棚屋里的衣服是那些躺在农舍里的死人的。他们命令我们："把这里的尸体用推车搬出去！"

谁下的命令？是谁跟你们说明这份工作是干什么的？

什洛莫：一个德国人，但本来应该是莫尔来说。

那座农舍具体是用来做什么的？

亚伯拉罕：里面是毒气室。

毒气室是什么样的？

什洛莫：其实就是座有茅草屋顶的房子。窗户用石头封住了。大门上有一个警示牌，写着"小心！高电压！危险！"房子有四个小房间。其中最大的房间墙上有两扇窗。其他三间房都只有一扇窗。窗户上还有木制百叶帘。每间房都有单独的门。只有把门关了你才能看到写着"小心！高电压！危险！"的警示牌。门开的时候，你看到的是另一块牌子，写着"洗澡消毒室"。被送到那里处死的人们，看到的是挂在门内侧的另一块指示牌，就是写着"洗澡消毒室"的那块。[21]

根据你的描述，人们是先在棚屋脱了衣服……[22]

什洛莫：是的，之后他们光着脚，在雪地上走一段，然后进入另一座房子。随后德国人就把毒剂投进房子里。

所以农舍被用作毒气室了。

什洛莫：对，就是这样。

那座农舍离棚屋多远？

什洛莫：大概 30 到 50 米，两座房子之间并没有修路。

他们是怎么把毒剂投进农舍的？

什洛莫：墙上有一扇小窗。一开始，我们完全没有发现。放毒气的时候，“特别工作队”并不在场。他们一般在晚上杀人，起初他们还选了 20 个人帮忙杀人。

执行杀戮的一直都是党卫队的人，从无例外。被杀的人们是用卡车运到棚屋这里来的。我们帮助体弱者从卡车上下来，并在棚屋里帮他们脱掉衣服，每个人都要在棚屋里脱衣。棚屋和农舍周围以及它们之间的地方都被党卫队和军犬包围着。人们赤裸着身子，从棚屋跑到毒气室，时不时还被站在门边的党卫队拿着棍棒驱赶。一旦毒气室满了，有个党卫队的人就关上门，命令手下放毒。那人叫道：“赶快把事办妥！”他从一辆一直跟在运人卡车后面的红十字车上[23]拿下一个罐子，里面装的是毒剂。他还拿出了一把锤子和一把特殊的刀。那个党卫队的人带上防毒面罩，用锤子和刀把罐子打开，把罐子里的东西从窗户倒进去，接着关上窗户。那个罐子是金属的，上面有黄色标签，跟他们后来在焚尸场用的一样。他把罐子、锤子、刀和面罩都放回车上。德国人都把那辆车称为“桑卡”。我经常亲耳听到他们问：“桑卡来了吗？”

完事之后，党卫队的人就坐上卫生队的车离开了，我们也被带回营中。我不知道之前他们是怎么做的，但是晚上放毒之后，一般会有一名党卫队的士兵留守在“地堡”那里的屋子[24]里。有时候“地堡”那里没有人看守，房子里存着的金牙和其他东西就被偷了。

然后你们就把尸体抬到尸坑吗？

什洛莫：是的，他们给了我们防毒面罩。我们走进门，门上的指示牌写着“消毒室入口”。当然门里面干的根本不是什么消毒的事。我们把尸体拖到院子里，用推车把尸体从农舍搬到尸坑那里，再扔进去。

在房屋那里搬尸体的人，和用推车把尸体运到尸坑的是同一拨人吗？

什洛莫：是的，就是我们用推车把尸体运到尸坑边上的。

包括你本人在内？

什洛莫：是的。

被毒气杀害的人是什么样子的？

什洛莫：他们打开门，尸体一具压着一具，互相挤压着，层层叠叠，有些死人还是站着的。经常能看到死人嘴上有白色东西。毒气室里非常热，甚至能闻到一股甜甜的毒气味。走进毒气室的时候，我们还能听到呻吟，尤其是拽着他们的手臂往外拖的时候。

有一回，我们发现有个婴儿被塞在枕头里，还活着，枕头蒙住了他的头。我们把枕头拿开，他睁开了眼睛。我们把小孩送到莫尔上士那里。莫尔拎着小孩来到了尸坑的边缘，把他扔在地上，用脚踩他的脖子，然后把他抛进火中。我亲眼见到他用脚踩那个孩子。婴儿动了动他的小手臂，没有哭出来，所以我不确定他是否还在呼吸。总之，他看起来跟别的尸体全然不同。[25]

从农舍把尸体运出去要多长时间？

什洛莫：我们几乎一整天都在做这件事。

你是怎么把尸体从毒气室搬出来的？

什洛莫：用手搬。一开始是四个人搬一具尸体。莫尔看了很生气，他撩起自己的袖子，从门口直接把尸体扔到院子，速度极快。虽然莫尔给我们示范了该怎么做，但我们跟他说，我们没办法做到他那样，最后他允许我们两个人一起搬。

所以你们是两个人一组把尸体搬出去？

是的，两个或是四个人一组搬尸体。我们把尸体放进推车，然后拖到尸坑那里，扔进去。

尸坑在哪里？

什洛莫：离房子不远。

你能描述一下尸坑吗？

什洛莫：房子的另一边有四个巨大的尸坑，有二十米长，三米深，七八米宽。尸坑底部堆着树枝，交叉放置，让空气能从底部进来。我们就是把尸体扔进那里的。

你们是怎样把尸体扔进尸坑的，有特别的顺序吗？

什洛莫：没有。一开始没有按任何顺序。尸体搬来了就扔进去。

德国人有没有给你们一些指示？

什洛莫：没有。他们只是告诉我们要怎么做才能把尸体分得均匀一些，不要堆得一边高一边低。

尸体扔进尸坑后，下一步要做什么？

把尸体搬出去之后，我们还要打扫房子、用水冲洗地板、撒上木屑、还要把墙粉刷一遍。[26] 完成这些工作之后，要把所有东西都收好。我们看到德国人把汽油倒在尸体上。然后，他们将我们集合起来。就在等他们带我们回比克瑙的时候，我们看到他们点了火。火是从上到下烧起来的，之后我们就回到了营中。

是德国人点的火吗？

亚伯拉罕：对，毒气也是他们放的。这些事都是德国人亲手做的。[27]

什洛莫：尸体烧完了，48 小时后我们就要清理尸坑里的骨灰，但是骨灰里还有很多残骨，有头骨、膝盖骨和长骨。我们把骨灰全都堆在尸坑的边缘。卡车一来，就把所有骨灰装进去，最后倒进附近的索拉河里。处理骨灰的时候，我们也要小心翼翼，不能弄洒了，因为党卫队在盯着我们。从卡车停留的地方到河边都铺上了布，这样一粒骨灰都不会洒到地上。为了不让骨灰沉入地底，党卫队的人要把它倒进河里，让河水把它们冲走，冲得远远的。我们把布在河面上抖干净，然后再把整个地方都彻底清扫干净。

这个工作队有多少人？

亚伯拉罕：大概两百人。有个党卫队的人把我们分成不同的组。

这两百个人是怎么分工的？

什洛莫：有些人负责收集衣服。一组人专门收集那些受害者留下的东西，然后放到"财物仓库"里面。[28]

还有一组用推车把尸体搬走，另一组把尸体扔进尸坑。还有一组负责从死者嘴里拔下金牙，收集头发和眼镜。

有一组负责把尸体集中起来，搬到轨道车上。其他一些人把装尸体的车推到尸坑边上。尸坑之间都铺着轨道。

另一组要做好尸坑里的准备工作，以便焚尸。他们把粗粗的木柴铺在尸坑的底部，在木材上面交叉着放一层细点的树枝，最顶上再盖上干树枝。

还有一组的任务是把尸体从推车上搬下来，扔进尸坑里。

所有准备工作完成后，莫尔或其他党卫队的人就把汽油倒进尸坑的四个角落，然后点着一根树枝，扔进其中一个角落。火就燃起来，焚烧着这些尸体。只有莫尔在那里忙的时候，我们才可以站到农舍前面，看着尸坑发生的一切。

什洛莫，亚伯拉罕，这段时间你俩有没有在一起干活？

什洛莫：没有，我们俩任务不一样。我和另外十一个人一组，负责把尸体从房子里拖出来，抬上推车。

亚伯拉罕：我所在的组是在棚屋内工作的，那里有很多受害者的衣物。他们吩咐我们把所有东西整理好，并且捆成一包一包的。然后会有卡车过来，运走所有的衣服。我们要检查衣服口袋里有没有东西，还要把所有的鞋子都绑在一块。

亚伯拉罕，你在整理衣物的时候，知不知道对面的农舍发生了什么事？

亚伯拉罕：刚到集中营时，我就问身边的人之前和我们一起在站台接受挑选的人去了哪里。他们说，“看到那火了吗？他们上天去了。”德国人选我们做劳工时，并没有说要我们去干什么。我们完全不知道是要在焚烧尸体的地方干活。但如今，我们亲眼目睹了这一切，我能想象出那种最可怕的情况。此时我也知道，那些在棚屋脱衣的人，衣服一扔在地上，就被带到了那座农舍，送进了毒气室。

你自己有没有进过那座农舍，也就是毒气室？

亚伯拉罕：没有，从来没有。只有那些把尸体搬出来的人才进去过。

衣服收集好之后，你们把它们送去哪里？

亚伯拉罕：我们把衣服捆好，放到卡车里。德国人再把它们运到“财物仓库”。

那里是不是有大量的衣物？

亚伯拉罕：是的，所有被杀害的人的衣物都在那里——在农舍里遇害的所有人，衣物都归拢到那里。

什洛莫是什么时候告诉你尸体的事的？你知道他这段时间在做什么吗？

亚伯拉罕：一有什么事，我们都会立刻告诉对方。我们之间离得不远，所以能离开队伍，把自己在做的事告诉对方。

当他告诉你屋子里都是尸体的时候，你相信他的话吗？

亚伯拉罕：当然相信，毕竟我看到了那些衣物。

除了那间农舍，奥斯维辛 – 比克瑙集中营内还有别的毒气室吗？

亚伯拉罕：没有，新焚尸场那时还在修建。

那时所有送到奥斯维辛的犹太人都会被带到那间农舍吗？

什洛莫：是的。

这样效率是不是不高……

什洛莫：你想表达什么？我们分两班干活，轮班的，这才是关键！除了“二号地堡”，半公里外还有一个“一号地堡”。那里也是一栋砖瓦房，里面有两个毒气室。这两间毒气室各有一扇门，每扇门上都有一个开口，毒剂就是从开口里投进去的。在“一号地堡”旁边，有一间谷仓、两座棚屋，全都用来当脱衣室。焚尸坑则离得比较远，所以必须要用推车。

当时这些遇害的犹太人都来自哪些国家？

什洛莫：如果我没弄错的话，他们就来自我们从小长大的地方，主要是从波兰运来的，包括姆瓦瓦、普翁斯克、格罗德诺（Grodno）这些地方。后来又陆续有从荷兰和法国运来的人，但是大多数还是来自波兰的，来自我们周边的地方。两座“地堡”中第一批被杀死的犹太人就是来自波兰，后来遇害的犹太人有来自立陶宛、法国和德国的。

这两处农舍，或者说“地堡”，都离集中营很远，那么运来的人是怎么到这儿的，是走路还是坐火车？

亚伯拉罕：是卡车拉过去的。我们刚到站台的时候，已经有两辆卡车停在那了。那些要被处死的人就会被装上卡车。我们这些通过筛选的人则步行去营房。

所以那些要被处死的人会被装上卡车？

亚伯拉罕：是的。

而那些被选为做劳工、可以活命的人就步行过去？

亚伯拉罕：是的。

你见过装人的卡车开到“地堡”那儿吗？

什洛莫：我们经常看到。

都是什么样的卡车？

什洛莫：我猜是国防军的那种车。

上面有什么标识吗？

什洛莫：有的。卡车上盖着防水帆布，车厢被紧紧封住。里面的人完全不知道自己要被带去哪里。下车之后，他们才知道被带到了哪里，身在何处。

你还记得卡车的颜色吗？

什洛莫：橄榄绿。

把一火车的人送到农舍，要用多少辆卡车？

什洛莫：他们并不是一趟就把所有人都送过去。每辆卡车都得来回好多趟。

要往返多次？

什洛莫：是的。这些卡车去的时候装满了人，回来就是空车，一趟又一趟，直到把运过来的这批犹太人全都送到农舍。

你听到过卡车里的声音或者喊叫吗？

什洛莫：人们会互相呼唤。父母呼唤孩子，孩子呼唤父母。有时候我们也会听到他们诵读《施玛篇》（*Shema*）。我们听到的声音就是这样的……

什么时候能听到这些声音？

什洛莫：卡车经过我们的时候。我第一天在那儿时，看到人们在一起，有男有女，还有孩子。我极其焦虑，从来没见过这种事情。我无比震惊，我再也无法在那里干下去了。我跟哥哥说，“这活没法再干下去了。”清理工作结束后，我拿起地上的玻璃瓶碎片，划破了自己的手臂，说我无法继续干活了。

那时候你的事做完了吗？

什洛莫：没有，还没做完。我割破了手臂，鲜血喷了出来，我说：“我没法再干了。”

你在哪做的这件事？

什洛莫：就在尸坑旁。

有人看到你这样做了吗？

什洛莫：有啊，但我还是得继续干下去。

割破手臂的时候，你是真的想轻生吗？

什洛莫：对！是的！我想死。我不知道我在那做的是什么事。简直就是惨剧。那么多人，一下子都死了。他们都跟我差不多岁数。我从没见过那么多尸体！我完全吓懵了。

后来，你下定决心了？

什洛莫：后果会怎样，我已经顾不上了。我准备承受风险。我告诉自己，无论怎么样都不要继续干这份活。

你流了很多血吗？

什洛莫：嗯，很多很多。我的手臂肿了，无法继续干活。但我还能怎么样？我告诉自己不能再干了，不管怎样都不能再干了，对我来说什么都无所谓了。

这些事都是在第一天发生的吗？

亚伯拉罕：嗯，我们在那干活的第一天。

什洛莫：那天晚上我们被带回二号营区，而不是回到我们出发的一号营区。

第一天结束时，你们已经知道自己是属于一个名叫“特别工作队”的劳动队吗？

亚伯拉罕：嗯，知道，他们告诉我们这里是“特别工作队”的营区。

那时的“特别工作队”只有一个营区吗？

亚伯拉罕：对，只有一个。

囚犯们知道这个营区是“特别工作队”的吗？

亚伯拉罕：之前的“特别工作队”也是住在这个营，所以集中营中的人都知道那是“特别工作队”的营区。

什洛莫：我们在营房中床底下和床垫下发现一些东西，都是来自营外的：有新鲜的食物、肥皂、新衬衫。我们立刻感到这个地方有些异样，但还不知道曾经有“特别工作队”的成员住在那里。一两天后，我们才从别人那儿得知：“特别工作队”先前的队员——那些在我们之前来的人，就是住在这里的。

亚伯拉罕：营区里乱糟糟的。我们发现之前的工作队队员扔下的许多东西。过了一阵子，我们中间就筛选出了营房内勤小组。[29] 我们要到食堂把食物领回来，而食堂在工作队营区外面。有些囚犯看到了我们这些新人，就问我是哪个营的。我说我是“特别工作队”的。他们就告诉我，之前所有“特别工作队”的成员都被杀害了。

也就是说，他们告诉你之前的那些工作队成员都被清理了？

亚伯拉罕：是的。

你相信吗？

亚伯拉罕：你也明白，之前住在我们营中的人都消失了。但我们不知道他们都被杀害了。我们只知道之前住在我们营的人都被带走了，却不知道他们的遭遇。我们以为，之前那些人应该是被安排到其他地方住了。后来才明白，原来他们是真的被杀害了。

你们的二号营区被隔离了，对吗？

什洛莫：二号营区在食堂对面。还有一组人在“一号地堡”工作，他们也回到这个营区。这个营区和集中营其他地方有一堵墙隔着。他们不允许我们与其他营的囚犯有联系。

亚伯拉罕：没有哪个营是围起来的。只有一号营区和二号营区用墙隔出来，门口有德国警卫把守。什洛莫和我负责营房内勤，我们不被允许走出营区。

能否讲一下他们是如何把你们和其他囚犯隔离的？

什洛莫：每天早上我们跟其他的队一起起床工作。其他囚犯从营房走到大门的时候并没有严密看守。只有在出了营区大门时，警卫队才会跟着他们。我们则不一样，全程都有警卫看守，警卫队有大概 15 个党卫队士兵，还牵着狗。从入口到营区都跟着我们，所以我们跟集中营里其他人都没有任何接触。走回营房的时候也是如此。

这些警卫一直都是同一批人吗？

亚伯拉罕：嗯，监督我们的人很少有变动。我们在尸坑干活时，有个警卫殴打了我们一名队员。我们全体罢工，说我们没法干下去了。那次有点像一场小型起义。接下来发生什么呢？他们马上叫来了一些高级军官。一个叫霍斯勒[30]的来了，问我们怎么回事，我们说我们干这么累的活，又没有足够的食物，还要被党卫队的人打；他们尽可以杀了我们，但是我们不会再这样干下去了。霍斯勒让我们安静下来，并说我们不会再受鞭打，然后马上命人送来额外的食物。从那时起，我们工作时再也没有挨打。

你们工作时穿什么衣服？

亚伯拉罕：我们穿的就是平常人的衣服，不是那种条纹的囚服。我们的裤子上有一条红色的条纹，背后有红色的十字。我们戴着蓝色的帽子。工作队的成员都穿这样的衣服。在营外工作的人都穿带条纹的衣服。

在那有可能遵守宗教戒律吗？

亚伯拉罕：有些犹太信教徒想在逾越节[31]无酵饼，我们怎么办呢？每一批人运进来的时候，中间有人会带来一些面粉，我们就把面粉带回营中。营房中间有一个很长的加热器。我从小就知道怎么烘烤无酵饼，因为每次逾越节前我都在一家面包店做工挣点钱。因此由我在营中用加热器烤点无酵饼。我们敢那样做，是因为我们是被隔离的，其他人不会看到、也不会知道我们做了什么事。

那些想吃逾越节无酵饼的人是工作队的队员吗？

亚伯拉罕：是的，那些人都是“特别工作队”的。

你在工作队的第一天晚上是怎么度过的？

亚伯拉罕：那是个糟糕可怕的夜晚。我想：“我要怎样忍受这些？我能熬下去吗？”我们开始谈论身边发生的事。我们都不敢相信竟会有这样的事情。这肯定是个例。我们不知道会有一批一批的人被送进来，也不知道德国人会通过这种方式把欧洲各地的犹太人运到奥斯维辛。

那天晚上你们俩有没有讨论当天的情况？

什洛莫：没有，我们并没有谈论第一天见到的一切。我们太震惊了，完全不知道自己身在何处。那可是我们第一天在奥斯维辛工作啊。我们不知道奥斯维辛－比克瑙集中营是什么地方，不知道焚尸场是什么意思。这些东西都是突如其来的，我们就像挨了当头一棒。我们虽然看到了一切，但却没法相信。我们当中有医生，也有知识分子，有各行各业的人，可我们就是不能理解发生的这一切。我们互相询问："我们在哪？这里出了什么事？"

我们刚到营区，营头就下令挑几个人负责营房内勤。

亚伯拉罕：整个营被分为四个分队，每个分队中有两个人要负责营房内勤。

什洛莫：那些生病和比较虚弱的人就会被分去做这个工作。幸运的是，我刚好属于这一类人，所以我就被分到了内勤。我还请求他们把我哥哥也分到内勤。

这种情况下，让你哥哥也加入内勤组，对你来说肯定很重要。

什洛莫：嗯，我愿意牺牲一切来达成这个目的。总共有八个人被选去做这项工作。我们只需在二号营区里面工作，不用出去。

如果我理解的没错的话，第二天起你就待在营中，其他两百人出去工作了？

亚伯拉罕：是的。

这么说，焚烧尸体的活你只做了一天。从第二天开始，你便开始在营区做内勤工作？

什洛莫：没错，但是运来的人多的话，我们也必须到营区外面去干活。

什洛莫，你在营区的内勤工作具体是干什么？

什洛莫：帮出去工作的人打扫房间，整理床铺，清理地板，运送、分发食物，把餐具送回中心食堂，还要洗盘子。所有东西都要打扫干净，弄整洁。

亚伯拉罕，你们每天的工作是如何进行的？你能多讲讲吗？

亚伯拉罕：他们把我们叫醒后，就开始在营区里点名。我们不是所有人一起出去。别的人是在外面点名，我们则是在里面点名，此外，营里有间浴室，可以洗澡。还有个公厕区[32]。

你们每天要几点起床？

亚伯拉罕：大概早上五点。负责营房内勤的人天一破晓就要起床，但是只待在室内，待在营里。点名之后，其他人都去了杀人焚尸的地方。我们则留下来，开始清理卫生，整理床铺。我们把所有东西都打扫干净，做完这些后就去领面包和其他食物。

外出干活的人什么时候回来？

什洛莫：下午。他们干完活，回到营中就可以吃上饭。那时我们已经安排好一切，有汤，有四分之一条面包。

你们领来的食物是只给“特别工作队”吃的吗？

亚伯拉罕：嗯，是只给工作队的人。食物是用桶装回来的，有两百升汤，供一百人喝。

是什么汤？

什洛莫：烂土豆和脏水做的汤，就这些。

他们给你们的食物只有这些吗？

什洛莫：是的。工作队干活回来，只有这些东西吃。到了第二天早上，他们每个人能领到定量的一碗水，还有一种饮料，德国人称之为“茶”。我们就靠这点食物过活。

中央食堂在哪？

什洛莫：在一号和二号营区旁边。比克瑙集中营的每个区都有食堂。

你们要给那些看守你们的德国人送食物吗？

亚伯拉罕：不用，我们只要给工作队送食物就行。食堂很大，我们到那拿到我们的份额就回来。他们给我们几大锅汤和一些大面包。我们把食物分成四份，营里的每个分队领一份。

对于我们工作队的人来说，食物并不是什么大问题，因为我们还有其他的食物来源。每次有人运来，工作队的人可以拿走那些人带来的食物。我们也能够拿到一些。车上的人来自哪个国家，就会带来这个国家特有的食物。犹太人会带来所在国家的特色食品：希腊的人会带着无花果、橄榄和一些水果干。第一批人是在逾越节前到的，所以他们带来了一些无酵饼。我们还在人们的私人物品中发现过香烟。波兰来的人有时候会带烈酒，荷兰来的人总是带来沙丁鱼和奶酪，匈牙利的犹太人会带香肠和熏牛肉。然而大多数食物都被火车周围的“加拿大”工作队拿去了，到我们手里的只有一小部分，就是在衣服口袋里找到的那些。我们把香烟分给营中的囚犯，因为我们不吸烟。

你们挨过饿吗？

亚伯拉罕：不好说，因为运来的犹太人总能随身带点东西，而德国人不需要这些，所以也不阻止我们把食物拿走。有时候我们甚至也能从德国人那得到一些额外的食物，一些汤。因为德国人害怕“特别工作队”的人，没有人能掌控我们。我们知道自己随时会被杀害，所以没有什么可以失去的，随时都能豁出性命。

德国人允许你们拿走脱衣室里找到的食物吗？

亚伯拉罕：是的，他们都是睁一只眼闭一只眼。但这也要看这些人是从哪里来的。有些批次的人是从自己的住处直接被运到奥斯维辛的，而不从隔都运来。这些人带的食物当然就会比其他人多。从隔都来的人基本上没带什么，因为隔都里没什么吃的。

所以你们并没有缺过食物？

什洛莫：那也不见得。有时候我们也会面临食物短缺的问题。

还是继续讲讲你们的日常活动吧。你们营房内勤还要做些什么？

什洛莫：我们打扫完营房，领了面包和汤，“特别工作队”的人会按时回营。他们干完活后，就会被送回营中。不过有时候运来的人多，就需要 24 个小时连着干。我们没活干时，德国人就会让我们休息。

你们跟“特别工作队”的其他囚犯住在一起吗？

亚伯拉罕：当然，我们都住在一起。

既然这样，那我们来聊聊你们跟同伴们的关系吧。你们知道他们做的事情吗？

什洛莫：当然。

他们晚上回营后都跟你们说些什么？

什洛莫：每天的故事都不同。他们告诉我们这些人是从哪运过来的，还有他们听到的惊叫声和看到的情景。我们知道了种种事情：比如今天来了小孩；今天有某某地方运来的人；有从荷兰运来的这样那样的人；这些人根本不知道等待他们的是什么；一开始他们还叫喊，试图抵抗，但是都没用，等等。这些故事每天都重复着。

你们打扫、清理完营区之后，有闲下来的时间吗？

亚伯拉罕：有啊，但是我们并没有什么事可做。

那你们是怎么打发时间的？

亚伯拉罕：我们就坐在营中，什么也不干。毕竟我们能做什么呢？我们也没有书看，只能坐在营中闲聊。

你们是几个人挤着睡觉吗？

什洛莫：对，五个人一个铺位。两个人睡上铺。睡上铺更好。因为我们负责打扫营房，所以有优先选择权。

亚伯拉罕：什洛莫和我早上基本都待在营中。只有运来的人太多的时候，营房内勤的人才要出去工作。

什洛莫：除了负责营房内勤的人外，德国人让所有人都出去干活。亚伯拉罕和我、还有其他六个人都留在营里。是的，毒气室那里忙不过来的时候，营房内勤的人也要出去帮忙。

"忙不过来"是好几批人同时到达吗？

什洛莫：对。来的人太多，就需要更多人手，于是我们就被带去整理衣物，或做别的事。

亚伯拉罕：我们工作的时候，有时可以把人带到营中，然后把他们带出去。当然了，这些都是秘密进行的。

什洛莫：有一回，有一对父子一起进了集中营，儿子被分到"特别工作队"，父亲则在营中的其他地方干活。每次父亲过来看儿子，我们就会让他们进来，总是这样。德国人不准这样，我们是偷偷做的。

你们不担心有危险吗？

什洛莫：如果我们被抓了，就会遭受严酷的惩罚。营区的进口有一个禁闭室，就是那种监禁犯人的小房间。受惩罚的囚犯干活一回来就会被关进禁闭室。曾经有四个人被关了，挤在不到一平方米大的地方。囚禁室的入口在底部。进去之后根本没法坐下，更没法躺着。所以他们只好一晚上都站着，第二天还得继续干活。非常残酷。

亚伯拉罕，你们俩一开始都在一号营区，是吗？

亚伯拉罕：嗯。

你们在那干了多久？

亚伯拉罕：大概一年。那段时间比克瑙正在扩建。我们从二号营区被移到十三号营区，后来那里就变成了“特别工作队”的营区。[33] 十一号营区是刑囚犯的营区，就是刑囚工作队。这两个营区是完全封闭的，只属于“特别工作队”和刑囚工作队。十三号营区有个院子，是紧锁着的，为的是彻底把我们隔离。刑囚工作队的营区也是这样隔离的。

住在十三号营区的大概有多少人？

亚伯拉罕：有段时间是 500 人——后来减少到 400 人。运来的人多的时候，住在那里的“特别工作队”可能增加到 600 人。工作量少的时候时，他们就会带走 200 名队员，杀了他们。[34]

你们见过队里的同伴被带走、被杀掉吗？

亚伯拉罕：有，第一次他们带走了两百人，说是要调到另一个地方工作。说这话的是大营长（Lagerateste）弗朗茨・丹尼斯。[35] 什洛莫和我都在那个名单上。但是我们俩知道这是要除掉我们，所以打算路上逃跑。我们带了刀和锯条，这些东西是运到集中营的人们带来的。我们把这些东西带回营中。每个人都有几把刀子，打算在坐火车时靠这些利器逃跑。但是后来我生病了。党卫队不想让人知道这队人是有去无回的，于是跟我说：“生病的人不用去，我们需要的是能工作的人。你就待在这。"我说："只有我弟弟留下，我才会留下。"所以什洛莫也留在了营中，我们就这样逃过了一劫。

一开始我们不知道这个决定是好是坏。我们非常想离开那里，我们想逃走。过了不久，我们就听说那些被带走的人在卢布林[36]的焚尸场被杀害了。德国人用封闭的火车车厢把他们运到了卢布林，然后在那把他们毒死——具体怎么操作的我也不清楚。[37]被送走的两百人全都死在那里。而我们则继续在营中生活着。

所以，你生病这件事可以说是一个奇迹，对吗？

亚伯拉罕：是呀，没错。

你跟你弟弟就是这样逃过一劫的吗？

亚伯拉罕：嗯，我们就是这样才活下来的。

这件事是发生在另外四座焚尸场建好之前的吗？

亚伯拉罕：是的，当时焚尸场还在修建。[38]

你刚说的这件事大概发生在什么时候？

亚伯拉罕：1942 年末，12 月。

1942 年 12 月，尸坑还在使用吗？

亚伯拉罕：还在使用，新焚尸场是在 1943 年春建好的。修好后我们才搬去那里。

什洛莫：1943 年末，"一号地堡"被夷平了。二号（三号）焚尸场建好之后，"二号地堡"旁边的农舍就被拆毁了，尸坑也被填埋了。"二号地堡"一直使用到最后。中途停用了一段时间，然后因为有大批匈牙利犹太人运过来，又重新运作起来。那时，新的房子又建了起来[39]，新的尸坑又挖出来了。那段时间，我们在"二号地堡"连班工作，我曾连续工作了整整两天。所谓工作，就是在他们杀人之后把尸体从毒气室搬出去，整个流程比以前快多了。

因此，前面你描述的都是新毒气室建成之前、只有一个“地堡”投入使用时的情况。那么，新毒气室建成之后又发生了什么事？你的工作有变化吗？

什洛莫：1943 年，我们从 BIb 营转到 BIId 营的十三区，后来又转到了十一区。

在“地堡”工作和在焚尸场工作有什么区别？

亚伯拉罕：并没有什么不同。我们做的是同样的工作，和同一拨人一起；住在同一个营区，还是做同样的营房内勤工作。

你们看到他们在建新毒气室吗？

什洛莫：只是远远地看到过。德国人驱赶囚犯去帮他们修建新设施。在维也纳审判中，我作为证人指控了集中营的建筑工程师。[40] 被告申辩说，设计焚尸场的并不是工程师。他们不知道还有“特别工作队”的幸存者，见证过他们的罪行。

后来，你们就转移到三号（四号）焚尸场了？

什洛莫：嗯，是的。

你们也住在那儿吗？

什洛莫：对。

什么时候的事？

什洛莫：大概在 1944 年的年中。[41]

你们来到新建的焚尸场干活，是谁给你们分工的？

什洛莫：是一个党卫队的军官，他很清楚地告诉我们该做什么。我们当中一部分人被派去毒气室搬运尸体，剪掉死者的头发；还有些人被叫去拔掉死者的金牙；另外一些人则在焚尸炉工作；还有一拨人负责清理骨灰，整理受害者的衣服。[42]

亚伯拉罕：我负责整理衣服，跟之前在尸坑做的工作一样。什洛莫和我的工作就是收集衣物，绑成一捆一捆的，然后搬到卡车上去。

什洛莫：是的，我也是负责整理衣物。当时已经有一组固定的人了，我们只是协助他们。队长是卡明斯基。[43] 还有另外一个队长。他们都是犹太人，所以我可以请求他们不要派我去焚尸炉那里工作。

你们在焚尸场干了几次活？

亚伯拉罕：我记不大清楚了。反正只要有大批犹太人运到，他们就会叫我们去，比如有罗兹、希腊和匈牙利的犹太人运来的时候。那个时候，毒气室从没消停过。每次莫尔命令我们出去工作的时候，我们立马就明白又有大批大批的犹太人运到了。

什洛莫：那时候一号、二号、三号、四号（五号）焚尸场都在运行。有时我们被叫到三号（四号）焚尸场工作，但都只是暂时的。

你们在三号焚尸场要做些什么？

什洛莫：我们要搬运被毒死的人的尸体。

你能描述一下焚尸场的建筑群吗？

什洛莫：焚尸楼一共有四栋。每栋都有封闭的院子围着，受害者就是穿过那个院子到达焚尸场的。

你能描述一下院子吗？

什洛莫：院子四周有带电的铁丝网围着，院子里非常干净整洁。那些楼也同样如此。从焚尸场的外边去看，完全不会知道里面发生的一切。院子很宽敞，人们下车之后，直接穿过院子到达脱衣室。

院子里有花草植物吗？

什洛莫：有树，但没有花。院子周边都有树围着。整个地方到处都是树。

是谁把人们押送进了院子的？

什洛莫：一直都是德国人。

你能描述一下那栋楼的外观吗？

什洛莫：楼是红砖砌成的，非常干净。

四栋焚尸楼都是同样颜色的吗？

什洛莫：嗯，它们都是红砖红瓦的。

那里有指示牌之类的东西吗？你还记得牌子上写了什么吗？

亚伯拉罕：没有，我不记得有什么铭文或者指示牌。

三号（四号）焚尸场从外面看是什么样子的？

亚伯拉罕：像个大型的工厂，没有窗户，只有一些紧闭的小窗户，用来扔毒剂的。

他们把楼建得那么好看，是故意的吗？

亚伯拉罕：当然。你完全想象不到那些地方是焚尸场。那些烟囱会让你以为那里是工厂。不到最后，人们不会对楼里发生的事产生任何怀疑。

三号（四号）、还有四号（五号）焚尸场的烟囱高吗？

亚伯拉罕：嗯，很高，但是没有一号（二号）和二号（三号）焚尸场的高。一号（二号）和二号（三号）焚尸场的烟囱远远地就能看到。

三号（四号）和四号（五号）焚尸场的楼要比一号（二号）和二号（三号）的矮吗？

亚伯拉罕：一号（二号）和二号（三号）都是一层半，也就是有两层，但是三号（四号）和四号（五号）都只有一层。

什洛莫：那里有两个入口，一个是给刚来的受害者进的，另一个只有德国人能进。在房子顶端、屋檐下面，有一些窗户，不是很高。一号（二号）和二号（三号）焚尸场有两层楼，还有一层地下室。三号（四号）和四号（五号）的东西都在一层楼里。一号（二号）和二号（三号）的人们则需要下楼到地下室脱衣。

受害者们下火车时，允许他们带什么东西？

什洛莫：几乎什么也不能带。带来的东西都不准拿。他们只能塞点食物在口袋里，或者小包裹里。德国人要他们把所有东西都留在火车上，或者站台上。

然而，他们还是带了东西……

什洛莫：就算有禁令，能拿点东西的人还会带上一点。每个人都带了点食物。但箱子不允许带。每次人们从火车走向焚尸场，德国人都会很仔细地搜查，发现谁带了包裹，都会扣下来，留在站台上。

即便这样，人们还是把各种各样的东西带进焚尸楼……

什洛莫：没错。搜查不可能那么仔细。一些小包、手袋之类还是可以偷偷带进来的。

他们进了院子之后，是什么反应？

什洛莫：他们当然不知道自己正走向死亡，所以表现并没有失常。德国人告诉他们是去消毒。

亚伯拉罕：他们一到达焚尸场院子，一个党卫队的人就站在一把椅子上，发布简短的讲话，告诉人们待会要去洗澡，然后就要派去工作，因此必须记得自己的衣服挂在哪个挂钩上。人们都信了。

他每次都说一样的话吗？

什洛莫：并不是每来一批人他都要这样说，有时候说，有时候不说。有的批次的人就没听到。如果要讲话，肯定得用德语讲。

亚伯拉罕：不是每次都用德语。比方说，有一批人是来自法国的，又有人可以翻译成法语，就由翻译来用法语发布命令。但是讲这番话的一直都是党卫队的人。

你听过他们讲话吗？

什洛莫：听过，但我一般都不在那儿工作，只是偶尔。讲话也就是几分钟，结束后人们就会走进脱衣室，但是党卫队有个叫布格尔（Burger）的，经常催促他们。他喊道："快点，吃的和咖啡都要凉了！"但是如果有人向他要水喝，他却回答说，水太凉，不能喝，所以要快点进去；茶水已经准备好了，洗完澡后就可以喝。

亚伯拉罕：从院子到楼房有一条门廊，人们穿过门廊进去，右手边是一个大厅。有人要他们在那里脱掉衣服。

男的女的都在同一个大厅里脱衣吗？

亚伯拉罕：整批人都要进到大厅里，有人命令他们脱衣服。[44]

亚伯拉罕，你做的事还是跟在"地堡"时一样吗？

亚伯拉罕：嗯，干的活是一样的，就是把受害者的衣服和其他东西分类整理。但是大多数时候，什洛莫和我都是负责营房内勤。只有来的人多的时候才会叫我们去焚尸场帮忙。

来的人多的时候，他们会命令你做什么事？

亚伯拉罕：我们只在脱衣室工作，不用去焚尸场。

你们在脱衣室具体做什么事？

我们把衣服收集起来，然后搬走。德国人不允许我们去毒气室那里。

你们把衣物收集好之后，怎么处理它们？

亚伯拉罕：我们把衣服分成一堆堆的，再捆起来。用袖子把外套绑起来。

你们有没有把外套和衬衫分开？

亚伯拉罕：没有，我们把所有衣服都合在一块。我们会先翻一下口袋，希望能找到些有用的东西。[45]

你找到过什么东西吗？

亚伯拉罕：有时候有。

有什么呢？例如？

亚伯拉罕：金子——金币、戒指和胸针，还有食物，各种各样的东西。从荷兰来的人的衣服里，我们找到过沙丁鱼和罐装牛奶；从希腊运来的第一批人，衣服里有无花果和水果干。

什洛莫：脱衣室在毒气室和焚尸炉中间，人们在那里脱掉衣服。他们被毒死之后，我们就把他们的尸体搬出来。因为焚尸炉不够，不能一下子焚化掉所有尸体，所以我们清理完脱衣室之后，先要把尸体从毒气室搬出，搬回到脱衣室中。我们要迅速把脱衣室的衣物清理好，这样他们就可以很快清空毒气室。

所以脱衣室也被当做……

什洛莫：没错，这间房也用于存放从毒气室搬出来的尸体，是一个尸体"储存间"。尸体就是从这里运到焚尸炉去的。

你也帮忙清理脱衣室吗？

什洛莫：是的，我们的动作必须要迅速，这是我们工作的一部分。

他们给你们多长时间完成这项工作？

什洛莫：两到三个小时。

你们把衣服放在哪？

什洛莫：我们把衣服都堆到卡车上。然后卡车把这些捆好的衣服运到储存营，"加拿大营"。衣服是在那儿分类的。

你能描述一下你们干活的那间脱衣室吗？

亚伯拉罕：脱衣室非常大，全都是封闭的，里面亮着灯。还有一条不是特别长的走廊，通向毒气室。墙边放着一排排长凳。[46]我记得很清楚：那些凳子是白板做的。凳子上方是挂衣服用的挂钩。每个挂钩都有一个编号。

什洛莫：整个房间的墙边都排满了凳子。白板上方钉了许多金属挂钩，每个挂钩上面都有一个号码。

那个房间有多大？

亚伯拉罕：非常大，至少能塞进一千人。但是来的人太多的时候，有些人得在外面等着，直到有地方空出来。

你说的是三号（四号）和四号（五号）焚尸场吗？

亚伯拉罕：嗯。

人们在那脱衣服的时候，你也在脱衣室吗？

亚伯拉罕：我进脱衣室的时候，他们就已经进了毒气室了。他们进脱衣室的时候，我们不可以跟他们有接触。

你能描述一下你在脱衣室怎么干活的吗？

亚伯拉罕：我的工作就是把衣服从挂钩上取下来，然后把散落在地上的衣物收起来。不同地方来的人衣服各不相同。波兰人通常穿着隔都里的衣服，脏兮兮的，而荷兰和德国来的人则穿得比较好。我们也看到过一些精美华贵的衣服。有的衣物上缝上了黄色的犹太人标志，他们命令我取下那些标志，把一堆用一件外套兜住，然后用外套的袖子把东西都绑起来。我要把所有衣物都绑成一捆一捆的。

什洛莫，关于脱衣室你还记得些什么吗？

什洛莫：人们走进那间房，等所有人都进去了，就得开始脱衣服。房间中央有些柱子，柱子底部有凳子围着，地是水泥的，屋顶下有窗户，房里有几盏灯照亮。里面的墙刷成白色，外面则露着红砖。

人们是怎么走到毒气室的？

亚伯拉罕：人们从脱衣室出来，走过一道狭窄的走廊，就到了毒气室。入口有一个指示牌，写着“消毒室入口”。

男人女人是一起进毒气室的吗？

什洛莫：不是，女人进去之后男人再进去。

亚伯拉罕：男人们光着身子在外面等着，直到女人全都进毒气室了，他们才进去。他们要女人先进去，是因为女人通常都会惶恐不安。女人进去了，男人也跟着进去，最后再进些女人，就是那些还站在外面的。不过也不是很严格地遵循这个顺序。他们要女人们先进去，年老体弱的人走不快，老弱的人要在男人后面再进去。

什洛莫：有时一趟运来的人太多，德国人就会打他们，逼他们快点进去。甚至还放狗来咬他们。他们当然想逃跑，但最后都被塞进了毒气室。整个毒气室被塞得满满的，一寸空地方都没有。

人们什么时候开始产生怀疑的？

什洛莫：只有进了毒气室，人们才发现不对劲。毒气室已经挤满人，德国人牵着狼狗站在门口，继续往里面塞人，这样一趟就能毒死更多的人。那些还没进去的人就开始喊叫，德国人就把他们往死里打。人们一丝不挂，毫无反抗能力，就这样被强行推进去了。

进了毒气室的人一开始还没发现什么不对劲，但当他们听到惊叫声、看到德国人不加分别地毒打人们的时候，当他们看到门口的狼狗、看到德国人推搡驱赶着人们，好让毒气室塞下更多人的时候，他们才会察觉。那些场景太恐怖了，让人发抖。

也就是说，那里实际上有两个毒气室，人多的时候用大的，人少的时候用小的?

什洛莫：是的，有两间房是毒气室，还有一间是脱衣室。每间毒气室都有一扇门。脱衣室那里有一条走廊直接通向大毒气室，旁边角落那里就是小毒气室的门。大毒气室有小毒气室的两倍那么大。

亚伯拉罕：一开始有三间房；到了最后，他们又增加到四间。第一间房能装下 1400 人，第二间大概 700 人，第三间大约 500 人，第四间只能装 150 人。

什洛莫：三号（四号）和四号（五号）焚尸场毒气杀人的方式跟在一号（二号）和二号（三号）“地堡”一样。人们要么步行去焚尸楼，要么被卡车拉去。脱完衣服之后，就被塞进了毒气室。为了使毒气室的运作更快更有效率，德国人在人们到达之前就开始给毒气室生火加热。他们会点燃一个火炉，烧的是焦炭，不会散发任何异味。人们到达之后，就把火炉从毒气室移走。毒气室的屋顶不高，这样里面就更容易变热，而毒气浓度也能增大，效果更好。

毒气室看起来真的很像一间浴室。天花板上装着水龙头。房间被粉刷成白色，有灯光照明。三号（四号）和四号（五号）焚尸场的毒气室有两米半高，就算伸手也够不到天花板。门梁到天花板的距离大概有 50 厘米。一个普通身高的人只要伸手就能够到开口的下缘，把齐克隆毒剂扔进去。

三号（四号）和四号（五号）焚尸场的门和开口跟“地堡”那里的是一样的：都是用又厚又重的木头做的，木头的槽缝里塞满了油毡布条。为了使整个房间密不透气，门是用两重金属把手加门栓来锁住的。所有毒气室的门上都有玻璃的窥视孔。

亚伯拉罕：毒气室的房顶修的比脱衣室的矮，因为德国人想让毒气在这个大房间里快速扩散，快速起效。

什洛莫：毒气室一装满人，党卫队就关上门。我们在那里工作时，莫尔上士经常亲自去关门。毒气室的门就像冷库的门一样厚实。门一关上，党卫队的人就把一辆有红十字标志的车开过来。他们从车上拿下一罐罐毒剂，打开罐子，把罐子里的东西从墙上的开口扔进毒气室里。

毒剂是怎么倒进毒气室的？谁来执行？

什洛莫：从毒气室边上倒进去的。墙的上端有两个木头做的开口，或者说窗户，木头很厚，经过密封处理，毒剂就是从那扔进去的。党卫队从这些开口把毒剂扔进毒气室，开口设在墙的顶部，所以要靠小梯子才能爬上去。整个过程中，党卫队的人都带着防毒面罩。

扔完之后，再等一段时间，党卫队的医生就来确认毒气室里的人都死了，他说的是"都弄完了"。之后他就开着红十字车离开了。

你们见过投放毒剂的情形吗？

亚伯拉罕：有，我看到过一次。他们显然并不想让我们看到，尽管如此我还是看到过。

请告诉我，关于这件事你还记得什么？

什洛莫：每次有人运来，都会有一辆有红十字标志的车停在站台，毒气罐就装在车上。"挑选"一结束，人们就被运到毒气室，车也紧跟着开过去。一旦人们进到毒气室了，他们就从车上取下毒气罐，然后用特殊的工具打开。我见过党卫队用脚去踩开罐器。罐子里的毒剂倒进毒气室，里面的人大概吸了十到十五分钟。人们会本能地往门口跑。一开始你会听到敲门的声音，是那些还没立即死去的人敲的。但是德国人会等到一切都安静下来。当人们的惊叫声和敲击声都停止了，他们才上车，然后开车离开。

亚伯拉罕：是的，有红十字标志的车来了之后，他们就打开装着齐克隆颗粒的罐子。罐子看起来就像装咸菜的那种大罐子，是金属的。党卫队的人用一种特殊的开罐器把它们打开，然后把里面的毒剂扔进毒气室。[47]

罐子一直都是党卫队的人拿着吗？

亚伯拉罕：是的。

你见过吗？

亚伯拉罕：见过，从边上看到的。

德国人是怎么到毒气室的？

亚伯拉罕：他们坐着有红十字的车过来，任务完成之后，又坐那辆车离开。

三号（四号）和四号（五号）焚尸场的布局是一样的吗？

亚伯拉罕：它们的建筑风格都是一样的，但是里面的左右布局是相反的。

一号（二号）和二号（三号）焚尸场的格局有不一样的地方吗？

什洛莫：有。一号（二号）和二号（三号）焚尸场都有地下室；三号（四号）和四号（五号）只有一层楼，所有事情都在这一层楼里面完成。一号（二号）和二号（三号）焚尸场的毒气室没有窗，但是屋顶有开口，开口上有钢筋水泥的盖子。

尸体是怎么从毒气室搬出去的？

亚伯拉罕：用手，还有带子。我们用带子绑住尸体的手或脚，然后拖出去。光用手是抓不牢的，因为尸体很滑。[48] 清理毒气室的人开始工作时，我们就先把衣服移到一边，好给他们让出地方放尸体。

什洛莫：莫尔打开毒气室的门，我们就带上面罩，开始搬运尸体。通过那个窄小的走廊把尸体从毒气室拖到脱衣室——也就是所谓的“更衣室”——从那里再经过一条走廊，来到焚尸炉。

亚伯拉罕：毒气室的地面是水泥的，所以拖拽尸体很容易。但是在这里，拉尸体去焚尸炉的距离其实要比之前拖去尸坑远得多。

什洛莫：第一条走廊靠近正门，“理发师”就在这里剪去尸体的头发。到了第二条走廊，“牙医”会拔掉尸体的金牙，摘下它们的金戒指。这些工作完成之后，我们就拖着尸体去焚尸炉了。

三号（四号）和四号（五号）焚尸场的焚尸炉在哪？

什洛莫：焚尸炉在右边，毒气室在左边，脱衣室在中间。

三号（四号）焚尸场有几座焚尸炉？

什洛莫：八座。

你从近处看过那些焚尸炉吗？

什洛莫：是的。

是什么样子的？

什洛莫：焚尸炉下面烧着焦炭，或者别的什么煤。焚尸炉安在很高的地方，炉门更高。炉门的盖子非常沉，是半圆形的。炉子那里有一具金属担架，尸体就放在上面。我们把担架连同尸体一起推进火中，然后把担架拉出来。

我们把尸体摆放在铁担架上，担架有轮子。我们就用它把尸体推到焚尸炉中。尸体按照三具一组来放置：两具平行摆放，头互相挨着；第三具尸体方向相反，脚挨着其他两具的头。

等第三具尸体放上担架的时候，另外两具已经有一半进入焚尸炉，开始烧起来。炉子里温度非常高，它们的手脚立马皱缩起来，可以看见四肢上抬，迅速收缩。要是这样，就很难把第三具尸体放上担架了，所以我们动作必须要快。两名囚犯把着担架远离炉门的那头，推到靠近焚尸炉的位置，一名囚犯拿着耙子，像用干草叉来叉草那样叉住尸体，另外两个囚犯把担架从尸体底下抽回去。

焚尸炉放满了之后，炉门就盖上了。然后我们再往下一座焚尸炉里填尸体。一般烧上十五到二十分钟就可以把炉门掀开，然后继续放其他尸体进去焚烧。

那些烧不完的骨头怎么处理？[49]

什洛莫：三号（四号）焚尸场旁边有一块水泥地，大约十平方米。没烧完的残骨就堆在那儿。几个“特别工作队”的人在那用木桩把骨头砸成粉末。骨灰被装进卡车撒到河里。后来运来的人少了，我们就被抽调到“拆房队工作”。[50]

可以解释一下吗？

什洛莫：奥斯维辛镇上有几栋老房子。为了让我们有事可做，他们就把我们带到那儿干活。我也向队长要求安排我去那里，因为到那里可以找机会逃跑。我们到那之后就开始寻找可以藏身的地方，然而我们还是无路可逃，也无处可去。

他们让你在那里做什么工作？

亚伯拉罕：把老房子拆掉。就我的理解来说，他们就是想让我们忙起来，不想让我们无事可做。我们也知道，一旦再有人运过来，我们又会被叫回去，做先前的日常工作。德国人把拆房子的这批人称作“拆房工作队”。

什洛莫：只要没有人运来，我也会被安排到拆房队去。我在四号（五号）焚尸场附近干活。1944 年之前，我做的是些种花木、栽栅栏、运焦炭之类的活计。他们让我干这些活，是因为四号（五号）焚尸场关闭了一段时间，直到 1944 年 5 月才重新运作起来。那时候有从匈牙利运来的人。

你在哪个焚尸场工作，亚伯拉罕？

亚伯拉罕：我们一起在四号（五号）焚尸场干活，只是住在三号（四号）焚尸场，只有事情太多的时候，我们才在三号（四号）焚尸场工作。三号（四号）焚尸场在营间“街道”的一边；四号（五号）焚尸场则在另一边。

德国人有没有把三号（四号）焚尸场包围起来？

什洛莫：楼内一直都有士兵看管，尤其是大家出来干活的时候。

亚伯拉罕：哪里都有围栏围着，完全隔离。

也就是说，并不是所有人都可以随意进出？

什洛莫：进入是绝对禁止的，即使是德国人，没有正式的批准也不能进去。

你们要点名吗？在什么地方点名？

亚伯拉罕：要点名，是在一个封闭的院子里，院子是单独的。点名时间一到，登记员就会过来检查人数。虽然营头也清点人数，但登记员从来都不相信我们的营头。点名时间是在工作结束、晚餐之前的间隙。如果我们当中有人不见了，有时候就会让我们整个队都站在营房旁边的点名场地，整晚都站着，直到找到那个失踪的囚犯。

什洛莫：1942 年到 1943 年期间，我们过得并不比集中营的其他囚犯好。1943 年的时候，情况有所转变：德国人不再打我们，甚至给了我们更多的食物。

1943 年情况改变之前，是谁经常打你们？

什洛莫：党卫队的人，而且有时候莫尔也会自己动手。如果我们没有站成直线，就会挨鞭子；走路不够快，也会挨鞭子；没有迅速排好队，还要挨鞭子；他们总是毫不犹豫地鞭打我们。登记员叫做席林格，[51] 负责集中营的运作。他和莫尔一起管理焚尸场，他总是拿鞭子打人。

德国军官会经常催你们加快工作速度吗?

亚伯拉罕：不会。因为我们工作的速度已经是极限了，不可能更快了。毕竟，尸体一旦进了炉子，还是要等它们烧完的。

你们有卫生间或淋浴室吗?

亚伯拉罕：整个营中只有一间淋浴室，但是他们在二号营区的院子里为我们建了淋浴室和厕所。有间“桑拿房”，是用来给衣服消毒的，是唯一有热水的地方。

可以讲一下“特别工作队”与在焚尸场工作的德国人之间的关系吗?你们之间有没有什么关系？你们在“地堡”工作时，是谁管你们?在焚尸场又是谁管你们?

亚伯拉罕：霍斯勒管我们，还有其他德国人。

是党卫队的人吗?

亚伯拉罕：是的，他们都是党卫队的。这些人是固定的，轮班看管我们。我们出去工作时，营房旁边就站着党卫队的人。他们把我们带出去，干完活之后又把我们带回来。那次起义中我受了伤，有个党卫队士官把我带到了医务营，他跟我们在一起很久了，也很了解我。有人运过来的时候，他们会换班。

你跟德国人——或者说党卫队的人，有没有私人关系?

亚伯拉罕：没有，没有私人关系。根本不可能有。德国人也不允许有这样的关系。毕竟他们也害怕我们。有个来自法国的犹太人，叫丹尼尔（Daniel），非常有钱。他跟党卫队的某个人有交情。他想让那个党卫队的人帮他逃出去。可是他被抓住了，招出了那个党卫队的人，最后两人都被处死了。

你说你们没有任何私人关系。如果是这样的话，那他们想从你们这里要点什么东西的时候，是怎么称呼你们的？

亚伯拉罕：我们都有号码；我们都没有名字。83060 是我的号码，也是我的名字。之后许多年，我一直都记着这个号码。

他们叫过你们的姓氏吗？

亚伯拉罕：没有，他们从来没叫过我“德拉贡”。只有朋友之间才会互相称呼姓名。

就算你们没有私人关系，但有没有从德国人那里弄到什么消息？

亚伯拉罕：我们的队长卡明斯基跟他们说的话比我们所有人加起来都多。卡明斯基说过一些不该说的话。最后德国人是怎么对待他的？他们杀了他，处决了他。[52] 你不能相信任何人。我们不怕死，但是害怕被骚扰。

可以说得更具体一点吗？

亚伯拉罕：我不害怕他们杀了我，但是我害怕被骚扰、被折磨。有次他们从“特别工作队”的人身上发现了金子，于是开始审问他，想知道是谁给了他金子，他是从哪里弄到金子的。但是那个人什么也不说，也不供出任何人。你根本没法想象他后来遭受了怎样的折磨！莫尔过来了，把他拖到焚尸炉那里，用火烧他的头。他死之前，还被赶到电网那里，被电击而死。莫尔这样做是想给我们其他人一个教训。这件事发生在 1944 年。

烧人、打人、把人赶向电网。死亡本身对我们来说不算什么，但是受尽折磨而死，却令我们所有人都感到恐惧。

什洛莫：卡明斯基的事情还深深地印在我的脑海中。他是囚犯里的大头目——我们的大队长。我亲眼看到莫尔命令他走到营后边去，后来我就听到一声枪响。莫尔回来，说要两个自愿者帮忙。弗里德曼站在我旁边，我们俩自愿去帮他做事。我们走到营后面去给卡明斯基收尸。

什洛莫：莫尔管理焚尸场的工作。他的手下是党卫队小队的指挥官，包括我们私下取名“摩西·布拉克”（Moishe Burak）[53]和“施莱格尔·贡德克”（Schemekel Dondak）的这些人。“库奇鲁斯”（Kurzschluss）[54]和”古茨”（Guts）当班时也在那里。负责三号（四号）和四号（五号）焚尸场以及“二号地堡”的人是莫尔上士。莫尔中等身高，看起来身强力壮，金发梳成分头。他大概有37岁，左眼是玻璃假眼。他的妻子，还有10岁的儿子和7岁的女儿，也住在奥斯维辛镇。

亚伯拉罕：我们在尸坑工作时，莫尔是我们的老板。每次队伍出去工作的时候，他都没去。职位仅次于他的是霍斯勒上士，这个霍斯勒上士也是负责“特别工作队”的。

你能讲讲莫尔折磨人的手段吗？

亚伯拉罕：大家都很害怕莫尔。他是个恐怖的人，丝毫不怕我们，在我们身上施行各种丧心病狂的行为。他早上一定要先殴打一个“特别工作队”的人，或是其他的囚犯，然后才能吃早餐。他会抓过一个人，往他嘴里塞一个签子串着的马铃薯，然后朝马铃薯开枪，从来不管会不会把这个人打伤或打死。

什洛莫：莫尔是一个很强壮的人，总是穿一件夹克衫，口袋里塞着一把手枪。有时，我们要在（四号）五号焚尸场等待运来的人。莫尔为了寻开心，会从队列中拉出一个人，然后把一支点着的香烟塞到这人的嘴里，然后朝香烟开枪，想把烟打飞。他先用右手开枪，然后再换左手。用左手射击时，他可能错过目标，把这个人打死。如果这个人死了，他马上又从队伍中拉出另一个，继续玩他的游戏。他完全是随机挑活靶子。我记得还有一个人也是这样被杀害的。我们管那个人叫“拳击手”，因为他个子不高，体型结实。

亚伯拉罕：莫尔总是毒打人。他有毒打身边的人的欲望。

什洛莫：没人敢反抗他，一点也不敢。因为我们知道反抗的话就会全部被杀。一提到莫尔这个名字，就足以让大家发抖。莫尔还有另外一项工作：把那些坐卡车来的老人和病人带到（四号）五号焚尸场的后面。那里是尸坑，其中一个坑烧着火。他下令把那些人扔进火中，把他们活活烧死。他是个虐待狂。

莫尔平时怎么叫你的？

亚伯拉罕：“83060，报到！”

什洛莫：“83059”，有时他也叫我“兰格”（高个子），因为我长得很高。

亚伯拉罕：有时他叫我们“兄弟俩”，因为我俩总是一起干活，形影不离。在这一点上，我们真的很幸运。

你们还记得其他党卫队的人吗？

什洛莫：记得，我记得有个姓斯坦梅茨（Steinmetz）的[55]，就是他把罐子里的齐克隆 B 毒剂倒进毒气室里的。他有一个小梯子，可以爬上去，够到开口。有时候这件事也由其他党卫队的人来做。我不记得他们的名字了，但是斯坦梅茨我记得很清楚，因为一开始是他负责我们“特别工作队”。我不知道他的名字，只记得他姓什么。他也是中等身材，比我矮一些，金发，大概 26 岁。为了奖励他做的各种事情，德国人会给他找女人。

你们记不记得每趟大概运来多少犹太人？

亚伯拉罕：每趟大概有两千人，有时候多点，有时候少点。

这些犹太人都是从哪些地方运来的？

什洛莫：很多人都是从波兰来的。也有从法国、荷兰和捷克斯洛伐克来的人。有时候只有一小群人来。我记得曾有一次来了一批游击队员，有二十个。德国人没有把他们送进毒气室，而是直接枪毙了他们，因为不值得费事。但是像这样人数很少的情况并不多。

亚伯拉罕：运来的人来自波兰、意大利、匈牙利、德国、法国、挪威、奥地利、比利时、荷兰和希腊——真的，欧洲各地的都有。正因如此，他们给我们安排了这种工作，留我们活着。

你们事先知道人们从哪里来的吗？

亚伯拉罕：大多数情况下我们是不知道的。不过，一旦人们进了脱衣室，我们就可以问他们，他们通常会告诉我们自己是从哪儿来的。

什洛莫：大多数情况下，人们进了脱衣室的时候，我都不在那里。工作队的其他队员会告诉我这些人是从哪来的。

你在脱衣室工作的时候，印象最深的是哪一批人？

什洛莫：我得说是 1943 年末还是 1944 年初来的一批人，挺奇怪的。那时候送来的人有很多批，所以负责营房内勤的人也要加进来干活。有一天，来了一批奇怪的人，是我们从来没见过的。这批人看起来跟隔都来的人很不一样：他们衣着华丽，好像从未遭受过贫困。他们穿着套装，有些女人还穿着皮毛大衣，戴着金首饰，拿着各种各样的皮手袋，看起来非常讲究，仿佛来自一个完全不同的世界。

这些犹太人是从哪里来的？

什洛莫：一开始我们不知道。他们讲英语和法语。后来我们才听说他们是美国和法国公民，只是战争爆发的时候刚好在波兰。德国人逮捕了他们，把他们送进了集中营。

那一批总共有多少人？

什洛莫：一百二十到两百人。

他们是怎么被带到焚尸场的？

什洛莫：跟其他人一样是坐卡车过去的。但是跟之前运来的人不一样，一开始德国人对他们还是很友好、很礼貌的。

他们来的时候，你是在哪见到他们的？

什洛莫：在一号（二号）焚尸场的院子。

你当时在那做什么？

什洛莫：德国人让我们营房内勤的人去焚尸场帮忙。他们把我们分散到各栋楼中。焚尸场的任务多的时候，我们总是被带到那里帮忙。

请继续讲，告诉我，那批奇怪的人后来怎么样了？

什洛莫：对我们来说，那是很特别的一批人。德国人带着他们去了一号（二号）焚尸场的棚屋，他们在那里脱掉衣服。很多人都已经进了毒气室的时候，外面还有人没脱完——我指的是毒气室的门还没关上的时候——德国人命令“特别工作队”的人去收拾他们留在脱衣室的衣物。一个衣着考究的女人带着女儿站在里面。党卫队的席林格当时正好在里面。那个女人不想全部脱光，还穿着胸罩和内裤。席林格朝她吼道：“不行，不行！全部脱光！”他还用手枪指着她的胸罩。那个女人脱下胸罩，甩到他的脸上，又击打他的手臂。手枪掉到了地上。那个女人迅速弯下腰，抓起了枪，对准席林格，开枪击中了他。[56]

这个席林格是谁？

什洛莫：他是营中的登记员，是个非常残酷的人。落入他魔掌的人会怎么样，我们真不敢去想。他会疯了似地打人，是个可怕的、令人发抖的虐待狂。

他亲手杀过人吗？

什洛莫：这还用说吗？谁都知道他是营里的杀人魔。

他也打过你吗？

什洛莫：是的，他打过我。

我们还是说回那个妇女和席林格这件事吧。之后又发生了什么事？

什洛莫：整个脱衣室一片骚动。德国人怕她再瞄准他们。他们把脱衣室的其他人弄出去，然后枪杀了她。之后，他们才让“特别工作队”返回脱衣室。那个女人的尸体就平躺在席林格尸体的旁边。席林格的死讯一传开，整个营里都迸发着欢乐。我们回到集中营，回到“特别工作队”的营房，告诉人们席林格已经死了，大家都在庆祝。

这个事情发生时，你离那个女人多远？

什洛莫：我离她很近，大概是五米远。那个时候房间里没有多少人了，那个女人是最后进去的几个人之一。所以我近距离地目睹了一切。

你知道那个女人是谁吗？

什洛莫：据说是个演员，但没有详细的信息。

德国人杀害匈牙利犹太人期间，你是在那儿工作的。你还记得事情是怎么发展的吗？

什洛莫：1944 年的 5 月中旬，四号（五号）焚尸场开始毒杀、焚烧匈牙利犹太人。前几批从匈牙利运来的人是在三号（四号）焚尸场被烧成灰的，因为四号（五号）焚尸场的设备出了问题。这些人运到比克瑙之后，他们的尸体不光用焚尸炉来烧，还放在巨大的尸坑里烧。为了烧尸体，德国人特地在四号（五号）焚尸场旁边挖了不少尸坑。那些尸坑每天可以焚烧成千上万的尸体。运来的匈牙利犹太人数量太多，所以他们不得不重新启用“二号地堡”。在四号（五号）焚尸场旁边的尸坑那里，当时是莫尔在管我们。尸坑里的骨灰也被挖出来处理，跟“地堡”里的骨灰一样。之后，他们把骨灰和没烧尽的残骨压紧，装进容器里，运到河边，倒进河水里。一开始，焚尸场的骨灰是倒进坑里的，坑是专门挖出来的。后来，苏联红军快打到这里了，集中营的长官赫斯命令我们把骨灰从尸坑里挖出来，撒到河里。我不知道有多少尸体是在“地堡”烧掉的，因为那时候我不在那里工作了。

所有的焚尸场都是两班制的，白班从早上六点到晚上六点，夜班是从晚上六点到早上六点。到了 1944 年的五六月份，工作还在继续。据我的估算，那几个月大概总共有 30 万匈牙利犹太人被杀。[57] 犹太人是直接从站台被送到四号（五号）焚尸场的。他们当中有男有女，还有不同年龄段的孩子。有些犹太人在路上就倒下了，所以我们还得在党卫队的监视之下把他们抬到焚尸的地方。这样的情况下，我们还有机会跟我们抬的人谈几句。他们大多数都不知道自己快要死了，我们告诉他们时，他们还不相信。像这样的“工作”持续了大概三个月。

亚伯拉罕：我记得比克瑙那还有两个特殊营：“吉普赛营”[58] 和“家庭营”[59]，家庭营关的是从特莱西恩施塔特来的捷克犹太人。1944 年春天，德国人清理了“吉普赛营”中的所有吉普赛人，把他们都杀了。后来他们又清理了捷克犹太人。有些吉普赛人来的时候穿着德军制服，是从前线被抓到集中营的，他们已经是“境外德意志人”（Volksdetsche）了，已经被征召进了德国军队。他们甚至持有德国护照。但是营中的德国人还是把他们所有人、包括穿着德国制服的人都送进了焚尸场。

关于关押捷克犹太人的“家庭营”，你还记得哪些事情?

亚伯拉罕：捷克犹太人中间有一些真正的英雄。他们愿意加入起义，抗争至死。我们希望他们能够组织起来，反抗德国人。我们很清楚地告诉他们，等待他们的就是死亡，好让他们明白这里到底是什么地方。我们提前给了他们警告。[60] 可是他们还是太天真，竟然跑到德国人那里，想弄清楚我们所说的是否属实。“他们说我们会死在这里。这些说法是真的吗？”德国人当然极力否认。

什洛莫：捷克犹太人完全可以组织起来反抗德国人，因为他们一直都跟自己的家人一起待在营中。我们非常确信他们建立了一个地下组织，等着他们起义，反抗德国人。他们中间有几个很有威信的人，值得信赖。我们当中有个人去告诉他们，说他们都会被处死。可他们却没有相信我们的话，反而跑到德国人那里去问，“‘特别工作队’的人说我们快要死了，是真的吗？”而我们却是冒着生命危险把真相告诉这些捷克犹太人的。

亚伯拉罕：我感觉他们是不相信我们，所以才跑去德国人那告发我们。

这些犹太人被杀害的那天，都发生了什么事?

亚伯拉罕：我仍然记得那天晚上。德国人用卡车把他们从营区——就是 C 营——直接拉到了毒气室。

什洛莫：运来的犹太人太多了，所以连我们也去干活。

你在比克瑙期间，有没有计算过那里平均每天有多少犹太人被杀?

什洛莫：我和队友们都认为，在两个“地堡”和四座焚尸场中有上百万犹太人被杀害。格罗德诺的扎曼·格拉多夫斯基[61]根据在各个焚尸场工作的工作队队员的描述，列了些清单，记录了被毒杀、焚尸的死难者。他把清单埋在二号（三号）焚尸场旁边封闭的场地。集中营解放后，我立即挖出了这些清单，上交给苏联的调查委员会。这些单子是用希伯来文写的，委员会让之前的一名囚犯戈登医生全部翻译出来，把所有材料都带到了苏联。我知道还有很多单子和关于死者的记录被埋在二号（三号）焚尸场所在地，藏在焚尸炉的对面，我并不知道它们准确的位置，因为焚尸场被炸毁之后，那个地方的外观变化很大。格拉多夫斯基描述了杀人的整个过程，但几乎没有人知道他在记录这些事情。我是唯一一个知道这件事的人，因为我一直在做营房内勤。虽然做记录是被禁止的，但我们还是协助他记录这些事情。我给他安排了一个靠窗户的床位，那样他就有足够的光线来写字。只有负责营房内勤的人才能安排这些条件。[62]

他跟你解释过为什么要记录吗？

什洛莫：他告诉我们，集中营发生的一切必须记录下来，这样才能让世人明白真相。他开始记录的时候，我们就已经知道自己绝无幸存的可能。德国人不断处死一批又一批的“特别工作队”队员。[63]没有人知道是否会有人幸存下来，为我们遭遇的事情作证。

格拉多夫斯基有没有详细记录其他队员的工作？

什洛莫：他跟我们一起工作，参与了所有的事情。另外我还想说，还有一个犹太人在协助他一起做记录。我们叫他“达扬”（dayan），就是法官的意思。[64]他来自马佐夫舍地区的马库夫。我记得我们也叫他“马库夫的教长”。他们两个都在做记录，并且都睡在同一个铺位上。

你还记得格拉多夫斯基是怎么做记录的吗？

什洛莫：我能想到的就是他把记录写在我们给他的笔记本上。

格拉多夫斯基是怎样把他写的记录藏起来的？

什洛莫：他把那些本子塞到玻璃瓶里，就是热水瓶形状的那种瓶子，然后把他们埋在各个不同的地方。为了藏匿这些资料，他想出这样特别的办法。

你在 1945 年——也就是刚解放之后，找到了那些玻璃瓶吗？

什洛莫：是的，我找到了。

苏联调查委员会来到奥斯维辛的时候，你是根据那些记录向他们作证的吗？

什洛莫：是的，我把我掌握的所有信息都提供给了苏联调查委员会。我还给了他们一台我之前藏起来的相机。

你在比克瑙的焚尸场工作了几个月，几乎每天都看到一批批犹太人运进来。几乎每一批人都是运到之后就很快被杀害了。你能想起来的有多少人？

亚伯拉罕：老实说，我们不相信会有任何犹太人能幸存下来。到了最后，我们发现运来的犹太人越来越少，我们猜测，已经没有什么犹太人可以送进奥斯维辛了。我们从来没想过会活下去。我们确信自己是不可能熬过去的。

你们一直活在死亡的阴影中吗？

亚伯拉罕：是的，一直都是。我们不时会听到传言，说他们如何打算杀害我们。

谁散播的传言？

亚伯拉罕：我们已经知道之前的“特别工作队”囚犯最终结局

如何。我们也知道他们是怎么被杀害的。我们很清楚，工作队各个组的人都会被杀害，也知道迟早会轮到我们。有一天，我们待在营房里，德国人通知说"特别工作队"的囚犯要去焚尸场做一些特殊的工作。就在那天晚上，他们都被杀害了。

另一组"特别工作队"的人被火车拉走。德国人说，他们要去另一个地方工作。中途到了某个地方，他们都被杀了。我们在工作队的期间，就有三拨人被替换了。我们来之前，德国人已经处死了之前所有的工作队成员，这是我们在二号营时发生的事。德国人一次性替换了"特别工作队"的所有成员。我们还算幸运，因为这些事并没有影响营房内勤的人。后来他们又用了别的手段。德国人从八百名在集中营各处场所工作的"特别工作队"囚犯中挑出大概200人，在比克瑙外面的一个地方杀害他们。我们一直希望自己能够活下来，这样才能说出我们遭遇的一切。作证远比存活本身更重要。

什洛莫：1942年12月之前，大多数"特别工作队"的成员都是斯洛伐克犹太人。他们后来在奥斯维辛主营的焚尸场被杀害了。我们组有200人，后来增加到400人。我记得之前三名组员的名字——曼德尔鲍姆（Mandelbaum）[65]、修塞尼珥(Süssner)、陶伯(Tauber)。[66]有200人被送往卢布林。[67]

后来，有20名非犹太裔苏联人从卢布林过来，遇到我们，他们说那200人已在卢布林遇害了。1943年，德国人往我们队伍中加了200名希腊犹太人。[68]1944年，有500名匈牙利犹太人加入了"特别工作队"。1944年10月，在"特别工作队"起义期间，有500名队员被杀害——400名死在三号（四号）焚尸场的大院里，100名死在一号（二号）焚尸场旁边的空地。同月，莫尔又从工作队挑出了200名囚犯，把他们送到了奥斯维辛。

“加拿大”工作队，也就是那些整理从犹太人那夺来的财物的人，告诉我们这200人已经用齐克隆B毒死了，就在给衣服消毒的楼里，消毒用的也是齐克隆B。1944年11月，“特别工作队”有100名囚犯被送到格罗斯－罗森（Gross–Rosen）集中营。[69]他们被送到那里的刑囚工作队，也就是惩罚性质的队伍，他们一个人都没再回来。

是谁告诉你“特别工作队”的囚犯被杀害了？

什洛莫：我们可以通过很多途径获得消息。一开始，我们压根不知道我们的朋友已经被杀害了。时间久了，慢慢地，我们听到很多传言。送往卢布林的那批人，德国人散播消息说他们被送到那里工作了，但事实上他们是被带到马伊达内克（Majdanek）集中营，在那里被杀害了。马伊达内克集中营关闭时，有五名被带到那里的囚犯转移到我们这里。他们被指定为囚犯大队长。他们是非犹太裔德国人和波兰人，是被迫加入我们的队伍的。这些人住在我们营中，给了我们第一手消息：我们的朋友已经在马伊达内克遇害了。顺便说一下，“特别工作队”起义期间，有一名囚犯大队长，是德国人，他被扔进焚尸炉。[70]

你们的工作一定让你们受尽了心理折磨。你们如何应对那些不得不面对的现实？

亚伯拉罕：每次有人运来的时候，我们就感到深深的绝望。但是我们没有在任何人眼中看到眼泪。眼泪早就流干了。就这样，我们逐渐习惯了生活中残酷的日常。我们接受了事实，在那里的是我们自己，而不是其他人。我们认定这是命运的安排。对此，我们没有负罪感。

你说你们“习惯了一切”，一个人能真正适应那种所谓的“工作”吗？

亚伯拉罕：很不幸，人是可以习惯的。如果不能习惯，那人们又是怎么走上战场的、互相射杀的呢？你会习惯的。只是第一天会特别艰难，但是后面就会习惯的。第一天是最紧张、最痛苦的一天。后来就好多了。就像医生也要习惯各种令人不快的工作。

你有没有想过要结束这场噩梦？

什洛莫：当然。很多时候我们都不想再继续做下去了。但心里有那种想法的时候，我们还是怀着希望。可能是觉得，不管处境如何，我们或许还能逃出去，或许能幸存下来。

你们的同伴中有人自杀吗？

什洛莫：有几例，我们当中有几个人早上“扑向电网”，但并不常有。

在“特别工作队”起义之前，你们曾经有过组织地下行动的计划吗？

什洛莫：在做营房内勤的时候，我们弄了些刀具。晚上我们在营中集合，决定第二天早上外出工作时突袭德国守卫，然后从下水道逃跑。我们知道，无论如何都不可能活着走出比克瑙，所以不会失去什么。我对朋友们说：“如果我们逃不出去，也不过是马上就死，不用等到明年。”

关于那次逃跑计划，你能不能详细讲讲你们如何准备的？还有哪些事情没提到？

什洛莫：我弄了一些刀具，想用来砍一些树，做成筏子，好穿过排水渠。我们还有些橡胶垫，能让我们在水中漂浮。晚上看守我们的党卫队有十五到二十人，我们计划将他们引过来，抢他们的武器。我们相信这个计划可以成功。

我是策划者之一，我把一切都告诉他们，请他们相信我。来自克拉科夫（Krakow）的亨里克·福斯布朗纳[71]帮我组织了这个计划；他对这一带很熟悉，可以设计逃跑路线。现在回头想想那次的逃亡计划，事实上我们根本就没有成功的机会。但是那个时候，我们已不会再失去什么，我们已经知道绝不可能活着离开比克瑙，所以准备冒这个险。但是计划却一而再再而三地被推迟，最终还是没能实施。

你还记不记得是哪些因素促使比克瑙"特别工作队"发动了起义？

什洛莫：一开始，组织这场起义是由于1944年秋天和冬天的形势。当时，焚尸场不再需要那么多人手，而我们有好几百人。在三号（四号）焚尸场，我们确信下一批被毒死、被消灭的人就是我们了。于是，我们开始筹划起义。我们想了好几个计划，其中一个是半夜在焚尸场偷袭德国人，穿上他们的制服逃跑。

我们还有其他计划，但是都不靠谱。一次又一次，我们觉得时机到了，也许这次就能成功，但是计划都没有执行。我们花了一年时间来组织这次起义。我们等着外部的形势发生转变，有助于我们取得成功。我们期待苏联红军能够发起大规模进攻，认为只有当外部形势有利的时候，起义才有可能胜利。后来，在我们准备了很长时间之后，又因为各种原因，计划再次被推迟。其中一个主要原因是奥斯维辛主营里的非犹太裔参与者的态度。当时，我们"特别工作队"的人一直恳求他们，要他们跟我们一起发动起义，但是比克瑙之外的那些朋友认为时机未到。他们说："现在还不行，时机还没到。我们必须小心行事。现在还没准备好。"到了10月，我们的情形似乎更加危急了，我们决定不再等待。再说了，我们也没有其他选择。

你们有没有把起义的方案告诉参与的人？

什洛莫：我们想跟奥斯维辛一号营的反抗者一起发动起义。我们计划在起义期间炸掉集中营，杀死德国人。这其中有个很关键的任务就是切断电源，让营里断电，让电网失效。我们选定的时机就是那些出营工作的人回来的时候。囚犯回营的时候，德国人集中到营区的门口。我们要在那个时候袭击他们，用手枪，还有之前收集到的其他武器。行动时刻原先定在圣诞节前夕，当天营中的德国人会大大减少，许多人都休假了。但是后来行动时刻又被推迟了。

你是怎么加入起义队伍的，什洛莫？

什洛莫：一开始，我对起义一无所知。但是过了一段时间，地下组织有个人找到我，是个法国犹太人，曾经参加过西班牙内战。他希望我加入到起义中，因为他认为我是个合适的人选，并且我刚好是负责营房内勤的，因而比营中其他人有更多的空闲时间，还可以帮忙看守弹药。一天，我正在营房里，那个伙伴凑过来，要我帮忙。我问："我能帮什么忙？"他回答："我会给你各种东西，你要好好保管。"

他什么时候联系的你？

什洛莫：1943 年末。起初，我们没有用"弹药"这个词，而是用"东西"这个词来代替。在我加入反抗组织之后，他递给我一些炸药，是装在罐子里的，用来做手榴弹用。他时不时会拿过来一些，有时一天一次，有时一周一次。炸药是从在联合兵工厂工作的犹太妇女那里得到的。我把这些简易手榴弹藏在我的床垫下。在所有囚犯之中，只有少数是有床垫睡的，其中就包括"特别工作队"的囚犯。后来藏的手榴弹越来越多，我把它们藏到撑着房顶的柱子里。

每座焚尸场住人的那层楼，都有一个像我一样负责藏手榴弹的人。还有一名囚犯帮我一起做这件事。他们准备好之后，我们就把收集的所有手榴弹分发到焚尸场的每一栋楼。每一栋楼都有一些“特别工作队”的囚犯是地下组织的人。一开始手榴弹保存在我们居住的十三号营区。过了一段时间，我把它们转移到了焚尸场的顶楼，我们也搬到了那里住。

你是怎么把手榴弹带到焚尸场的?

什洛莫：放在口袋里。我们离开十三号营区的时候，没有人检查。

你搬运了多少个手榴弹?

什洛莫：大概有二十八个，或者三十个。我并没有一次都带过去。营房内勤的人负责搬迁，从十三号营区搬到焚尸场。我们要来回搬好几趟，每次我都会带两个手榴弹。

亚伯拉罕，你也偷运过手榴弹吗?

亚伯拉罕：没有，我没有参与那次行动。

你在焚尸场还藏了什么?

什洛莫：还有一台照相机。

在那种条件下，你们是怎么制作手榴弹的?

什洛莫：我刚才说过，炸药是从在兵工厂工作的犹太妇女那里拿到的。到了晚上，她们要回营的时候，会在裙子的褶皱里塞点炸药。所有手榴弹都集中到一号（二号）焚尸场，由我来把它们送到四号（五号）焚尸场。跟我联络的就是那个法国犹太人，他跟我说，“去一号（二号）焚尸场拿一捆扫帚过来。那捆扫帚里面有几把要弄干净”。要去一号（二号）焚尸场，得穿过一座露天的院子。没有人看着，我是不可以走过去的，所以有一个德国守卫跟着我。我跟他一起到达一号（二号）焚尸场，那里有一捆扫帚正等着我。我拿起来，感觉一捆扫帚不可能那么重。我把扫帚扛到肩膀上，德国守卫跟着我一起回到四号（五号）焚尸场。就这样，我把东西放到了该放的地方。

手榴弹离你的身体那么近，你有没有害怕？这样做太危险了，不是吗？

什洛莫：我并不害怕。相反，我很自豪。

工作队里那些非犹太裔的队员，有没有人参加起义？

什洛莫：有，有几个。我们当中有一个苏军“上校”[72]，他就是反抗组织的一员。那时有一群苏联囚犯加入了工作队，有 20 个人，都是军官级别的。他们到比克瑙时，被要求脱下制服，但他们一直拖延着不肯脱，所以被带到集中营指挥官那里，指挥官允许他们穿着制服在营中走动。上校联系到他们，说服了他们和我们一起起义。后来他们发现地下组织的人数很多，就后悔了，并且说：“如果是这样子，那么加入这组织也没什么意义，知道它的人太多了，这个秘密知道的人越少越好。”从那时开始，他们就不让新成员加入反抗组织了。幸运的是，那时候我已经加入了。

你觉得当时的保密情况怎么样？

亚伯拉罕：非常好。

你还记得反抗组织里同伴的名字吗？

什洛莫：大多数人的名字我从来都不知道。

你知道你弟弟是反抗组织的人吗？

亚伯拉罕：是的，大概知道。但他没有说任何具体的事。比如，他从来没告诉我藏手榴弹的事。我跟他睡在同一张铺位上，对于床垫下藏着的手榴弹，我都一无所知。过了一段时间，他才问我，“你知道你睡在手榴弹上面吗？……”

什洛莫：我按照联络员的指示，严守秘密。手榴弹的事对谁也不能说。这也是为什么他们让我睡在靠近墙的那边，因为那里靠近藏手榴弹的位置。

德国人有没有搜过你们的床？

什洛莫：为了安全起见，我后来把手榴弹挪走了，藏到墙里面。此外，德国人通常不会进入我们住的地方。只有我们这些营房内勤的人知道这些事。德国人跟我们没有直接联系，都是通过营头。

那些营头是犹太人吗？

什洛莫：是的。我们的营头是犹太人，名字叫乔治，但他也完全不知道手榴弹的事。

你能讲一下起义是怎么发动的吗？

什洛莫：起义是在 1944 年 10 月发动的。德国人把我们组从三号（四号）焚尸场带到院子里，然后开始挑选。那时运来的人不多，工作队大多数囚犯都闲下来了。德国人想挑出一百个人。我们当中有人就想马上起义，不再等待命令了。但是我们还没有完全准备好。所以我跟他们说，“我们不能行动，只有命令下来，要我拿出手榴弹，我们才能开始。”起义还没有完全组织好，我们没有办法通知反抗组织的所有成员。但是一旦决定下来，我们就开始攻击党卫队的人。我们拿起周边一切能用上的东西，打伤了十二个人，显然有两三个还被打死了。[73]

党卫队的人立即赶到焚尸场一带。他们开了枪，占领了整栋楼。反抗者点燃了楼里面的垫子，整栋楼都烧起来了。火势太大，[74] 我没法靠近藏手榴弹的地方。我担心墙里的手榴弹会爆炸，德国人会知道地下组织的事。幸运的是，整个木头屋顶都坍塌了，把居住的那一层都埋在下面。

所以德国人什么也没发现，最后手榴弹也没爆炸。我们想逃跑，但事实上我们被包围了，不可能逃出去——整个焚尸场被电网围着，大门也锁着。焚尸场有 700 名囚犯，整个起义的过程中德国人杀了 500 多个逃跑的人。

亚伯拉罕：我记得，我们得到通知，要从工作队的囚犯中挑 100 个人，然后起义就爆发了。我们站在三号（四号）焚尸场点名用的院子里，名单上有谁，我们并不知道。我们当中有些人操起了家伙，有铁棍，有刀。我们已经没有什么忌惮了，行动的时刻已经到来。我们当中有几个人扑向党卫队的人，狠狠地打他们。然后我们开始逃跑，场面一片混乱。我们不知道要往哪里跑，只知道要逃出去。然后德国人就向我们开枪，击中了一些人，但我们没有停步。我们只有两个方向可以去：一是去旁边的四号（五号）焚尸场，二是跑到大路上。

你们俩是单独跑的，还是跟着人群一起跑的？

亚伯拉罕：我是自己跑的。所有被子弹打中的人都倒在了地上。其他人都分散着往各个方向跑了。我们跑到了四号（五号）焚尸场，不知道等待我们的是什么结果。我们挤进了焚尸场，想找地方躲起来。我们可能随时会死。后来德国人把我们赶到一起，清点了人数，命令四个人出列。我弟弟，我，还有另外两个“特别工作队”的成员站了出来。党卫队的人把我们带走。甚至就在我们要离开焚尸场的时候，他们还用达姆弹打中了我的腿。我摔倒在地，不能继续走了。党卫队的人把我围住，他们让守卫看住我，我也逃不了。这些事是在四号（五号）焚尸场发生的。我问那个守卫，“为什么还要看着我？开枪打死我，就完事了，你就可以走了。”

那个德国人的回答是：“给我的命令不是要枪毙你。”所以他继续看着我。

这时候有一个年长的德国人过来了，他是管“特别工作队”的。他是个好人，有时候会给我们带点食物。他看到我受了伤，就让人送我去营里的医务室。我在那遇见了一名囚犯队长，是个“境外德意志人”，他也受了伤。还有一名来自希腊的队友也在那里了。医务室有一名犹太外科医生，来自华沙的医院，是他帮助了我。

那个医生叫什么名字？

亚伯拉罕：海曼（Hayman）还是赫尔曼（Hermann）来着，我记不清了。我要他给我点药，吃了就死的那种。他回答说：“到了这里就不用害怕了，你不会有事的。”他给我做了手术，消了毒，包扎了伤口，我一直都待在医务营。

起义失败后，你们两个遇到了什么事？

什洛莫：逃到四号（五号）焚尸场后，我在一堆石头后面躲了一会儿。我的朋友陶伯躲在焚尸场的烟囱后面。那时德国人还在忙于残杀那些还活着反抗者。后来他们押回大约一百个幸存者，送到三号（四号）焚尸场，因为那里还有尸体需要焚烧。我联系上了哥哥，他受伤了，躺在医务营。所有没有被射杀的人都被德国人审问，但没有一个人泄密。我们假装什么都不知道。

亚伯拉罕，你在医院的时候都发生了什么事？

亚伯拉罕：我的身体渐渐恢复了。有一天，德国人去医院选人。他们问每一个病人住院的原因。问到我的时候，我说我是“特别工作队”的，然后他们说：“你就待在这里”。

德国人撤退之前，四号（五号）焚尸场都做了哪些事？

什洛莫：四号（五号）焚尸场一直运作到比克瑙集中营关闭前

的最后几天。德国人离开集中营后，四号（五号）焚尸场就被炸掉了。那段期间，已经没有人运来了，焚尸场焚化的只是营里边死亡的或被杀害的囚犯的尸体。当时，只有三名队员在这个焚尸场工作，其他人都被分派到一号（二号）和二号（三号）焚尸场。从1944年11月开始，我也开始加入拆毁工作。德国人命令我们把工具和设备搬到格罗斯－罗森集中营。我参与了拆毁三号（四号）焚尸场的事。这座焚尸场在起义期间就已经被烧过一次了。我们推倒了那里的墙壁和一些钢构件。我在二号（三号）焚尸场一直住到1944年11月。后来整个工作队的囚犯被带到BIId营，继续干这样的活。三号营区成了我们的居住区。

你们是什么时候接到通知说要拆毁集中营的？

亚伯拉罕：撤走的前几天，也就是1945年1月18日之前的几天。那天，我们正准备出营干活。突然，德国人来了命令："'特别工作队'，回营！"对我们来说这是不祥的征兆，我们立刻就明白它的意思：当晚我们就会被处死。到了营中，我们又接到命令："所有人都出去！所有人都离开营房！"。我们马上跑出营房，抓住这个机会离开集中营。我们走到了奥斯维辛，然而党卫队的霍斯勒还想把我们抓回来。接下来就是艰难的"死亡行军"。我受伤了，行动不便。我有个表兄在奥斯维辛集中营的洗衣房干活，他弄了辆洗衣间里的推车来推我。整个行军过程中，我都坐在车里。其他跟我们一起出来的人沿途也帮忙推车。德国人没有阻止我们，因为他们也用推车：有些守卫被派来监视我们，他们的装备也用车推着。

第一天结束时，我们到了一个叫普什奇纳的小镇，在足球场住了一晚。第二天，我们继续前行。我跟我弟弟什洛莫说，"我看他们打算在这里杀了我，就在这路中间。但你还有机会逃走，一定要逃走，那样至少我们俩还能活一个。”

当时的情况就是这样。半路上，我弟弟什洛莫和福斯布朗纳成功逃走了。福斯布朗纳曾经在波兰军队里服过兵役，因此对沿途的道路很熟悉。

他们离开了行军路线，朝右边跑，也不回头看看德国人是不是发现他们逃跑了。德国人什么也没发现。也许囚犯和平民是很难区分的，所以他们就那样逃走了，德国人没有朝他们开枪。我弟弟就是这样成功逃跑的。

我的朋友们则继续推着我，一直走到一列火车那里。我们被赶进车厢，待了整整两天，根本不知道要去哪里。当时正值隆冬，雪下得很大。车厢没有顶，我们也没东西吃，一个挨着一个躺着。很多人跳出车窗，想要逃走。最后，车停在了毛特豪森。我们在那里度过了一晚，一直站着。后来我们被关进了一间棚屋。

轮到我的时候，我看到有些囚犯已经被标上字母“KL”。我确定他们要带我去焚尸场，因为我的身上也标上了那两个字母。然而，德国人把标了字母的人送到了医务营。我们躺在那里，吃不上真正的食物。每天只有一点汤，没有别的。我在那里大概待了三个月。那段时间里，我一直觉得自己就要死了，忍不住问自己到底在这里干什么。

一天——我想应该是在三月——德国人挑了几个囚犯去干活，我是其中之一。我们要去把美国人炸掉的铁轨修好。我们得到了几罐罐头食品，吃了一点。一周之后，他们命令我们停止工作，然后把我们带到埃本塞（Ebensee），那是我们获得解放前的最后一站。我住的那个营，是为不用外出工作的囚犯准备的。我非常害怕营里的头儿，他叫丹尼斯，是个“境外德意志人”。[75]这个人是个坏蛋。

在比克瑙期间，我就一直记得他，他是管刑囚工作队的。每个人都恨他。他记得我是“特别工作队”的人，我害怕他会揭发我，所以一直躲开他。他们送我去山里的一座地下工厂干活。我在那里干了一两天，就坚持不下去了，当时伤还没好。所以我就待在营中。周六的晚上，德国人要我们藏起来，因为会有轰炸。后来，大队长来了，命令我们待在原地不动。那天晚上，我们突然发现到党卫队的人不见了，附近只有国防军的人。当天晚上，美国人也到了集中营。

当时，整个集中营完全处于混乱之中。苏联人也到了营里，搜寻武器。他们冲到了党卫队的营里，找到了武器。他们看到了丹尼斯，当场就击毙了他。同时，我们这些囚犯也出去找食物。我们发现了一家面包房，在烤炉中找到了一些面包。苏联人把我们分成不同的营——波兰营、法国营等等，然后发给我们很多食物，非常多。结果许多囚犯腹泻严重，很多人是因为一下子吃得太多而丧命。

你是怎么找到你弟弟的？

亚伯拉罕：我记得有一天，有一个朋友来到营中说，“要不我们一起去波兰吧。”我回答说，“我不打算去波兰。我讨厌波兰人。我再也不想看到他们。”

那个朋友找到了他的妻子，回到了波兰，在西埃尔佩（Sierpc）定居了。我弟弟什洛莫从1月份开始就住在离那20公里远的地方，在茹罗明镇。那个朋友是第一个告知我什洛莫还活着的人。

也就是说，你弟弟已经回到家乡，开始在那里打探你的消息了？

亚伯拉罕：是的，他回去了，但他并不想待在那，因为那里已经没有亲人活着了。他住在附近的地方，不时回到那里去找找剩下的家产，把波兰人拿走的东西要回来。他漫无目的地过着日子，直到碰上我的朋友，得知我还活着。

与此同时，我已在路上，经由意大利前往巴勒斯坦。1945 年 7 月 18 日，我终于到了意大利，并在那待了三个月。不久之后，我们就乘船到巴勒斯坦。在开往罗马的火车上，我想去联合会（美国犹太人联合救济委员会）领一些钱，然后有一个熟人告诉我说："你弟弟去了德国。"听到这个好消息，我就没有返回圣塔卡鲁兹（Santa Caruzzi），而是去了德国找弟弟会合。我穿过意大利边境进入奥地利，去了萨尔斯堡（Salzburg）。我在那遇到了"特别工作队"里的朋友摩西·弗里德曼（Moshe Friedmann）。

弗里德曼提议说："留下来吧，我们一起去找你弟弟。"他帮了我很多忙。他去找了萨尔斯堡市长，市长也曾在集中营待过。他请求市长给我一间房。我跟另外两个人同住一间。我于是开始往法兰克福捎信，打听弟弟什洛莫的消息。其中有一封信到了我弟弟手中，完全是碰巧。后来，我们在奥地利碰面。然后我们就再也没分开过。

什洛莫，你还记不记得"死亡行军"时是怎么决定逃跑的?

什洛莫：1945 年 1 月前，我一直住在 BIId 营的十三号营区。后来，我们被带到了十六号营区。1945 年 1 月 25 日，我们从十六号营区出发，开始行军。当时几乎所有还活着的"特别工作队"队员——加起来有一百来人——都离开了奥斯维辛，开始行军。当中有来自法国的什穆埃尔（Shmuel）、来自格罗德诺的雷柏（Leibl）和莱姆克·普利兹克、来自里平（Rypin）的大卫·内瑟尔（David Nencel）、波兰的摩西和杨克尔·魏因加滕（Yankl Weingarten）、格罗德诺的阿巴（Aba）、卢纳（Luna）的伯尔·贝拉奇（Berl Beirach）、柏林的森德（Sender）、希腊的莫里斯（Maurice）、萨洛尼卡的列昂·科恩和扫罗·哈赞。还有其他人，但我记不得名字了。

我们走了好多里路。我想我要快点逃走，别等到逃不了了。我在比克瑙地下组织认识一些囚犯，他们都知道我有勇气逃跑，知道我敢冒这个险。一旦有机会，我会毫不犹豫地逃走。

我跟几个伙伴说过要逃走的想法。他们时不时问我，“什洛莫，你打算什么时候逃走？”“还不行，”我答道，“还不到时候。”周围的环境我还不熟悉，走到了哪里我也还不知道。但另一方面，我知道自己很快会丧命，所以不能等时机成熟再跑。在“死亡行军”的时候，我目睹其他囚犯的遭遇：很多人被枪杀，倒在路边的壕沟中。我担心如果继续走下去，下一个就轮到我了。为什么要等着被杀呢？我要赌一下运气，免得白白吃枪子。

一天上午，我们十点钟上路出发。队伍的两边都有端枪的德国看守。走着走着，我突然看到大路的边上分出了一条小路，是通往一个村子的。福斯布朗纳说，“什洛莫，你的机会来了！”

我立即告诉哥哥：“亚伯拉罕，我想从那条路逃跑，我不怕挨枪子，我想逃走。”我很清楚，一旦被发现，德国人肯定会朝我开枪。就算这样，我还是要试一试。队伍里到处是德国人，要从他们的枪口下逃走，可能性太小了。但不管怎样，我还是要逃。我突然转向小路，开始逃跑。没有人向我开枪。

怎么会这样呢？你当时心里是怎么想的？

什洛莫：完全是个奇迹！我也不知道怎么回事。当时在我身旁的人，还有活到现在的人，都不明白怎么回事。他们至今没法理解：德国人居然一枪都没开！

你是一个人逃跑的吗？

什洛莫：不是，福斯布朗纳跟我一起跑的。

是跑还是走？

什洛莫：我们按照平时的速度走，慢慢地走到那个村庄，就像是回家的村民。我们不想引起怀疑。我想这就是为什么德国人没有朝我们开枪。他们可能以为我们是附近的村民，不想无缘无故杀害平民。我们当时一定非常镇定，他们才会认为我们不是队伍里的囚犯。

你们那样走了多久？

什洛莫：大概走了十分钟，我才敢回头看，发现行军队伍已经走远了。没有人追我们；他们似乎已经把我们忘了。我们继续走，来到了一条河边。我想涉水过河，发现那其实是一条排水渠。我别无选择，只好走进冰冷的水中。过河的时候，我突然往下沉，我使出最后的力气，终于挣扎到了对岸，看到了一片森林。走了几步之后，我们听到有人说话，说的还是德语。我们迅速离开那里，朝那个村子走去。几分钟后，来到一栋房子面前，走了进去，里面有个女人和几个孩子。我想她肯定能猜出我们是什么人，我们的外表、尤其是身上的恶臭都暴露了我们的身份。在我们之前，想必就已经有人从“死亡行军”的队伍中逃出来。村民们要辨认这些人，方式有很多。

那个妇女看到你们俩之后有什么反应？

什洛莫：她不敢帮助我们，开始喊叫起来。我们已经没有退路了。我拿起一把刀，架在她脖子上威胁她：“再喊我就杀了你！”

你从哪里拿的刀？

什洛莫：从她家桌子上。我们把那名妇女和她的孩子们扣作人质，一直到晚上。

这期间，她有没有想喊“救命”？

什洛莫：有。但她马上意识到：如果不帮我们，我们就会毫不犹豫地杀了她。我让那个妇女和孩子们待在一个角落，并且告诉他们，"你们就待在这，直到晚上！你们最好不要张嘴！"那天晚上，我们离开了那座房子，打算离开这个村庄。我们整夜赶路，终于在早上到达了普什奇纳（Pszczyna）。但我们不想在那里停留，所以又沿着铁路线走了至少十五公里，来到了一座偏僻的农舍。旁边有一个巨大的干草堆，我们躲了进去。但是没过多久，有一只看家狗发现了我们。一个农夫提着灯过来，要我们出来。我们照做了，并声称自己是波兰人。我们解释说，德国人强迫我们交出我们的马和车，所以我们不得不逃跑。农夫让我们进了他家。

家中生着火取暖。农夫闻到了我们衣服上的气味，问我们身上为什么那么臭。我们告诉他很久没能洗澡了。我们跟他坐了一晚上，编些故事来掩饰。第二天，他带我们去了一个牛奶场……

你们从重逢到决定搬去巴勒斯坦，这期间发生了什么？

什洛莫：1945 年，我到了德国，亚伯拉罕紧接着也到了。一开始，我们待在法兰克福附近的蔡尔沙伊姆（Salzheim）难民营，后来我们就直接到了法兰克福。我们是在 1949 年到的以色列。

你们是一起到以色列的吗？

亚伯拉罕：当然。从集中营解放之后，我们做什么事都在一起。我们住在同一栋公寓——我的妻子、我，还有什洛莫都住在一起。除了我弟弟从"死亡行军"中逃亡那段时间，我们就再也没有分开过。

你们在以色列定居后，有没有告诉过别人你们曾在"特别工作队"做过？

亚伯拉罕：一开始我们没有告诉任何人。我们不想跟人说起那些事。

为什么？你能解释一下吗？

亚伯拉罕：老实说，我感到很羞耻。以色列人很怀疑“特别工作队”的人。他们不能理解我们不得不经历的那种恐怖的现实，他们不能理解做这些可怕的事并非我们自己的选择。他们没有想到是命运把我们困在奥斯维辛这座地狱里。事实上，正是因为有我们，他们才会知道在那里发生的事情，才会知道在地狱般的脱衣室和毒气室里的一切。想想看，如果我们这些人一个都没活下来，那么整个世界都不会有人知道那 150 万犹太人在比克瑙是如何被杀害的。我们加入“特别工作队”，并不是出于自己的意愿。这是命运的安排。我们没有被立即处死，这没有什么值得羡慕的，我们根本无路可逃。相信我，无论对谁来说，那都是世上最可怕的工作。我的弟弟也是这么想的。

什洛莫：我完全认同哥哥说的每一句话。他所描述的那种感受不仅是他自己的，我也深有同感。他的感受也是“特别工作队”每一名幸存者共同的感受。

亚伯拉罕：我想补充一下，所有了解我的人都知道我的故事。我所经历的一切，只告诉了一些要好的熟人，没有告诉其他人。有什么用呢？人们会匆匆得出错误的结论，在大屠杀这个敏感话题上尤为如此。我们不想再遭受更多的伤痛。

为什么人们会用怀疑的目光看待“特别工作队”呢？

什洛莫：他们肯定以为我们曾经是杀人犯，我们用自己的双手杀害他人，我们是罪人，我们是主动去犯罪的。他们没有多大兴趣去了解在奥斯维辛发生的事情，只会认为我们和德国人沆瀣一气。这简直荒谬。事实上，我们完全是被德国人逼的。我们没有选择，只能顺从。我们没有犯下杀人罪行，犯罪的是德国人。我们只是他们的玩物。他们才是真正的凶手，他们才应该受到最严厉的惩罚，为所有的事，也包括对我们所做的一切。他们强迫犹太人焚烧同胞的尸体，他们强迫犹太人把同胞的尸骨碾成粉，他们强迫犹太人把同胞的尸体搬出毒气室。这些可怕的罪行都是德国人做的。

从什么时候开始，你们感觉到人们对你们的态度改变了？从什么时候开始，你们发现人们更愿意去倾听你们的经历？

亚伯拉罕：20 世纪 60 年代期间，以色列犹太大屠杀纪念馆（Yad Vashem）采录部的人首次联系到我们，说是要记录我们的故事。"我们已经找了你们很久了"，他们说，"我们希望得到你们的帮助，来告诉全世界奥斯维辛发生的一切。你们是仅有的见证者。不要害怕，你们参与了'特别工作队'的起义，应该感到自豪。"之后，只要有人愿意倾听，我们就向他们讲述在"特别工作队"的经历。我们发现，人们看待我们的方式变了。对于我们在集中营中的凄惨状况，公众开始表现出理解。渐渐地，我们也能更从容地向公众讲述奥斯维辛的遭遇。

在此期间，你们内心平静下来了吗？或者心里仍有难以愈合的伤疤？

亚伯拉罕：那里发生的一切，我们永远都会铭刻在内心之中，烙印在灵魂深处。我们永远也没法摆脱比克瑙的记忆。而且，公众的态度并没有完全转变。我给你说个例子。四年前，我们去提比里亚（Tiberias）度假，奥斯维辛的一名女性幸存者开始跟人们讲述她被囚禁在集中营时经历的事情。她说："'特别工作队'的犹太人是杀人犯，他们也应该受到惩罚。他们跟德国人一样残忍。"过去，我常常听到这样的说法。直到现在，这样的言论仍很普遍。不过，我们不相信大多数人还是这样想的。我们所能做的，就是希望人们能够正确看待我们在比克瑙所做的事——应该对“犹太人问题”的“最终解决”负责的人并不是我们。

你有没有把“特别工作队”的经历告诉家人？

亚伯拉罕：我妻子知道所有的细节。我的孩子们也知道，他们的朋友也都知道。我把我的故事原原本本地告诉了他们，毫无保留。他们都为我感到骄傲。他们丝毫没有看不起我。我也没有隐瞒什么。我认为这样是很明智的做法。我不为发生的一切感到羞耻。什洛莫也是这样想的。

想到过去……？

亚伯拉罕：每当我回忆过去，我很惊讶我们是如何忍受那种地狱的生活的。我们能够活下来，是多么幸运呀。我和弟弟能够一起活下来，本身就是最好的报复。

第三章　尾注

1　茹罗明镇在马佐夫舍省北部，位于华沙西北，离华沙大概 100 公里。在犹太人大屠杀前夕，大约有 300 个犹太家庭生活在这里。

2　德国人特别喜欢在犹太庆典和节日时执行法令。根据来自各地的见证者证词，德国人特地选在赎罪日或其他节日遣送、处决犹太人，或者对其采取严厉措施。

3　德国人倾向于把犹太人从小城镇聚集到大城市，以便更有效地进行监控、管制。结果城市犹太人口明显增加，导致拥挤、匮乏。

4　华沙犹太人区 1940 年开始封锁。从那时起，犹太人若是没有特别通行证就不允许离开隔都。

5　德国人提供给隔都居民的食物配额很少，质量也很差，无法保证足够的营养，损害了犹太人的身心健康，导致疾病传播、死亡率极高。由于长期营养不良，隔都居民不得不从城市的其他地方偷运食物进来。青少年和小孩也经常参与偷运。许多犹太人在偷运中受伤，因为德国巡逻队朝他们开枪。由于隔都人口猛增，长期来看，偷运食物无法使犹太人免于饥饿。随着偷运体系的发展，有些犹太群体利用这种体系发财。参见：Yisrael Gutman, *The Jews of Warsaw, 1939–1943: Ghetto, Underground, Revolt*, Bloomington, 1982, pp.66–72。

6 有两辆标有“大卫星”的有轨电车由北至南穿过华沙隔都北部，直到1942年2月。从2月开始，只有一条线路还在运作。1941年6月18日起，一种新的交通方式（也就是马拉的轨道车）开始运行。隔都居民称之为“街车”，主要在隔都南部使用。这种车根据车主的名字称为“科恩·海勒科”，或者“海勒”，车费是60格罗希。

华沙隔都建立之后，从“雅利安”区驶来的波兰“街车”一度仍穿过犹太人区。一开始，车从莱什诺（Leszno）街行驶到克洛德纳（Chlodna）街，期间不可以在犹太区停靠。隔都幸存者称，车辆经过犹太人街区时，车里会扔出食物以及其他物品。为了给饥饿的隔都居民弄来食物，偷运体系逐渐发展完备。这也成了体系的一部分。

7 普翁斯克是华沙大区下面的普翁斯克区的一个城镇，从15世纪开始就有犹太人在此定居。普翁斯克的犹太人以诞生过一些杰出人物为荣，其中最出名的是大卫·本–古里安，他的父亲阿维格多·格伦是社区内杰出的犹太复国主义者。几乎所有的普翁斯克犹太人（大概有五千人）都在犹太大屠杀中丧命于奥斯维辛。

8 姆瓦瓦是华沙大区普沃茨克区的一个城镇，犹太人16世纪开始在那里定居。在犹太大屠杀前夕，镇上还有六千犹太人。他们当中大多数都被送到奥斯维辛和特雷布林卡，在那里被杀害。

在奥斯维辛，姆瓦瓦的犹太人组织了一个互助团队，汇集了来自切哈努夫及其周边的犹太人，他们还积极地参与了集中营的起义运动。其中比较出名的人物有来自雷平（Rypin）的摩西·比洛维奇（Moshe Bielowicz）和阿里耶（莉柏克）·布劳恩（Aryeh <Leibek> Braun）。他们曾在犹太高中上学，是姆瓦瓦青年近卫军运动（Ha–shomer ha–Tsa’ir，一个社会主义–锡安主义运动组织）的成员。姆瓦瓦的比撒列·切斯拉夫（Bezalel Czeslaw）（也就是米沃什，Mordowicz）在1944年4月27日跟一个叫阿努斯特·罗辛的捷克犹太人设法从奥斯维辛逃了出来。他们曾在“特别工作队”待了一段时间。他们向自由世界详细阐述了在奥斯维辛–

比克瑙发生的一切。

9 在去集中营路上死去的人的尸体，是分派给“加拿大”工作队来收集并搬下车的。正如第一章所说，这只是他们的一小部分工作。他们还要收集人们带到集中营的财物，然后将之分门别类。有时候也会命他们安排新来的犹太人，以便“挑选”。

10 晚上或夜里有人运达时，他们会用强光探照灯震慑刚到的人，制造出一种使人困惑不安、身心疲惫的氛围。

11 这是德国人对负责这项工作的人的称呼：办事员或书记员（Schreiber）。

12 营头也是囚犯，党卫队任命他们负责管理营房。虽然有头衔，但是他们一般都是不过是二三十岁的年轻人。有些营头是犹太人。1942 年 3 月起，斯洛伐克犹太人开始运达，德国人挑选一些年轻女子担任营头。很多奥斯维辛幸存者的证词表明，这些年轻的女营头有时对她们所管的女囚犯过于残酷。

13 这里指的是埃利泽（埃斯）·格吕鲍姆，著名的波兰犹太复国主义领袖伊扎克·格吕鲍姆的儿子。埃利泽是从法国被送到奥斯维辛的。在奥斯维辛，他被任命为营头。他在那里所做的事情，如今仍然存在争议。很多幸存者谴责控诉他残酷无情。伊扎克·格吕鲍姆在以色列独立战争期间死于拉马特拉海勒（Ramat Rahel，耶路撒冷南部的一座基布兹）。关于他更多的信息可参见：“Berger(Azriel Grynbojrn)”, in Ber Mark (ed.) *The Scrolls of Auschwitz*, Tel Aviv, 1985, p.297。关于“特别工作队”的“秘密写作”更具体的信息，参见第一章第 108 条。

14 这个见证者指的是党卫队的奥托·莫尔。莫尔于 1942 年 12 月主管一号和“二号地堡”和“特别工作队”，并于 1944 年 5 月到 9 月主管比克瑙的所有焚尸场和毒气设施。按照职位，“特别工作队”实际是他管的。从 1943 年 9 月到 1944 年 3 月，他是奥斯维辛附属营福尔斯滕格鲁伯营（Fürstengrube）的长官。1944 年 3 月到 5 月他又任另一座附属营格利维采一号营（Gliwice I）的长官。

莫尔比奥斯维辛 – 比克瑙的其他党卫队员更残暴；有大量证词指明，犹太人进入毒气室时，他肆意残忍对待他们。1944 年 8 月末，在他的命令下，孩子们被活生生地扔进四号（五号）焚尸场后挖出的巨大的焚尸坑中。莫尔策划了相关的计划，旨在销毁罪证，掩盖奥斯维辛以及各附属营中犯下的罪行（称为“莫尔计划”）。1945 年 12 月 13 日，莫尔在达豪军事法庭上被判死刑，并于 1946 年 5 月 28 日行刑。

15 无论是否必要，德国人经常强迫犹太人在点名时或其他场合脱掉衣服，主要是为了羞辱犹太人，让他们感到自己的软弱和无能。普里莫・利瓦伊在 *The Drowned and the Saved*（New York, 1989, pp.113–114）中写道："现在就是一个赤身裸体、没有鞋穿的人，感觉到全身的神经和筋脉都被割断了：他已成了无助的猎物。衣服，即使分派的脏衣服、鞋子，即使是粗糙的木头后跟的木屐，也是一种微弱却不可或缺的保护。没有这些东西，每一个都不再把自己看做是人，而是变成了虫子，赤裸地、迟缓地、卑微地在地上蠕动。他知道自己随时都可能被碾碎。"

16 "桑拿间"——1942年初，德国人开始在比克瑙的Bib营建一栋"消毒楼"，起初称之为"洗浴间"，后来从1942年10月开始称为"桑拿间"。这栋楼于1942年5月竣工。新到的囚犯被带到那里，被命令脱掉衣服，上交所有财物，进去洗澡。接着他们会穿上囚服。多数情况下，此时囚犯们的手臂上会被文上囚犯号码。囚犯们的囚服有时会被送到桑拿室消毒。

男囚营（BIId）建好之后，新到的囚犯继续使用这个桑拿室，直到新的桑拿室建好。1943年，"加拿大"二号营对面又开始修建一座"中央"桑拿室，或称"新"桑拿室。这座新设施1943年12月开始运作，一开始用于给新来的囚犯消毒，也用作老囚犯的洗浴室，从囚犯那没收的衣物也在这里消毒。

17 1941年德国人开始杀害苏联战俘，此时他们就开始在囚犯身上文号码。由于囚犯的尸体很难辨认，所以他们用墨水在那些要被处死的囚犯胸前标上号码，当时这只是一项临时措施。集中营方面提议给囚犯文上永久性的号码，以便一劳永逸地解决辨认被处死的尸首的问题。这个提议被采纳了，成千上万的苏联战俘的胸前左边用金属印章烙上了记号。

1942年开始采用这种方式在犹太囚犯的身上做标记，当时也用在上身其他部位，比如说脖子上做标记。

由于烙印标记的方法效率不高，1942年开始使用"针文"的方法，起初比较粗糙。大多数情况下，号码是被文在囚犯左前臂的外侧。1943年和1944年间，有些是文在前臂内侧的。

从1943年开始，所有登记入营的囚犯都被文上号码；从那时起，所有新囚犯在入营程序的最后都会被文上号码。还有些情况例外，也就是有些人说不用文号码的，包括那些被称为"警察囚犯"、德意志人（德意志帝国的公民）、"再教育犯"、"中转期的犹太人"（或称"待遣送者"，那些来自匈牙利、暂押奥斯维辛、即将送往德国其他集中营的人），还有1944年华沙反德起义后被逐出华沙的波兰人。

号码总共有 11 组：

1. 男囚总序列号范围是 1 到 202409。这组号码从 1940 年 5 月 20 日开始使用，一直到 1945 年 1 月 18 日。并非所有男囚都被文上了号码。犹太人被有组织地文上号码，一直到 1944 年 5 月为止。之后，只有部分人文了号码，还文上一个三角形。（这种标记也没有全面应用。）

2. 女囚的一般序列号范围是 1 到 89325。这组序列号从 1942 年 3 月 26 日开始使用，一直到 1945 年 1 月 18 日。并非所有女囚都被文上号码。在 1944 年之前，有些犹太妇女也被文上了三角形。

3. 犹太男囚的 A 序列号。这组序列号从 1944 年 5 月 13 日开始使用，一直到 1945 年 8 月 24 日，包括从 A–1 到 A–20000 的号码。

4. 犹太女囚的序列号。这组序列号从 1944 年 5 月 16 日开始使用，一直到 1944 年 8 月 10 日，包括从 A–1 到 A–20000 的号码。1944 年 8 月 10 日到 1944 年 10 月 23 日（或许更晚一些），又增加了 A–20000 到 A–29354 的号码。由于疏忽，犹太女囚的号码已经超出 20000，德国人没有给她们按 B 序列编号，而是按字母 A 继续编号。

5. 男囚的 B 序列号。这组序列号从 1944 年 7 月 31 日开始使用，一直到 1944 年 11 月 3 日，包括从 B–1 到 B–14897 的号码。之后就开始使用以下的序列号。

6.R 序列号从 1941 年 10 月末开始使用，一直到 1944 年 10 月 28 日，包括从 R–1 到 R–11964 的号码。这组序列号之下，有些囚犯号码前还文上了字母“Au”。

7. 男囚的 Z 序列号，使用的时间是从 1943 年 2 月 26 日到 1944 年 7 月 8 日，包括从 Z–1 到 Z–10094 的号码。

8. 女囚的 Z 序列号，1943 年 2 月 26 日开始使用，一直到 1944 年 7 月 21 日，包括从 Z–1 到 Z–10888 的号码。

9. 男囚的 E 序列号。这组序列号 1942 年 2 月 1 日开始使用，包含从 E–1 到 E–9193 的号码。这些囚犯的号码没有文到身上。

10. 女囚的 E 序列号。这组序列号 1943 年开始使用，包含从 E–1 到 E–1993 的号码。这些女囚的号码也没有文在身上。

11.PH 序列号。这组序列号从 1943 年 2 月 12 日开始使用，号码从 1 排到 3000。这些囚犯的号码既没有文在身上，也没有烙在身上。

18 刑囚工作队（“刑事犯”），也称为“刑囚犯”。他们要经受最严酷的纪律管制和饮食限制，他们的身体状况和食物情况也是最差的。这个小队是从事苦役的，分派到其中的囚犯有相当一部分人在干活时被组长、主管和监工杀害，或是死于繁重的劳役、糟糕的卫生、恶劣的居住条件等引发的疾病。这些囚犯与营中的其他囚犯完全隔离，不允许接收和寄送任何邮件和包裹。刑囚工作队的平均人数是 500。1942 年 5 月到 1944 年 12 月期间，总人数约 3000 人。1942 年 5 月 9 日，刑囚犯从主营的十一区转移到比克瑙 BIb 营，一开始在二区，之后到了一区。1943 年 7 月 15 日，又搬到了 BIId 营的十三区。刑囚队中极少有人幸存。

19 “刑囚工作队”和“特别工作队”是奥斯维辛的所有囚犯中最孤立的群体，不许他们跟其他囚犯有任何接触。

20 纳粹的所有集中营，点名时囚犯都是以五人一排的方式站开。

21 这个表面上正常的指示牌是为了欺骗受害者，打消人们的疑虑。纳粹的各个集中营和灭绝营中都设有这样的指示牌。谎言、诱骗和伪装是德国人欺骗、误导受害者的有力武器。

22 棚屋在“一号地堡”旁边，是两座野外的牲畜棚，有 41 米长、11 米宽，用作脱衣室。屋内大概可容纳 400 到 600 人。一开始，“二号地堡”旁边也有两间脱衣室。从 1944 年 6 月开始，这三座牲畜棚式的棚屋被用作脱衣室。

23 在运送毒气罐的车上画上红十字会徽，是德国人卑鄙无耻的典型欺骗手段。

24 也就是毒气室。

25 病理学家米克洛斯・尼斯利（Miklos Nyiszli）讲述了一个类似的故事：一个犹太姑娘从毒气室被拖出来后还有气息，莫尔下令把她拖出去枪杀。参见 Nyiszli, *Auschwitz: A Doctor's Eyewitness Account*, New York, 1973, pp.88–93。

26 按照德国人的命令，“特别工作队”的囚犯要执行各种任务，去消除德国人杀人留下的痕迹，这样后面运来的人什么也看不到，也就不会起任何疑心。

27 谋杀过程中这一最主要的步骤一直都是由德国人执行的。“特别工作队”没有任何人向毒气室倒过齐克隆 B 毒剂。

28 说话人指的是一座财物仓库，被称为“加拿大营”。人们携带到奥斯维辛的所有财物都被集中储存在那里。参见第一章第 45 条注释。

29 指派为营房内勤的囚犯（营房清洁）负责打扫营房，为营区供应食物。他们不需要做其他囚犯的工作，大多数时间都待在营房中。

30 弗朗茨・霍斯勒是党卫队的军官，1940 年到 1941 年期间担任奥斯维辛主营的负责人。后来他又负责管理日维茨附近党卫队的建设部队。1943 年到 1944 年间，他负责管理比克瑙的各类囚犯工作队，因此“特别工作队”也归他管辖。之后，他担任“就业处”主任。1943 年 8 月到 1944 年 1 月期间，他还管理过比克瑙的女囚营，此后直到 1944 年 6 月，他又开始管理达豪集中营的一座附属营。1944 年 6 月，他返回奥斯维辛，被任命为男囚营的指挥官（总长官）。最后，在吕讷堡（Lüneburg）的卑尔根–贝尔森系列审判中，他被英国军事法庭判处死刑，于 1945 年 12 月 13 日在哈默尔恩执行。

31 “特别工作队”里不信教的队员尽他们最大的努力去帮助那些信教的同伴在集中营那样的环境中恪守宗教戒律，尤其是在宗教节日期间，哪怕那样做会带来生命危险。

32 比克瑙的公厕只是在长长的混凝土板上凿出的圆形开口，而且没有隔板。囚犯每次上厕所不得超过两分钟。每天只可以去特定的次数，或者在营头或负责公厕的囚犯的允许之下才可以去。负责管理厕所的囚犯被戏称为“厕所所长”（Scheissmeister）。

33 十一号营区是“特别工作队”的住宿区，位于 BIId 营。

34 “特别工作队”的队员全部或部分被清除的日期，我们所知的有七个：

1942 年 12 月 9 日：大概有 400 名“特别工作队”队员，也就是这一批的全体成员，都被带到主营的一号（二号）焚尸场杀害。

1942 年 9 月 23 日：大概有 200 名队员被送到马伊达内克集中营，在那里被杀害。

1944 年 9 月 23 日：大概有 200 名的“特别工作队”队员被带到一号财物仓库（一号“加拿大营”），在那里被杀害。

1944 年 10 月 7 日，也就是“特别工作队”起义的当天：有 300 名“特别工作队”的队员被清除出了三号（四号）焚尸场和四号（五号）焚尸场。按原计划，当天总共有 452 名“特别工作队”的囚犯被处死，包括那些被移除后遇害的 280 名囚犯。

1944 年 10 月 10 日：14 名“特别工作队”队员被带到主营的十一号营的地下室。他们被怀疑参与“特别工作队”起义，几天后被处决。

1944 年 11 月 26 日：100 名“特别工作队”的成员被带到某个未知的地方，显然是格罗斯–罗森集中营（我们没有进一步的信息）。

1945 年 1 月 5 日：“特别工作队”中 5 名非犹太裔波兰人被带走，并送到了毛特豪森集中营，在那里被杀害。还有 1 名“特别工作队”的非犹太裔捷克人也跟他们一起被送到那里处死。

据悉，1942 年之前就有一些小规模的清除“特别工作队”的行动，但是我们并没有具体信息，因为那些被处决的“特别工作队”成员中无人幸存。

35 弗朗茨·丹尼斯来自上西里西亚（霍茹夫），曾任多个职务，负责指挥其他囚犯。从 1944 年 5 月开始，他有一小段时间在 BIb 区的一区担任营头，之后又任另一营区（营号未知）的营头。之后他又成为 BIb 营区的营头，1943 年 7 月 15 日开始又任 BIIId 营区的营头。亚伯拉罕·德拉贡以为他担任了比营头还高的职位（大营长），也许误会了。参见 Ota Kraus and Erich Kulka, *The Auschwitz Death Factory: Document on Auschwitz*, Oxford, 1966, pp.248–250。

36 说话人指的是卢布林郊区的马伊达内克集中营兼灭绝营。

37 还有其他证词能够证实这个事件。参见 *The Scrolls of Auschwitz*. pp.226, 230ff。

38 这四栋焚尸楼在不同日期被移交给比克瑙集中营当局来运作。三号（四号）焚尸场首先开始运作［时间为 1943 年 3 月 22 日，之后是：一号（二号）焚尸场，1943 年 3 月 31 日；四号（五号）焚尸场，1943 年 4 月 4 日）；二号（三号）焚尸场，1943 年 6 月 25 日］。关于奥斯维辛焚尸场的编号，参见第一章第 35 条。

39 说话者指的是受害者走进毒气室前脱衣的棚屋。

40 这两名工程师，瓦尔特·德亚科和弗里茨·埃特尔 1972 年 1 月在维也纳被审讯，最后被判无罪。

41 1944 年 6 月末，“特别工作队”的囚犯被转移到一号（二号）焚尸场的楼里（住在阁楼）、二号（三号）焚尸场的楼里（住在阁楼）以及三号（四号）焚尸场（住脱衣室，显然还有以前的毒气室，当时已经停用）。大概有 100 到 150 名“特别工作队”的队员继续生活在 BIId 男囚营的十三区。

42 “特别工作队”的囚犯都分配了长期固定的工作，但是有时候有大批人运到，如有需要，他们必须执行任何任务。

43 雅科夫·卡明斯基，出生日期不明（在 1904 年到 1911 年之间），来自比亚韦斯托克地区的索科尔卡（Sokolka）。1942 年 11 月或 12 月，他从切哈努夫或是比亚韦斯托克被送到奥斯维辛，营中人们称他“立陶宛人”。1943 年 1 月，他被任命为队长。大队长奥古斯特·布鲁克（August Brück）死后，卡明斯基接替了他的职位，当时是 1943 年 12 月 27 日）。卡明斯基是“特别工作队”起义的谋划者和组织者之一。德国人发现他参与组织起义。很显然，1944 年 8 月 2 日，莫尔及其手下对卡明斯基下了杀手。参见 *The Scrolls of Auschwitz*, pp.138,163,271,272; 以及 Kraus and Kulka, *The Auschwitz Death Factory*, pp.256–258。

44 关于男女囚犯一起脱衣服的证词比较含糊。有些见证者指出，按规定，妇女和孩子先被送进去，然后男的再进去与他们会合。然而具体的程序和顺序时不时都在变化。显然，让男女一起脱衣可能引起他们的愤怒和反抗，但是德国人这么做却是为了羞辱他们，从而让他们安静，让他们在进入毒气室之前的最后时刻感到软弱无助。

45 “特别工作队”幸存者的证词得到了“加拿大”工作队的证实，据他们所说，有时受害者的衣服和鞋袜里会藏一些贵重物品，藏在遣送前特别缝制的衣服褶皱里，或是隐藏的衣服口袋里，或是鞋跟里。这表明，那些即将被遣送的人们希望给自己留一些钱财以策安全，或是困难的时候拿来救急。

46 这些板凳是用来为脱衣室营造一种假象，让人们以为确实是换衣服的地方，以消除人们的疑心。

47 见证者主要是“加拿大”工作队的女囚，她们在二号（三号）焚尸场附近工作，德国人把毒剂倒进毒气室时，她们能看到毒剂罐里装的东西，这也证实了我们在这个问题上考虑的证词细节。［作者在 1977 年和 1998 年对察雅·罗森鲍姆（Chaya Rosenbaum）和西坡拉·塔哈瑞（Tsippora Tahori）进行了采访］。

48 负责从毒气室搬出尸体的“特别工作队”囚犯指出，很多尸体上沾满血污和人体排泄物。

49 尸体被焚烧之后，剩下的基本只是那些富含矿物质的部分，比如骨头和牙齿。

50 见证者指的是“拆房工作队”（Abbruchkommando），负责拆毁各种建筑和设施，主要是为了省下建筑材料和设备，以备后续使用。

51 约瑟夫·席林格是奥斯维辛党卫队上士。他曾任多个职位，包括登记员（Rapportführer）、海乌梅克（Chelmek）附属营的工作队长官，比克瑙集中营男囚营的主管。经过挑选之后犹太人从站台（“停车台”）被带到毒气室，他是负责这项事情的德国人之一。1943 年 10 月 23 日（另一种说法是 1943 年 10 月 24 日），一名（根据一份描述所说）从卑尔根－贝尔森刚运来的年轻犹太女子在脱衣室开枪击中了他。席林格受伤身亡。根据大多数证词，那名女子是演员，或者是舞蹈家、歌唱家——总之是文艺界人士。“特别工作队”囚犯在证词中都提到过这个事件，他们当中有些人亲眼见证了这件事。作者采访所有幸存者时，都向他们询问了这个著名的事件，结果所有人无一例外都清楚地记得这件事。席林格的死让囚犯们倍感欣喜，因为大家都觉得席林格极其凶残暴虐，即使按照党卫队的行为标准来看，也是如此。他的副手在这次枪击事件中也受伤了，但是后来还是回营任职了。

关于约瑟夫·席林格被杀的事，当时的文献参见 *The Scrolls of*

Auschwitz, p.238；另可参照第一章中扎曼·格拉多夫斯基的叙述，以及第八章中雅科夫·西尔贝格的叙述。

52 “特别工作队”的秘密日记记录了雅科夫·卡明斯基遇害这件事。参见 *The Scrolls of Auschwitz*, p.138,163,271,272。

53 摩西·布拉克是“特别工作队”的囚犯给一个党卫队军官取的典型绰号。“布拉克”在波兰语中指的是“甜菜根”。这个人叫约翰·戈格斯，也许脸色很红。

54 “库奇鲁斯”：说话人显然指的是库尔舒斯，三号（四号）和四号（五号）焚尸场守卫队中的一名哨兵。囚犯们给他取的绰号是“库奇鲁斯”（德语的意思是“短路”）。他的身份和其他具体信息不详。

55 斯坦梅茨——见证者一定是弄错了。他指的应该是斯坦伯格，负责比克瑙二号（三号）和三号（四号）焚尸场的一名党卫队上士。

56 这个事件发生在 1943 年 10 月 23 日或 24 日发生。“特别工作队”的幸存者对此有都有描述，尽管具体细节上略有不同。波兰作家塔德乌什·波罗斯基（Tadeusz Borowski）曾是奥斯维辛的囚犯，他撰写了关于此事件的短篇小说，题为《席林格之死》（Tadeusz Borowski, *This Way for Gas, Ladies and Gentleman and Other Stories*, New York,1976）。

57 当然，这个数字不准确。“特别工作队”囚犯无法知道具体人数，幸存者给出的数字也是根据记忆、估算和大屠杀之后他们读到的东西。在奥斯维辛被杀害的匈牙利犹太人数量大约是 45 万。

58 吉普赛营：第一批吉普赛人于 1943 年 2 月 26 日运达奥斯维辛。比克瑙的 BIIe 营区建立了一座吉普赛“家庭营”，营里有两万人。吉普赛人的数量由于饥饿、严重的流行病大量缩减，此外还有约瑟夫·门格勒医生用吉普赛双胞胎做人体实验原因。1944 年 8 月 2 日，2897 名吉普赛人在毒气室被杀害。匈牙利犹太人的运送停止之后，所有吉普赛的妇女儿童都被送到毒气室杀害。在这场有预谋的屠杀中，总共大概有 6000 名吉普赛人被毒害。有些吉普赛男子被送到劳改营或集中营，还有一些被送到战场做一些重要的工作，还有的被编入纳粹国防军，从事排雷和其他极其危险的工作。总共大概有 13000 名吉普赛人在比克瑙被杀害。吉普赛营在 1944 年 8 月 3 日被拆除。

59 “家庭营”里关押的是来自特莱西恩施塔特隔都的犹太人。该营 1943 年 9 月建立，当时有 5000 犹太人从特莱西恩施塔特遣送到奥斯维辛。比较特殊的是，这些人不用经过筛选，那些“身体不行”的人也没有被清除。相反，跟其他奥斯维辛集中营的营区不同，他们被安置在比克瑙 BIIb 营的一座单独的营房中，所有男子、妇女和孩子都在一起。他们跟其他囚犯穿的衣服也不一样（也就是说，他们可以穿他们到达时穿的衣服），他们的头发也没有被剃光。年幼的小孩还能得到好一些的食物，还可以在一个特殊的营区（三十一区）中学习，由特莱西恩施塔特有教学经验的老师和教员来教他们。

1943 年 12 月，另一批人运达营中，有 5000 人；他们被送到同一个营，而且获得了同样的待遇。这个营的内部领导，除了营头，都由犹太人担任。至于为什么“家庭营”的居民可以获得如此特殊待遇，该营内部无人知晓，更不用说奥斯维辛其他营的囚犯。“家庭营”之外的囚犯都以为，由于某种原因，这些人被赦免了，不会对他们执行奥斯维辛其他犹太人遭遇的“灭绝”命令。

1944 年 3 月 7 日，也就是第一批人到达六个月之后，所有 1943 年 9 月运达的囚犯被带进毒气室，一夜之间全被杀害，没有经过任何挑选。

1944 年 5 月，另外又有 10000 名来自特莱西恩施塔特的犹太人运进来。1944 年 7 月，“家庭营”剩下的所有犯人都在毒气室被杀害，但是这次经是过某种挑选——“身体好”的被送到德国的劳动营，这个营的人也被全体清除。

近期的研究已经表明，在比克瑙给特莱西恩施塔特犹太人设置“家庭营”，是为了提供一个“活凭证”，用以反驳运往“东边”的犹太人被“灭绝”（实情如此）的说法。此外，纳粹还计划通过一些手段来达到这个目的，比如让犹太人从奥斯维辛寄出明信片、通过国际红十字会收寄的包裹、在集中营里设立红十字会代表团，等等。

60　“特别工作队”的成员菲利普·穆勒在自传中确认了这些事件（Eyewitness Auschwitz: *Three Years in Gas Chambers*, Chicago, 1999, and in Auschwitz Inferno, Chicago, 1999, p106）；此外，在克劳德·兰斯曼的电影《大屠杀》中也有他的证言。参见 *Shoah*, New York, 1985, pp.164–166。鲁道夫·弗尔巴关于此事件的证词也在其中。

61　扎曼·格拉多夫斯基大约 1901 年出生于苏瓦乌基（Suwalki）（立陶宛 – 波兰边境的一座城镇）。他在 Tiferes Bachurim 犹太学堂上学，并积极参与贝塔尔运动。结婚之后，他搬到了比亚韦斯托克地区的伦纳。作为一名热切的犹太复国主义者，他一直梦想着跟家人一起搬到巴勒斯坦，甚至连时间都确定了，就是 1940 年夏天。然而战争打破了他的计划。在苏联合并期间，他在一家政府公司当职员。参见 *The Scrolls of Auschwitz*, pp.156, 159, 173–206；Nathan Cohen, “Diaries of the Sonderkommando”, in Aharon Weiss（ed）, *Yad Vashem Studies*, vol.20, Jerusalem, 1990, pp.276–280。

1942 年 11 月，伦纳的犹太人搬到了基尔贝辛的临时营，靠近格罗德诺。当年 12 月，又从那里被遣送到奥斯维辛。格拉多夫斯基和母亲、妻子、两个妹妹，一个妹夫以及岳父 1942 年 12 月 8 日到达奥斯维辛，其他人一到奥斯维辛就被送到了毒气室，只有格拉多夫斯基被德国人挑选到“特别工作队”。

雅科夫·弗赖马克跟格拉多夫斯基来自同一城镇，根据他的证词，格拉多夫斯基的工作是在四号（五号）焚尸场焚尸。弗赖马克称，每天工作结束，格拉多夫斯基就把自己裹在祈祷披肩里，诵读犹太祈祷文，为那些被他焚尸的犹太亡灵祷告。

根据格拉多夫斯基自己的记录以及幸存者的证词，他在“特别工作队”起义的准备工作中起到了很重要的作用。扎曼·雷文塔尔称他为起义领导者。格拉多夫斯基在起义中牺牲。

62 他的回忆录收在扎曼·弗赖马克的文章里呈现给大家。弗赖马克曾在奥斯维辛的“加拿大”工作队工作，现在居住在以色列的荷兹利亚。

63 参见本章第 34 条。

64 说话人指的是雷布·朗非。参见第二章第 28 条。

65 亨里克·曼德尔鲍姆曾在四号（五号）焚尸场的“特别工作队”工作。1999 年他住在波兰的格利维策（Gliwice）。

66 亨里克·陶伯 1917 年 7 月 8 日出生于波兰赫扎努夫（Chrzanow），是个商人，家里有十二口人。德国占领期间，他被迫搬到了克拉科夫隔都，1942 年 11 月在那里被德国人逮捕。1943 年 1 月 19 日，他从克拉科夫被遣送到奥斯维辛，之后身上被文上了囚犯号码 90124。1943 年 2 月 2 日，他成了奥斯维辛焚尸工作队的一员，工作是给焚尸炉烧火。1943 年 3 月 4 日，他被调拨至比克瑙，跟一群“司炉工”一起开始在二号（三号）焚尸场的焚尸工作队工作。他在行军时逃跑，最终在战争中幸存下来。从那时起，他先后居住在法国和美国。

67 这指的是马伊达内克（Majdanek）集中营和灭绝营。

68 这些事发生在 1943 年 3 月 15 日起共 19 批犹太人从萨洛尼卡运进比克瑙之后。共有数万犹太人运达。来自萨洛尼卡的“特别工作队”成员基本没有幸存的。

69 格罗斯－罗森是一座集中营，建立于 1940 夏天，靠近格罗斯－罗森（位于下西里西亚地区）的一座采石场，附属于萨克森豪森（Sachsenhausen）集中营。1941 年 5 月 1 日格罗斯－罗森开始成为一个独立营，一直到 1945 年 2 月中旬才停止运作。营里的囚犯在采石场和军需工厂工作。

在最后阶段，这个集中营还有 78000 名男女囚犯。在最后阶段以及撤离运送过程中的死亡人数估计有 40000。

70 “特别工作队”幸存者的大多数证词都谈及：这个名叫卡罗尔的德国队长在“特别工作队”起义期间被囚犯们投进焚尸炉，每个人讲的基本没什么区别。

71 这里跟前文提到的亨里克·陶伯是同一个人。这里是他在营中时人们对他的称呼。

72 Polkovnik 是军衔，相当于上校。

73 起义那天被杀的三名党卫队军官是鲁道夫·埃勒尔（Rudolf Erler），威利·弗雷泽（Willi Freese）和约瑟夫·伯克（Josef Purke）。在他们死后，集中营指挥官给他们提了衔。（Auschwitz–Birkenau State Museum, Oswiecim, Document D–Au–I–I, Standortbefhl, Nr.26/44. October12, 1994）

74 附近的消防员也被派去给那栋着火的楼灭火。奥斯维辛－比克瑙国家博物馆的档案里有那些消防员的证词，他们包括：西格蒙德·索博列夫斯基（Sigmund Sobolewski 现居住在加拿大）、约瑟夫·胡兰尼基（Josef Holanicki，现居住在澳大利亚）、里扎德·达奇（Riszard Dacki）、塔德乌什·弗利斯（Tadeusz Fliss）、爱德华·索科尔（Edward Sokol）、耶奇·拉兹维齐克（Jerzy Radziwaczik 居住在英国），还有扬·诺维茨基（Jan Nowicki）。

75 弗朗茨·丹尼斯，参见本章第 35 条。

第四章

雅科夫·加拜：“我一定会逃出去！”

遗憾的是，我不得不用过去式来讲述雅科夫·加拜的故事。就在我为写这本书而进行调查期间，他离开了人世。

雅科夫·加拜住在内夫雅明（Neveh Yamin），那是靠近卡法萨巴（Kefar Sava）的一座莫沙夫[1]，离特拉维夫有半个小时的路程。我本该多拜访他几次，只是因为懒惰。现在我很后悔，因为再也见不到他、再也无法和他交谈了。他关于“特别工作队”的记忆，有一部分就这样带到了坟墓里。但在采访他的那几个钟头里，我已收获颇丰，算是唯一的安慰。

雅科夫·加拜出生于雅典，曾和他的弟弟一起在“特别工作队”做过事。他弟弟如今生活在美国。他俩能够幸存下来，一个重要的

[1] Moshav，以色列的一种集体农庄。

原因无疑是能相互支持。

加拜的家族早在16世纪就在意大利的来亨（Leghorn）定居。家族的后人如今仍然住在那里。即使是住在希腊的加拜家族成员（包括雅科夫），也依然保留着意大利国籍。有一段时间，德国人对这些犹太人所持的意大利国籍比较尊重，没有把他们送进集中营。因此，加拜家族的人直到1944年才被送到了奥斯维辛。

雅科夫·加拜一直是乐观主义者。即使在奥斯维辛集中营里，他也坚信自己会活着离开那里。雅科夫·加拜是条坚强的汉子，他在我们的谈话中也说了：他坚强到足以活下来，把自己见到的一切告诉后人。

我曾问他会不会为自己在比克瑙做的工作感到羞愧。“不！”他回答道。不过，他还是无法掩饰自己目睹犹太民族苦难而感到的痛苦。“我亲眼看到上百万犹太人被杀害！”

有一次采访快结束的时候，他提到了一件最为重要的事。他说，他从来没有梦到过奥斯维辛。“我总是活在当下……我去到奥斯维辛时，一心希望能活着离开。我能活着，只因为我一直都保持乐观。”我永远也无从知道他是从哪儿聚集的力量，能够把比克瑙的记忆全部放逐到内心最边缘的角落，驱赶到他的潜意识深处。这种力量可能是来自对上帝单纯的信仰。“我不是教徒，”他说，“但是我从不否认上帝的存在。”上帝一定是垂爱加拜的，尽管他已经离开了我们，但上帝毕竟护佑过这个特别的人，使他免受伤害。

雅科夫·加拜并没有对他的孩子们隐瞒真相。他的女儿罗莎·布拉米（Rosa Brami）现在就和她的家人住在雅科夫的莫沙夫里。罗莎告诉我，父亲跟她说了当初的遭遇，没有半点隐瞒。她从小就知道奥斯维辛，了解那里的暴行。

这本书的德文版出版数月之后，有一本到了住在柏林的安东·迪克伯德斯（Anton Dick–Boldes）博士的手上——他是一位犹太裔德国舞台剧导演。书中讲述的一切使他深感震撼，尤其是雅科夫·加拜的故事。他决定对书中的描述进行改编，把它搬到舞台上去，打造一出由两名演员演出的室内剧。1997 年，这部戏剧冬天在柏林进行了首次公演，剧名和本章题目一样：《我一定会逃出去！》。作为采访人的历史学家由马克斯·A·豪普特（Max A. Haupt）扮演，而"特别工作队"的幸存者则由乌尔里希·拉多伊（Ulrich Radoy）扮演。

我也观看过一次公演。剧场里的灯光暗下来，舞台上的灯光亮起，我就在想，如果大屠杀幸存者雅科夫·加拜活到现在，知道他的证言被改编成一出戏剧，正在德国的首都上演，观众都是德国人，他会想些什么？猜想归猜想，下文是我对他的采访内容。

雅科夫，你出生在哪里？你的家族来自何处？

我 1912 年 9 月 26 日出生在雅典。母亲是希腊人，父亲则有意大利血统。我三岁那年，一家人从雅典搬到了萨洛尼卡。我就是在那儿长大的。

你能描述下你的家族的源起吗？

我家祖上来自 16 世纪意大利的来亨。这些很容易查得到。我家有三兄弟——我是老大，老二叫达里奥[1]，比我小几岁，老三叫萨米。后来活下来的只有我和达里奥。

我父亲在新真理（Nea Litia）出版社的印刷厂工作了 30 年。父母的手头不宽裕，不过我读的学校不收学费，这让他们的生活好过了不少。

我读完六年级，也去新真理印刷厂工作。1929 年，我成了一名永久雇员，然后又在那里工作了 12 年，一直到 1940 年的 10 月。

德国人是 1941 年 4 月 6 日入侵希腊的。那天正是耶稣受难日。1941 年 4 月 27 日，星期天，雅典投降了。

你是什么时候开始注意到德国人对犹太人的态度发生了变化？

我们慢慢才意识到，这是一场战争。一开始，我们听说意大利人入侵了阿尔巴尼亚。后来，情况越来越糟，不过我们一家暂时没有遇到麻烦，因为我的父亲是意大利公民。幸运的是，我们属于有特权的一类平民，也就是拥有意大利和西班牙国籍的人。最开始，德国人逮捕了所有没有外国国籍的犹太人。多亏我们拥有意大利国籍[2]，才没有马上被抓到集中营去。

在萨洛尼卡的犹太人看来，他们的日常生活中发生了哪些变化？你能举一些例子吗？

1942 年底，萨洛尼卡犹太人的悲剧开始了。最开始，犹太社区的管理委员会承受了巨大的压力。德国人要求社区委员们拿出一笔堪称天文数字的钱来，还让他们把 18 岁到 45 岁的犹太人全部征召，强制劳动。[3]

委员会无力抵抗。从 1941 年 7 月起，直到被送到奥斯维辛前，征召的人都被迫去做劳工。一开始，萨洛尼卡的犹太人被带到了位于希腊中部的集中营，在那里做苦役。他们不得不忍受着饥饿、虐打和侮辱，修建道路、开挖壕沟、铺设铁轨。[4]

那时，我在为自由派报纸《真理报》（*La Verdad*）工作，不过他们立刻查禁了这家报纸，切断了信息流通，在希腊和其他地方发生的事情很难传出去。德国人专门为犹太人发行了一份特殊的报纸，里面的文章都是用德语写的，拼写用的是希腊字母。他们给这份报纸起名《新欧洲》（*Nea Europi*）。报纸刊登反犹主义文章，不断在人们心中激起疑虑和恐惧。

后来德国人开始围捕萨洛尼卡的犹太人，把他们送到集中营，我们一家决定搬到雅典去。我们指望到那里靠意大利公民的身份避难。1943 年 7 月 15 日，我们离开了萨洛尼卡，那时离墨索里尼下台还有两个月时间。我已经和洛拉（Lora）结婚了，她的爸爸是萨洛尼卡人，名叫约书亚・梅纳瑟（Yehoshua Menasse）。我早在 1935 年就认识洛拉了。当时，萨洛尼卡几乎一个犹太人都没有了[5]，而我们希望能在雅典开始新的生活。

在雅典的生活很安宁。每周，意大利军队会给我们一些食物，包括在希腊不常得到的东西。那段日子过得平和、安定。直到意大利投降，德国人都没有伤害过意大利和西班牙公民。然而，1943 年 9 月 5 日，墨索里尼投降了。[1]从那个月底开始，我们每个月都要向一名德国官员报到。1944 年 3 月 24 日，德国人下令驱逐所有在雅典的意大利公民。

我们不敢相信自己的耳朵。原本以为他们会放过我们的。然而紧接着，他们开始把雅典的犹太人遣送到集中营。我就在第一批被送去的人当中。我收到遣送令的方式很突然。每天早上，我们都要在犹太会堂集合，在一份签到表上签字。一天，他们就在那儿把我们抓了起来。我之前从来没有亲自去签过到，通常，我都是让别人替我去的。然而就在那天，我是亲自去的，他们就逮捕了我。大概这就是命吧。我们被带到了海德集中营，那里实际上是希腊的一座

[1] 此处与史实不符。1943 年 7 月 24 日，意大利法西斯最高委员会通过决议，恢复君主立宪。次日，国王埃曼努尔三世令墨索里尼解职。两天后墨索里尼被押往蓬察岛。随后意大利开始与盟国密谈。9 月 3 日，意、美双方代表在西西里岛签订了停战协定。——译者注

监狱；我们在那儿待了一个星期。我们并不知道等待着我们的究竟是什么。我们以为希腊人会做点什么，把我们救出去。1944 年 4 月 1 日，在经历了整整一周的噩梦之后，我们被赶上了开往波兰的火车——那时，我 32 岁。他们告诉我们要去往克拉科夫（Krakow）。[6]

火车载着我们这批人从雅典出发，穿过阿尔塔和约阿尼纳。车上有 2500 人：有男有女，还有小孩。整个旅程用了 11 天时间，从 1944 年的 4 月 1 日持续到 11 日。我们途经希腊、南斯拉夫、匈牙利和奥地利，最终到达波兰[7]。

你和你的家人在同一节车厢吗？

我们是一起上的火车。两个弟弟还有父母都在我身边。我妻子也在。

他们允许你从家里带走哪些东西？

我们带了毯子、一床褥子、和两三件短上衣。

车厢里是没有厕所的。食物是定额分配的，份额很少。我们尽量把旅途中的大部分时间用来睡觉。在那 11 天里，有些人死了。车门自始至终只开过一次，就是到了布达佩斯的时候。那些人打开了车门，给我们送了点水，顺便也把车上的死人搬了出去。

我们在那天傍晚离开雅典，1944 年 4 月 11 日到达奥斯维辛。那天是星期二，时间是上午 10 点。

4 月 11 日火车停下来后，发生了什么？

我们到达了目的地。在车站附近，我们看到一群男女正在除草。他们看上去累坏了。那天晚些时候，他们在站台上进行了第一次"挑选"（Selektion）。年轻男女被分到一边，年长的人则分到另一边。所有的老弱病残、孕妇和孩子都被塞上卡车，送去了比克瑙。到了那里，他们转眼间就被焚化成灰。他们当天就被杀害了。[8]

看到那些年纪大的人被装上卡车带走，我们还认为他们太走运了。瞧，他们能坐车，而我们只能步行。[9]

下车之后，你的家人们遭遇了什么事情？

“挑选”结束之后，我的弟弟达里奥和我待在一起，一辆卡车开过来，把我们的父母带走了。我们走上前，对他们说：“一路平安，多多保重。我们都会活下来的。”然而，一家人里，只有我的弟弟活了下来。很不幸，其他所有人都遇害了。

关于“挑选”，你还记得些什么？

负责“挑选”的德国人告诉我们往哪边转。没想到转身之后再也没有见到家人了。

在那之前，你听说过“奥斯维辛”这个地方吗？

早在 1942 年，我们就听说过乌克兰的劳动营。当我们抵达奥斯维辛的时候，大家都以为那儿也是众多劳动营之一。我们不知道奥斯维辛就意味着死亡。我们当时认为那只不过是又一个劳动营罢了。

这一批过来的人里面，有七百人被选了出来，包括我和弟弟。我们得走三公里的路才到了比克瑙。我们不知道家里人被带到哪里去了。将近一个月的时间，他们把我们关在隔离营[10]里，以防我们身上带了什么病。如果有人得病了，他们就会把我们一下子全都杀死。幸运的是，那段时间没有人生病。

你是什么时候拿到囚犯编号的？

几天后，他们给了我一个编号：182569。集中营里的人没有名字，只有编号。

我们到那里二十天后，也就是 1944 年 5 月 12 日，德国人又进行了一次“挑选”，这一次更加严格。来了两名医生和两名军官。

我们被迫一丝不挂地站在他们面前。一名德国医生一言不发地检查着我们的身体，然后选出了三百名最强壮、最健康的男子。这次检查十分细致、全面。那个医生花了五分钟时间，围着我、把我从头到脚摸了一遍。站在他旁边的两名党卫队长官（级别大概是班长）对我们说："从今天起，你们要好好干活，不会缺吃少穿。"这让我们吃下了定心丸；听到这番话我们很高兴。我们总共有七百五十人——有的已经在集中营里待了一段时间，也有的刚刚来到这儿。他们把我们带到了一个劳动营，这个营有一个额外的称呼："D营"[11]。事实上，那就意味着我们加入了"特别工作队"。

星期五，我们被带到了"特别工作队"所在的营区。在那里，我们见到了一些之前一直住在法国的犹太裔波兰人。另外还有几个来自苏联、波兰和捷克斯洛伐克的犹太人。雅各布·卡明斯基（Jakob Kaminski）[12]被任命为队长。他是个了不起的人——很坚韧，也不惧怕德国人。

我们被选中加入了"特别工作队"，住进了D营，跟集中营里的其他人就再也没有接触了。我们当中大概有一百个住在一号（二号）焚尸场的阁楼里，一百人住在二号（三号）焚尸场的阁楼里，另外七百五十个人住在三号（四号）和四号（五号）焚尸场[13]。我们刚到营房时，那里的囚犯们告诉我们："这儿的一切都比在家要好。你只需要知道一件事——我们没人能活着离开这儿。"我当时的同伴是一个苏联犹太人，他天生就是个悲观主义者。他跟我说："雅科夫，我们永远都出不去了，相信我。我知道我在说什么。"而那些已经在那里待了很长一段时间的囚犯告诉我们："在'特别工作队'干活，就意味着每天要焚烧尸体。"那是我们第一次得知他们在奥斯维辛干的是烧人的事情。

5月15日是周一，一周的伊始。我们这群人被一分为二。有一组去了二号（三号）焚尸场，而我们则被带到了一号（二号）焚尸场。我们组里大部分都是希腊犹太人，像米切尔·阿迪提（Michel Arditti），来自科孚（Corfu）的约瑟夫·巴鲁克（Josef Baruch）[14]、科恩兄弟、什洛莫和莫里斯·威尼齐亚[15]、我和我的弟弟达里奥·加拜、列昂·科恩、马塞尔·纳加里[16]、还有丹尼尔·本·纳克麦斯（Daniel Ben–Nachmias）[17]。我们被告知第一天晚上不用干活，看着就行了。我记得快到下午五点半的时候，从匈牙利运来了一批人。工作队里的老队员们让我们仔细看看那些人的脸，因为过不了多久他们就要被杀了。我们不相信他们说的话。过了一小会儿，有人要我们下楼看看情况。我们走下去，打开毒气室，千真万确，我们看到了尸体。他们告诉我们，这就是我们的工作。毒气室外面有个标志，上面用波兰语、德语、俄语和英语写着"淋浴"的字样。

毒气室的门第一次在你面前打开时，你看到了什么？

我看到了尸体，一具摞着一具。里面大概有2500具尸体。你能看到他们很多人身上有伤痕，血迹斑斑。我之前从来没见过这样的场景。那一幕实在太可怕了。

我记得，后来他们就把我们带去了那个房间——尸体被搬到那里了。他们把尸体嘴里的金牙拔出来，把女尸的头发剪下来，然后再把所有的贵重物品归拢到一起。我们不得不观察他们是怎样做这些事的。

当你看到那些尸体的时候，心里是怎么想的？

我觉得这是一场悲剧，这是犹太人遭遇的一场可怕的悲剧——他们在这里被如此残忍地剥夺了生命。

刚开始的那些天里，我们感觉到的只有恐怖。但是我告诉我自己："你绝不能丧失理智。"我知道，从那时起我就不得不这样日复一日地看到这些场景。这就是我们的工作，所以我们最好习惯这一切。这是份苦差事，但是你必须习惯它。

我们第一天晚上没有干活。第二天晚上才开始。管事的走了过来，给我们每个人指派工作。"你去做这个！你去做那个！"

我和另一名囚犯搭档。我们的任务就是把尸体抬起来，然后放在担架上。我得用叉子叉起尸体，然后直接推到焚尸炉里。

每座焚尸炉有三扇门。每扇门里可以放进四具尸体——十五分钟就能处理六十具尸体，然后，十五分钟到了，你就得用叉子翻一翻炉膛里面。火焰熊熊燃烧着，再过十五分钟，这些受害者们就只剩下骨灰了。然后再这样周而复始。每一轮我们的活总共花三分钟时间（最多四分钟），有半个小时是闲着的。

分到"特别工作队"之前，你知道奥斯维辛里面在杀人、烧人吗？

自 1943 年以来，希腊的报纸就已经开始报道德国人在集中营的骇人行径了，只不过我们不相信而已。谁会相信像德意志这样开化的民族能做出这样的事来呢？但是，每天都有犹太人被扔进焚尸炉，每天都是这样，永无休止；而与此同时，焚尸场外面有乐队在演奏，有女子合唱团在放声歌唱。就这样干了三天活之后，连我在内，"特别工作队"的新成员里有一半人接到命令，要调到三号（四号）和四号（五号）焚尸场去，因为送去那里的人太多了。他们每天要焚化 24000 具匈牙利犹太人的尸体。

派到那里干活的"特别工作队"成员们根本忙不过来。过了几天，等几千名匈牙利犹太人在"地堡"被焚化之后，每个人都回到了原本工作的地方，继续做他们在队里的日常工作。

从4月底开始，一直到整个5月，都有大批大批的人从匈牙利运到比克瑙。人数太多了，焚尸场根本就容纳不下这么多人。所以他们就挖了几个大坑，这样就能在那里再多火化几千人了。我所在的小队就在树林里的“桑拿室”[18]旁边干活，对面就是三号（四号）焚尸场和四号（五号）焚尸场。大坑就是在那儿挖的。焚尸场容不下的尸体，在那些坑里火化。他们把这些坑叫做“地堡”[19]。我在那儿干过三天活。

他们把尸体从毒气室运到“地堡”来，然后就在“地堡”里火化这些尸体。“地堡”的四周都是树，所以没人看得到那儿发生的事。在“地堡”里，他们是这样焚尸的：首先把尸体放在一层原木上，然后在尸体上面铺上原木和木板，接着再往上面放更多的尸体——一般至少要铺三层。之后就会有个党卫队员过来，把汽油倒进坑里，划一根火柴，坑内的一切都化为烈焰。这样一来，每小时大概能焚烧一千具尸体。尸体流出的脂肪会让烈火一直烧下去。[20]他们放了一公斤煤块和两块木板进去，然后点起火。火很快就烧到了尸体上。

后来，十二小时的轮班结束之后，我们就回到了位于B营的13区。第二天，我们再回到“地堡”那边干活。我们小队里有一个人，当初是和我同一批来到集中营的。他叫梅纳赫姆·利斯基（Menachem Litschi），原本是希腊的一名鞋匠，家里还有妻子和两个女儿。一天，他对我说：“雅科夫，我真的受不了这个差事了。你想想，我们不能一直这样把人扔到火堆里啊。我不想活了。”我告诉他再多忍几天：“万事开头难。一切都会过去的。不要轻易放弃你的生命。”他又熬了两天，然后到了第三天，就在他们把尸体运到“地堡”时，梅纳赫姆趁人不注意，拖着那具尸体一起跳入火海。有个叫格伦伯格（Grünberg）的中士朝他开了枪，让他从痛苦中解脱了。那天是 1944 年 5 月 18 日。

又过了一两个月，一名德国士兵来到二号（三号）焚尸场，问道："有谁知道梅纳赫姆的事？"我举起了手。他让我告诉他出了什么事。我说："我可以告诉你，但不会说德语。我只会说法语。"他把我带去了办公室。到了那儿，他们让我坐下，给了我一些吃的。然后有个人走过来，让我说说梅纳赫姆到底是怎么回事。我暗自寻思：如果德国人每天都在杀害数千人的话，他们为什么突然这么关心一个人的死活？我知道我绝不能告诉他们他是自杀的。他们问我是怎么回事，我就说，他搬尸体的时候离火堆太近了，脚下一滑，掉了进去。就是这样。如果我告诉他们梅纳赫姆是自杀的话，那我就完蛋了。

为什么？

他们会当场把我杀掉。

还有没其他与梅纳赫姆事件相似的事情？

没有了，我印象里只有这一次。

每天，拖拽尸体的活干完之后，我大部分时间都坐在"地堡"边上，到了晚上再回到 D 营。我想住在焚尸场的建筑里，不想待在"地堡"那边。"地堡"那里的工作最辛苦，永远有干不完的活。我们只能无休无歇地干着活，连一分钟都没法休息。我们必须不停地走动、抬尸体、拽尸体、扔尸体，而德国守卫们则监视着我们的一举一动。

每天傍晚，队里会有九到十个人给我们带晚饭过来。有那么一两次，我瞅准时机问我们的队长卡明斯基和莱姆克[21]："为什么你们不能把我从'地堡'调到焚尸场去？"卡明斯基和莱姆克想尽了办法。四天后，我就被调到了二号（三号）焚尸场。我在那儿一直待着，直到离开集中营的那一天，也就是 1945 年 1 月 18 日。我很庆幸那么早就离开了尸坑，因为那儿的工作多得根本看不到头。

那段时间你弟弟达里奥在哪里干活？

他在三号（四号）和四号（五号）焚尸场干了一个月，然后卡明斯基就把他调到二号（三号）焚尸场来，这样我们就能在一起工作了。

你弟弟做什么工作？

我们在同一栋楼里工作，不过我们干的活不一样，他的更轻松一点，因为他身体比较弱。他们用升降机把尸体运到焚尸炉那层，达里奥就把尸体放到炉门前的一块地方——一般一批有四具尸体。他的活比我的要轻松得多，因为他不需要把尸体抬起来。他只需要用手拖拽尸体。“特别工作队”里有一些活比较轻松，其他的要辛苦一点，不过我们总是会互相搭把手。[22]

这份工作对他有什么影响？

说实话，我本来觉得他撑不下来。他很敏感，而且比我小十岁。但是，他仍然坚持到了最后。

二号（三号）焚尸场从外面看是怎样的？

你肯定不信——它看起来就像是一栋厂房。和任何工厂一样，它前面有一个大烟囱。要不是烟囱里冒出尸体烧焦后的阵阵恶臭，你肯定想不到这是杀人的地方。

你能不能描述一下：每当运来一批囚犯时，是怎样的情形？

每当有火车开进来时，都会有一群德国人在站台上等着进行“挑选”。集中营的医生也会和他们一起。火车进了站台，就停在离焚尸场不远的地方，然后“挑选”就开始了。他们会先去掉儿童和妇女。德国人不会打妇女儿童。真是绅士行径。[23]

焚尸场建筑群的大门离火车停着的地方大概有一百米远，所以我们能看到每批囚犯里有多少人会被送到焚尸场来。集中营长官会告诉参与“挑选”的医生每个批次里他想要人数比例，这些人就会被送去参加强制劳动：今天是 10%，明天是 15%，后天是 20%，以此类推。也有一些批次运到以后没有经过“挑选”，全部人都被杀死。这个“挑选”并没有什么标准可言。负责“挑选”的德国人会根据集中营长官定下的比例设置配额。那些难逃死劫的人们会被送到焚尸场去，哪座焚尸场能用就去哪座。

德国人怎么知道当时哪个焚尸场能用呢？

每个焚尸场都有一名军士长，他们每天早上会报告自己所在的焚尸场还有没有空地方。我们焚尸场的军士长是个一头红发、地位卑下的恶棍，来自柏林。1944 年 5 月和 6 月，所有的焚尸房都在开足马力连轴转[24]。1944 年 7 月，工作强度略微降低；到了 8 月，就几乎没什么人送进来了。

你何时会有机会跟那些来到焚尸场的受害者们说上几句话？

开工之前，如果没什么事做的话，我们有时会去那间很大的脱衣室，接收那些刚到达的受害者们。然后我们就看到了他们，看到所有的人。

你们能跟他们交谈吗？

我们得说服他们把衣服脱下来，不过德国人不准我们把真相告诉他们。

当你看到成百上千的一批犹太人运到集中营，而且你知道他们过不了多久就会全部死掉，你心里是什么感受？

我告诉自己，我们不管做什么都帮不了他们。权力在德国人手中，没人能反抗他们。毕竟，我们没有武器，没法采取行动。脱衣室里的犹太人也没人问我们自己要去哪里。

你对那些被送到集中营的人还有印象吗？你还记不记得，当你看到那些被送到集中营来的人时，是怎样的感受？

不记得了，因为我们真的没有和他们说过话。我从来没跟他们交谈过。当我们忙着应付一批即将抵达的人时，一般就由“加拿大”工作队[25]的人和德国守卫们一起去接收另一批。

我们不会去接收，因为那不是我们的工作。有时，我们根本见不到运进来的活人，也不知道进来的都有哪些人，因为我们当时正忙着自己手头上的活。我们不能放着手上的工作不管，去看被送来的囚犯们。

“特别工作队”的队员们有没有遇到过自己的亲人？

一直都有这个可能，除非送来的是匈牙利犹太人。我的妻子也被关在集中营里。有些队员和我一样，有亲人在营里，他们都很害怕。我很担心妻子会被送到焚尸场里杀害，而且我也一直在扪心自问：如果那一天真的到来了，我会怎么做？幸运的是，这并没有发生，不过在 1944 年 10 月 31 日，当最后 400 名“穆塞尔曼”[26]要被杀害的时候，我的两个表兄弟也在里面，他们之前在比克瑙的 D 劳动营干活。我们在焚尸场的脱衣室里坐下来，说了两个小时的话。

所以你的表兄弟们要死了，你是知道的。

是的，我当然知道。德国人一来命令，我们就知道有谁要被杀了。如果囚犯被迫脱光衣服，然后又拿到了一张毯子、一点面包，还有一点人造黄油，这就意味着他要被扔进焚尸场了。

你们聊了些什么？

我问他们，像他们这样一直如此勇敢、如此沉着的人，怎么会落到这样的境地。他们回答道："这就是我们的命数，是天意，我们不可能躲得过。"

他们吃完东西以后，我们又一起抽烟，一直待到他们要走的时候。一个德国人说："是时候了。"然后我告诉他们："来，我有些很可怕的事情要告诉你们，但是你们不会再受苦了。"我把他们带到了毒气室，带到毒气投放口的位置。"要是你坐在这儿，就连一秒的罪也不用再受了。"当我离开的时候，那个德国士兵跟我说："你们现在越来越强大、越来越勇敢了！"我回答道："何必让他们受这么多苦呢？"那天遇害的人里有十个是我在希腊的熟人或亲戚。

390 具尸体全部焚烧完毕，期间我们中的每一个人都各自把几个亲戚和熟人分出来单独火化。我们把他们的骨灰都单独收集起来，装到罐子里，埋在地底下。我们记下了受害者的名字、出生日期和遇害日期。我们把这些罐子埋起来，甚至还为它们念诵了《珈底什》。可现在，谁会为我们念诵《珈底什》呢？我们这样问自己……苏联人[27]来了以后，我听说他们发现了那些罐子。[28]

哪几批人让你记得最深刻？请描述一下。

我在"特别工作队"干活的第一天，下午时分，来了一批人，是从匈牙利来的。

1944 年 6 月，从希腊运来一批人，有两千名，给我的印象也很深。那是从希腊送来的最后一批人，所有人都没经过"挑选"，就直接被杀死了。这是集中营军官下的命令。这批人最终都葬身炉火，无一幸免。

1944 年 6 月底，吉普赛营的囚犯被送到这边来了。他们奋起抵抗，因为不愿意被送进焚尸场。他们都还很健康。

1944年7月中旬，有一天凌晨三点来了一批人，少说也有1500人。他们是来自匈牙利的犹太人——有男有女，还有孩子。我们在脱衣室里等着他们。先进来的有妇女，有年轻姑娘，还有小孩。突然间我们看到一名妇女，带着两个孩子，她问我们："我怎么能在你们面前脱光衣服？这太耻辱了！"[29]我们告诉她，我们已经习惯了。还没来得及说下去，集中营的长官就出现了，他对那个女人说："把你的衣服放在这儿，还有孩子的衣服。记着衣架上的号码，回头就能找着自己的衣服了。"多讽刺啊……她带着孩子径直进了毒气室，就是这样。

到了1944年8月，从匈牙利运来的人越来越少了。等到不再有人从匈牙利运来，别的地方也没有犹太人可以运来了。后来，又有几小批犹太人陆续运达，不过随后就差不多停下来了。德国人开始撤离那些送来犹太人的地方。

1944年8月[30]，从罗兹运来了一大批犹太人；当月，又从奥斯维辛郊区的几所集中营里送来了250名波兰"穆塞尔曼"。那时他们已经动弹不得了。跟着，焚尸场的长官、党卫队军官莫尔过来说："这些人不要送到毒气室。"他想亲手杀掉这些。一开始，他用一根金属棍子毒打这些人——之前这根棍子是用来捣碎焚尸后剩下的残骨的。然后，他走过来，问一个士兵要了支步枪和一些子弹，开始射杀他们。杀了四五个人之后，有一个"穆塞尔曼"大声喊道："长官！"然后莫尔这个凶残的虐待狂答道："什么事？"

"我有个请求。"

"什么请求？"

"当你朝我的朋友们开枪的时候，我想唱一曲《蓝色多瑙河》。"

"随便唱吧！多快活啊！开枪时还有音乐，当然更好了！"莫尔回应道。于是，那人唱起歌来——啦啦啦——莫尔开枪把他们全都杀了，最后杀到那个唱着歌的“穆塞尔曼”。最后一颗子弹击中了他，结束了他的生命。

我还记得，有一次带过来42个孩子，四肢健全，大概十三四岁的样子。我亲眼看到有个男孩挨了五枪才死。他们就这样残忍地杀害了这些人[31]。

又过了大约两个星期，送来了20名游击队员，其中有4名美丽的姑娘。他们知道到这儿来就是送死的。我们期待着他们能保护自己，挥舞拳头反抗德国人，毕竟他们是游击队员——可是什么也没发生。他们就像谚语里说的待宰羔羊一样。我们让他们把衣服脱下来，他们全都一声不吭地照做了。他们安静地走进了毒气室——就像是一只只待宰的羔羊。

我还记得有一次，一百四五十名少女被送到了这里。她们坐下来之后就开始嬉闹、大笑。她们一定以为到比克瑙是来玩乐的。我们惊讶得不得了——这是怎么回事？半个小时过去了，两个小时过去了，她们怎么还没被丢进焚尸炉里？然后命令下来了，要把这些女孩送回去。来了一辆卡车，载着她们去了“桑拿室”，进了某个房间。当时她们活蹦乱跳地从焚尸场里出来，我们跟她们说：“你们该点支蜡烛，庆幸自己能活着离开这里。”她们在焚尸场里坐着的时候，德国人命令她们写明信片：“我们到集中营了。德国人热情地欢迎了我们。我们吃得很好，也很健康。”两天之后，德国人又把她们带回了焚尸场，这些女孩在那里大吵大闹、乱成一团，因为她们知道了等待自己的是怎样的命运。就这样，她们全部遇害了。

有一次，他们带了个年轻女子过来，她来自匈牙利，有一个孩子，刚出生两天。她知道自己就快被杀死了。那天晚上，我们没什么事情要做，就闲坐在那儿，搬了把椅子让她坐下，又给了她一些食物，还有香烟。她告诉我们她是歌手。我们一起聊了半个多小时，就坐在焚尸炉前面。我们旁边坐着一个来自荷兰的党卫队士兵[32]，是个相对和善的家伙。他也在听我们聊天。等到故事说完了，士兵站起来说："好吧，我们不能一直这样坐着，现在该上路了。"他问女子怎么选择：是先杀孩子，还是先杀她自己。她说："先杀我吧。我不想眼睁睁地看着自己的孩子死掉。"于是那个荷兰人站了起来，拿过步枪，开枪杀死了她，又把她扔进了焚尸炉。然后他拉起那个孩子，"砰、砰"两枪，一切都结束了。

我们是仅有的目击者，见证了犹太人所蒙受的苦难。那个荷兰人在集中营里待了一年半时间，也看到了这一切，不过他没有体会到我们的苦难。我们目睹着这一切，经历着这一切。一开始，我们很难忍受所做的事情，但随着时间的推移，我们慢慢习惯了。

有一次，我在脱衣室里遇到了一对母女。母亲取下了一枚白金戒指，塞给了我，显然以为我能救她的女儿。但是我根本没有权力去救。我把戒指收下了。但这样的东西我能留多久呢？最后我还是把它给扔了。

雅科夫，你是怎么记得这些细节的，甚至还记得确切的日期？太厉害了！

我写了日记。从我进入"特别工作队"的第一天起，我就开始写，一直写到 1945 年 1 月 18 日——也就是我被救出来的那天。我每天都在做记录。差不多写了五百页。每天，我都会把最平常的事情写下来，比如"今天发生了什么什么……"或者"今天我们干了什么什么……"我每天都会把自己在工作队里做的事情记下来。每天都有一些新的事情——怪异的死亡方式、囚犯的来源、人们的举动、还有少年们的哭喊："我们不想死！我们可以干活，让我们干活吧！"但是在那种时候，谁会听他们说什么呢？这个世界是不管犹太人死活的，不是吗？他们都被屠杀了。

有没有人知道你在写日记？

有几个人知道，都是我的朋友，不过这件事必须得保密。

你为什么要写日记？

我告诉自己，我也许会从这儿出去。但离开比克瑙的时候，我没能把日记带上。我怎么可能把五百页的日记从比克瑙带到毛特豪森呢？德国人发现了怎么办？他们会杀了我的[33]。

你把日记留在哪里了？

就在原处，也没埋起来。不过就算日记找不到了，我还记得很多很多的日期，这辈子都不会忘记。那些日期我记得很牢，从没遗忘过。

你能把那些日期列出来吗？

在"特别工作队"干活的第一天，是1944年5月15日。200名朋友被德国人带过来杀掉，是1944年9月18日。"特别工作队"起义是在1944年10月7日。在比克瑙的最后一天，是1945年1月18日。

关于脱衣室，你还记得什么？

受害者们运来之后，会从后面进入脱衣室，里面有先运来的人。他们要往下走二十个台阶。女孩和小孩子先脱衣服[34]。德国人把他们从楼梯口带进一个大房间，很小心，也很客气。那个大房间就是脱衣室。里面有衣架，衣架上有钩子，还标着号码。他们得把衣服挂在钩子。然后，他们要经过一条走廊，往左转，就看到毒气室的门。不过，如果是男人的话，德国人就会催他们快点，对他们也很粗暴，很凶悍："快走！快走！快走！"把这些人赶进毒气室之后，门就关上了。

门里面有一块大牌子，上面用德语、俄语和意第绪语写着"淋浴室"。他们走进了门里。

毒气室一次能进去多少人?

大概两千人。

这两千人也是一起进入脱衣室的吗?男人、女人、小孩都在一起?

是的，没错。女人先进脱衣室，然后是男人。男人看不见女人脱衣服，不过毒气室是一起进去的。进去之后，党卫队的人就把门关上。

你能描述下那扇门吗?

那扇门的门板很厚，不到两米高，可以从外面密闭。

毒剂是怎么扔进入毒气室的?

每间毒气室的屋顶都有四个开口。在所有的固定开口前面，都有玻璃窗，窗子用铁条护着。"投放"的命令一下达，一个德国人就会爬上楼，把齐克隆 B 颗粒从某个开口倒下去。毒气室的天花板上装有淋浴喷头，很明显，它们没有跟供水系统连在一起。另外还有些管道，外面围着金属围栏。

是谁把管道打开、把毒剂投进去的?

一名党卫队员。他把毒剂投进去的时候，蓝色的烟雾就在毒气室里弥漫开来。毒剂开始是一个个蓝色的小方块，一接触到空气，就挥发成气体，让人窒息。

人们有没有大声叫喊?

当然喊了，但谁会听呢?毒剂已经倒下去了，过不了几分钟他们就会全部死亡。

然后，一名医生就会走过来，透过门上的一个窥视孔察看人们垂死挣扎的样子，确认所有人都死了，或者说看看是否有人还活着。他瞥了一眼手表，又透过窥视孔往里面张望，看着死亡降临到每一个人身上。接着，他就会宣布毒气室可以打开了，因为一切都结束了。他用德语说了一句“事情办妥了”，然后就走了。一名德国士兵会爬上楼打开窗户。先打开天花板上的通风口，过了十分钟再开门。再过半个小时，我们就可以干活了。而在那半个小时里，根本不能靠近毒气室。

毒杀完毕之后，毒气室的门打开时，你眼前是怎样的景象？

都是尸体，一具摞着一具——有两千具。

这样的景象，你是亲眼看到的吗？

是的。毕竟我在那儿待了十个月。

有15到20个人在楼下干活，用带子或者杆子把尸体拉出来，先把尸体分开再搬出去。跟我们一起干活的还有一些俄国人。尸体先扔到一个狭小的通道里。通道里头有一台升降机，能放十具尸体。按一下按钮，就能把尸体运到楼上，送去焚尸炉那里。

被毒死的人，尸体是什么样子？

从毒气室里搬出来的尸体，身上全都是尿渍和血污。那些“穆塞尔曼”的状况是最糟糕的。

血是从哪来的？

在毒气室里会出现突发性的内出血。毒气导致血管破裂。尸体全部搬出去之后，工作队有些人还要把毒气室清理干净。在楼上的焚尸炉那儿干活的大概有二十个人。首先有四个人，把尸体四具一组分好，以便填进炉膛。焚尸场里有水管和水龙头。尸体先搬出毒气室，然后我们拿起水管（为此还穿上了靴子），开始用高压水流冲刷尸体。我们得把尸体上的血污冲洗干净。冲完之后，湿漉漉的尸体就被扔进了焚尸炉。根据德国人定的规矩，我们要好好清洗，这样进焚尸炉时能干净点。冲洗之后，我们在地上拖拽尸体也会轻松一些。

焚尸炉烧什么的？

楼后面有一堆木板可以用来生火，之后烧的是尸体的脂肪。

焚烧尸体要花多长时间？

半小时。在半个小时内，焚尸炉的每个炉膛里都要焚化四具尸体。焚化的过程是这样的：有五座焚尸炉，每座炉子有三扇门，正面两扇，背面一扇。五座焚尸炉乘以三扇炉门，再乘以每扇炉门里焚化的四具尸体——所以在二号（三号）焚尸场，每半小时就能一次性焚化六十具尸体……一小时是一百二十具……如果像这样昼夜不停地干活，一天就是两千八百八十具。所以，要解决一批囚犯得花上整整一天的时间。现在，你大概能算得出奥斯维辛－比克瑙四个焚尸场的产能了吧。

在一开始的十五分钟里，我们端着叉子忙得团团转，不停翻动尸体，把它们往火里推。尸体填进炉子十五分钟之后，就已经烧完了，紧接着又有四具尸体被扔了进去。每个炉膛最多能容纳四具成年人的尸体，或者六到八具儿童的尸体。

工作队的囚犯们有分工吗？

分工是这样的：首先，四个人在楼上的焚尸炉那里干活。等到升降机到达楼上，他们就打开升降机的门，然后这四个人把尸体拖出来，每四具分成一组，再一组一组地拽到焚尸炉前。我们则被分成两组，每组五个人。第一组负责把担架推到炉门前。第二组则站在担架的两侧，用一根杆子撑住尸体。担架的前端是有轮子的。

他们要我干的活没有那么难。我要把尸体抬起来，放在担架上——一具尸体的头抵着另一具尸体的脚——然后再把他们推到焚尸炉里。我有一把长柄叉子。推担架的人把担架抬起来，我用叉子把尸体推进炉膛。一次要叉进去两具尸体，左边的人用一把叉子，右边也用一把。

不到三分钟，这些炉子里就填了六十具尸体。过了十五分钟，我得用叉子翻动一下炉子里的尸体。炉子冒出来的烟大概有十七米高。德国人很惧怕时不时飞过集中营上空的苏联飞机或美国飞机。又过了十五分钟，我们就把炉门打开，将骨灰清理出来，再倒到另一边去。我们每干三分钟活，就要等半个小时，直到尸体全部烧成灰。在休息的空当里，我们会洗洗手，喝一大口伏特加，无所事事地坐着。晚上干活的时候，我们还能在半小时的休息时间里打个盹。有时，如果焚尸炉没有在运转，我们就要清理一下，把所有的灰土都打扫干净。不过我们不用清扫炉膛，只要清扫炉子前面的那块地方就行了。

尸体是怎么放进焚尸炉里的?

我们会先放两三具女尸进去，再在它们中间放一具男尸，因为女人身上脂肪更多。焚尸炉的边上有一道门，我们从那儿把孩子的尸体填进炉膛底部。一次能火化七八个孩子。这是个很大的工厂。

你把尸体扔进焚尸炉的时候，会直视他们的脸吗?

如果是从隔都运来的囚犯，那我从来不会去看他们的脸；但有时是从其他集中营运来的，我就会仔细瞧他们的脸，因为我很担心我的妻子。毕竟，我很有可能在刚刚送来的尸体中找到她。

尸体的金牙是在哪里拔的?

就在我们冲洗尸体、进行分组的地方。尸体送进焚尸炉之前，嘴里的金牙全都要拔出来。我们冲洗尸体的时候，有两个来自捷克斯洛伐克的家伙也在场——他们就是所谓的“牙医”，负责拔掉金牙。这两个捷克斯洛伐克人真的是牙医，他们也给德国人看牙。那儿有一个大箱子给他们放金牙用，是个四四方方的木箱，上面写着“德国”。金牙和任何黄金制品都扔在箱子里。每周都有一两个德国人过来，有少校，有中校，总之都是些军官。他们会打开箱子，随意拿走自己看上的东西[35]。大概一个月后，箱子就送到德国去了。衣服也会运到德国去。匈牙利来的人随身带着华丽的衣服，行李箱里装满了各色物品。德国人把吃的留给了我们。

冒昧问一下：一具尸体火化之后能留下多少骨灰？

不到一公斤。盆骨不会完全烧成灰，所以我们要用铁棍把它们从焚尸炉里够出来，再用这件金属工具把它们捣碎[36]，直到完全变成粉末。那里有各种工具。因为我们十五分钟过后就要翻动尸体，所以残留下来的残骨并不多。

你从哪里把焚尸之后的骨灰取出来？

尸体在焚尸炉里火化，骨灰从炉子另一端出来。我们会推来一辆小车，装满骨灰，再推到焚尸场的院子里。等到骨灰越积越多，堆成小山的时候，就会有一辆卡车开过来，装上骨灰，再把它们倒进河里[37]。“可以当鱼食。”德国人这样挖苦。

有几个人和你一起干焚烧尸体的活？

另外还有四个人，总是我们这组，没有轮班。

你们组里的其他人也来自希腊吗？

不是，他们来自波兰。

你们怎么交流？

我们会说一点点意第绪语，不过主要还是用手势来交流。我们相处得挺好的。毕竟，我以前在一所意大利学校里学过两年德语、两年英语。

你一直和工作队里的同一批人在一块吗？

我们一直都待在一起，直到最后离开奥斯维辛的那一天，后来就分开了，再也没有见过面。

你们在比克瑙的生活和其他囚犯有什么不同吗？

“特别工作队”的生活和集中营其他囚犯们的生活完全不同。我们离集中营很远，单独关押，而且和集中营里的囚犯没什么接触。

“特别工作队”里有一百来个囚犯，分成两组——夜班和白班各有至少五十人。我们一天要干十二个小时的活，有几个星期要从晚上六点干到第二天早上六点；然后到了下个星期，轮班时间调过来，要从早上六点干到晚上六点。我们更喜欢晚上干活，因为早上的活更辛苦，而且早上军官们也会过来。此外，晚上的时候，守卫们都睡着了，管得松一些。

冒昧问一下：你们好像有一种类似于“黑市”的存在，甚至还能跟德国人进行交易，我这么说对吗？

我们之间没有所谓的“黑市”，没什么必要，因为我们什么都有。我们有很多现金和金子，都是在脱衣室里找到的。大部分东西之前都是塞在受害者们的衣服里的。我们把这些财物交给德国人，德国人会给我们一些香肠和酒作为晚餐。如果没有酒，这事儿就成不了。我们和德国人的交易就是以物易物，就像你们在普通的集市上做交易一样。

你的日常安排是怎样的？

我们早上五点醒来。到了六点，二号（三号）焚尸场的“特别工作队”成员要全体点名——上晚班的人和接早班的人都要参加。点名时，每个人都要向那名德国少校报到。如果有人病了，队长就会报告：“缺席一人；原因：生病。”然后那个德国人就把这一情况写下来。接着，工作队就要开始干活了。八点到九点之间可以休息三十分钟，吃点东西。然后，再接着干活。一般中午的时候吃一顿饭，然后一直工作到晚上六点。

伙食怎么样，有什么吃的……？

有时候，我们不把分给我们的食物吃光，拿一些给其他奴工们吃，因为他们在室外干活，很辛苦。我们并不缺吃的。我们可以拿走受害者的随身物品里的任何东西。我们有面包、蛋糕、香肠，什么都有。这些东西都吃不完，德国守卫们也会留下来跟我们一起吃。我们每天都能领到一份牛肉——都是上好的肉块。还有最好的骨头用来熬汤。早上我们有时会带一点汤给他，他会很开心。我们有很多吃的，多到我们吃不完分配的食物，而是带到集中营去给别人。就算有德国人在脱衣室里，我们也能把受害者们留下的食物拿走。他们并没有阻止我们。[38]

所有东西都应有尽有，包括食物，各种各样的食物。食物太多了，我们都不知道要先拿什么。每一块三明治都比之前的那个更好。食物供给每天都能得到补充，甚至还有很多肉。[39]

你们喝酒吗？

喝啊，我们都喝酒的。我们什么都有，要什么有什么——甚至还有 96 度的伏特加。他们允许我们喝酒，想喝什么就喝什么。

你们住哪儿？

就住在二号（三号）焚尸场的楼里面。我们住在顶楼，住的是单间。我睡的床上有毯子，有枕头。[40]

离焚尸炉那么近，你们能睡得好吗?

焚尸炉确实离得不远。楼下是炉子，在焚烧尸体，楼上的阁楼那层是我们的房间。房间里面有床、毯子和枕头，质量还挺好的。我们什么都有。不管楼下在干什么，楼上的生活仍要继续。

在工作队干活的时候，你们穿什么衣服?

我们有暖和的衣服穿，而且是最好的衣服。我们有裤子，有带衬里的上衣，也有保暖的内衣、夹克、帽子和大衣。后来，我们从奥斯维辛被押送到毛特豪森，这些衣服帮了大忙。一路上都有人死去，但我们却一直都很健康，安然无恙。

你有没有去过焚尸场外面的那片草地?

我去过。那片草地被打理得很好。有时，我们没什么事做，就会去除除杂草,清理清理。没活干的时候——也就是没有人运来的时候——我们也会时不时地打扫一下焚尸场。如果没有人运来，他们有时也会让我们拿着铲子去院子里，把院子清理一下，打扫一番。总有事情要做的，不可能让我们闲坐在那里什么都不干。

晚上待在自己的房间里的时候，你们会做些什么事?

到了晚上，我们会一起唱歌，有的人会演奏乐器。对于这些，没人会说什么，因为我们在离集中营很远的地方。每天晚上，我们都一起吃吃喝喝，唱很久的歌。不用干活的时候，四下静悄悄的，我们就去睡觉。我们晚上大概十点钟或者十一点上床睡觉。

星期天呢?你们星期天也要干活吗?

星期天当然也要干活了。有活就得去干，根本没有休息日。每到星期天，我们就会去浴室和桑拿室，去的路上，我们会唱起希腊民歌。德国人也喜欢听我们唱歌。真的，我们虽然每天都能在焚尸场的淋浴室里洗澡，但是去桑拿房还算特别的事。

你们能偶尔从工作中脱身，去“休个假”吗？

我记得1944年的10月4日是赎罪日。周一早上，我看见工作队里的波兰犹太人准备好了所有东西：有《托拉》经卷、祈祷书，等等。德国人给我们放了一天假，我们就去祈祷了。每个人做了祷告，做了该做的事情，然后到了第二天，也就是赎罪日的正日，周二早上五点钟，他们接收了一批犹太人，多达2500人。就是那样！那就是他们给我们的赎罪日礼物。我还清楚地记得，当时我跟朋友们说：“看看那群混蛋给了我们一份多大的礼物！”三天后，三号（四号）焚尸场就爆发了那场起义。

集中营的其他地方发生的事情，你知不知道？

我妻子就在女囚营里，我去看过她两次。每隔两周，我们就有机会见一次面。我只见过她两次，后来10月份的时候，她就离开了这个集中营，去了卑尔根–贝尔森集中营。

她在哪儿你是怎么知道的？你怎么跟她联系？

活不多的时候，他们有时会让我们在星期天的下午出去走走。我工作的二号（三号）焚尸场离一号（二号）焚尸场大概有一百米远。那条铁轨从两个焚尸场之间穿过，你可以直接走到一号（二号）焚尸场去。他们允许我们互相探访，并且可以从一号（二号）焚尸场走到二号（三号）焚尸场。所以我们就走到了一号（二号）焚尸场，对面就是女囚营的第十五营区。

我爱唱希腊语歌或者意大利语歌，什么歌都唱。一次，我正唱着一首意大利语的歌，突然听到了妻子的声音。她正在跟她的朋友说话：“那是雅科夫，那就是雅科夫！”我大喊道：“是的，是我！你在哪儿？”她大声回应我：“我在十五营区！”“好，我会去看你的！”我喊着。我们就那样大声呼唤着，用的是希腊语。“你怎么来看我？”“别担心，我会想办法的！”

每隔两个星期，他们就要把工作队成员用的毯子拿到女囚营去消毒。每次由一组十个人把毯子拿过去。所以，有一天我有机会去了那里。一天，有人让我第二天去消毒的地方。那天快结束的时候，我对妻子喊道：“明天我会去看你！跟你们监工说一声，别让你去干活了！我也会给你带些东西的！”当时的情形就是这样。第二天早上，我“组织”了两包香烟、一些面包，还有几块糖，把这些东西带给了我妻子和她的监工。这样，我们就能在一起待上十五分钟。我看到她的状态还不错。我很高兴她并没有瘦成皮包骨，这说明她并没有挨饿。1944 年 10 月，我又想办法跟她见了一次面。到了 10 月晚些时候，所有女人都被送到卑尔根·贝尔森集中营去了。10 月 7 日，也就是暴动的那天，她还在这个集中营里，她以为我已经遇难了。毕竟，一号（二号）焚尸场里的所有“特别工作队”成员都被处死了，三号（四号）焚尸场的人也几乎全军覆没。只有极少数几个人活了下来。

你妻子知道你在集中营里做什么吗？

是的，她知道。

你每隔两周去见你妻子的时候，能不能看到其他犹太囚犯的状况，看到那些没有足够食物的人？

能看到，就是为了他们，我们才用到分配的食物。我们会把公共食堂送过来的食物留出几百份，转交给犹太囚犯们。有了这些额外的食物，他们才有力气干活。我们并没有和他们接触。

去见你妻子的时候，你能给她偷偷带点食物吗？

能，我会给她带面包，给她的监工带香烟。这样，我去看她的时候，监工就不会安排她干活了。

运到集中营的人们会告诉你们外面发生的事吗?

我们会听到一些消息，知道外面的一些事情。但有时我们并没有足够的时间跟他们交谈。

你相信他们说的话吗?

我相信。一般来说，我们是知道外面发生什么事的。管我们的中士叫福斯，他发表了一番告别演说："明天，我就要离开你们了。我要为我们的祖国战斗。祝你们一切安好。"他就是个卑鄙无耻的小人。

作为犹太人，你们在那儿能够祈祷吗?

只有在赎罪日的时候可以。我前面说过了，1944 年的赎罪日是 10 月 4 日，星期二。

那个赎罪日，你也在奥斯维辛做了祷告吗?

不，我那时没有做祷告；我从来没有去过犹太教堂。只有在这儿，在以色列，我才去犹太教堂。我相信上帝，但并不笃信宗教。

和你一起被送到集中营的人，有多少留在二号（三号）焚尸场的"特别工作队"里干活?

大概有五十个。工作队还有一些老队员，总共有一百个人。我们这些"新人"刚到，老队员就告诉我们："这儿有吃有穿，什么都有，但是你必须明白一点：谁也别想活着从这儿出去。"我们听到了这些话，却没有听进去。我们当时还没缓过神来。

你在那儿工作期间，工作队里的囚犯们都来自哪些国家?

他们大都来自希腊、波兰、法国和苏联。三号（四号）和四号（五号）焚尸场有几个人来自匈牙利，还有一个来自捷克斯洛伐克。除了我，二号焚尸场里的威尼齐亚兄弟，分别叫做列昂和巴鲁克，也来自萨洛尼卡。他们是在雅典被捕的。巴鲁克·威尼齐亚持有意大利国籍，是个裁缝，也卖衣服。他的儿子在三号和四号（或者说四号和五号）焚尸场的“特别工作队”里干活，1944 年 10 月 7 日周六早上 10 点被杀害——就在“特别工作队”起义期间。我在焚尸场里也认识一些已经移民法国的波兰犹太人。他们说的是法语，是在法国被德国人抓到的。

你们会一起做些什么活动？你们之间的关系是怎样的？

我们之间交情都挺不错的。我们都是好朋友，彼此忠诚。在那个鬼地方，我们别无选择。

工作时间之外，你们会做什么？

我们建立了亲密的友谊。

和你在二号（三号）焚尸场共事的人，有没有谁现在也住在以色列？

有，什穆埃尔·莱姆克（Shmuel Lemke）就住在吉夫阿特·赫索罗沙（Giv' at ha–Shelosha），不过他不想谈这些事[41]。十五年前，我有个朋友住在卡法萨巴，他之前也在奥斯维辛待过。有个周六，他说要给我一个惊喜。我们开车去了吉夫阿特·赫索罗沙，停在莱姆克家门前，我惊喜地叫出声：“那是莱姆克！”我们朝他走去，不过他并没有认出我来。我提醒了他几句，他就想起来了。他哭了起来，还哀求我不要把他在“特别工作队”干过活的事告诉他妻子。

你有没有和那些看守你们的德国人建立关系？就是那些你们很了解、而且能聊上几句的人。

我们跟守卫们一直都有交流。他们一直都和我们在一起，而且人也都不错。我们和他们之间没什么问题。其中有个守卫来自荷兰，他是个好人，真的很善良。我们也一直在心里纳闷：这个荷兰人是怎么加入党卫队的？党卫队里还有一个人也很好，年纪稍微大一点。但有一天他突然不见了，我们再也没见过他。谁知道他出了什么事呢？他的位置有人替代了，他再也没有回来过。除了奥托·莫尔，这个焚尸场里还有一个管事的，就是那个叫福斯的党卫队军官。一天晚上，福斯把我们叫过去，跟我们说了很长一段话。他说他就要离开比克瑙，去为他的祖国战斗了。

可以说，那些守卫对我们还算宽容。他们知道不能虐待"特别工作队"的人，因为我们活不了多久了。

你还记得奥托·莫尔吗？

当然，"特别工作队"就是归他管的。他是个虐待狂，跟疯子似的。每次莫尔来焚尸场巡视，我们就知道可怕的事情要发生了。莫尔骑着辆摩托车，他在制服外面还套着一件卫生袍，就是医生穿的那种白大褂。他跟妻子还有两个孩子就住在离比克瑙几公里的一栋别墅里。和我们一起在焚尸场里干活的人里，有一对匈牙利父子。一次，儿子经过带刺的铁丝网时，莫尔掏出手枪，打中了他，把他给打伤了。

为什么？

他高兴呗。他跟疯了似的，就是个十足的虐待狂。一次，来了一批波兰犹太人，有两百人，也许是两百五十人，看上去都半死不活的。莫尔把他们带到了"特别工作队"，想让他们帮我们干活。但是他们连走路的力气都没有了。进到毒气室需要走往下走几个台阶。我们用的工具里有一根金属棒子，可以用来敲碎残骨。那些人顺着楼梯往下走时，莫尔就把这个金属的家伙朝他们头上扔去，砸死了两三个人。然后，他也走了下去，命令警卫头头拿把步枪把所有人全都杀死——250 个囚犯，一个不留。最后莫尔开始自己动手杀人。一个，两个，三个，十个，二十个……就这样，莫尔杀害了这两百五十个囚犯。他一个人，一支枪。

有个希腊人名叫雅克·本伯尼史蒂（Jacques Benbenisti），是个画家。莫尔把他带到家里，让他画了几张画，然后把他带回来，立马杀掉了他。

关于莫尔还有这么一件事。那是个周二，我当时正在三号（四号）焚尸场旁边的“地堡”干活，把尸体从毒气室里搬出来。有几个希腊人也在那儿干活。有个人手一滑，一具尸体掉在了地上。莫尔当时正好在那儿，当时就掏出手枪，把那人打死了。他简直不是人。对他来说，杀人就像儿戏一样——他走过来，掏出枪，扣下扳机。杀的是谁根本不重要。这就是莫尔，他是那些人中间最穷凶极恶的一个。

我听说莫尔在离开奥斯维辛后，被派到了位于考利兹（Kaulitz）的另一座集中营。到了那儿，他问那个集中营的长官：“你们为什么要把这些人当囚犯关着呢？得了吧，把他们都枪毙不就万事大吉了？”那个长官回答道：“你可以在你的集中营杀你的人。但是这儿是我的地盘，我不会伤害任何人。”

莫尔最后被苏联人逮到了，囚犯们把他撕成了碎片。但是那又怎样呢？他已经害死了成百上千的人，早已泯灭了良心。这就是莫尔。

你和工作队队长的关系怎么样？

集中营里的其他人中，就数队长最不是东西。他们无恶不作，没完没了地打人。百分之八十的队长都不是犹太人。不过焚尸场里的队长一般都是犹太人。大队长是雅科夫·卡明斯基。他负责分配工作，办事十分老练。德国人都很信任他，常说：“雅科夫怎么说就怎么办。”

一天下午，五点半的时候，我们正在列队点名，有个可恶的中校跟我们说：“现在我们要去做点运动。”卡明斯基真的很勇敢。他在中间坐下来说道：“中校先生，怎么回事？这些人有什么地方做错了，那他们就该罚。我是这儿管事的，我愿意现在受罚。”那个德国人火冒三丈地喊道：“那就你来做！”他们当晚就把雅科夫·卡明斯基杀死了。

过后，有个叫卡罗尔（Karol）的德国人被任命为工作队的队长。起义那天，队员们把他抓到焚尸场给活活烧死了。德国人还到处找他：“卡罗尔在哪儿？他藏到哪儿去了？”

你还记得那些做过队长的人吗？

我记得。管我们的队长挺够朋友。不过营里的那位队长是只顾自己不顾别人的，每个人都被他毒打过、虐待过。有两三个队长人还不错，他们是德国共产党员，但其他的队长就一个比一个坏了。如果我没记错的话，隔离营有个叫保卢斯（Paulus）的队长，他是个十足的恶棍。我那时想，他可别落在我手上，不然我一定会把他活活打死。

有哪些来自德国的队长人还不错的，你记得吗？

记得。有些来自德国的队长很保护他们的“队员”。女囚营里有一些来自奥地利的队长，他们会帮着女囚们砍树。我之前跟你说过，有个来自荷兰的党卫队军官，他还是个孩子，最多也就二十二三岁。他总在笑，人真的不错，他没有伤害过任何人。我也没见他对谁说过一个脏字。他是我们的朋友，我们的伙伴。他甚至把他的武器给了我，还说：“拿着！你可以玩一会。”但是乌克兰人就很坏。如果你落到了乌克兰人的魔爪里，那可就惨了。他们比德国的党卫队更不是东西。我们最害怕的就是他们。

到了晚上，他们会让我们唱歌。我们有一把曼陀林，一把吉他。我们和德国人一起放声歌唱。大家一起吃吃喝喝。

你们既然和德国人一起吃喝，那么互相之间有没有亲近起来？你们和德国人都聊些什么？

我们不会很深入地谈论政治。我们会说笑，聊聊歌曲。他们喜欢唱歌。这听起来肯定很可怕——我们竟然能和要杀我们的凶手们住在一起，太让人费解了。不过在奥斯维辛，一切皆有可能。

你还记得艾希曼来巡视的事吗？

他是 1944 年 7 月过来的。仿佛就是昨天的事情，一切都历历在目。那是早上六点十五分。我们已经把四具尸体放进了炉里，烧了一半，还没烧完。这时走过来一个德国守卫，然后我就看到艾希曼和另外两名军官一起走了下来。那个婊子养的王八蛋对我们说："你们再多放两具尸体，放在那四具上面。怎么办到我可不管。"只有行家才能办到。一下子烧六具尸体可不那么容易。"很好，很好……"他这么说着。我们服从了他的命令。他有两次经过我身边，离得很近，就在我身后站了很长时间。他来过比克瑙两次。

艾希曼被审判期间，你有什么感觉？

我没去。我去干什么呢？我跟你说：有些人比我可重要多了，他们看到过艾希曼，目睹了他的所作所为。如果莫尔也活着的话，他们也会把莫尔抓来审判，那我一定会去，让他付出代价，当着他的面把一切全都说出来。

你在"特别工作队"干了多久？

从 1944 年 5 月 15 日，到 1945 年 1 月 18 日——总共八个月。

你是怎么在那个地狱里干这么久的？

的确，在集中营里干活的人每天都过着生死未卜的日子。他们被毒打，还有其他的悲惨遭遇。不过，我们连最恐怖的事情都见过了。在大屠杀过程中，我们做的是最肮脏的工作。我在“特别工作队”里干了八个月，整整八个月都活在这样的悲剧里。那些活又累又折磨人，尤其是刚开始那几天。每个人都很怕在尸体里发现自己的亲人。第一次总是最艰难的。不过说真的，你什么都会习惯的。我们有时会在晚上干活，半夜时分，我就坐在一具尸体的旁边，但是却丝毫影响不了我的情绪。我会干三分钟活，然后再歇上半小时。我知道只要我犯下一点小错，他们就会除掉我。所以我就干我的活，说实话，我在集中营的那段日子里，没有一个德国人对我下过手。倒霉的是那些容易惹麻烦的人，他们都被除掉了。

你有时间去思考你看到的这一切吗？

刚开始看到这一切，真的很痛苦。我根本理解不了我看到了什么——一个人留下的仅有的身后之物就是一公斤左右的骨灰。有时我们也会寻思这事，可是寻思又有什么好处呢？我们有选择吗？逃跑是绝无可能的，因为我们都不懂这儿的语言。[42] 我就这样干着活，哪怕已经知道我的父母已经遇害了。还有什么比这更惨呢？过了两三个星期，我就习惯了。有时晚上休息的时候，我会把手放在一具尸体上，并且一点都不觉得有什么不对劲。我们就像机器人似的在那儿干活。我必须要坚强，才能活下来；只有活下来，才能把这里发生的一切公之于众。事实证明，人比畜生还要残忍。是的，那时的我们就是畜生。我们没有情感。有时我们会怀疑自己还是不是人。

我很难理解：你们在毒气室、焚尸炉这些地方干了一整天之后，竟然还能唱出歌来。

我前面说过了，我们不只是机器人；我们已经成了畜生。我们什么念头都没有。我们只想着一件事——逃出去，活下来。

那段时间里，你还信仰上帝吗?

我不是教徒，不过我一直都相信上帝。现在也依然如此。我从来没有背弃过上帝。

在那种极端的绝望和无助中，你一定备受煎熬吧?

我从来没有绝望过。我到那儿的时候，每个人都说："我们快要死了；我们永远都不可能走出这儿了。"我却说："我要活着！"我从一开始就这么说。我是个乐观主义者。刚进去的时候是这样，在工作队干活的时候是这样，从那儿走出去的时候还是这样。我知道我会活下来的。

你害怕吗?

我不害怕。我真的不害怕。我从来没怕过什么。我也不会去琢磨恐惧或者死亡。我极其乐观。我一直都跟自己说："我一定会逃离这里！我一定会摆脱这里的一切！"大家都问我："你怎么能想着离开呢？你难道没看到这里发生的事吗？"

有个朋友一直很悲观。他总是不住地恸哭，我就跟他说："别哭了！男子汉不该哭。"这就是人生——你得看到它好的一面。你绝不能害怕，虽然它有时会让你遇到些不那么好的事情。我从没怕过德国人，也没怕过其他任何人。我总是高昂着头，直视前方。我那时就是这样，现在也还是这样。

1944 年六七月间，他们开始谈论发动起义的事情，琢磨着怎么逃出集中营。有个来自苏联的犹太军官，是个少校。还有个希腊来的犹太上尉，名叫约瑟夫·巴鲁克，集中营解放之前他去世了。他们交谈了一番，最后搞出了一个所谓的行动计划。

1944 年 9 月，德国人宣布说：“这里的活已经不够分了。我们会从焚尸场抽两百名工作队队员，调到其他地方去。”他们带走了两百名老队员，然后在离奥斯维辛三四公里的地方把他们全部枪杀了。我们都被蒙在鼓里。那时焚尸场里的活还是够多的。一天晚上快七点的时候，突然来了命令：“所有人都上楼去！——全部两百名囚犯，都到营房去！”我们问原因，他们就说：“几个苏联飞行员杀死了一些德国士兵。尸体就不用你们烧了。我们来烧就可以了。”我们觉得很奇怪，心里暗自纳闷：“战斗中捐躯的士兵理应按军礼下葬，坟墓上要有十字架，还要刻名字。不该火化的啊！”但命令就是命令，于是我们七点钟的时候都上了楼，在那儿一直待到了 11 点钟。我们在楼上的时候，他们焚烧了两百到两百五十具尸体。而再早些时候，大约七点的样子，我们听到远处的铁轨附近来了卡车，一辆接一辆，亮着车灯。两名德国士兵站在大门口。突然我们就听到有人用德语下达了这道命令。

我们不知道出了什么事。卡车开到了焚尸场的院子里。我们朝下望去，想看看到底怎么了，不过下面一片漆黑，看不清楚。快到 11 点的时候，他们让我们下去。德国人已经离开了，只有两名守卫还留在那儿——白班两个人，夜班也是两个人。我们打开门，看到了朋友们的衣服——就是那两百名“特别工作队”成员的衣服。德国人亲自焚烧了他们，好让我们注意不到他们已经死了。德国人害怕这样的事会引发暴动。1944 年 10 月初的一个周六，也就是赎罪日后的第四天早上，我去女囚营看望我的妻子，跟她说：“我马上就不用待在这儿了，因为我们正在准备起义。”

在起义开始之前，你们了解情况吗？

是的，我们都知道。我们接到了指示。

谁给你们的指示？

是那个希腊军官约瑟夫·巴鲁克，还有那个苏联少校。10月7日起义开始之前，他们选过几个日子，但最终都被推迟了，主要是因为奥斯维辛各个地下组织的干预。[43]我们计划干掉几个党卫队成员，然后再逃跑。

这项计划最终的结果如何？

这个计划并没能施行，因为困难太多了。每个周日焚尸场的院子里都有十一二个携带自动武器的士兵。而每个焚尸场里面只有两名守卫。我们打算从某一边偷袭他们、抓住他们，然后再尽可能多拿些武器，尽快脱身，但是这计划行不通。作为计划的一部分，我们已经做好准备，可以为整个集中营的囚犯们献出生命，但是我们最终没成功。行动并没有朝着预想的方向发展。大起义开始的那天，他们命令"特别工作队"减少工作量，因为后面再没有人运过来了。他们命令我们中的一些人去"桑拿室"[44]。二号（三号）焚尸场的队员们决定不去，因为我们知道，如果照他们的话做就死定了。他们开始殴打我们。此时我们还是什么都不知道，直到听到了枪声。我们寻思着还是在这儿等着比较好。我们开始朝对面的一号（二号）焚尸场大喊，"你们那边出了什么事！"但是没人回答。那时一号（二号）焚尸场里已经连一个人都没有了。后来，连守卫都不在那儿了。那些人都逃了出去，但是德国人在集中营后面一公里的地方把他们射杀了。

外面正在激战，两个希腊犹太人来到了三号（四号）焚尸场：一个名叫鲁多（Rudo），是个炮兵军官，另一个叫伊扎克·巴齐来（Yitzhak Barsilai）。焚尸场里有些炸药，他们就把所有东西都给炸了。[45]三号（四号）焚尸场有750名"特别工作队"成员[46]，全部都被杀害了——只有队长埃利泽（Eliezer）跑到我们这里，逃过了这一劫。

十五分钟后响起了爆炸声。三号（四号）焚尸场里藏着一些炸药，是队员们从集中营里不是囚犯的工人那里拿来的。波兰技工们为他们提供了这些炸药，换取报酬。[47]没过多久，来了二十个德国人，还牵着狗。他们清点我们的人数，发现并没有少人。我们总共有一百个人，都是在二号（三号）焚尸场干活的工作队队员。他们把我们带到到焚尸场，关进一个房间里，足足关了半个小时。过了一会儿，一个守卫从集中营来到了焚尸场这边。这人是党卫队的小队长，他的摩托车刚刚被炸烂了。他问是谁炸了他的车。有人站起来承认了，是兄弟俩。这个军官就开枪打死了一个，让另一个焚烧他兄弟的尸体。

过了十五分钟，他们命令五个人站出来。我就在最开始的五个人里面。他们把我们带到了一号（二号）焚尸场。我们一到那儿，那个军官就让我们开始干活。下午六点的时候，他们用推车运了850具"特别工作队"队员的尸体过来。我们得先把发生暴动的三号（四号）焚尸场送来的750具尸体火化了；随后他们又用车拉来100具，是一号（二号）焚尸场里逃出去的人，不过在集中营外面被逮到了。我们开始火化尸体的时候，警报声响了起来。

我们马上停止干活，坐了下来。过了一会儿，我们又继续干活。我们告诉自己，等到我们把这儿的一切都烧干净了，就轮到我们了。我们等了十分钟，十五分钟。然后有个党卫队的人过来说："再过几分钟，我们就把你们全都杀了。"我们知道他们会就地除掉我们，但是我们肯定要先让这些德国人得到报应。到了半夜，集中营长官说："我从元首那里接到命令，决定放二号（三号）焚尸场的人一条生路，因为你们一直老老实实待在这儿，没有参与对抗。”我们以为这不过是德国人在骗我们，第二天他们肯定还是要杀了我们的。到了第二天，一切都被清除了，所有东西全都烧了……

“特别工作队”里有个希腊人，叫列昂·科恩，他现在还活着。[48]他娶了萨洛尼卡一个银行经理的女儿。科恩被逮起来送到奥斯维辛的时候，他的妻子和岳父逃掉了。科恩以为自己必死无疑了，就拿出一张纸来写道：“发现这张纸的人，请将它转交给我的妻子，告诉她我已经死了。”他在这张便条上签了名，然后埋在了焚尸场的院子里。

为什么二号（三号）焚尸场没有发生起义？

也不好说那儿没有发生起义。我们和其他人一样都准备好了，只不过一直没等到机会。我们本来要提前一个星期起义的，但是德国人突然又投入了两千兵力。我们当时觉得冒险是没有任何好处的。他们几天后离开了集中营，然后我们就开始部署计划，准备在 1944 年 10 月 7 日周日起义。我们知道要制服两个守卫并不难，之后我们就打算从营里逃出去。那天下午五点，有十一个装备着自动武器的德国人在我们附近巡逻。我们决定袭击他们，抢走他们的武器。当时我们心想，我们中肯定有个人会被杀掉，但是如果我们有了武器，就更容易采取进一步行动、解放一部分被关在比克瑙的人。

我们也和游击队联络上了。在一号（二号）焚尸场，有个苏联少校与他们建立了联系。集中营里的波兰工人们也帮助我们和外部世界保持联系。我们有计划，但没有适当的时机。1944 年 10 月 7 日起义发生的时候，一号（二号）焚尸场的人本来应该通知我们出了什么事，但是他们没告诉我们就逃跑了。我们不知道外面发生了什么，所以落在了后面。我们听到了枪声和爆炸声，却不知道这些声音是从哪来的。我们就那么待在那儿，而正是因为我们没能参与起义，才捡回性命。不然，我们恐怕也被处死了。

毒气室里的杀戮是什么时候彻底停下来的？

灭绝行动一直持续到 1944 年 10 月 31 日。[49]

你觉得"特别工作队"起义有没有促使灭绝行动终止？

我觉得也没太大的影响，因为这时候已经没有大批犹太囚犯送过来了。暴动发生的二十天后，灭绝行动彻底终止了；然后他们就开始拆毁焚尸场。那段时间我们非常紧张，以为他们会杀了我们，让我们无法向全世界揭露奥斯维辛的真相。

你们是怎么被解放的？

11 月 1 日，我们收到命令，要拆毁焚尸场。我们和奥斯维辛集中营的其他囚犯都忙着干活，一直到了 1945 年的 1 月 18 日。那天，我们早上十点去干活，但是德国人很快就命令我们折返回去。集中营长官过来了，告诉我们离开比克瑙的日子已经到了。然后就下了命令："'特别工作队'的人——靠边站！"我们清楚自己的时候已经到了，下午我们就要被处死了。

你还记得你们相互说了什么话吗？

我们约定好，一有德国人靠近，我们就动手，抢在他杀我们之前先干掉他。我们不愿像羔羊一样被他们带去屠宰。

你们打算怎么杀死那些德国人？

用刀。我们都有刀，锋利得很。

刀从哪来的？

我们一直都把刀子装在口袋里。去哪儿都带着。

什么地方需要用刀？

用来切面包之类的东西。

干活的时候用得到吗？

用不到。最后离开比克瑙的时候，我们没把刀带上。我们把刀都扔在那儿了。

德国人没有在撤离之前杀掉你们，你觉得原因是什么？他们不可能故意让“特别工作队”的人活下来的。

没人知道原因。据说是因为我们已经和集中营里的其他囚犯混在一起了，所以他们分不清楚。然后就爆发了巨大的骚乱，而且党卫队的人已经看不住我们了。

幸运的是，最后时刻我们决定和集中营里的其他人一起撤退。我们先去了仓库，把里面的面包、人造黄油、牛肉、衣服和毯子全都拿了出来。1945 年 1 月 18 日，下午五点到五点半左右，我们从比克瑙出发，前往奥斯维辛的主营区。

我们在奥斯维辛待到了半夜时分。寒风刺骨，温度低到了零下二十摄氏度，还下着雪。后来离开了奥斯维辛。每一秒都能听到枪声，谁不往前走，就会被开枪打死。地上的雪都被鲜血染红了。第二天早上十点左右，我们来到了一个波兰村庄。几个波兰来的囚犯知道路，也会说波兰语，就伺机逃跑了。随后我们到了布拉迪斯拉法（Bratislava）。德国人一直看着我们，和我们一起行进。谁要是慢了下来，或者摔倒在地上，就会被当场枪毙。第一天晚上是在一个村庄里度过的，我们露宿在谷仓旁边的雪地里；而德国人却睡在里面，不用在外面受冻。第二天依然如此。第三天，我们到了一个小镇，终于可以在屋子里睡觉了。醒来之后，我们又继续行进。后来，我们被赶进了无顶的铁路车厢，在里面待了八天左右；这八天里唯一能吃的就是雪。1945 年 2 月的 2 日或者 3 日，我们到了毛特豪森[50]。我在那见到了很多逃离佛朗哥统治的西班牙人，还有一些比利时人。

那儿的人问我们：“其他人都快饿死了，为什么你们看起来还好好的？”我们没告诉他们自己是“特别工作队”的。我们只说自己什么活都干过了，才勉强活了下来。在毛特豪斯的那个月里，我们早上是没有东西吃的。十点的时候，我们可以领到萝卜汤，有时有点面包，有时候没有。

几天后，那儿的人问我们有没有人想干活，问起每个人的职业。我说我是个“印刷工人”。他们却错写成了“雕版工”。他们把我带到了古森一号[51]，把我分到一台机器面前，但是我根本不知道怎么用。那是个军火工厂，不过我还是适应了下来。那里的法国技工和意大利技工帮了我很多。我的工作就是安装步枪的螺栓。我每天能安装400个螺栓。从3月份开始，我在古森集中营一直做到1945年4月30日。我总算坚持到了最后，而且连体重也保持住了。我健健康康、毫发未损地到了布达佩斯，体重是76公斤。

你们是怎么被解放的？

到5月2日的时候，我们已经能“嗅到”古森集中营里的“解放”气息了。我们第一次看到了红十字旗，而且集中营里连一个党卫队员都没有了，只有守卫和战犯还在。不仅如此，从那天开始，我们也不用干活了。我们身上脏得要命，因为一个月里都没有机会去洗个澡。5月5日，我们接到命令去点名。总共有12000人报到。我们远远地听到了美国坦克接近的声音，齐声叫起来：“美国人来了！”德国守卫却告诉我们那不可能是美国人，因为德国人赢了战争。

他们开始清点人数的时候，大门被打开，坦克冲了进来。守卫们立马就逃走了。五分钟后，美军指挥官爬上了一个瞭望塔，把塔上的机关枪移到了一边，大声喊道："从今天起，除了德国人，所有人都是一家人！"我就这样重获了自由。

当时的感觉很奇怪。我们并没有感到开心。我们知道战争结束了，可是我们犹太人再也没有父母亲人了。没有人活着了。

第一批被送回国的是法国人和意大利人。我当时所在的队里有 44 个希腊人，其中有 16 个犹太人，还有一些希腊基督徒，明显是政治犯。我们又在古森待了一个月。感谢上帝，我身体不错。我和另外三个朋友住在一个德国军官的房子里。我们的食物是从村子里拿的；我们和另外 20 个人一起去村子里，抢一些鸡和肉回来。

一辆美国卡车把我们载到了欧堡（Oberg），那是美军和苏军的交界地带。接着一列苏联火车把我们送到了维也纳。那个时候，维也纳已经被毁得面目全非了。我在那儿待了四天就被送到匈牙利的布达佩斯。最后，我们到了南斯拉夫的斯科普里（Skopje），然后从那里去了希腊边界。

也就是说，你在战后回到了祖国？

是的，我辗转了三个月。后来一路上经由奥地利、捷克斯洛伐克、匈牙利，花了一个半月，又在南斯拉夫待了 20 天，最终在 1945 年 8 月抵达希腊。我开始在那儿做印刷工，同时也当记者。

你为什么要回到希腊？你不是不情愿回到家乡吗？

我在那儿还有家啊，我的叔叔们还活着。解放四个月后，我回到了希腊，但却很难适应那儿的氛围。当我看到萨洛尼卡已经没有犹太人的时候，我很难过，伤心极了。我去了儿时待过的城市，走了走，想要找回曾经的文明，但是什么也找不回了。我在萨洛尼卡寻找亲人，但最终却只找到了一些朋友。他们问我去了哪儿，经历了什么危险和磨难。

你跟别人说过在奥斯维辛的经历吗？

我不觉得这样做有什么意义，因为我根本不能确切地描述我们在那儿的处境。但是，当我开始感到自己又成为了社会的一分子，当我开始反思我在那儿做过的一切时，我却感到痛苦不堪。现在也还是这样，一谈起这些我就觉得心如刀割。

那时你找到妻子了吗？

我到处找寻我的妻子洛拉。我在古森一号有个朋友叫佩波·埃兹拉蒂（Peppo Ezrati），重获自由之后，他就去了毛特豪森。他在那碰巧遇到了我的妻子，告诉她我还活着。此前并不知道她活下来了，我到了雅典才得知她就在萨洛尼卡，并在一家疗养院里找到了她。在联合会（美国犹太人联合救济委员会）一位名叫莫迪亚诺（Modiano）的希腊官员的帮助下，我想办法把她送到了雅典的一家疗养院。我们的重逢着实来之不易。看到她那个样子，我很难受，不过，能够再次相见，我们还是很开心。

我们在雅典一直待到了 1949 年 5 月 21 日。这期间，我在为联合会做事。我们的女儿罗莎也在这个时候出生的。大家都劝我搬到意大利去，但是我们还是想移民到以色列，去祖辈的土地上生活。

你们是什么时候到达以色列的？

我 1949 年 5 月 21 日从希腊出发，然后在 5 月 24 日到达了目的地以色列。我有些亲人早在 1932 年就到以色列来了。一开始，我打算加入一个基布兹，但是在见了几个朋友之后，我们还是决定加入莫沙夫[1]。生活很艰难，不过我们有理想，有决心，也有奔头。我们知道，在这儿没人会叫我们“肮脏的犹太人”。

[1] 基布兹和莫沙夫都是以色列集体农庄，莫沙夫体制中家庭生产和消费的独立性更强一些。

你回过奥斯维辛吗？

大约一年前，我本来有机会去奥斯维辛的，但是我妻子不想独自留下，所以就没能成行。

你有没有仔细想过奥斯维辛里发生的一切？你梦到过那儿吗？

没有，不过我有时会想起它来，但是我没梦到过。我从来没梦到过那里。过去的事情已经过去了。我只活在当下。

你会不会耻于讲出你的故事，对从未去过那里的人说起自己的经历？

不，我并不为此感到羞耻，我问心无愧。该感到羞耻的是德国人，不是我。那段经历的确很痛苦，但我不会因此而羞耻。要告诉世人 1945 年之前发生的事情是很困难的。要描述我们的经历和见闻也很困难。这一切都太难以置信了。谁会相信这些事情呢？谁会相信德国人犯下了如此罪行呢？太难以置信了！整件事情实在是令人难以置信啊！但是，它的的确确发生过。

你有没有跟女儿讲述过自己的经历？

当然。我跟我的孙子孙女们也说了。我有个外孙，今年十二岁了，他把这些都写了下来。我也把一切告诉了两个外孙女。她俩一个去年刚从学校毕业，现在在做律师；另一个今年读高三。他们全都知道。早在孩子们还小的时候，我就把一切都告诉他们了。

你的孩子们喜欢听你的故事吗？

喜欢啊，我妻子也会讲她自己的故事。毕竟，她也曾是比克瑙的囚徒。不过，遗憾的是，现在的年轻人不怎么喜欢听人讲了。这是我的看法。我想让年轻人知道这些事情不是臆想编造的，而是真实发生过的。这是犹太人的命运。我亲眼目睹了上百万的犹太人被残忍杀害。不过话又说回来了，现在也有很多年轻人会去波兰参观奥斯维辛，看看发生过的一切。我特别支持这些活动。

你是在哪儿见到这些年轻人的？

我在卡法萨巴负责两家学校的安保工作。此外，“大屠杀死难者及英雄纪念日”的时候，我也会和人们交谈，把一切都告诉他们。我在那儿一直工作到1975年，后来我去了卡法萨巴市政府工作，在那当了一名园丁。我在民防队里做了七年，期间也告诉了他们很多事情。

你弟弟现在做什么？

我弟弟过去三十八年一直都生活在美国。我们是一起在“特别工作队”里干活的，但是他什么都不愿意说，不愿意听，也不愿意记起。他当时在三号（四号）、四号（五号）焚尸场里干活，当时我们费了好大的劲才把家人聚到一起。我的两个表兄弟和我们兄弟俩设法聚到了一起，随后我们就在一起干活，一直到最后都是如此。但是，离开奥斯维辛的时候，他去了梅尔克[52]和埃本塞[53]。被放出来以后，他就回到了希腊，在联合会担任秘书。过去三十八年里，他在洛杉矶经营着一家很大的窗帘厂。

平日里你会不会感觉自己仍然困在那段日子里面？你有没有被它影响？

所有的事情都已经过去了。一切都过去了，都已经在我身后了。我之所以能活下来，是因为我从进入奥斯维辛的那一刻起，就一直盼望着能活着出去。我之所以能活下来，是因为我很乐观。现在，我坐在这儿，把一切都告诉你，我会问我自己：“一个人是怎么忍受得了这样的事情的？他是怎么撑下来的？”是的，人比钢铁还要顽强。这就是人生啊，我亲爱的朋友——总要去经历，去坚持，去放下。

第四章　尾注

1　达里奥·加拜（Dario Gabai）现居美国洛杉矶。

2　意大利法西斯政府在占领区待犹太人较为宽松，很多次还救了犹太人，并且没有把他们移交给德国人或送去集中营。参见 Daniel Carpi, "The Rescue of Jews in the Italian Zone of Occupied Croatia," in Yisrael Gutman (ed.), *Rescue Attempts during the Holocaust: Proceedings of the Second Yad Vashem International Historical Conference—April 1974*, Jerusalem, 1977, pp.465–525; and Carpi, "Aid to Jews by Italians," in Yisrael Gutman (ed.), *Encyclopedia of the Holocaust*, New York, 1990, pp.729–730。

3　在一些社区内，犹太人被送往隔都和集中营之前，往往被全部征召，强制劳动。

4　成千上万来自希腊萨洛尼卡的犹太人被迫做劳工，还要遭受希腊警察的殴打。参见 Bracha Rivlin (ed.), *Pinkas hakehillot—Yavan [Encyclopedia of the Jewish communities: Greece]*, Jerusalem, 1999, pp.33, 38, 273–275; Michael Molcho and Joseph Nechama, *Shoat yehudey yavan 1941–1944*) [*The Holocaust of Greek Jewry 1941–1944*], Jerusalem, 1965, pp.46–51。

5　大屠杀前夕，萨洛尼卡有 56000 名犹太人。参见 Rivlin, *Pinkas hakebillot–Yavan*, p.32。

6　德国人命令萨洛尼卡的犹太领导者告诉这座城市的犹太人：他们将会在克拉科夫重新定居，那里的犹太人会欢迎他们，并能满足他们的所有要求。参见 Molcho and Nechama, *Shoat yehudey yavan*, pp.78–79; Rivlin, *Pinkas hakebillot–Yavan*, pp.278–279。

7　德国人会故意延长从出发地到集中营的路线，使犹太人在进入灭绝营之前身心俱疲。因此，运抵集中营之时，一些犹太人已经奄奄一息，甚至已经死去。

8　加拜后来得知了老人、女人和儿童的死讯。不过，他是在成为集中营囚犯后才知晓这些消息的。

9　把老人、病人、残疾人用卡车运往毒气室是德国人的另一个诡计，用以误导还活着的人们。

10　隔离营：参见第二章第 13 条。

11　讲者指的 D 营（d–lager）是 BIId 区，从 1943 年 7 月中旬起用作男囚营。

12　雅各布·卡明斯基，参见第三章第 43 条。

13　关于奥斯维辛 – 比克瑙焚尸场的编号，参见第一章第 15 条。

14　约瑟夫·巴鲁克（Josef Baruch），一位希腊骑兵军官，在一号（二号）焚尸场工作，与队长莱姆克交好，经由他结识起义领导者。解放的前几天，巴鲁克死于埃本塞集中营。

15　什洛莫和莫里斯·威尼齐亚（Maurice Venezia）现在仍活着。什洛莫现居罗马，莫里斯·威尼齐亚现居洛杉矶。

16　马塞尔·纳加里（Marcel Nadjari），1917 年 1 月 1 日出生于萨洛尼卡。他曾在阿尔谢克法语高中上学。成年后，他在他父亲的店里工作，销售饲料。1937 年，他应征入伍，1940 年与意大利人作战，1943 年逃往雅典，在肥皂厂工作。1943 年 10 月，他离开雅典，加入希腊反抗组织。他于 1943 年 12 月 30 日被捕，被送往阿维罗夫（Averof）监狱，在那待了两个月。之后，他被送往海德隔离营待了两个月，再被送往奥斯维辛。他在大屠杀中幸免于难，后来移居美国。1971 年 1 月 31 日，他因心脏病死于纽约。

17　丹尼尔·本·纳克麦斯（Daniel Ben–Nachmias）1923 年 6 月 26 日出生于萨洛尼卡，1994 年 10 月于美国加利福尼亚州奥克兰去世。他的家族拥有意大利公民身份，丹尼尔因而能在城里的意大利学校上学。1944 年 3 月 1 日，他在雅典被盖世太保拘捕，并在两天后被送往海德监狱。1944 年 4 月 2 日，他和家人被送往奥斯维辛。

18　"桑拿室"：参见第三章第 16 条。

19　"特别工作队"幸存者用"地堡"指代大坑。有时这种指代是错误的，"地堡"应为毒气室。加拜所说的大坑是用于焚烧遇害的匈牙利犹太人的。这些大坑出现在"特别工作队"囚犯秘密拍下的照片里，作为第一手资料，将比克瑙里发生的事情告知世人。

20　身体里脂肪是固体的，但遇高温会融化。关于脂肪融化时变成燃料，亲历者的描述是准确的。

21　指的是莱姆克·普利斯科（Lemke Pliszko），曾在二号（三号）焚尸场任队长，是集中营的幸存者，现居以色列中部地区。

22　好几对兄弟都是"特别工作队"幸存者。参见第二章第 16 条。

23　站台上党卫队成员所作所为并不总是那么"绅士"。也有证据提到老人和妇女一下火车就挨打。参见伊扎克·科恩（Itzhak Cohen）在作者剪辑的 1987 年以色列陆军电台的节目"Saloniki–Auschwitz"中所作的证词。

24　1944 年夏天，除四座焚尸场外，还有"二号地堡"（"红屋"）和三号（四号）焚尸场旁边的大坑也在运作。

25　"加拿大"工作队：参见第一章第 45 条。

26　"穆塞尔曼"（Muselmann）指精疲力竭、疾病缠身、饥饿垂死的囚犯。他们失去求生意志，眼神空洞，对周围环境反应迟钝，如同行尸走肉。由于无法站立，他们常常保持着一种类似穆斯林祷告时的姿势，这显然是这一称呼的由来。“穆塞尔曼”往往身体瘦弱，面容枯槁，麻木僵硬，看起来骨头架子上蒙了一层焦黄的皮肤。

27　加拜指的是苏联调查委员会。该委员会在集中营解放后不久来到奥斯维辛，花了两个月的时间（1945 年 2 月和 3 月），调查纳粹在这里犯下的罪行。

28　扎曼·格拉多夫斯基（Zalman Gradowski）的手稿用类似的方法埋在了二号（三号）焚尸场地下。有一只铝罐被挖出来，里面装着一本写了 91 页日记的笔记本和一封信，都是用意第绪语写的。两份手稿和铝罐后来移送到了列宁格勒（圣彼得堡）军事医学博物馆，现仍在馆内。手稿是什莫洛·德拉贡（Shlomo Dragon）挖出的，他将其转交给调查纳粹在奥斯维辛所犯罪行的苏联调查委员会。

29　我们收集到的证言表明，每一拨运来的犹太人中都有部分人拒绝服从纳粹的指令，不脱衣服，而有的人只肯脱到内衣为止。对于严守教规的犹太人来说，脱光衣服是极度痛苦的，是残忍的精神羞辱。

30　1944 年 8 月 7 日至 8 月 31 日，一大批犹太人从罗兹隔都被运至奥斯维辛，隔都最终被清空。

31　有几批孩子被送至比克瑙，所有的孩子只要一到达，就会被杀害。例如，1943 年 8 月，120 名犹太儿童运离比亚韦斯托克隔都，大约一个月后抵达奥斯维辛；1944 年 9 月 12 日，另外 300 名犹太儿童从考纳斯运至奥斯维辛。除了 65 名儿童之外，全部被毒气毒死。

32　有几名荷兰籍党卫队士兵被派驻比克瑙焚尸场。

33　在离开营区进行“死亡行军”之前，囚犯们会被仔细搜身，因而无法携带任何财物和纪念品。这也为什么囚犯们在营中所作的文学和音乐作品会遗失。

34　这里所指的女孩和儿童脱衣顺序并不是要严格遵守的规矩，一些证词会提到不同的顺序。

35　各种级别的党卫队人员在集中营里大规模贪污、偷窃，已是常态。由于他们被禁止拿取受害者的物品，他们会利用“加拿大”工作队或“特别工作队”成员，命令他们窃走“加拿大”一号营、二号营和焚尸场里收集的值钱物品。

36　根据“特别工作队”其他幸存者的证词，这件工具是由一大块木头制成的。

37　这条河是指的维斯瓦河，或其支流之一索拉河。

38　根据我们掌握的证词，“特别工作队”在脱衣室找到的食物能充分满足他们自身的需求，还能和集中营内的朋友、家人、熟人分享。

39　只要有受害者源源不断地运来，“特别工作队”的食物供应就会是“充足的”。在没有火车到达奥斯维辛站台的时候，“特别工作队”的囚犯只能靠普通囚犯的日常配给度日。

40　像这样舒适的环境是德国人用来笼络“特别工作队”成员的，让他们忘记白天的痛苦，以确保“死亡工厂”里能“平静”的“生产”。

41　莱姆克（什穆埃尔）·普利斯科曾拒绝与人交谈。最近几年，他应别的作者请求，接受了几次广泛的采访（音频和视频）。

42　大多数来自萨洛尼卡的犹太人只会说拉地诺语，说其他语言并不流利。这也是他们在集中营内际遇悲惨的另一个原因。他们不能明白德国人在说什么，甚至无法与同狱囚犯交流，从而加剧了他们在奥斯维辛集中营及附属营遭受到的困苦。

43　关于奥斯维辛里的抵抗组织干涉“特别工作队”重新计划起义的详情，见 Ber Mark (ed.), *The Scrolls of Auschwitz*, Tel Aviv, 1985, pp.227, 229–230, 233–234；与此相关的细节及“特别工作队”“秘密写作”其余出版物的细节，参见第一章第 108 条。

44　“特别工作队”成员很清楚“去桑拿室”的实际含义，因而强烈拒绝离开焚尸场。

45　由于目击了大部分事件的证人不在了，这场起义的细节至今仍很模糊，因此我们没有证据证实三号（四号）焚尸场发生了爆炸。更合理推测是起义者烧了这座焚尸楼。埃里希·科尔卡认为，偷带进来的炸药并没有用来炸焚尸场。科尔卡在洛雷·谢利（Lore Shelley）书中发表了一篇有关联合军工厂的短文，也是他的最后一篇文章，参见 *The Union Kommando in Auschwitz: The Auschwitz Munition Factory through the Eyes of Its Former Slave Laborers*, New York–London, 1996, pp.303–305。

46　证人说的数字并不准确。在镇压“特别工作队”起义的过程中，德国人杀了 280 名三号（四号）焚尸场的“特别工作队”成员、171 名一号（二号）焚尸场工作队成员，还杀了 1 名二号（三号）焚尸场工作队成员，共杀了 452 人。

47　如今我们知道，为“特别工作队”起义提供炸药的是在军工厂工作的犹太女囚。后来四位犹太女囚被盖世太保拘捕，并于 1945 年 1 月 6 日在奥斯维辛被处死。她们中有三人在联合军工厂工作，分别是艾拉·加特纳（Ella Gertner）、蕾佳娜·萨菲尔斯汀（Regina Sapirstein）、伊斯特·瓦斯布鲁（Esther Weisblum），第四位罗莎·罗博塔（Rosa Robota）是服装间的囚犯，主动运输炸药，十分活跃。参见第一章。

48　列昂·科恩移居以色列后，在巴特亚姆定居，并于 1989 年去世。其证词参见第七章。

49　毒气室杀戮于 1944 年 11 月 2 日停止。参见 Danuta Czech, *Auschwitz Chronicle, 1939–1945*, New York, 1990, p.743。

50　毛特豪森：参见第二章第 39 条。

51　古森集中营是毛特豪森的附属营，于 1940 年 3 月 9 日启用。营中囚犯在采石场和生产飞机零件和机枪的工厂劳动。古森二号营和三号营于 1944 年建成。囚犯们还开凿了通往军火工厂生产车间的地道。古森集中营囚犯的居住环境十分艰苦，营内管理人员几乎全部由刑事犯组成。许多囚犯或被注射苯酚而死，或被殴打至死，或遭枪杀，也有被送进毒气室窒息死亡的。古森集中营的 67677 名囚犯至少有 35000 人死亡，其中至少有 2000 名犹太人。

52 梅尔克：参见第二章第 40 条。

53 埃本塞：参见第二章第 41 条。

第五章

埃利泽·艾森施密特：“感谢一家波兰人……”

和埃利泽·艾森施密特谈话是件不容易的事。一开始他不愿意接受采访。后来，他身体不好，采访中断了几个月，预约的时间也一再推后。不过我没有放弃——这也是一件好事。我对埃利泽·艾森施密特的故事很感兴趣，因为他在奥斯维辛 – 比克瑙待了很长时间。

后来，我们一共进行了十二次谈话。其中一次是在 1993 年 9 月，地点就在比克瑙。不过，大部分信息还是他在吉夫阿塔伊姆（Givatayim）的普通公寓中给我讲述的。他的妻子耶胡迪（Yehudit）是个非常了不起的女子，虽然她的健康状况也不佳，却一直陪在丈夫身边。埃利泽唯一放心不下的就是他的妻子。每次碰面交谈，他都会补充一些之前访谈没有提及的内容。他的记忆是自由联想式的；他从来不按照时间前后顺序来叙述。

从那时起，埃利泽·艾森施密特仿佛恢复了健康。相对于实际年龄，他看起来年轻很多。他在一家大公司继续上班，还重新开起了车。艾森施密特说话充满幽默感，甚至在谈及奥斯维辛－比克瑙的经历时，他也总能在残酷的故事里面穿插一些奇闻趣事。他让我明白了一个道理：一个人可能永远无法忘记奥斯维辛，却仍然可以笑对人生。

埃利泽·艾森施密特能够活下来，多亏了住在比克瑙旁边的一家波兰人。他从奥斯维辛到毛特豪森的"死亡行军"中逃出来后，被那个家庭收留。至今，他仍然寻找各种方式表达对那个家庭的感谢。1993 年夏天，我在比克瑙亲眼见到了这场感人的相遇。

"比克瑙之囚"是他人生中的一大悲剧，却不是唯一的悲剧。另一场悲剧发生在以色列这个他从小就梦寐以求的国家。谈话中我们提起他卧室墙上的一幅肖像，是个年轻人，艾森施密特说相片里的人是他的孙子，一名士兵，在服役期间遭遇了交通事故，就死在离祖父家几公里的地方。谈及这些时，艾森施密特满含泪水。他说，"这件事比我在奥斯维辛经受的一切都糟糕"。我相信他的话。

总体来说，艾森施密特的回忆包含了比克瑙集中营里极为丰富的细节和对营中氛围的反思，使那些干巴巴的事实变得生动起来。他那种不按时间顺序的叙述和不断转变话题的联想式思维，让我在写这一章的时候感到有点困难。虽然我经常采访他，但我不认为自己已经摸到他记忆的最深处。对于他本人、他的妻子、他的儿孙，我祝愿他们身体健康，此外有一个愿望——我希望能够多多地去他家做客。

埃利泽，请你简述一下你的成长过程。

我出生在白俄罗斯的伦纳（Lunna）[1]，位于涅曼河的南岸。它是由伦纳和沃拉（Wola）两座城市合在一起组成的。我的父母经营了一家饮料加工厂。我上的是一所希伯来语学校，名叫托拉·瓦达特[1]。所有课都是用希伯来语授课，一周只有一个小时是用波兰语授课。波兰语是官方语言。我们家有三兄弟：我是最大的，两个弟弟分别叫亚伯拉罕和雅科夫。

你觉得你父母家是怎样的家庭？是传统家庭还是宗教家庭？

家里是特别典型的犹太教氛围。我们遵守宗教戒律和传统习俗，只吃符合教规的东西（犹太洁食）。父亲每天早上去教堂（会堂）做早礼拜。小学毕业后，我上了格罗德诺的一所技术学校。[2]

回想起来，你是怎么看待那段时光的？

我很怀念那段时光。那所技术学校很严格。经过三年的实践学习，我可以参加工程师资格考试了。完成学业后，我回了家。父亲的身体不是很好，椎间盘突出，必须停止工作，在家休养一年。所以我必须打理家族生意。就在那年年底，二战爆发了。我们这片地方被苏联人占领了。我们有两年是在苏联占领之下生活的。[3]

那段时间你是在父亲的工厂里工作吗？

不是，因为原料不足，我们不得不关了工厂。我在旁边开的一家胶片工厂找了份工作，成了一名技工。那家工厂倒闭后，我又到了一家制造燃油箱的工厂工作。苏联人接手了那家工厂。我也曾在木材厂工作。这些活儿陆陆续续持续 1941 年 6 月 22 日，苏德战争爆发了。

战争突然爆发，你惊讶吗？之前有预兆吗？

---

［1］ 意为“托拉知识”，是一所宗教学校。

战争突然降临，对我们来说简直是晴天霹雳。那是一个周日的早上。头天晚上的安息日聚会还没结束，许多人都还在家里。德国军队突然冒了出来。我们城市周边有四个飞机场。那天早上德国人摧毁了四千架苏联飞机。它们都是非常先进的轰炸机，苏军当时把它们部署在白俄罗斯。

战争爆发后，你们家有什么反应？

德国人一入侵这片地区，我们就感受到了他们的残酷。他们马上开始攻击犹太人，掠夺他们的财产。我记得德国人刚占领那里时，我就考虑逃往苏联控制的区域。我和弟弟收拾了一些东西，装到自行车上，这样就用不着背着。我们向苏联边境骑行，一直骑到新格鲁代克[4]（Nowogrodek）。结果却发现德国人已经包围了我们。他们是从立陶宛方向来的，因为立陶宛给他们开了安全通道。这样一来，我们决定先回家。两周后，我们又回到家里。

在此期间，伦纳发生了什么事？

他们已经开始强制执行针对犹太人的法规。我们必须带黄色的臂章。每天早上我们要在市广场集合，德国人从广场上带走年轻男子，强迫他们为德军做劳工。比如说，我们要去喂马，刷马，清理马车。有些工作强迫我们去做，只是为了羞辱我们。这种状况持续了几周。1941 年 10 月，他们发布了一个公告，就是要把所有犹太人赶进一个隔都。犹太委员会的主席先是雅各布·威贝尔（Jakob Welbel），之后又来了亚伯拉罕·杰德韦伯（Abraham Jedwab）和扎曼·施耐奥尔（Zalman Schneor）。施耐奥尔也是犹太警察的长官。我还记得犹太领导人伯尔·卡普兰（Berl Kaplan）和扎曼·格拉多夫斯基。格拉多夫斯基是犹太委员会的卫生部部长。后来到了“特别工作队”，格拉多夫斯基记录了集中营运来的人的批次情况，并描述了我们做的事情。他把记录装在瓶子里，埋在地下，希望后人能够看到。[5]

那些被强迫做劳工的人，中间有你吗？

是的，他们强迫我们干各种各样的活，我样样都做过。我还记得我们曾被抓去修柏林到莫斯科的路。工地到我们镇有 50 公里。德国人在整个地区抓人，强迫我们去那里工作。一天，他们来到隔都，命令犹太委员会选出 120 名单身男子送去修路。我就是其中一个。后来，我又去了一个波兰警察的农场做农活。我帮他干地里的活，把干草捆好，一捆捆装到车上，诸如此类。

后来，我们要拆解烧毁的飞机、轰炸机、坦克以及其他被摧毁的军械。一天，我还在那干活，我父母的一个非犹太裔熟人告诉我，"德国人要消灭犹太人。如果有需要，你可以聚集一些朋友，把他们带到我那儿，我们会把你们送到游击队那里。"我把几个老朋友聚在一块，并把这个消息告诉了其他人。消息传遍了隔都，传到犹太委员会那里。因此我立即被送到隔都外面去干活了。

你被送到隔都外面，是不是部分因为你的举动，也就是散播消息这件事？

毫无疑问，就是因为这个。他们想让我远离隔都。11 月的时候，我染上了斑疹伤寒。那时候天气已经非常冷。没有办法，我只好联系我父母的熟人，他说，"你必须在床上趟几个星期，病情好转后就可以回到隔都了。"我回到隔都之后，他们把我和其他犹太人都送到了凯尔贝辛（Kielbasin）集中营。

什么时候开始把犹太人送去凯尔贝辛集中营的？你还记得吗？

是 1942 年 11 月 20 日。我们这个区没有"部分遣送"这回事，一次就把所有人送走了。早上他们把我们送出城，到晚上，整个队伍已经前进了四十公里，到达集中营了。凯尔贝辛原本是关押苏联战俘的地方。我跟两个弟弟以及父母到达之后，他们直接把我送到医务室，因为我的斑疹伤寒还没有好透。在我旁边躺着一个朋友，他也得了斑疹伤寒。

你是从凯尔贝辛被送到奥斯维辛吗？

是的。每周六晚上，都有人从凯尔贝辛运出，每次里面都有来自不同城市的人。1942 年 12 月 5 日，光明节的第三个夜晚，开始轮到伦纳的人。我们还在营中就听到了要被遣送的消息。我还记得格拉多夫斯基的妻子，歌唱得很好，她想和我们一起唱《万古磐石》。我永远忘不了那个场景：遣送之前，所有犹太人在营中站起，高唱《万古磐石》。我们没有点光明节蜡烛，因为根本没有蜡烛。每次想起那个场景，我都激动不已。太感人了。当我知道要遣送的时候，我马上离开医务室，跟我的家人会合。这批人里面不仅仅有来自伦纳－沃拉的，也有来自其他城市的。

那天晚上，我们步行来到拉索斯那（Lasosna）火车站，他们把我们塞进运货的车厢中。还有一些客运车厢。我们碰巧上了一节客运车厢。每个人都试图跟家人待在一块，方便互相照顾。最重要的事就是一家人在一起，而不是孤单一个人。[6]

在旅途中，你们身上有没有携带一些财物或衣物？

那个时候，我们所剩的东西已经不多。我们是从凯尔贝辛集中营出发的，不是从家里出发，所以只有一点点东西。我们的食物，比如梨、大麦和扁豆，都已经在凯尔贝辛被搜走集中起来了。

路上花了多长时间？

三天。

你能讲述一下吗？

我还记得人们都虚弱不堪，一路上什么都没有。他们脑子里唯一能想的就是怎么才能弄点水喝。他们只能绝望地去接雪花解渴。整个旅程中，我们什么都没吃，一路上饥饿难耐。我记得到达比亚韦斯托克（Bialystok）外围时，父亲说了几句话："你看，我们一定能够活下来。除非车往左转，不然我们就不会到特雷布林卡。"

他是怎么知道这些的？

他一定是在凯尔贝辛集中营的时候从格罗德诺的犹太人那里听说过特雷布林卡。那一带的犹太人知道这事的比较多。

火车会时不时停下来吗？

沿途有几站，但是我们不能下车。车门也不会打开。

也不给车厢通风吗？

不给，甚至连新鲜空气都不让进来。车厢两边的小窗户可以放进一点点空气。一开始路过的几站，外面会有些人走近车厢。我们当中有些人在窗户边向他们讨水喝，想润润嘴唇也好。他们当中有些人愿意给我们倒点水，但是德国人不让他们靠近车厢。只有极少数人最终走到车边，给焦渴的人们送上一点水。

如果人们要上厕所怎么办？

只记得我们是用破布装着，然后扔出窗户。[7]

我们一路上就是这样过来的，直到 1942 年 12 月 8 日，光明节的第六天。就在那一天，我们到达了奥斯维辛，我跟家里四个人在同一节车厢，包括父母和两个弟弟。

车门打开的时候，发生了什么事情？

一打开车门，德国人就催促我们下车。他们吼道："出来！出来！"德国人牵着可怕的大狗，狗就站在门旁边。我们能看到站台上有一些囚犯；你能辨认出他们是囚犯，因为他们穿着"睡衣式囚服”。我后来知道他们属于“加拿大”工作队，负责收集我们留在车厢里的包裹和箱子。

你们当中有没有人试图跟那些囚犯交谈？

我自己没有跟他们说话，也许车上其他人跟他们说过话，但我没有。接下来，决定我们生死的筛选开始了。一个德国人把我、一个弟弟还有我父亲分到了一边，而另一个弟弟和母亲则被分到了另一边。他俩上了一辆卡车，后来我再也没见到他们。他们被直接送到了毒气室。

你还记得整个过程吗？

当然。每个人都要从德国人面前走过，有个德国人用手指一下左边，或者指一下右边。经过“挑选”，他们从我们这趟车留下 315 人，包括我弟弟和我，带着我们走了几公里，来到了比克瑙。经过一番程序，我们就进入了集中营。

你刚提到的程序有哪些？

主要是一些入营登记手续。他们把我们带到二十号营区。我们按照姓名字母顺序在那里排好队，接着有人在我们前臂上文上号码。文身的事是两个法国犹太人做的。

你的号码是多少？

80764。我弟弟的号码是 80765。

文好号码之后，他们还对你们做了什么事？

文号码花了好几个小时。之后他们给了我们一些汤喝。这座过渡营里的工人就找机会跟我们说，“你有什么值钱的东西就交给我们吧，反正待会儿德国人也会没收的。”接下来我们又被带到洗浴室。他们拿走了我们的衣物，还把我们的头发全剃了。洗完澡后，我们就穿上他们发的衣服，不是我们来到营中时穿的那些。这些衣服是不合尺寸的，穿着一点都不合身。拿到的鞋子要么小了，要么大了，要么都是左脚的。这些事情办完之后，我们就被带到九号营区，分配了床位。晚上我们也得到了一些食物。每天的配给有面包，还有一些别的东西。“别的东西”有时是四分之一条面包，有时是人造黄油或果酱，极少数时候也会加一点点马肉香肠。

被挑选出来、没有送到毒气室的人，都在一个营里吗？

是的，那一批人里挑出来的 315 人都到了九号营。

营里的居住条件怎么样？

五六个囚犯睡一个铺位。上铺比较好，睡在上面的人比较幸运，但是第三层的铺位比较冷。睡在最下面的人必须像蛇一样蜷缩着，不过下铺比较暖和。各有各的好坏。他们发给我们一些薄毯，聊以御寒。

管理我们的是营头。除了他，还有几名囚犯也分到了营房里的工作，主要是充任营房内勤和主营区内勤。营房内勤要把房间打扫干净，保持整洁，还要分发食物给其他囚犯。

第二天早上，我们进行了点名。之后就开始工作了。我们挖出碎石，用来配制水泥。挖碎石的地方是 C 营。[8] 要挖开至少一米半深的泥土，才能挖到四十厘米厚的碎石层。当时，德国人正在修建 A、B、C、D、E 五个营[9]，要用这些碎石制造水泥和混凝土。我们要把碎石挖出来，还要运走。

你还记得你第一天在“特别工作队”干活的情形吗？你记得具体是哪一天吗？

当然，我记得确切的日期。那是在 12 月 9 日的夜晚。晚饭时间，我们突然听到有人用德语叫喊：“全体报到！”守卫们咆哮着：“快出来！快出来！”我们跑到外面，五个人站一排，迅速排好队伍。他们选了 80 或是 100 人去二号营区做“特别工作队”的事。一切都很迅速。我们被带到二号营区，他们就把门关上了。就是这样。我有一块面包落在了九号营区，再也没有见到。那时候，“特别工作队”的人分为两组：工作队第一组和工作队第二组，因为要分别在“一号地堡”和“二号地堡”工作。我分到了第一组。[10]

请详细介绍一下囚犯们是怎么被选去“特别工作队”的。德国人是按照某种标准来挑选的吗？

不是。只要是强壮的年轻人，就可以选进去。我跟我弟弟都站在那里，他们把我选入“特别工作队”，没有选我弟弟。肯定是没看上他。或许在他们看来，他还不够强壮。

他们有没有仔细检查，来判断人们的身体状况？

没有。那个检查只是表面，时间很短，查得很快，就跟站台上的筛选差不多。总共有四百五十人被选中。我们五个人一排走到营中，他们就关了营门。经过就是这样。

这次筛选你们要脱衣服吗？

不用，我们不需要脱衣服。[11]

挑人去“特别工作队”的事，是在比克瑙进行的吗？

是在集中营入口的左侧，在石头房子那一带。后来，那些楼成了女囚营，简称 FKI。那个时候，比克瑙只有两座营：A 营和 B 营。A 营里面是男囚犯，B 营则是女囚犯。[12]

谁负责选人去“特别工作队”的？

是党卫队。他们把我们叫过来清点人数，然后拉出营房，没有再让我们回去。我们周围有大批军队包围着，他们从整个营里挑人，挑够需要的人数。我之前也说过，他们没有选中我弟弟。

挑选花了多长时间？

整个挑选过程不超过十分钟。老实说，我不明白发生了什么事。我也才刚来几天，在营中完全是一个新人。我怎么可能明白呢？怎么可能知道挑人的原因呢？他们把我们带到那里，党卫队牵着狗包围了我们。那些狗有时候比党卫队还凶。几个月后，我们看到他们在森林里训练狗，就在三号（四号）焚尸场和四号（五号）焚尸场中间的路上，离桑拿楼[13]和“加拿大”营不远。我们到达二号营区之后，非常震惊。整个营区完全是空的，却放着大量的食物。我们感到很奇怪。“这里出了什么事？德国人把我们带到哪里了？这里简直像座宫殿！”我记得那里有土豆和面包。我开始大吃起来，吃饱之后才想起到了什么地方。我非常满足，因为我们已经两天没吃什么东西了。后来他们把我们分为四组。那里有四排床铺，每个人都选了铺位。

那里是“特别工作队”的营房吗？

是的。二号营区是属于“特别工作队”的。一号营区是刑囚工作队的[14]，而三号营区则是关“一般”囚犯的。

你弟弟后来怎么样了？

他被分到九号营区，撑了三个星期，然后就死了。

你是何时第一次听到“特别工作队”这个说法的？

1942 年 12 月 10 日早晨，点名之后，我们去了森林。我听到队长告诉党卫队的人：站在门口的是“特别工作队”的，有一百三十人。

请你回忆一下在“特别工作队”第一天的情形。

第二天又开始清点我们的人数。他们带走了编号超过 38000 的犹太人。这些人大多数人都是 1942 年 6 月到 7 月期间从法国运到比克瑙的。之后就开始给我们分配工作：队长、组长，等等。我们被分为两组："特别工作队"一组和二组各有大概一百五十人。一出门口，我们就被牵着狗的党卫队包围着，一直押送到森林里。

在森林里，我们又进行了一次分组。第一组在存放贵重物品的房间里工作，负责整理遇难者的衣物。第二组的任务是焚烧尸体。德国人问，"你们当中有人是理发师吗？"几个人站出来，德国人给了他们剪刀。后来，德国人又问，"你们当中有人是牙医吗？"同样有几个人站出来，德国人给了他们钳子。[15] 剩下的人按六人为一组划分。例如，六个人负责推装尸体的车，另外六个人是"搬运工"，负责把尸体拽到推车上。

德国人打开毒气室之前就把我们分组了，所以我们并不知道他们所说的工作是什么。显然，我跟派去推车的六个人站在一起的时候，根本不知道要往车里装什么。在隔都的时候，我曾经在锯木厂工作，积累了一些使用推车的经验。但是那时我们是把木板搬到推车上，拖到渡船那里再卸下来。

他们把我们带进一个院子，打开了那栋房子的门，那栋房子就是毒气室，巨大的悲痛击垮了我们，我们都惊呆了。即使是在最恐怖的噩梦中，我们也没见过这种场景。至今在我的脑海里还是会浮现出大门打开时的场景。一个死去的妇女竖在那里，全身赤裸，身体弯曲。我们僵立在那里，不知道那里出了什么事。我们看到毒气室里的尸体。开始搬运尸体的时候，里面的尸体全都挤作一团。

接着，新的命令下来了："搬运工，带上防毒面具，把尸体搬出来！牙医，检查尸体嘴里看看有没有金牙，有的话就用钳子拔下来！理发师，用剪刀把他们的头发剪下来！"他们让搬运工把尸体搬到车上，拉到沙坑那边扔进去。还有另一组人，被称呼为"司炉"，负责看着焚烧尸体的火。

听到这些可怕的命令，我们的心被深深刺痛了。我前面说过，我所在的那一组负责把尸体搬到推车上。有那么几分钟，我感到很恶心，不敢想触摸尸体。我从来没有遇到过那样的事。我不是唯一一个感到恶心的。我没法开始干活，直到有人用棍子狠狠地抽打我的后背。我这才意识到根本没法逃避，不能退缩。我必须要接受这种安排、这种处境。你必须理解——我们没有任何选择。这就是我的命运。在这样的处境中，任何一个人都会这么做。

跟我一组的有来自马库夫[16]的四兄弟，还有另一个犹太人。六个人管一辆车。四个人站在推车的一侧，抓住尸体的手和腿，像扔包裹一样把尸体扔进推车，另外两个人站在推车的另一侧，确保尸体不会滑落到地上。接着我们把车推到沙坑旁，所谓的“火警队”就在坑边接手。他们把尸体从推车搬到沙坑边缘，负责把尸体扔进沙坑。

那些沙坑又叫“地堡”，又宽又深。尸体扔进去之前，坑里的火就生好了。这里原来有一个名叫布热津卡的波兰村庄。为了让这里变成随时可以杀人的地方，村庄的木屋都被拆了，房梁架到了沙坑底下，搭成沙坑的底部，尸体就是扔在上面的。有六辆推车用于搬运尸体。几个小组轮流把装满尸体的车推到沙坑边上。尸体扔进坑里，车又推回原来的地方，重新装满尸体。每辆车能装十到十五具尸体。

你们每天工作几个小时？

我刚到集中营时，工作时间经常不规律。烧完尸体，清理了毒气室，他们就把我们带回营中。有一次，我们连续工作 36 个小时，中间几乎没有停歇。后来到了 1943 年的春天，新的焚尸楼建好了，“特别工作队”的工作方式就完全不同了。

等尸体都放进沙坑，“司炉”就拿出汽油，把坑底的房梁点着。火烧起来之后，“司炉”就把尸体拢在一起，可以烧得快些。德国人精心设计了焚尸的步骤，用尸体本身的脂肪来维持火焰。也就是说，尸体本身也当做燃料来用。[17]

我们到那儿的时候，沙坑还是空的，还没开始焚烧尸体。所以火力的大小取决于底下洒了汽油的木头房梁。尸体扔进去之后，火就靠沙坑里尸体里的脂肪继续燃烧。一个沙坑里的尸体要烧一整天，有时候甚至需要一天半。不烧尸体的时候，我们就去砍树，或者清理毒气室。

你知道这些是犹太人的尸体吗？

不知道。我们一开始并不知道，但是有些人在这里干的时间更长，像队长丹尼尔，他们很快就告诉我们了。丹尼尔告诉了我们中间的某个人，然后这个痛苦的真相迅速传开了：犹太人在那栋楼被杀害，而我们的工作就是把他们扔进燃烧的沙坑。这样的事情反复重演着，我们自己也意识到了，我们看到男尸是受过割礼的。还有很多人戴的项链上有大卫星。

你还记不记得他们是怎么强迫这些受害者脱衣服的？

我当然记得。德国人把他们全部带进棚屋，这些棚屋之前是马厩，现在成了脱衣室。人们在里面脱了衣服，要赤裸裸地跑到另一间房子，就是用来做毒气室的那间。无论天气如何，他们都要光着身子跑过房子之间的空地。[18]

他们进入这些房子的时候，有没有意识到等待他们的是什么？

我不知道。我没有跟他们交谈。我想他们当中没有人会想到还有更糟糕的事情等着他们，即使已经意识到有些不对劲。

你能描述一下第一个毒气室吗？就是那间农舍改成的毒气室。

门上有个指示牌，写着“淋浴”。[19]毒气室有两个入口：受害者从一个入口进去，尸体从另一个入口搬出来的。写着“淋浴”的指示牌挂在另一扇门上，正对着入口的那扇门。

指示牌上的字是什么语言？

只写了德语。所有窗户和开口都用橡胶衬垫密封了，以防毒气泄露。整间房都装满人之后，门就关上了。紧接着，就有个党卫队员带着齐克隆毒剂过来了。他戴上防毒面罩，打开罐装的毒剂，把里面的毒剂颗粒倒进去。毒气刚放进去，人们就闻到了气味。[20]之后我们听到他们在毒气室里面叫喊“以色列啊，你要听……”，那个德国人就带着嘲讽的口吻跟他的同伴说“他们在喊‘施迈瑟，来要命！’”[1]——“倒进去，倒进去……”

所有人都是一起进入毒气室的吗？

是的——男人、女人和孩子，所有人一起。

毒气要熏多久？

大概二十分钟。

二十分钟后，所有人都死了吗？

是的，但是确保万无一失，德国人会等一会儿再开门。毒气室的门只有德国人来开，这件事没有分配给其他人，从来都是这样。他们不允许我们这些犹太人去开门。

从门打开到尸体全部搬出要多长时间？

门一打开，我们就开始搬运尸体。

负责搬运尸体的人都配有防毒面罩。曾经有一次，他们发现有个女孩还活着，神志不清，喉咙里发出咕噜咕噜的声音，显然是没

[1] “以色列啊，你要听！”出自《旧约·申命记》，犹太民族常用的祈祷词开头。德国人扭曲了这句话的谐音，意为“施迈瑟，快来吧！”施迈瑟是德军使用的MP40冲锋枪。

有吸入足够多的毒气。按照莫尔的命令，一名德国士兵开枪打死了她。[21]

你在焚尸沙坑干活时，有没有见到过亲戚朋友的尸体？

我曾经认出一个表妹的尸体，可怕极了。她是 1943 年 1 月 23 日晚些时候运来的。她被毒死之后，我看到了她。

关于你在“地堡”的工作，就谈到这里吧。我还有一个问题：你在那干了多久？

我在那儿干了大概六个月。从我到的那天算起，一直到 1943 年 5 月 6 日新焚尸场开始运行。[22]

1943 年 5 月之后，你在哪个焚尸场工作？

四号（五号）焚尸场。[23]

新的焚尸场建好之后，你在“特别工作队”做什么工作？

开始在四号（五号）焚尸场工作的时候，我告诉德国人我是个电工。所以他们分配我去焚尸场当电工。在此之前的六个月，我在“地堡”工作，每天都处理尸体。到了焚尸楼，他们给了我一间楼里的工作间，就在焚尸设备的后面，挨着煤库。煤就存在煤库里。隔壁是洗衣间，再隔壁就是厕所。德国人拆毁了这几间房之间的墙，合成一间，用作电工房。

你为什么要说自己是电工？

德国人要找有手艺的人，比如木匠和鞋匠。他们要找电工时，我就站了出来。

“特别工作队”里还有其他电工吗？

有，有个法国犹太人也被分配去当电工，但我记不得他的名字了。

作为“特别工作队”的电工，你要负责那些事情？

有几项事情。比如说，要经常换走廊上烧坏的弧光灯，诸如此类。

做电工的期间，你还是属于“特别工作队”吗？

是的，我当然还是在“特别工作队”。即便是在干电工的活，我每天还是会看到很多人惨遭灭绝。1944 年，“特别工作队”起义爆发，我们那栋楼只有 30 个人幸存，我还是待在那里。我又被叫回去，焚烧那些死去的人或是被处决的囚犯。我大概一周回去一次，每次都是因为德国人处决了一定数量的囚犯。我们能通过衣着能辨认出有些是苏联战俘。那时，还活着的“特别工作队”成员要负责以下工作：一个人看管焚尸炉，另一个人把尸体推进焚尸炉。没有工作的时候，他们会给我一把镰刀，让我在焚尸楼院子里割草，用来喂马。

你能根据记忆描述一下焚尸楼吗？

焚尸楼是一栋方形建筑，有两座烟囱。入口旁边是党卫队的办公室，办公室隔壁是两间公共厕所，和它们并排的是煤库和焚尸炉。有一条走廊通向毒气室。毒气室的外墙上有些小窗户，毒剂就是从小窗户放进去的。

还有另外一间小型毒气室，用于毒杀小批的受害者，每批八十到一百人。这间毒气室也有投放毒剂的小窗户。人们死后，尸体就堆放在大房间里，然后再运到焚尸炉。焚尸炉旁有一间房，里面有个保险箱，是德国人存放遇难者的贵重物品用的，包括戒指、耳环和金牙之类的东西。里面坐着两个人，职业是珠宝匠。他们的工作是熔化金子，铸成金锭，交给德国人。这间房就在煤库对面。

那些在焚尸楼等待死亡的人，你跟他们有过接触吗？

有，“特别工作队”的人在脱衣室可以自由走动。唯一的限制是我们不允许跟他们有口头交流,所以我不可能警告他们,因为会引发骚乱。我可以自由走动，但是我不能站在那里跟人们私下谈话。

男人和女人是一起脱衣服吗?

是的，一直都是这样。一家一家的人走进焚尸场的内院，然后一起走进脱衣室脱衣服。同样，他们也是一起进的毒气室，不分男女。有几次，德国人想作些改变，叫男人们先进去。但是那几次结果都不好；有的男人试图反抗，德国人就打他们。我记得还有人拔出了刀子。德国人得出结论：唯一能够安静地解决问题的方法，就是让受害者们都待在一起。大多数情况下，如果有男人想反抗，妻子就会说，“冷静一下，也许没有你想的那么糟。”

有不想脱衣的人吗?

有一些信仰宗教的犹太人拒绝赤身露体。曾经有一个年轻女子，来自虔诚的宗教家庭，她不愿意脱衣服。她的母亲向某个工作队队员请求，不要强迫她女儿脱掉所有衣服，让她穿着内衣去“洗浴”。一个人一旦赤身裸体，就毫无防护了，就失去了定力、失去了自信和力量。

那个母亲是对谁提出请求的?

是对我们的组长说的，他当时正站在旁边。组长说：“可以，让她穿着内衣吧。你跟她一起去‘淋浴室’，但要保证不让党卫队的人发现。”

这种事可能吗?

有时候是可以躲过党卫队的眼睛的。因为房间里已经挤满了人，不可能注意到每个人。

你还记得有其他人想穿着内衣的情况吗?

我看到有些犹太人还穿着内衣。

德国人有什么反应？

有时候他们发现了会大发脾气，有时也直接无视。如果是莫尔看到还有人穿着内裤，就会用鞭子抽那个人。但是其他德国人不会那么严，也没有做出什么举动。

脱衣要多久？

一般要半个小时到四十五分钟，要看房间里有多少人。党卫队的人站在那里，一直催促着："快点！快点！"他们提醒人们把自己的两只鞋子绑在一起，这样就不会"丢"，或者说，"这样你们待会儿就不用费时间找另一只鞋了。"

你在脱衣室碰到过熟人吗？

曾经有个朋友告诉我，我有个表兄弟从布瑙（Buna）集中营[24]转到这里了。那个班次我没在。他在布瑙的一个煤矿工作。他在那里生了病，成了"穆塞尔曼"[25]。他向别人询问我的消息。我的朋友告诉他也许我能救他。但是他没有让我救他。死之前，他乞求的是完全不一样的东西："我要两片面包，我不想饿着肚子死去。"如果我在那里，我或许可以设法救下他。他们给了他面包，他吃了，然后走进毒气室。他知道自己去的是什么地方。

人们脱完衣服之后，又发生了什么事？

他们会被带到一条走廊，走毒气室。一间毒气室装满之后，剩下的就被带到第二间，然后第三间。德国人就这样把这一批里的每个人都处死。我们所在的那栋楼，一次可以杀害两千人。

人们被带进毒气室以后，"特别工作队"要做什么事？

我们用 30 到 45 分钟的时间收集、整理人们留下的衣物，然后卡车就开了过来，把所有的东西运到"加拿大营"。我们也利用这段时间去挑一些我们想要的东西。我们翻弄衣物搜东西的时候，党卫队的人会睁一只眼闭一只眼。不过，他们也警告我们不要拿贵重物品，并且看着我们，以防我们拿走值钱的东西。

有一次，我在分拣打包衣物时，想拿走一个小包裹，一个党卫队的人发现了。他抓住我，冲我大喊："你干什么！"我答道："你看，我拿的这个包里面没有你想要的东西。但是如果你想要点什么，我可以给你。"他问我是什么东西，我回答道："我在另一个小包里找到了一些咖啡豆。"当然，我真正想给他的是一记耳光。他说了句"很好"，然后就不管我了。[26]我走到我的床铺那里，装着咖啡豆的小包裹就放在那。我把咖啡豆取下来，拿给了他。

事实上，我们有充足的时间去彻底搜索，寻找东西。因为除了几个党卫队的人，我们基本是单独在脱衣室里。卡车司机是不允许进入焚尸场的。"特别工作队"成员是自己把物品搬到卡车上，然后卡车直接运到财物储存库。

与此同时，毒气室里发生了什么事？

人们吸入毒气窒息之后，门会打开通风。[27]之后，尸体会被搬出来，运回脱衣室中。

谁负责把尸体搬出毒气室？

是我们用手搬的，一次搬一具或两具尸体。有时也用长木杆；我们拽住尸体的脖子，然后拉出去。用木杆比用手方便些，因为许多遇难者死的时候会排泄[28]，所以我们不想用手去碰那些尸体。我们宁愿用木杆把他们拖出去。尸体在脱衣室处理之后，就会被运到焚尸炉那里。所有"特别工作队"的人都要帮忙把尸体从毒气室里搬出来，哪怕是那些平常在其他地方工作的人，比如在焚尸场庭院做园艺的，或是负责搬运煤炭到焚尸炉的。搬尸体是最令人痛苦难堪的工作。

你说“等尸体处理完之后”是什么意思？

尸体被放进焚尸炉之前，“特别工作队”里有专门的囚犯要检查尸体嘴里有没有金牙，有就撬下来。还有一些囚犯要剪掉尸体的头发。

你能描述一下尸体是怎么焚烧的吗？

我们焚尸场有八座焚尸炉，每边各四座。每座焚尸炉都填进去几具尸体。每扇炉门旁边都站着五名“特别工作队”队员：担架的两边各站两个，还有一个人负责把尸体堆进炉膛。还有其他人负责运煤到焚尸炉，给炉子加燃料。煤库挨着党卫队办公室和公厕，煤就是从那里运过来的。焚尸炉里烧的煤是经过化学处理的，经过干馏脱气，燃烧之后留下的炭渣是灰色，燃烧的时候不会释放有毒气体，而且火力也更猛。

请你描述一下把尸体推进焚尸炉的担架是什么样子的。

担架看起来像一张铁床，前端被折弯，这样尸体就可以放上去。我们到了焚尸间门口时，担架就安在两个金属推车上，可以推进焚尸炉。一个人把担架推进去，两个人站在两侧协助他。还有一个人拿着一把金属干草叉，用来翻动炉膛里的尸体。这个人也负责把担架从焚尸炉里拉出来。然后，要用水浇一下担架，因为在焚尸炉里面它会被烧得滚烫。还有另一个问题：尸体会烧结在一起，因为炉里的火焰温度很高。

一号（二号）焚尸场和二号（三号）焚尸场的尸体也是这样搬运到焚尸炉的吗？

不是，那里的搬运方式完全不一样。那里的毒气室是在地下，尸体是通过升降机运上去的。他们把尸体装进推车，送到焚尸炉，就是这样。每一车尸体都送到几座焚尸炉那里，一个接一个地送。

每座焚尸炉都有“特别工作队”的人搬起尸体，装上担架，推进炉膛。这边开始烧的时候，车里剩下的尸体又推到下一座焚尸炉那里，重复上述过程。

然而集中营的尸体送到我们这里的时候，过程是不一样的。我们有一座特别大的焚尸炉，每边有四个炉门。尸体从哪边填进去都可以。这个焚尸炉烧的是无烟煤。烈火使得骨头都堆积在底部。一旦聚多了，我们就会用一把专门的耙子把骨头和没烧尽的残骸一起清理出来。骨灰晾凉了之后，就会装进推车，运到外面一个挖好的坑里。我们当中有几个人要把骨头和残骸砸碎。后来，德国人又用卡车把骨灰运到索拉河，倒入河中。

德国人不想把骨灰埋在大坑里，因为这样有一天骨灰可能会被发现，对他们造成威胁。我有时候会被分配去做砸骨头的工作。我们用重锤把骨头敲碎。1944 年春天和夏天，奥斯维辛上空有英国和美国的飞机飞过，我们就让火焰冒出烟囱，希望飞行员能够注意到这里，把焚尸场给炸了。[29]我们听到飞机就在头顶上空，但让我们失望的是，我们听到的轰炸声是在远处。飞机折返时也只是从集中营上空飞过，我们还是得留在这里备受煎熬。他们没有轰炸比克瑙。

你的职责是固定的吗？还是会换着事情做？

职责方面还是有一定的灵活性的，也会变动。理发师、牙医和焚尸间里工作的人通常是不会变动工作地点的，而我们其他人则是根据需要分配工作的。有时候要去挖坑，有时候又得填坑。然后，院子里还要用耙子清理。没有固定工作的人总要找点事情做，来保持活跃的状态。我记得有人说他知道怎么制作木炭。他肯定是在之前住的镇里学过。我们收集了各种各样的木头，堆在一块，再盖上一层灰，然后点着。那个人真的把木头做成了木炭。

你在“空闲”时间做什么？就是没有人运来比克瑙的时候。

我们会找各种事情来做——比如，挖些水塘，把东西从这里搬到那里，各种零零碎碎的工作。最主要的是不要无所事事。德国人知道我会除草后，就给了我一把镰刀，让我割草，打扫庭院。我要把草堆起来。随后，被强征做工的人就会来到奥斯维辛，把草拿去喂马。我们当中也有裁缝帮党卫队缝缝补补，而鞋匠则帮他们做鞋子和靴子。

你刚才描述的场景，你曾经待过的地方，都充斥着尸体和死亡。你是怎样在那种环境中生存下来的？

因为没有选择，我们习惯了那样的日常。它已经变成了再正常不过的东西，仿佛生活本来就是那样。此外，党卫队的人也不会让你有时间去想。工作的时候都有党卫队在监视，你是无法躲过他们的监视的，私自挪动半步都不行。我们甚至不能在我们居住的四号（五号）焚尸场和隔壁的三号（四号）焚尸场之间走动。党卫队的人在那里不间断地巡逻，他们有狗，稍一示意，狗就会扑向任何人。之前说过，我们看到过他们在楼后面的树林里训练狗。训练狗的党卫队员穿着囚犯的衣服，衣服下有层厚厚的棉花，狗伤不到他们。

我不得不说，我们都已经无法控制自己的想法。渐渐地，我们已经把自己在焚尸场的所作所为视为寻常的工作。我们干着自己的活儿，那种心情也许跟掘墓人是一样的。一个平常人送某个人走完最后一程，看到那个人被埋葬的那一刻，内心感慨万千；但对于掘墓人来说，不会每次都情绪激动。在“特别工作队”干活，就是这样的。

你是马上就适应了这种现实，还是经历了一个很长的过程？

当然有一个漫长的过程。开始几天我们是在极度震惊中度过。

我记得全部150个人都出去干活，旁边有12到15个党卫队的人带着狗看守着我们。每条狗比三个党卫队员还要吓人。所以我们什么也不能想。所有的念头，所有的情感，都被德国人用恐怖手腕压制了。我刚开始工作的时候，头几次他们不断地鞭打我们。我们只能转过头去，尽量避开一些。我们只是想避免被打，只是做着要做的事，一点多余的念头都没有。

渐渐地，我们习惯了这样的日常。我把我们这种心理状态定义为“冷漠”。我认同这种说法——看看我们每天不得不做的那些事情，那就是一种“冷漠”，你无法界定，更不能理解。

任何一个想逃离这种现实的人，必然只有一个悲惨的办法：自杀。你的朋友当中有人自杀吗?

“特别工作队”的囚犯中基本没有自杀的人。现在我想的起来的只有三例。一名来自马库夫的犹太警察吞了20片鲁米那[1]，但没死成。还有两名犹太医生自杀了，就在1944年10月7日“特别工作队”起义期间。

让我们详细说说日常的生活条件，比如说集中营的住所。新的焚尸场启用之后，生活条件有改变吗?

条件确实是改善了。我们不用在户外忍受风霜雨雪，可以在封闭的室内工作了。但工作的实质倒没有变化：毒气室的尸体要搬出来，运到焚尸炉，只不过不用冒着雨踩着泥浆了。原先的“地堡”所在的地方，泥土泥又黑又沉，每次大雨之后，地面就泥泞不堪，走在上面就像走在黄油上面一样，又粘又滑。1943年末或者1944年初，我们还住在营里的十一区和十三区。整栋楼都被围栏包围着，

[1] 即苯巴比妥，镇静剂。

德国人把两队囚犯隔离开来：一队是“刑囚工作队”，另一队就是我们自己，“特别工作队”。

德国人把两队人员的居住区隔离起来，不允许我们随意离开自己的营房。工作完毕，我们回到营中，住在这个类似于隔离区的地方，总是被严密看管。我们去拿食物时，党卫队的也要看着。我们还有单独的公厕和浴室，在十一号营和十三号营中间，只有我们和刑囚队可以用。

如今，奥斯维辛遗址的公厕看起来很恶心，里面连隔板都没有。公厕以前整洁干净吗？

还可以吧，德国人会安排几个我们队里的人去打扫。营头也会挑几个人去，营房内勤的人也会维持那里的清洁。打扫公厕算是轻松舒服的工作，因为在那里干活的人不会挨打，做的事情也不像外面的活那样令人精疲力竭。只有几个被挑中的人才能入选打扫公厕的工作。想获得那份工作没那么简单。

你是什么时候搬去焚尸楼的？

到了后期阶段，也就是 1944 年。那时，“特别工作队”的囚犯在三号（四号）和四号（五号）焚尸场有了住所。我们当中一些人搬到一号（二号）和三号（四号）焚尸场，而其他人——大概有 120 到 160 个——还得继续住在营中。一号（二号）和二号（三号）焚尸场的人们住在阁楼上。三号（四号）和四号（五号）焚尸场根本没有阁楼；我们就住在第一层。工作队起义之后，三号（四号）焚尸场完全停用了。我们队只有 30 个人存活下来，所以焚烧其他队员的尸体也成了我们的事。

你能描述一下那里的生活条件吗？

跟之前在营里一样，我们睡的也是床铺。只不过管我们的是队长，这点跟之前在营里不一样，之前管理囚犯的人是营头。

在一号（二号）和二号（三号）焚尸场的“特别工作队”队员，是不是也睡床铺？你知道吗？

如果我没记错的话，在那里工作的人睡的也是床铺。每个人好像都有自己的铺位。但是我没能去他们的阁楼看看，因为不能随意走动。我们去那只是取煤。后来我朋友从楼上下来，我们就聊了几句。但是我们不能上阁楼，唯一能上去的是跟我们去的组长。

他们给你们发放了什么食物？

我们的牢饭跟其他囚犯一样，再加上给“高产劳力”的额外配给：普通囚犯一般一天只有一升半的汤，而我们有两升半。还有一些土豆、麦麸、一些认不出的蔬菜、四分之一块面包，还有一些可以抹在面包上的东西——人造黄油或果酱，还有一点香肠。每周有两次我们能拿到一整条面包，算作奖赏。

食物是从哪里拿来的？

从靠近集中营入口的食堂。那里工作的人大多数是苏联战俘。后来苏联在比克瑙也建了 A 营和 B 营。活下来的人被称为“老手”，他们在食堂和食品仓库工作。

受害者进入毒气室之后，“特别工作队”的囚犯可以拿走他们留在脱衣室的食物吗？

可以。这是我们得以幸存的唯一方法。而且德国人也允许。

他们是明确批准的，还是仅仅不去管你们？

我也无法说清楚他们是正式同意了，还是仅仅是不管而已。我们不知道他们上头有什么命令。无论怎样，长官跟他的士兵就站在那里，并没有阻止我们拿走食物。

人们都留下了哪些食物？你们是怎么拿到的？

你能想到的食物，那里都有。来的每一批人，都带来当地的特色食品。希腊来的犹太人带来了我们从来没见过的东西——橄榄。我们以为那是李子。我们每个人尝了一个，都吐了出来。我们中间的法国人却兴高采烈，好像吃到了皇室专享的美味。他们还带来了面包，几乎每个人都有面包和橄榄。荷兰犹太人带来了罐头食品和芝士三明治。匈牙利犹太人带来了熏鹅，鹅肉煮好之后就变软了。在匈牙利，他们杀了鹅之后就把肉挂在烟囱里熏干。这样处理过后的肉不需要冰冻，可以吃到整个夏天。他们还带了面包干，大多数人也带了培根。也许是在家时候没吃，更有可能是想着带在路上吃。

所以你没有像营中的其他囚犯一样挨饿？

我们有时候也饿得厉害。波兰犹太人一般什么都没带。所以，他们来的那些天，我是靠煮熟的土豆皮挨过来的。我们刚到比克瑙时也挨饿，那时还在大坑焚尸，拿不到受害者带来的食物。人们在农舍里脱衣服，所有衣物财产都留在那里。我们是没法接触到他们的。

你问我们是怎么拿到受害者带来的食物的。我是这样做的：等人们脱完衣服，被带到毒气室之后，我们会被叫去，把衣服和其他东西装到卡车上。所有东西都要运到财物储存库，所以要先在小屋内整理好。我们在整理衣物的时候，就可以找自己想要的东西，包括食物或其他东西。有的人找的东西比较多，有的人则比较少。我们可以拿走食物，而且通常党卫队并不会阻挠我们。不管怎么说，德国人很清楚我们拿走了留在脱衣室的食物。搬到三号（四号）和四号（五号）焚尸场之前，我们是很难拿到食物的。我们跟一号（二号）和二号（三号）焚尸场的“特别工作队”不一样，他们就住在那里，只要把食物拿到阁楼上就行了，而我们得一路把食物带回营里。

在你印象中，党卫队的人有没有没收过你们的食物，留给自己？

这种事基本没发生，除了罐头食品。有几次，食物数量比较多，队长要上交给党卫队，但是党卫队从来不要零碎散装的食物。

为什么不要？

他们害怕。运来的人中，有些人是从其他营来的，那里有传染病。“特别工作队”有不少人就是得了斑疹伤寒、疟疾或其他疾病死的。德国人很清楚这些，他们不想被传染。

没吃完的食物，你们是怎么处理的？可以储存起来吗？

大多数人去工作时都会带上背包，把食物放在包里。我们不能把食物暂存在营房中，因为营房内勤的人或营头自己会拿走，或是有人命令他们把食物扔掉。

你们的背包是德国人给的吗？

不是，我们是人们带来的各种东西中翻到的。那些东西里面有背包、袋子、罐子之类，可以拿来用。我们每个人都会拿一些用得上的东西。

你的衣服怎么样？你们穿的是什么样的衣服？

我们通常穿的是“平民”衣服，上面有红色条纹，这样比较容易辨认。衣服前后和裤子两侧都有竖条。外套还有横条。德国人一般会禁止我们在条纹上缝补。我们就在条纹上抹上油漆，这样它们就能维持长久，不会褪色。衬衫上也有那样的条纹——前面一条红色的条纹，背后一个十字。队长和组长想使自己看起来“优雅”一点，因此他们穿的是裁剪合身的特殊衣服。不管怎么穿，衣服外面再套衣服是被禁止的。我们只能穿一件衣服。有一回，我找到了一件年轻女孩的羊毛裙，我穿着像毛衣，所以没有冻着。

“特别工作队”的人生病频繁吗？生病了能得到什么关照？

很多人会染上斑疹伤寒、肝炎以及其他严重的疾病。我想应该是感染源是受害者带到营中的食物，但也有可能是他们的衣物。如果我们当中有人生病，会有一个医生过来，他是克拉科夫大学的教授。他会检查病人，记下病人的序号。两个小时后，一辆带有红十字标志的“急救车”会开过来，把病人带走。但是我们知道，生病的朋友将会被处死。他们直接往他的心脏里注射了苯酚。

那实际上根本没有得到任何照顾。

是的。唯一能康复的方法就是待在营中。我们有一个医务室[30]，我们营里也有一名犹太医生，是从法国运来的。[31] 他是一个很有才能的外科医生。他曾在非常简陋的条件下在营房的桌子上做了几次紧急的手术。他说他在巴黎有个私人医院，有一百张床位。他妻子是基督徒。集中营解放之前不久，德国人最终杀害了她。

营房中的医生可以怎样照料生病的队员？

老实说，他也做不了什么。他每隔几天会来医务室，尽可能拿来一些药品和绷带。但这些都是很简单的物资，例如纸绷带就像一卷厕纸一样，还有凡士林等等。那里没有真正的药品。

他是“特别工作队”的“专职”医生吗？

是的，他没有被分配去焚尸场工作。我们会留出一些食物给他。有一次我用法语跟他说了一些话，他说：“你法语语音很好。我会继续教你。”我问他，我怎么能在死亡集中营里学一门外语呢？他回答：“我现在还活着，但是谁知道十分钟以后会发生什么事呢？”

你在“特别工作队”期间有没有接受过医治？

我跟游击队的人在一块时得过斑疹伤寒，所以我对这个病有免疫了。但是有一次我腿特别疼。我去找队长丹尼尔。而丹尼尔没过多久就被枪杀了，是在企图逃走时被党卫队枪杀的。当时他告诉营房内勤的梅杰齐克（Majorczyk）：“梅杰齐克，他今天得待在营里。今天工作回来后，我会来这里找他。”

由于工作时间是禁止待在营房的，梅杰齐克把我藏在床底下，盖上一张铺板。他跟我说：“你就安静地躺在这，我不叫你你就别出来！”之后一名德国医生来巡视。我就一直躺着，直至医生离开很久，我还待在那，都不敢喘气。后来我听到梅希尔说：“什么？你还躺在那儿？”我回答说：“我自己没办法出来。”所以营房内勤的一个人抓住我的腿，把我拉了出来。我就是这样活下来的。我的表弟也是腿部疼痛，但他就没那么幸运了。他的腿太疼了，没法穿上鞋去工作。下午我们收班回来的时候，他已经不在营房里了。就是那样的。我记得那时还是 1943 年。

你们不能单独待在焚尸楼。德国人一直就在附近看着。你能描述一下你跟周围德国人之间的关系吗？

我们普通囚犯跟德国人没有什么特别的关系。只有我们当中的所谓“长官”——队长、副队长和组长——才跟他们走得近些。他们跟德国军官和士兵搭上了某些程度的关系，因为他们是直接从德国人那里接受命令的。德国人不会给一般囚犯发号施令。实际上，普通囚犯跟德国人也没有任何接触。命令只会传达给“长官”。我们是从队长或是组长那里收到德国人的命令。因此，我们与德国人的接触非常有限，即使我们也为他们办些私事。

我记得，曾经有十个“特别工作队”的人在管焚尸炉的莫尔和舒尔茨的家里，给他们做一些杂活。我们当中有些人在那里刷油漆、做维修，我用镰刀除过草。有两个党卫队的人和一名囚犯队长监督我们。党卫队的人只向队长下命令，基本不会直接跟我们说话。

你还记得那些在焚尸场工作的德国人的名字吗？

最引人注目的就是莫尔上士了，然后就是福斯中士。[32] 他负责管理三号（四号）和四号（五号）焚尸场，后来又调任到苏台德区的一座集中营。有一次他来这边参观，对我们说他那个集中营有12000名犹太人，全都是笨蛋。“如果你去那儿，”他说，“他们会跟你说，这世上找不到比他们更笨的蠢蛋！那里的犹太人很蠢，他们什么都不知道。这也是为什么他们一无所有、一文不值。我才不会这样。”

福克斯说的是什么意思？

他的意思是那里的犹太人不够狡猾。如果他们去偷储存室的东西，用来交换食物，他们也能得些好处，也能吃得好。但是他们没这样做。除了福斯，还有另外两个德国人，分别在二号（三号）和三号（四号）焚尸炉工作。一个是队长，年纪大些，是个政治犯。他的衣服上印着一个红色的三角形。第二个叫卡罗尔，也是一名队长。他是个刑事犯，在德国被判了强奸罪。他的衣服上印着黑色三角形。[33]“特别工作队”起义期间，他被反抗者杀了。

你能讲一下卡罗尔被杀的细节吗？

好的。派谁去杀他，我们内部一直有争吵。这是一个轻松又光荣的任务，因为他是一个卑鄙小人。有个同伴跟我说，如果我杀了他，他就给我半升酒。另一个同伴说，“没门，这事应该交给我。不要忘了他是怎么把我打得半死的。”之前我从垃圾堆里找到一个钟表匠工具箱。这个人从箱子里抽出一把刀，在走廊上揪住了那个德国队长，狠狠地刺了他一刀。刀直接刺穿了他的身体，卡在了他身后的墙上。之后他的尸体被扔进焚尸炉。事情就是这样。

起义之后，德国人统计活人和死亡人数，发现卡罗尔不见了。他们怎么都找不到他。“他在哪儿？”他们问我们。我们就说什么也不知道。这时有个党卫队的人提议：“把焚尸炉里的骨灰扫出来，就知道他在哪儿了。”他们发现一座焚尸炉里有焚尸场的钥匙。钥匙一直放在这个队长的口袋里。就这样，德国人发现卡罗尔被扔进焚尸炉烧了。

在“特别工作队”工作的德国人就这两个吗？

是的，只有那两个是德国人。除了他们，还有一些波兰人和俄国人在焚尸场工作。

另外一个德国人后来怎么样了？

我记不住他的名字了，但是他也没有活下来。他 1943 年死了，生了病，年纪又老。[34]

你说“老”是什么意思？

当时，一个人能活到六十岁就算很老了。

一个六十岁的老人，还被任命为队长吗？

他是政治犯，众多政治犯中的一个。我们是通过衣服上的黑色三角形辨认他们的身份的。德国人把他们从监牢里放了出来，带到了奥斯维辛。

党卫队里，有没有几个人比其他人“好一些”？

没有，如果有人今天对你还不错，明天就可能变得残酷无情。心眼好不好，不是评价集中营党卫队员的标准。当然，他们每个人都有自己的偏向。党卫队也来自不同的国家，除了德国人，还有罗马尼亚人、立陶宛人和荷兰人。甚至有个罗马尼亚的党卫队员给我的印象还很不错。

有次，我们要去一号（二号）焚尸场把煤运到我们所在的四号

（五号）焚尸场。他们把我们像拉车的马一样拴在一辆四轮车上，让我们往车里装煤。那天下了雨，地面很泥泞，我们几乎无法向前走。那个罗马尼亚的党卫队员开着一辆车，跟在我们后面。由于我们走得很慢，他就无情地按着喇叭。另一个看守我们的党卫队员一脸冷漠，盯着我们，以防我们逃跑或偷懒。路上，当我们靠着路的一边时候，开车的那个人从我们旁边经过，停了下来。我们当中有人说，“小心，马上他就来揍我们了！”突然，开车的人下车问：“你们要把车推到哪里去？”我们的车上装满了煤炭。“到四号（五号）焚尸场。”我们答道。“把车拴在汽车后面！”他说。然后，他开始跟我们的队长说话，让队长给点东西给他，回报这次难得的服务。队长有一只手表，就从手腕上摘下来，交给那个罗马尼亚人。那人就说：“大家都爬到推车上去。我会用汽车来拖。”

当然，这样的事不是每天都有，对吗？

绝对不是。这个人不但没有打我们，还帮助了我们，真值得庆幸。

你提到的队长是犹太人吗？

是的，但是我们还有另外两名波兰籍的队长，他们不是犹太人，名字叫瓦泽克（Wacek）和尤泽克（Juzek）。

波兰队长对犹太囚犯怎么样？

他们一般都挺好的，只是有一次跟组长发生了冲突。在三号（四号）焚尸场的时候，有一天，我们发现两名波兰队长喝醉了，在四号（五号）焚尸场鞭打我们的同伴。顺便说一下，当时很多来自本津和索斯诺维茨（Sosnowiec）[35] 的“特别工作队”队员都到了四号（五号）焚尸场。我们有 6 个人，包括我们的队长、组长还有我，立即跑到那里。我们队长去找那个波兰队长说话，而我们的组长则让那个波兰组长冷静一下："尤泽克，你为什么要打这些人？"尤泽克粗鲁地用波兰语回答："关你什么事？走开！"然后一棍子打在犹太组长的脸上。队长和组长总是带着棍子。然后我就看到那个叫尤泽克的组长向我冲过来。他是组长，我只是普通囚犯。于是，我就像《出埃及记》里面说摩西那样，"他左右观看，见没有人，就打那个埃及人……"[1]我也不知道自己是怎么了，猛然抄起一块砖，扑到那个组长面前，抡起砖头朝他头上砸去。他比我矮一些，所以我不可能砸不到。鲜血马上从他的头上喷了出来。

有个来自立陶宛的党卫队员站在不远的地方，看到了这场打斗。他冲了过来，朝我大叫："你一个普通囚犯，怎么可以殴打组长？简直是造反了！"他用棍子抽我的手和胳膊，打得我连胳膊都抬不起来。

第二天又见到那个立陶宛的党卫队员，我马上绕开了，因为害怕他再打我。几分钟后，我到了另一边，又看到他在旁边，我又害怕地躲开了。最后，他又抓住我，说道："对不起，我昨天打了你，但是你伤害了那个组长，这是不对的。"我回答说："你是党卫队的人，而我只是一个囚犯。你想怎么办就怎么办。"虽然他完全是个人渣，他还是认为应该道歉。

对于你的回答，他有什么反应？

他说："好的，非常好……"好像在说："够了，那这件事就算过去了。"

你一直提到"长官"，但是我们还没有弄清楚他们的职责、权限和义务。队长、组长跟"特别工作队"普通队员有什么不同？

---

[1] 《出埃及记》中记载，摩西见一名埃及人和一名希伯来弟兄争斗，就上前把埃及人打死了。故事表达的是同族情义。

首先，他们不用做我们那些工作。队长其实也就像组长：他带着一队工人——有 30 或 40 人——给他们分工。队长要整体负责所有的工作组；组长则负责单个的组。队长要确保每个组好好完成分配的任务。如果是 100 到 120 个“特别工作队”出去工作，就会被分成 6 到 7 个组。每个组长看管一个大概 20 个人的小组。除了这两种当官的，还有一名副队长，是队长的助理。队长捎口信给每个工作组指派任务。

还有其他“长官”吗？你觉得他们有什么特点？

还有营头，他也不用做一般囚犯的工作。他有单独的房间，在我们营房前面。营房内勤的人也不用辛苦工作。此外，他们也比其他人多一些食物。除了他们，每一个营房都有一个“营房文书”，负责营房里的报到和点名，写写报告，交给管事的人。

你能多讲讲关于队长的事吗？

一开始我们有个队长叫丹尼尔。他是第一批被带进奥斯维辛的人。这个位置能带来很多额外特权。[36] 他的序号是 38000。每个人都认识他，也知道他在营中待了多久。丹尼尔在奥斯维辛也算小有名气了。在法国的时候，他在外籍军团服役，是个很健壮的男子。大家都知道，任何一个在外籍军团待过的人都不是感性懦弱的人。事实上，丹尼尔并不是法国犹太人，而是作为难民去了法国的。他是一个共产主义者，从波兰逃到了法国。

我曾经告诉他一件个人轶事。以前在苏联的时候，大家都觉得我是一个优秀的工人。工厂经理要我加入共产主义青年运动，也就是苏联共青团。经理坚持说：工厂里所有的优秀工人都要加入共青团。没有办法，我不得不加入。丹尼尔很喜欢这个故事，从那时起，我就得到了他的庇护。他结束了队长的任期以后，就提了组长。[37]

后来，他与华沙来的梅希尔以及另外两个来自法国和波兰的犹太人试图逃亡，被杀害了。还有件事我不得不说一下：丹尼尔曾经救了我一命。我们下一任队长是个犹太人，来自切哈努夫。[38] 一开始，我们是室友。后来他成了队长，对我特别不好。

他是怎么欺负你的?

他用意第绪语命令我“蹲下”，然后他就用棍子抽我。有一次他无缘无故打我，我跑到营房中，哭了一场。丹尼尔问我为什么哭，我告诉他队长总是无缘无故地打我。丹尼尔把队长叫来，问他为什么总是打人。丹尼尔脱下他的一只木屐，甩在队长的脸上并说，“如果他明天跟我说，你再碰他一根毫毛，我就用这鞋子揍你。”从那天起，那个队长再也没有对我动手。

你还有没有遇到过其他类似的事情?

有。有次我们组奉命去干点活。负责这项任务的副队长是一个非常坏的家伙。他经常欺负人、打人，把人打出血，早已臭名昭著。没有人想在他手底下干活。所有被分配到他那里工作的人都会躲起来。但由于副队长需要一些人，人数又远远不够，所以他从希腊犹太人中拨出几个人，跟我们一起出去工作。我问他为什么挑了这些人，又不是他的部下。我希望他去找其他人。他就说不关我的事。就在我们吵起来的时候，一个党卫队的人突然出现在我们面前，来带我们小组出去干活。“你怎么敢跟你的副队长吵架呢?”他问我。接着他把他的警棍递给副队长，让他打我。他打了我五下还是十下，我记不清楚了。我还得伏在一个板凳上面受刑。我站起来之后，党卫队的人跟我说，“现在你拿着警棍，副队长趴在板凳上，你可以打他了！”

这个副队长差点就拉着我做一项秘密交易。他有次来找我，提议一起逃跑。他说他可以“安排好”我们需要的证件。他还说他有个内应能帮助我们。我要做的就是帮他拿一些贵重物品，用来贿赂那些可以帮助我们的人。我犹豫着答应了。

一天，他来找我，说我们要去见那个可以帮我们“安排”证件的党卫队员。我觉得这个交易很可疑。我在一号焚尸场有个朋友，从小就认识，名叫卡尔曼·富尔曼（Kalman Fuhrmann），我们曾经同校上过学。我联系了他，告诉他那天我可能没法去工作。我让他代替我去，他可以弄清楚那里的情况。当天，卡尔曼去了，在回来的路上跟我说，还好我没去。森林里到处都是党卫队的人。我意识到党卫队发现了我们的逃跑计划，要抓捕我们。副队长发现我没有去找他，而是找了别人去代替我，他就不跟我说话了。我也完全不理他。

卡尔曼·富尔曼后来怎么样了？

有一天，他没在工作组。拉尸体的黑色厢式汽车来了，把他直接拉去了焚尸场。我们的营头在战争开始前是一个国际罪犯，在火车上抢劫旅客。我不记得他的名字。战争之后，他被判二十年徒刑。我跟我的朋友说，我要杀了他。

“特别工作队”囚犯的流动性大吗？

我们这一级别的人经常会疾病缠身。一旦染病，他们就会挑选新的工作队队员，填补我们的岗位。有个荷兰犹太人加入了我们，他的遭遇就特别悲惨。[39]

他怎么了？

那个荷兰犹太人不适应奥斯维辛的艰苦条件。跟这些我们来自波兰和苏联的人完全不一样，荷兰人很脆弱，在奥斯维辛那样的环境中，他们坚持不了多久。荷兰人运来的时候，我看到他们带的东西里有薄薄的三明治，跟现在飞机上供应的一样精致小巧。我们不是那样娇生惯养的。我们烤的面包是又大又圆的，一块就有 6 到 8 公斤重。我们把面包掰成大块，几口就吃完。

来自荷兰的五十个工作队队员，只有一个人幸存了下来。其他人都受到了极大的惊吓，最后都垮掉了。你要明白，无论什么时候“特别工作队”人手不足，他们都不会从集中营里待了一段时间的囚犯中选人来填补空缺，而是会从刚运来的人里挑选。你看，我们也是一运到就直接被安排到“特别工作队”的。我们只在营中待了一天，马上就被分配到“特别工作队”。后来，“特别工作队”人数又减少了，从希腊运来了一批人。这些犹太人一到比克瑙车站，就被送到了“特别工作队”。德国人不会给他们时间去适应集中营，而是直接就把他们扔到了地狱。他们直接被分到了“特别工作队”，不知道这是什么地方，也没有任何准备，事先也没人通知他们要被带到何处。人一运来，就直接塞进“特别工作队”。

你们营里所有的犹太人都来自同一个地区吗？

我们这群人里面有来自波兰各个地方的犹太人，比如格罗德诺、姆瓦瓦[40]、普翁斯克[41]和索斯诺维茨，还有其他国家的，比如希腊。甚至还有一个犹太人来自阿尔及利亚，名叫莫里斯，是个不折不扣的野蛮人。

你跟其他国家的犹太人是怎么交流的？

希腊犹太人说法语和拉地诺语，我跟他们讲法语。而我们这边大多数人讲的是意第绪语。我说过，希腊人也讲法语，而来自法国的犹太人学了一些意第绪语，成了我们的翻译。华沙隔都起义被镇压后，“特别工作队”的一些希腊犹太人被迫去拆毁隔都的建筑，在废墟中收集财物。[42]他们派希腊犹太人去做这件事，而不是波兰犹太人。因为波兰犹太人可能会和躲藏着的其他犹太人取得联系。

周围人们之间的关系如何，你能告诉我吗？

在焚尸场工作的各个组都被分开了，之间没什么接触。我们与其他来自同一个国家的人组成小组：有来自波兰、立陶宛、斯洛伐克犹太人。在集中营待的时间长短很重要。待得时间最长的是来自布尔诺（Brno）的犹太人。[43] 他们的编号是 42000 还是 24000 打头的。从奥斯维辛主营的第一个焚尸场运行开始，他们就在“特别工作队”了。后来他们被转移到比克瑙。

有一群从法国来的犹太人，其实他们是之前逃到法国的波兰共产主义分子。虽然他们是波兰人，我们还是叫他们“法国人”。跟我们一起来的人里也有一些来自匈牙利和格罗德诺的犹太人。后来他们当中很少人幸存。“特别工作队”里面欧洲各地和北非的人都有。每个人都来自不同的城市。

我们立陶宛的犹太人组成了一个 30 人的小组，让其他囚犯感到恐惧。他们都很害怕我们，因为我们有个口号：“人人为我，我为人人”，以此作为我们组的行为准则。大家都知道，无论谁伤害了我们，都会受到惩罚。我给你说个例子：我之前提到过一个来自阿尔及利亚的犹太人，名叫莫里斯（Maurice）。德国人任命他和一个来自斯洛伐克的犹太人做绞刑刽子手。他们扫荡村庄，袭击城镇，到处杀戮。莫里斯体格强壮，非常结实。有一次，他打了我们一个朋友，一个立陶宛人。他还不知道会有什么下场。我们都朝他扑去，把他往死里打。他打了我们的朋友，我们就要给他点惩罚。我们当中有兄弟仨，是马佐夫舍地区 [44] 的珠宝匠。他们当中有一个拿起钳子，就是珠宝匠用的那种，冲向莫里斯，要打破他的脑袋。我拦住了他，叫道：“你是不是疯了，你会杀了他的！”后来，他们把莫里斯带到营中，用水泼他，让他恢复知觉。法国医生来照顾他，我们告诉医生不要给莫里斯绑绷带，如果绑了绷带，党卫队的人看到肯定会发疯。

那天晚上我想给莫里斯带一些茶，慰问一下他。“特别工作队”的一个朋友告诉我，“不要去那里。他会杀了你的。”我答道：“他再也杀不了我了，我不怕。”我到他身边，问道，“莫里斯，你要喝点什么吗？”他用波兰方言、德语和意第绪语小声回答：“我不需要……”

有一次，德国人想绞死一些参加暴动反抗他们的波兰人。他们对我们说，要指派两个人执行这个任务，但是我们当中没有人站出来——除了莫里斯和一个斯洛伐克犹太人。他们之所以这样做，无非是认为干这样的活可以吃些好的，得到更好的条件。

他们两人后来回营了吗？

没有，他们没有回来。我们听说，他们绞死那些波兰人之后就被枪毙了，就像杀狗一样。这是附近干活的波兰平民告诉我们的。

你还记得一些“特别工作队”同事的名字吗？

还有卡尔曼·富尔曼、扎曼·罗奇金（Zalman Rochkin）、尼桑·勒文（Nissan Lewin）、伯尔·贝克尔（Berl Becker）。尼桑·勒文比我年长很多，跟我同乡。他和他的舅子都在“特别工作队”。他是一个健康强壮的人，能轻松地扛起两袋八十公斤的面粉，再搬到二楼去。我听说，他在集中营解放前几周死了。

在“特别工作队”中，你最好的朋友是谁？

我在那有很多朋友。有一段时间，我和六个朋友组成了一个小组。弄到的食物我们都拿出来平分。维持那样的友谊必须要互相信任，那样的小组绝对容忍不了任何欺骗。我们分到各种工作小组干活。只要我们当中有人能偷偷带进来一点食物，我们都会平分。

你们所有人都是来自一个社区吗？

不是，完全不是。

可不可以讲一下你记忆特别深刻的“特别工作队”其他囚犯？

奥斯维辛中有一个雅典犹太人，个子有点矮，我们叫他皮科洛（Piccolo）。他很有学识，甚至连队长都待他很周到。雅典犹太人是希腊犹太人中最晚到达的一批。德国人首先清理的是斯洛伐克犹太人，雅典犹太人跟他们非常不同。

为什么把这个犹太人叫做“皮科洛”？

他非常敏感，他只处理那些遇害的孩子的尸体。很明显，他过去肯定是教师或者作家。他只去找出孩子的尸体，走进毒气室，把孩子的尸体搬出来。在我们的行话里，婴儿被称为“皮科洛”，后来就成了这个犹太人的绰号了。我们一直都叫他皮科洛。没有人知道他真实的名字。他只是搬起尸体，送到沙坑或者焚尸炉那里。

还有一个人，即便在那种地方，他也很幽默滑稽。他总是用讽刺或惊悚的方式说话。比如说，他说焚尸场的毒气室就像一场电影。一幕幕场景闪过，直到“剧终”这个词出现在空白的大屏幕上。我们也像是活在电影里：跑到毒气室、搬出尸体、拔掉他们的金牙、剪下他们的头发、搬出去焚烧、清理骨灰——之后“剧终”这个词就出现了。

谈到这种黑色喜剧，我还想跟你提一个人，我们叫他“套套哥”。他的真名叫曼尼克（Monyek），来自罗门查（Lomza）[45]附近的某个地方。他经常在等着焚烧的垃圾堆里寻找避孕套，因而得了这个绰号。我们需要他时，就喊“套套哥”。每次他一找到避孕套，就吹起气来，吹成气球那样，像个小男孩似的拿着玩耍。

还有一个有意思的人，是个艺术家，名叫大卫·奥莱雷（David Olère）。[46] 他画漫画只要寥寥数笔，画出的人物却栩栩如生。我还记得奥莱雷特地为我们做的一些事情。有次我们在受害者的财物中发现了一只手表。我们把手表给他，他在上面刻上“多克萨”或是其他著名钟表厂的牌子，这样我们就可以拿去换东西。他仿冒得实在高明，为了做这个他还用上了放大镜，放大镜也是他在受害者的遗物中找到的。

真的，我们各有各的爱好。我收集药品，我有一个箱子全装了药品。如果营中的医生需要药，他就会在我的箱子里找。我知道一些药的功效，但是对其他药就不清楚了。医生经常在那里找药，有时候真能找到需要的。荷兰犹太人带了好多药来到营中。我记得荷兰犹太人带来了一种叫“五合一维生素 D”的药剂，富含五种维生素。我就自己就吃了。

你在哪里发现这些药的？

在三号（四号）焚尸场，在准备焚化的垃圾里找到的。焚尸场庭院里有个大坑，大坑里放的是从“加拿大营”拿出来的、用不上的物品和文件。“加拿大营”里面先把东西分拣一遍，超出规定的多余的东西会装上卡车运去焚化。我们都会在垃圾堆里翻找东西。我就是在那发现了之前提到的制表匠工具箱。我用找到刀和锯条来制作一些姓名字母图形，卖给营头、队长和组长。我的手艺传开之后，越来越多的人来找我，让我帮他们做。我就用这样的手艺从别人那里换半块面包、一块芝士或者几块香肠。

扔进垃圾焚烧坑的物品中，有没有受害者的相册？

有相册，但是没有人对那些东西感兴趣。我们不认识照片里的人，相册本身对我们毫无价值。我告诉你一件事：法国人运进来的时候，我们有时候会在垃圾山里发现色情杂志。没错，我们把那些杂志带到营中，翻看它们，像过节一样欢乐。

作为犹太人，把那种杂志带到集中营，真是奇怪……

他们带这些东西，是以为自己只是去某个劳动营。他们当中怎么会有人知道自己不是去工作而是去毒气室呢？德国人就是这样折磨我们的。犹太人相信了德国人的谎言。你可以看出：德国人玩了些手段，愚弄了犹太人。是所有的犹太人，不只是被带到奥斯维辛的法国犹太人。

现在我还记得，一个法国犹太女子带一条小小的贵妇犬。他们拿肉片去喂狗，狗只是舔了舔，都没咬。它已经习惯了山珍海味。

那只贵妇犬到了焚尸场，是送到你那里了吗？

没有，党卫队的人带走了它，养了起来。我想是福斯下令带走那条狗的。

你认识那些偷偷写日记的"特别工作队"囚犯吗？

是的，我认识他们当中几个人。我认识一个"马库夫的教长"。[47]他之前是个宣教士，在犹太教会堂里宣讲经典里的故事。一开始他在"一号地堡"工作，后来我们搬去焚尸场工作了，他就到了二号（三号）焚尸场。他给格拉多夫斯基干活。格拉多夫斯基的妻子来自马库夫。他总是为自己如何维持犹太洁食而自豪，哪怕集中营的食物根本不合教法标准。他们不会给我们吃肉，也就谈不上吃到猪肉了[1]。1944 年的逾越节，我们的条件稍有改善，我们当中有人贿赂了一个管食堂的工人——大多数食堂工人都是苏联战俘，弄到了一些面粉，用来烘烤逾越节薄饼，好让"马库夫的教长"主持逾

[1] 犹太教有一系列关于饮食的规定，猪肉被视为不洁而禁止食用。

越节家宴。我做了一个齿轮一样的东西，用来在面饼上轧出小孔。晚上，我们把营中的炉子生了火，烤了薄饼。我们不怕，因为我们已经是营中的老资格了。我们没有红酒，所以祭司说："让我们饮茶祈福吧。"这句话我记得很清楚。

教长也要干其他队员一样的活吗？

我们都尽量关照他。我们的队长也是来自马库夫，每逢节日，队长会给他安排一些轻松的活，或是做做样子的事情，为的是不让德国人怀疑他无所事事，免得让他干辛苦的重活。平日里他也是在焚尸场搬运尸体。

你提到了格拉多夫斯基，请跟我讲讲他的事吧。

扎曼·格拉多夫斯基来自苏瓦乌基（Suwalki）。他妻子来自我的家乡伦纳，岳父经营一家店铺，卖杂货和文具，各种东西都有。战争爆发后，苏瓦乌基被德国人攻陷了。他们家设法逃到伦纳。德国人占领之后，那里就建起了一个隔都，格拉多夫斯基在那里负责医疗卫生。在比克瑙的时候，他和"马库夫的教长"晚上写日记，记录发生的所有事：人从哪里运来、运来多少、运到之后有多少人被杀害、多少人沦为囚犯，等等。他们从垃圾堆捡来瓶子，把写下的日记藏在里面，用蜡把瓶口封好，好让写下的东西保存到德国人战败之后。我们知道垃圾堆里找到的蜡都要收集起来，交给教长或者格拉多夫斯基，用来密封装有日记的瓶子。[48]

你有机会跟教长或者格拉多夫斯基谈点有学问的东西吗？

我们到底有什么好谈的呢？我们每个人都有自己的担忧，都有悲惨的经历。基本上那里的每个人都是各自家里唯一的幸存者。我就是其中之一。例外的是两家的几个兄弟还活着。这真的是一件很幸运的事。我认识来自加诺夫卡（Janowka）的三兄弟，还有德拉贡兄弟，也就是什洛莫和亚伯拉罕。亚伯拉罕是哥哥，他在“特别工作队”起义时腿部中了一枪。他们把他送到了奥斯维辛医务室[49]，他一直待在那里，直到伤情好转。“死亡行军”开始时，我们“拼凑”了一辆推车，让他坐在里面，拖着他前进。他弟弟什洛莫在“死亡行军”中成功逃脱了。

回到你刚才的问题，我们当中有一个人叫萨洛米·德－盖勒（Shloime De–Geller），是个金发的律师，来自瓦夫卡维斯克（Wolkowisk）。[50]他的妻子来自我的家乡伦纳。他和两个舅子都在“特别工作队”，三个人都跟我们一起干活。有时候，他们仨会不停地谈论各种话题。他们讲的东西很有趣，有时我也会加入。

有天晚上，我们正一起坐着，美国飞机飞过了集中营的上空，对格莱维茨（Gleiwitz）[51]近郊发动空袭。当时焚尸场烟囱里还冒着烟，我们说，“要是这次飞机能扔几枚炸弹到比克瑙焚尸场就好了。”我们无比希望出现这样的事情。当然，我们不知道前线情况，我们没有报纸也没有广播。另外一些事情上，我们还争论如何做才对。

一天，一辆卡车把一些女人从集中营拉到了焚尸场。她们都是生病的“穆塞尔曼”，已经奄奄一息了，再也没法工作。所以德国人决定用毒气室杀害她们。有个女孩还能站起来，她转向一个叫杨克尔的“特别工作队”队员——一个高大强壮的小伙子，她抓着杨克尔的手说：“我才十八岁，从来没跟男人睡过。帮帮我，我想在死之前体验一下。在我死之前，你能帮我这个忙吗？”杨克尔把她推开，躲了起来，免得再被她缠着。他觉得自己做不了女孩要求的事情，如果那样做了，就是不道德的。

他把这件事告诉我们，我们展开了一场公开讨论：他该不该拒绝那个女孩的最后要求？是否应该满足她？大家各持己见，讨论非常激烈。杨克尔说，“你们是疯了吧！她是一个‘穆塞尔曼’，那么肮脏，浑身屎尿。而且，我知道他们正要把这个女孩送去毒气室！这种情况下，谁还会想那种事？”

诸如此类的事，都是我们讨论的话题。大多数人都认为，杨克尔拒绝那个女孩要求是对的，那种情况下只能这样做。

你还记得周围人们之间一些团结互助的事情吗？

记得，我记得很清楚，那样的例子很多。比如说，我们有很多人得了疟疾。得疟疾的人不能吃高脂肪的食物，必须严格控制饮食，吃健康食品。我们没有多少健康食品，但我们当中无论有谁生病了，其他人都会尽可能提供给他所需要的东西，用各种方式帮助他。我们有土豆时会放起来留给他，有珍珠大麦时也是如此。这对于得了疟疾的人来说很重要。即使是自己很饿的时候，我们也会把那些生病的人放在第一位。奎宁治疗疟疾效果很好，我经常想方设法弄来那种药给疟疾病人用。曾经有一次，我们队里有个年轻人，来自离我家乡不远的沃拉，他得了疟疾。我刚好有一些奎宁，就给了他。

“特别工作队”里有非犹太人吗？你还能记得其中一些人吗？

除了我们已经说过的两名德国人，我还记得“特别工作队”里有四名波兰人、三名俄国人。他们住在不同的营房。其中有个波兰人在三号（四号）焚尸场工作。他来自奥斯维辛附近的一个小镇，号码是 1200。他是最早来的囚犯之一。他被判了五年还是十年，已经快要释放了。他甚至可以用洗发水洗头。最后，他们把他带到奥斯维辛检查，然后杀了他。他的尸体被送到我们那里焚烧时，面孔已经完全扭曲变形了。德国人不想让我们认出他。

你是怎么知道是他的？

我们通过他的体型辨认出来的。

你还记得他的名字吗？

他的名字叫尤泽克。我们有三个人都叫尤泽克。第一个在三号（四号）焚尸场工作；第二个跟亚采克（Jacek）一起在一号（二号）和二号（三号）焚尸场工作。后来他们两个都去了四号（五号）焚尸场。还有一个叫尤泽克的波兰人，来自华沙。他是一名组长，得过天花，满脸都是疤痕。前两个尤泽克和那个亚采克是好朋友，只有最后那个尤泽克不跟他们为伍。

那些跟你们一起工作的俄国人后来怎么样了？

那些俄国人只是跟我们一起工作了很短一段时间，后来就被杀害了。我记不大清楚他们是从哪来的，也许也是从奥斯维辛转过来的。[52] 给我们送炸药的四名妇女 [53] 被发现之后，他们也怀疑这些俄国人跟我们有合作。

在“特别工作队”的囚犯当中，有没有人是之前坐着牢，之后又被带到集中营的？

有，但他们不是普通意义上的“罪犯”。他们是犹太人，只不过违背了德国人针对犹太人的一些规定，比如说禁止在城镇之间迁徙。任何人违规被发现，都会被监禁。大多数情况下，那些犹太人会直接从监狱送到奥斯维辛。

从来没有妇女进入“特别工作队”，是吧？

是的，从来没有妇女跟我们一起工作。

集中营里有一些严重的流行疾病。你们也感染过一些流行病和传染病吗？

是的。“特别工作队”里有些人死于疾病，像斑疹伤寒或者肝炎。肝炎尤其流行。我们当中很多人就是死于肝炎或其他疾病。

你在集中营工作时，知道之前的“特别工作队”队员被杀害的事情吗？

知道，德国人不时会杀掉我们当中一些人，但是整体清除的行动是在我到奥斯维辛前发生的。我们知道自己命悬一线，从来都没有幻想。我们一直很清楚，幸存的机会不是很大。但是人不该失去活下去的希望。毕竟，那些 1942 年末进入“特别工作队”的人活了下来。

你有没有遭遇过直接的生命危险？

有。1944 年，德国人带一个 50 人的小组去卡托维兹附近砍树。党卫队牵着狗，监督着我们。我很确定，他们这样做是想诱使我们逃跑或违背命令[54]——一旦那样的事发生，他们就有理由杀了整组人。事实上，想要逃跑的念头确实萦绕在我们心头，但是每次我们都会先弄清形势。在这样的情形下，我们是没有机会逃出去的。我们无力反抗十个全副武装的人，那些可怕的狗也让我们感到很无助。比起党卫队，我们更怕那些狗。它们咬起人来不像一般的狗那样。它们经过训练，会把人撕裂，扯成一块一块的。如果那种狗咬住你的腿，你会失去所有反抗的力量。我们也要考虑到这是在敌人的地盘，根本没人帮助我们。我们一点机会都没有。我们反抗就等于自杀。

如果哪个人想结束生命，要么扑到电网上一了百了，要么杀死一个党卫队的人，那样你马上就会挨上一枪，结束这一切，这些都比逃跑容易。我们通常都会从实际出发，冷静考量成功逃跑的可能性。我们从不会在没有评估形势的情况下冲动行事。在营中待了一年半，经历了种种危机之后，我已经能够审慎地分析形势，考虑所有的可能性和不利条件，权衡风险和机会，然后再去做冷静、理智的决定。

你记不记得你在集中营期间，“特别工作队”有什么抗争或者反叛的行动吗？

我可以跟你说一件特殊的事，我们很多人都记得。5 名“特别工作队”犹太囚犯中，2 名来自雅典、3 名来自波兰，他们一起组织了一次行动。当时监管他们的是 2 名党卫队员，其中一个就是那个打过我的立陶宛人。党卫队员看着他们把受害者的骨灰倒入河中。他们决定趁营外守卫相对较松的时候寻机逃跑，这显然是他们自发的决定。

骨灰是这样倒入河中的：他们在河边不远的地方把骨灰从卡车上倒入河里，河岸上留下了残渣。德国人想毁灭所有残余证据，就命令囚犯们去河岸边清理所有残余的骨灰。那两个希腊犹太人希望另外三个波兰犹太人一起行动。其中一个希腊人操起一把锄头，砸到一个党卫队员的脑袋，那个党卫队员倒在了地上。他们把另一个党卫队员扔到河中，想淹死他。这时候，第一个党卫队员苏醒过来。波兰犹太人并没有协助希腊人，他们站在旁边，连一根手指头都没动。希腊犹太人很无助。一个希腊犹太人发现倒地的党卫队员醒来了，就撇下仍在水中的另一党卫队员，跟他的朋友一起游到了对岸，但是因为他们不会说波兰语，而且在这片地方一个人都不认识，最后还是被抓住处决了。

你能补充一些关于这次逃跑中被抓的希腊犹太囚犯的事情吗？

当然可以。他们其中一个是希腊陆军的军官。我还记得他那副强壮健康的样子。有一次我站在焚尸楼的烟囱旁边，他抓住我两只手，毫不费力把我拎上去，像拈起一根羽毛。还有一个是希腊海军军官。

他俩最后的结局怎么样？

德国人把他俩的尸体带到我们那里，我们烧掉了。

那些波兰犹太人怎么样了？

他们当中有两个人活了下来。其中一个人叫阿斯克（阿哈龙）·卢博维斯［Arcik (Aharon) Lubowicz）］。他先是辗转去了以色列的伯尼布莱克（Bnei Brak），后来移民到加拿大。现在已经过世了。

我们再来谈一谈“特别工作队”的起义。整件事是怎么爆发的？

1944 年 10 月的一天，也就是起义开始的前几天，德国人来了，说要点名。他们需要几十个人“外出劳动”。他们见没有人主动接这个任务，就根据职业选了一些人，比如说鞋匠、木匠和电工。负责点名的德国人喊道：“电工站出来！”我决意不听他的。他在队伍中搜寻，最后还是找到了我。他把我塞到那个组里，一共 30 人。

德国人一转过身，我又回到了原先的队伍中。他发现我不在，又回头找我，发现我又回到了点名前所站的小组中。因为我逃避任务，他惩罚了我，狠狠地踢我的背部。之后，他命令一个党卫队的人看着我。他们把我们带到了一个栅栏围着的区域，完全把我们隔离了。我坐在一座烟囱旁，哼着歌，完全漠视这一切。我后来又振作起来，去面对即将到来的事情，因为我相信我们要被运走，送去受死。如我之前所说，30 个人被挑出来之后不久，起义就爆发了。三号（四号）焚尸场的起义，是在他们把我们从那里送到四号（五号）焚尸场之后爆发的。“特别工作队”一些人放火烧了那里的楼。

你知道那些放火烧楼的人的名字吗？

火主要是约索（Yosl）放的，他来自本津。我记不得他的姓氏了。我们几乎都不知道朋友们姓什么。是约索先放的火。显然，他们首先点燃了“特别工作队”住的阁楼的里床铺和床垫。这就是起义开始的信号。

你们在筹划和发动起义的过程中，有没有获得一些外部的帮助？

我们跟波兰游击队有些往来。[55] 他们要收很多钱，才肯发起抵抗行动。作为回报，他们承诺给我们提供军事援助。

“特别工作队”的囚犯怎么筹钱？

我们从财物储存库[56] 的工人那里弄了些钱。他们整理衣物时，有时会发现里面有点值钱的东西，有银子、金币和戒指等等。

你能描述一下准备起义的过程吗？

我们早在起义爆发半年前就开始准备了。我们自制了一些地雷和手榴弹。炸药则是从军工厂里干活的犹太妇女那里弄到的。

手榴弹是什么样子的？

我们用的是装食品的方形金属罐头，往里面填满炸药，放进导火索。我们还加了一些带刺铁丝网制成的金属片。我们希望手榴弹能炸出尽可能多的弹片，增强杀伤力。那些妇女把炸药放在我们事先计划好的地方，“铲屎工作队”的人[57] 从那里把炸药取回来。他们经过营房时，会推着一辆推车，装着他们的工具。他们用绳子拖着车子，炸药就卷在绳子里。因为他们确定德国人不会搜到那里。他们推着车经过我时，我发现那股绳子特别松，那些囚犯没有把绳子拽紧。

埃利泽，你参与制造手榴弹了吗？

是的，我是那个小组的。我也参与制造其他武器，各种刀子。

为了举行安息日仪式，犹太人把刀子带进了集中营，刀子原本是用来切白面包的。那种面包是为安息日准备的，面包上还有字，“安息日神圣”。刀子很长，刀柄是白色的。我的工作是打磨刀子的四边，把它们改造成刺刀。起义期间，他们就是用这种刀在二号（三号）焚尸场杀了队长卡罗尔。

起义要想成功，最基本的前提条件是不动声色，保持沉默，所以只有一小部分人知道这回事。我们地下组织的头儿是个苏联犹太人，炮兵少校，是在斯大林格勒战役中被俘的。他是一个典型的地下战士。除了他，还有另外两个苏联犹太人。他说，“营中有八万囚犯，即使德国人枪杀了一半，也还有四万人能活下去，也是一大群人了。这些人已经没有什么可失去的。”我们得到消息，起义要开始了。结果波兰抵抗组织却要求推迟起义。

你什么时候得知这种要求的？

我想是在 1944 年 8 月。苏联军官说：“他们是否加入不重要，我们要继续干。”根据原计划，那时三号（四号）和四号（五号）焚尸场要开始起义了。届时会进来两辆车，车原本是运煤还是运尸体的，我记不大清楚了。我们打算杀死党卫队员，夺走他们的武器，然后冲到车子那里。显然，在焚尸场工作的波兰人泄露了计划。

起义那天，前前后后的情况是怎样的？

挑选结束后，有 30 个人被选出来，德国人想把其他人运走。但是他们反抗了，而且还放火烧了焚尸楼，然后德国人就朝他们开枪。我们组有两名犹太医生。我想跟他们一起跑到到三号焚尸场。站在门口一个党卫队员拦住了我们。一名医生倒在地上，当场就死了。我问另一名医生怎么回事，才弄明白他已经给自己注射了毒药。另一名医生也服了毒药，挣扎了三天才死。我跟他说话时他看起来很恍惚，因为他已经服了毒。

大多数参与起义的“特别工作队”队员都被杀害了。我们被关了起来，一直被隔离着。三号（四号）焚尸场的楼已经差不多烧光了。那栋楼的楼顶是木头的，很容易着火。房梁有些也是木头的，床铺也是木头的。那栋楼只剩下石墙和烟囱。一号焚尸场的人看到大火，就知道起义开始了，所以他们也开始行动。他们杀了卡罗尔，试图放火烧楼，并且开始逃跑。从那里逃跑更容易些，因为那里挨着集中营的外围栅栏。他们当中有些人能跳过栅栏，不过，到了最后，他们所有人都被抓了。我们被锁在那里半天。后来，起义被镇压下去，他们让我们焚烧遇难起义者的尸体。那是唯一剩下的工作，因为已经没有新运来的欧洲犹太人了。最后，那些帮助过我们的犹太妇女也被绞死了。

你是亲眼看到这些的吗？

是从远处看到的，因为她们是在女囚营被处决的。[58] 出口那里的栅栏被弄矮了。我们不允许在那里随意走动，可以在营中偷偷看到那些恐怖的场景。为防止我们出去，营头派人看守。但我们敢无视这条禁令，那种时候我们充满自信。

那些妇女被抓住之后，他们把我从焚尸场叫了过去，让我招供还有哪些妇女是属于地下组织的。他们威胁我，如果不说就一枪打死我，或者把我活活扔进焚尸炉。我说我什么都不知道，他们就没再管我了。我回到营中，吓得面如土色，一夜白头，那时我才 23 岁。[59]

从 1945 年 1 月 18 日起，奥斯维辛 – 比克瑙开始疏散。在此之前有什么预兆吗？

有的。我第一次发现异常，是有一天我在营中闲逛时，看到一些朋友正在忙些事情。我问他们要干什么，他们说打算闯入食品仓库。我告诉他们我也想加入，因为我有适合的工具可以打开门。也就是在这时候，我在奥斯维辛囚禁这么久，第一次注意到集中营周围的带电的围栏。在一个朋友的帮助下，我切断了带刺的铁丝网，那样就可以进入 F 营[60]，F 营里关押的犹太妇女来自我的家乡。铁丝网一切断，就会造成短路。我们知道在瞭望台的德国人马上就会发现哪里短路，并且迅速赶来维修。因此，我们需要用特殊的方法切断铁丝网，让德国人没法发现是哪里短路。所以。我们是两个人站在那里，拿着钢丝钳，一人夹断一头。我们剪断了铁丝网，剪下来的铁丝扔到一边，这么一来，电流断了，栅栏再也电不死人，却没有产生短路。这些诀窍在当时很重要。接下来我们闯进了食品仓库。我拿了很多条面包，口袋里塞了几包人造黄油。我尽可能多拿些，因为我们破门而入的时候，很多人都跟着跑进去装食物。我把拿到的食物分给了跟我同乡的那些女人。电栅栏的带刺铁丝网是横纵交错的，如果当时没有切断栅栏，就不可能把食物搬出栅栏外面。

那天晚上，他们把我们从比克瑙带到奥斯维辛，让我们待在营中。我们也在那里搜寻食物，但是有人发现了，还打了我们。我还是找到了一个纸箱，里面装了二十四个肉罐头。我们这些“特别工作队”的人熬到半夜，大吃了一顿。

这样对你的身体不是不好吗？因为发生过类似的事，有些囚犯因为一下子饮食过量，付出了惨痛的代价。

完全没有问题。我们倒掉了里面的油脂和汤水，只吃里面的肉。可能是马肉，但是我们并不在意。我们每个人都留了一罐在路上吃。早上，他们又清点了一下人数，然后五千人的队伍就开始走出营中。我们走了很长很长的路。[61]

沿途路边都散落着尸体。我们走了大概二十公里，到了普什奇纳。[62]我们在那里的一个足球场停留了几个小时，之后又继续前进。当天晚上，我们在一个农庄过夜，到了早上又继续走。途中，我们经过了一个火车站，列车已经在那等着了。我们爬上了车，因为他们想把我们运到德国。就在我们被塞进车厢时，我和我的朋友抓住一个机会逃跑了。我们逃跑时，有守卫朝我们开枪，结果我的朋友被杀害了。我的腿上中了一枪，但是我继续跑下去。我在附近林木茂密的小山背后找到一个地方躲藏起来。

在贝塔尔运动中，我们训练过如何躲藏。我们学到的正确方法是把脚印朝着反方向，所以我必须倒着走。党卫队在追捕我的时候，看到我留下的脚印，推断我从山丘下去了。所以他们转向了相反的方向。我可以从高处看到他们，因为我躲在树上。这个小窍门救了我的命。

我腿上受了伤，又没有得到医治，脚趾都感觉僵硬了。我必须给自己动手术，我用指甲剪切掉烂肉和血管，最后伤口周围都烂掉了，只剩下骨头。

危险过后，你做了什么事？

我听到迫击炮的声音，就朝声音那边跑去，但是判断有错误，整个晚上我都在森林里乱跑。第二天晚上，我睡着了，因为我已经筋疲力尽。能不能活下去，我已经无所谓了。我的力量已经完全耗尽。不过，如果我注定要死，起码我知道自己是作为一个自由人奔向死亡的。

我在池塘旁边的干芦苇里找到一个藏身之处。我把芦苇铺成垫子，躺在上面睡着了。醒来时，我的四肢都冻僵了。我朝一个村庄跑去，不知不觉来到了普什奇纳。我走近一栋房子，有个女子正站在门口。我对她说，“给我点东西喝吧。”她回答：“你想喝点什么？咖啡？”她让我进去了。

我坐了下来，她给我拿了一杯咖啡和几片面包。然后她丈夫出现了，追问我是什么人。“我是什么人关你什么事？”我冷淡地回答。“我吃完之后，就会走的。”他还是接着问：“我想知道你是什么人。”我很害怕再次被捕，所以假装不在乎地说，“你真的想知道吗？我从运往奥斯维辛的车上逃出来的。我是奥斯维辛的囚犯。”

我后来发现，离这栋房子不远就是“死亡行军”所走的那条路。路上还到处都是尸体。那个男人问：“你打算去哪儿？”“我不知道。”“你在附近有认识的人吗？”他问道。“没有。”我回答。“那么就跟我们住在一起吧。”我跟这些波兰基督徒待在一起至少五周，直到苏联士兵解放了这片地方。之后，他们把我送进医院接受初步治疗。

那些把你留在家里、救了你的波兰人是谁？

他的名字是奥古斯汀·堂德拉（Augustin Tendera），他的妻子叫弗朗西丝卡（Franciska）。他们有个儿子叫伊格纳茨（Ignac），还有两个女儿，玛尔戈泽塔（Malgorzata）和玛尔塔（Marta）。

那个村庄叫什么名字？

拉德斯托维斯（Radostowice）。

你跟那家人还有联系吗？

有，我拜访了他们两次。上一次是在 1993 年 9 月，那时我去波兰拍摄关于“特别工作队”的纪录片。他们一家到了比克瑙的拍摄现场找我。我一直都有跟他们保持联系。我拜访他们的时候也带了一些礼物。我寄给他们的包裹里面有各种各样漂亮的东西，主要是节日用的。我能给他们的只有这些，然而他们应该获得更多回报。毕竟他们救了我一命。[63]

第五章 尾注

1 伦纳位于白俄罗斯西部尼曼河畔。两次世界大战之间，它是波兰的一部分，1939 年 9 月被苏联红军占领，受苏联管辖。这个城镇以其丰富的文化、活跃的犹太复国主义运动以及完善出色的教育体系而著名。"塔尔布"系统（Tarbut，意为"文化"，当时的希伯来语运动）在伦纳建立了多所希伯来语学校。"邦德"运动（Bund，世俗的犹太社会主义运动）和犹太复国主义运动是成年人甚至青少年中最主要的政治潮流，青少年也参与到相关的青年运动之中。伦纳的大部分犹太人都是商人，非常富有。大屠杀的前夜，那里居住着 300 名犹太人。

2 格罗德诺，白俄罗斯西部的一座城市，1939 年 9 月之前属于波兰。格罗德诺的犹太人社区是整片地区最古老也是最大的"立陶宛"犹太社区之一，该地区 18 世纪之前都隶属于立陶宛王国。这里有活跃的犹太文化和社会机构，也是"锡安热爱者"运动的重要中心，之后成为俄罗斯犹太复国主义运动和哈鲁特运动（旨在训练犹太青年赴以色列地建立农业定居点的运动）的重要中心。二战前夕，该城镇的犹太人口有 25000 人。

3 根据 1939 年 8 月 23 日签订的《莫洛托夫—里宾特洛甫条约》，白俄罗斯西部从 1939 年 9 月 17 日起归苏联管辖，直至 1941 年 6 月 22 日苏德战争爆发。

4 新格鲁代克是白俄罗斯西部的一座城镇，因波兰国民诗人亚当·米茨凯维奇（Adam Mickiewicz）在其附近出生而成为该地区的首府。两次世界大战之间它属于波兰。1939 年 9 月被苏联红军占领，之后属于苏联。16 世纪第一批犹太人在这里定居。二战前夕，这个城镇有 7000 名犹太人。1941 年冬，纳粹在此建立了一座隔都。隔都中大多数人都在纳粹的"行动"（Aktionen，即纳粹为了实行惩罚措施或驱逐而采取的行动）中被杀害。1943 年 9 月 26 日，数百名犹太人尝试了一次大胆的逃亡，借助一条他们之前挖了几个星期的隧道，总共有 231 名犹太人通过这种方式逃脱，其中大多数人加入了比尔斯基（Bielski）的游击队。

5 扎曼·格拉多夫斯基，参见第三章第 61 条。

6 据很多幸存者描述，大屠杀期间，一家人在一起尤为重要。他们希望与家人在一起，这样能给每个人更多的力量，也能提高他们的应对能力。犹太人去陌生的地方，总希望跟家人在一起，而不愿意冒着与家人分离的风险去不同的地方。哪怕抛下父母或其他家庭成员，他们获救或逃跑的可能性也不大。参见 Ber Mark (ed.), *The Scrolls of Auschwitz*, Tel Aviv,1985, (writing of Zalman Gradowski), pp.179, 194–195；关于“特别工作队”成员的“秘密写作”的具体内容以及其他相关的出版物，请参见第一章第 108 条。

7　通常在火车上会放一些大木桶被当马桶，但是很快就满了，而且发出让人难以忍受的恶臭。人们试图把木桶里的秽物倒出火车，但不是每次都能成功，里面的东西溢出来流到地板上。很多大屠杀的幸存者都说，这是他们在途中最难过最痛苦的经历。

8　这指的是比克瑙的 BIIc 营区，有 26000 名匈牙利犹太妇女从 1944 年夏季开始被拘禁于此。

9　这里指的是比克瑙 BII 区的各个营。

10　在“一号地堡”工作的人隶属“特别工作队”一组。

11　在点名和特别挑选时，让所有囚犯脱光衣服是标准程序，主要是为了羞辱他们。参见第三章第 15 条。

12　男子和妇女住宿区的分配一直都有变动，但是营中各区的名字还是保持原来的名字。

13　桑拿房，参见第三章第 16 条。

14　刑囚工作队，参见第三章第 18 条。

15　营中对专业人员的需求其实是带有讽刺意味的。显然，从受害者嘴里撬出金牙并不需要牙医。

16　马库夫－马佐夫舍是华沙地区马库夫分区的一个城镇。据记载，这个地区最早有犹太人出现要追溯到 16 世纪下半叶。大概有 3500 名马库夫－马佐夫舍犹太人在大屠杀中遇害。

17　参见第四章第 20 条。

18　这样做是故意的。这种残忍的做法是为了羞辱受害者。“那天在莱加集中营里，我们遭受好多次严苛的脱衣检查——检查虱子，搜查衣服，检查疥疮，然后早晨洗漱，还有定期的筛选，都要脱衣，在此期间有一个‘委员会’决定谁仍然适合工作，那些无法工作的人则会被清除。” Primo Levi, *The Drowned and the Saved*, New York, 1988, p.113)。

19　其他营里也有类似的指示牌，比如特雷布林卡灭绝营。设置这些牌子的目的是为了误导受害者。

20　齐克隆 B 有着刺鼻的杏仁味。参见第二章第 30 条。

21 米克洛斯·尼斯利在他的书中做了解释。参见 *Auschwitz: A Dactor's Eyewitiness Account*, New York, 1993. pp.88–93。

22 焚尸场启用的日期，参见第三章第 38 条。

23 关于奥斯维辛－比克瑙各焚尸场的编号，参见第一章第 35 条。

24 布瑙是奥斯维辛的一座附属营，直接归法本工业集团（I. G. Farben）所有，1942 年 10 月 30 日成立。“布瑙”这个名字取自一种合成橡胶的名称，这种橡胶也是为战争生产的。该公司持有戈林办公室发的许可证，获准在奥斯维辛周边建立了一系列工厂，为德国战时工业生产合成橡胶和燃料。

一开始计划让奥斯维辛的囚犯作为奴工在这些工厂工作，每个囚犯由公司付给党卫队少量的钱。1941 年 4 月末，在希姆莱的命令下，奥斯维辛长官霍斯派一部分囚犯去莫诺维茨修建工厂；莫诺维茨是一座村庄，离比克瑙大约 7 公里，离奥斯维辛也只有 4 公里。连续好几个月，成千上万的囚犯做着这些辛苦的工作，忍受党卫队和各级监工的残酷虐待。病弱者以及不能让工厂工头满意的囚犯都会被送到比克瑙的毒气室。

布瑙一开始被称为“布瑙分营”。1943 年 11 月 22 日，奥斯维辛在行政上被划分为三个独立的集中营，布瑙－莫诺维茨集中营变成了一个独立的集中营，有自己的长官和十座附属营（奥斯维辛三号营），1943 年 12 月 1 日被重命名为“莫诺维茨劳动营”。

在布瑙－莫诺维茨集中营中，成千上万的囚犯——当中大多数是犹太人——因严酷艰苦的劳役、饥饿和流行病丧命，或者在毒气室里被杀害。

25 “穆塞尔曼”，参见第四章第 26 条。

26 党卫队监管人员垂涎从犹太人那掠夺来的最好最贵重的物品。他们因为被禁止私自占有受害者财物，所以强迫“特别工作队”的犹太囚犯帮他们窃取各种贵重物品。这样他们就不用冒无谓的风险，免遭严酷的惩罚。

27 根据比克瑙的一名电工亨里克·波布斯基（Henryk Porebski）的证词，一号（二号）和二号（三号）焚尸场有一座电力通风设备能够给毒气室排气，为接收下一批人做准备。三号（四号）和四号（五号）焚尸场显然也安装了类似的设备。参见 Hermann Langbein, *Der Auschwitz–Prozess–Eine Dokumentation*, Frankfurt am Main, 1995, p.93。

28 由于括约肌失控，毒气室里人会排泄。这不是毒气本身引起的，而是由于人们被困在拥挤的毒气室里，情绪失控导致的。这是人类感觉到死亡逼近时做出的本能反应。

29 关于在奥斯维辛上空飞过的轰炸机、侦察机，参见 Martin Gillbert, *Auschwitz and the Allies*, New York, 1981, Part 3, Auschwitz Revealed, pp.190–339。

30 “特别工作队”的成员布基·弥尔顿证实，“特别工作队”的营房里有一个类似医务室的地方，他们当中有人生病了就不必被安排到集中营“医院”。参见 Langbein, *Der Auschwitz–Prozess–Eine Dokumentation*, p.249。

31 这里指的是雅克·派许（Jacques Pasche）医生。

32 福斯——这个见证者也许指的是党卫队的沃斯上士，比克瑙焚尸场的长官。我们不知道党卫队有叫福斯的人，相关档案中也没有出现这个名字。

33 在奥斯维辛，黑色三角形标志表示“不合群”的囚犯。因此这里指的应该是绿色三角形标志，指的是技术型囚犯（Berufsverbrecher）。

34 这里指的是奥古斯特·布鲁克。他 1943 年 12 月死于斑疹伤寒。布鲁克的职位是大队长，也负责焚尸场各种机器设备的运行。

35 贝兹丁（Bezdin），波兰上西里西亚的一座城镇，中世纪开始建于一座城堡周围。19 世纪下半叶，贝兹丁开始迅速发展，凭借附近丰富的铁矿和煤矿资源，吸引了大批工厂。犹太人中世纪晚期开始在此定居，二战前夕，该城镇的犹太人口大约有 27000 人。德国人占领该城镇期间，犹太青年运动为进行地下活动、准备起义建了一个总部。1942 年 5 月至 8 月间，贝兹丁的犹太人开始被运往奥斯维辛。在隔都最后的清除期间，他们据守几座堡垒，用武器保卫自己。

索斯诺维茨，波兰西南部城市，直到 19 世纪末还是个小城镇。该地区迅速发展，归功于其丰富的铁矿和煤矿储藏以及作为国际铁路枢纽的优越地理位置。二战前夕，这个城市的人口有 13 万，包括 28000 名犹太人。

在索斯诺维茨的索罗度拉隔都，青年运动的成员进行了组织，并且储备武器、修建堡垒来保卫自身。在隔都大遣送、大清除期间，他们用设法弄到的简陋武器来保卫自身。

36 集中营的“老囚犯”可以得到其他囚犯甚至党卫队的优待。“资深程度”是一个非常重要的因素，它决定了囚犯的社会地位和权利。老囚犯可以获得一些头衔，享有各种特权，比如为自己谋求最好最轻松的工作。这些头衔和特权可以保障他们的持续控制力、个人影响力和安全，甚至还有财产。大多数管理职位都由资深的囚犯担任。

37 埃利泽·艾森施密特错认为队长的职位比组长低。

38 切哈努夫，马佐夫舍省华沙地区切哈努夫分区的一座城镇。15 世纪中期犹太人开始在这里定居，大屠杀前夕，这座城镇大约有 5000 名犹太人。德国人占领期间，犹太青年运动的成员试图组织系统的反抗活动，私下收听广播，传播各地的新闻。大多数切哈努夫犹太人被送到奥斯维辛，一到达就被送进毒气室杀害了。他们当中有些人在奥斯维辛起义中起到很重要的作用。

39 “特别工作队”中来自荷兰的队员，一个叫莫里斯·谢勒克（Morris

Schellekes, 十年前在海法逝世）。另一个叫乔治·凡·吕克（George van Ryk），现居住在阿姆斯特丹。

40 姆瓦瓦，参见第三章第 8 条。

41 普翁斯克，参见第三章第 7 条。

42 这些囚犯被关押在华沙隔都附近建的一座集中营。华沙隔都被称为“杰西奥夫卡”（Gesiowka），里面条件不堪忍受。

43 布尔诺，捷克斯洛伐克摩拉维亚地区首府，13 世纪初叶开始有犹太人社区。1941 年 12 月 2 日至 1943 年 7 月 1 日期间，大约 11000 名布尔诺及其周边的犹太人被运到灭绝营。

44 新德武尔是华沙地区华沙分区的一座城镇。18 世纪开始有犹太人定居。二战之前，这个城镇的犹太人口有 4500 人，到 1939 年末只剩下 1000 人左右，其他人已逃往苏联或搬到了华沙。

新德武尔的大多数犹太人都在奥斯维辛被杀害。城中不少犹太人积极参加抵抗运动，在各个地方与德国人战斗，包括华沙隔都、特雷布林卡灭绝营，还有奥斯维辛 – 比克瑙“特别工作队”起义。

45 罗门查：比亚韦斯托克地区罗门查分区的一座城镇，位于纳雷夫河左岸。15 世纪末犹太人开始在那里定居。

在罗门查隔都，几个犹太青年群体展开了反抗和破坏活动，有一群青年秘密收听国外的广播。1942 年中期，一些罗门查的犹太人参加了游击队，成为人民自卫军的一部分（波兰左派的一个军事组织）。大多数罗门查的犹太人被送往奥斯维辛，在那里遇害，大约有 8000 人。

46 大卫·奥莱雷是一名画家，也是“特别工作队”的幸存者之一。他 1902 年 1 月 19 日出生于华沙，很小的时候就开始到美术学院上学。1918 年他 16 岁时离开了波兰，前往但泽和柏林，展出他的木版画。1921 年和 1922 年，他在柏林工作，是一名画家、雕刻家，任欧洲电影联合会的设计师助理。他跟恩斯特·刘别谦（Ernst Lubitsch）合作，为电影《法老王的妻子》画了布景。1923 年，他在巴黎蒙帕纳斯区定居。他为电影业设计布景、服装和海报。1930 年，他结了婚，并获得了法国国籍，后来生了一个儿子，名叫亚历山大。

1943 年 2 月 20 日，在法国警察的围捕中，大卫·奥莱雷在德朗西附近被捕。他被关押在德朗西，1943 年 3 月 2 日被送到奥斯维辛。在奥斯维辛“二号地堡”，他被强迫去挖埋尸坑。后来他加入了三号（四号）焚尸场的“特别工作队”，被派去清空毒气室、用焚尸炉焚烧尸体。由于他是个艺术家，精通好几种语言，党卫队便发掘他为己所用：在党卫队的人写给家人的信笺上画画，信笺用花朵图案装饰。

1945 年 1 月 19 日，他加入了“死亡行军”，先后到达了毛特豪森、梅尔克和埃本塞，最后被美军解放。解放之后，他的健康状况恶化。他把比克瑙焚尸场看到的一切告诉妻子，妻子却觉得他已经精神错乱。就是在这样的境况下，他创作了70幅素描，这些素描也激发了他后来的油画创作。随着他的视力下降，他用的画板越来越大。

他在1945年和1946年画的素描记录了那些一直折磨他的场景。出于内心的道德责任感，他创作了这些作品。这些素描和画作具有不可估量的文献价值，首次在视觉上呈现了焚尸场发生的事情。只有通过大卫·奥莱雷的双手和眼睛，这些丑恶的事实真相才永不消失。他想替那些没能从地狱中逃脱的人们出来作证，这些内心的诉求赋予他艺术的灵感。他也在一些画作中描绘了自己——幽灵般的身影，面对这些恐怖的场景痛苦地思考，这些场景将永远铭刻在他的记忆中。

奥莱雷画出素描，勾勒奥斯维辛焚尸场剖面图，以此证明他是在死亡工厂亲眼看到的真相的人。他是第一个这样做的人。

1985年8月21日大卫·奥莱雷于巴黎逝世。

47　“马库夫的教长”指的是雷布·朗非，马佐夫舍省马库夫的高级拉比（犹太教法官）。关于他的更多细节，参见 *The Scrolls of Auschwitz*, pp.168–171, 206–209; 以及 Nathan Cohen, “Diaries of the Sonderkommando,” in Aharon Weiss(ed.),*Yad Vashern Studies*, Vol. 20, Jerusalem, 1990, pp.282–284。

48　“特别工作队”中秘密写作的作者知道奥斯维辛的泥土很潮湿，把手稿埋在地下风险很大。因此他们尽力找一些合适的瓶子来放写下的东西，并且尽可能加以密封。

49　奥斯维辛的医务营是比克瑙 BIIf 营，是囚犯的医院。那些被挑出来送去附近毒气室处死的囚犯有时会先被集中在这里。

50　瓦夫卡维斯克，白俄罗斯格罗德诺区的一座城市。15世纪第一批犹太人到达此地。1795年该城并入俄罗斯，但在战争期间仍在波兰领土上。1887年，该地建了一所很大的犹太学校（叶史瓦），一直到第一次世界大战才关闭。1941年6月22日，苏德战争爆发，几百名犹太人在德军轰炸中丧生。德国入侵期间，很多犹太人被屠杀。该地隔都建于1941年12月13日。1942年5月，瓦夫卡维斯克附近大约有200名犹太人被杀害。有个犹太人地下运动组织联系了游击队，组织队伍去森林里加入他们。1942年11月2日，瓦夫卡维斯克及其附近的犹太人被包围逮捕。到那年年末，他们当中18000人被送往特雷布林卡集中营，其余人被送到了奥斯维辛。

51　格莱维茨（格利维茨），波兰西里西亚的一座城市。1742年成为普鲁士的一部分，1945年回归波兰。犹太人16世纪开始在格莱维茨定居。1932年，这座城市的犹太人口有1300人。1942年5月，586名犹太人被运往奥斯维辛，之后全部遇害。

城镇里还有几百名犹太人，1945 年 1 月 26 日，他们被苏联红军解放。

52 这 19 名苏联战俘于 1944 年 4 月 16 日从马伊达内克集中营被送到奥斯维辛。

53 这 4 名妇女分别是雷嘉娜·萨弗斯丁（萨普斯丁）、艾斯特·威斯布勒姆（艾斯茱西娅·维克布勒姆）、艾拉·加特纳（嘉纳），还有罗莎·罗伯塔。1945 年 1 月 6 日她们在奥斯维辛被当众绞死。

54 党卫队的人很喜欢命令囚犯去营中禁止囚犯去的地方取东西，囚犯回来时，党卫队的人就会以企图逃跑为由枪毙他们。这是残暴的党卫队最常见的消遣方式。

55 这里指的是奥斯维辛主营反抗组织里的非犹太成员。一开始他们表示很乐意跟"特别工作队"合作，一起发动起义。后来他们逐渐改变了主意，倾向于继续等待。焚尸楼里发现的"特别工作队"日记显示，由于奥斯维辛抵抗运动组织的态度问题，"特别工作队"不得不多次推迟起义时间。参见 *The Scrolls of Auschwitz*, pp.228–229, 233–234。

56 这里指的是"加拿大"工作队的成员（那些在财物仓库工作的人）。参见第一章第 45 条。

57 "铲屎工作队"：该小队的任务是打扫厕所。这样低俗粗鄙的称谓是德国人起的。

58 这里说的女囚营是指奥斯维辛一号营的"新女囚营"，1944 年 10 月 1 日由司令部（集中营总部）正式成立。囚犯是从比克瑙运来的，其中三分之一都是妇女，她们日夜轮班在维塞尔 – 联合金属工厂（Weichsel–Union Metallwerke）工作。

这座新妇女营有 20 栋建筑，靠近主营，被称为"扩建区"。1945 年 1 月 6 日，4 名妇女被怀疑协助"特别工作队"起义，因此被绞死在两栋楼之间的空地上。

59 很多大屠杀的幸存者头发提早变白。大屠杀中的经历带来的创伤造成了这种特殊的情况。

60 F 营——指的是 BII 区的 BIIf 营，1943 年 7 月至 1945 年 1 月期间用作囚犯们的"医院"。

61 这就是"死亡行军"，是大屠杀的最后阶段。1944 年冬天的这场行军中，成千上万的囚犯被迫步行数百英里，很多人在途中被党卫队枪杀，或死于严寒、疾病、体力不支或饥饿。

62 普什奇纳是西里西亚普什奇纳分区的一座城镇，17 世纪首批到这里定居的犹太人来自波希米亚。在两次世界大战中间，普什奇纳有一个小规模的犹太社区，共 20 个家庭。1940 年末，这里的犹太人被送到切比尼亚，跟当地犹太人遭受了同样的命运。

63 以色列犹太大屠杀纪念馆（Yad Vashem）授予这个家庭"国际义人"的荣誉称号。

第六章

扫罗·哈赞："生命已不重要，死亡就在眼前"

扫罗·哈赞的存在感极强，他的个人魅力给我留下了深刻印象。他的一双大眼睛也总是闪烁着热情的光芒。扫罗来自萨洛尼卡，是这个骄傲的犹太族群的后裔，也是个虔诚、坚定的犹太复国主义者。我采访他时，他每次都要重申自己的一个看法：如果犹太人有一个国家来保护自己，大屠杀就不会发生了。"没有国家，我们很容易成为种族灭绝的牺牲品。"他总是用两个党卫队员的故事来支持自己的这一主张：某天，这两个人来到了比克瑙的焚尸场。其中一个人悄悄对另一个人说："你看看这些犹太人，他们之所以沦落到这种境地，就是因为他们没有自己的国家。"

扫罗·哈赞住在霍隆（Holon），就在特拉维夫的市郊。我们第一次见面是在 1987 年，那时我已经开始记录萨洛尼卡的犹太人在奥斯维辛 – 比克瑙的遭遇了。当时我要给以色列陆军电台准备一档节目，要在“大屠杀死难者和英雄纪念日”播出。我们和一群来自萨洛尼卡的大屠杀幸存者一道去到了希腊和波兰。那是扫罗在大屠杀后第一次重访波兰。走到他曾工作过的二号（三号）焚尸场[1]的废墟上的时候，我们感到在过去的43年里，时间仿佛一直停留在那里，不曾改变。

扫罗径直走向那片曾是焚尸场建筑的废墟，指着每一个方位，历数每个地方发生过的事情：“这里是人们脱衣服的房间，这里是通往毒气室的门，这里就是毒气室，我就在这儿，把尸体从毒气室里搬出来。”我震惊地听着这一切，脸都白了。他就像昨天才离开这儿似的。

不过，对我来说，这次参观让我最为感动的是扫罗在一次录制结束后说的话——我甚至还为此掉了眼泪。当时，我们正从二号（三号）焚尸场的废墟慢慢地往焚尸场的院子走去，话筒还开着。“吉迪恩，”他说，“有些事已经藏在我心里40多年了，它们刚刚才得到净化。在今天之前，我从没跟家里任何一个人讲过我在大屠杀期间过的是什么日子。我不能告诉他们我在比克瑙做的事情，我办不到。现在，我感觉得到了解脱。束缚在我心上的这些镣铐终于卸下来了。谢谢你为我做的这一切。”

我很高兴听到他这么说。当我带着大屠杀的幸存者们回到他们的过去，重温他们的痛苦记忆和噩梦，回顾他们为了让现在的生活好过一点而压抑、隐瞒的一切时，我的良心一直饱受折磨。扫罗的话让我知道，这次回忆之旅也是有积极的一面的——它让像扫罗一样的人们卸下了心中这么多年来痛苦不堪、越来越重的负担。

几个月后，扫罗告诉我，他结束了波兰之行回去之后，第一次把他在奥斯维辛的工作说给了自己的孩子们听。在他心中，奥斯维辛往事带来的负担再也不像之前那么沉重了。

我用希伯来语采访了哈赞——他从来没有真正掌握过这门语言。他用简单的语言表述了自己的证词。不过话又说回来了，我在他身上发现的那些特质——内在力量、真诚、可靠和诚实——并不需要什么华丽的辞藻。他从未试图粉饰那些可怕的真相，从来没有为自己辩解、找借口，也从来没有把自己描绘成一个英雄，或者一个有着特别资历的人。即使是在描述那些恐怖事物，谈到毒气、焚尸炉、骨灰和令人难以置信的折磨时，他也只是用简单质朴的话诉说着，语气总是既轻柔而又克制。

除了其他的优秀特质之外，他还总是能够快速地把自己从奥斯维辛抽离出来，回到当下的日常生活中去。我们一起拜访约瑟夫·萨卡尔的时候，扫罗和约瑟夫给自己倒了小杯的葡萄酒，一边心满意足地啜饮着，一边还享用着家中的小食；而与此同时，我在采访他们，与他们谈论着犹太大屠杀的话题。他们只是乐天安命罢了。他们解释说，这是他们对希特勒的伟大胜利，在自己心烦意乱的时候能够聊以自慰。

扫罗·哈赞是萨洛尼卡的犹太族群的典型代表，每当我观察他的时候，我总是能感受到这种损失有多严重，六万名萨洛尼卡犹太人的惨死让我们所有人付出了多大的代价——这不仅是犹太人的灾难，也是非犹太人的损失。

扫罗·哈赞先生，我们的采访会集中在你在奥斯维辛－比克瑙的“特别工作队”工作的那段时间。不过，在开始之前，我们先来简单聊一下你去奥斯维辛之前的生活吧。请问你出生于何时何地？

1924 年，我出生在希腊的萨洛尼卡。

你能跟我们说说你的家庭吗？

我的爸爸是个服装商人。我们家有四个孩子，两男两女。最后有两个人活了下来，就是我和弟弟，弟弟那时逃到了希腊，加入了游击队。

能不能描述下萨洛尼卡的犹太人开始受限制，是怎样的情形？

德国人 1941 年入侵希腊的时候，我的两个妹妹一个 6 岁，一个 8 岁。我弟弟 10 岁，我当时是 16 岁。我们的日常生活一开始没有受到什么影响，一直到 1942 年。不过，我们慢慢开始感觉到德国占领带来的束缚。我们都得佩戴黄色六芒星标志，也就是所谓的“黄标”。德国人闯进富人的家里，抢走值钱的东西，还到犹太商人的店里大肆劫掠。

随后，德国人要把年轻的犹太人送去参加强制劳动。1942 年 7 月 11 日，所有 18 岁到 45 岁的犹太人都要到自由广场去报到，那是萨洛尼卡的一个大广场。我那时正好 18 岁。要走到那个广场，你得穿过一条站满了党卫队的街道。去广场的一路上，他们殴打我们，用脚踹我们，还用恶毒的语言咒骂我们。我们到那儿的时候，广场已经站满了一半了，慢慢地，人越来越多，到了他们指定的最后时刻，广场上已经站满了年轻人。

德国男女站在广场周围的屋顶上看着我们，就像在看一出好戏。当时正值酷暑，我们每个人都被迫做很难的体操动作，而对那些身体比较弱的人，德国人便会棍棒相加，好让他们更加屈辱。其他人也遭到了毒打，一直被打到血流不止才停下来。然后，他们就开始搜寻穿着考究的男子，一旦谁被盯上了，就会被一顿暴打。他们把那些人像滚木桶一样在街上滚着，还问他们：“你不会刚好是个资本家吧？”那些人最终被他们残忍地折磨至死。这样的暴行从早上一直持续到下午。与此同时，他们开始登记人们的名字。我站在一边，并不急着去报名。快到两点的时候，那些还没登记的人被告知周日再过去一趟。

到了周日，那些还没登记的人又聚到了一起。我没去那儿，没去报名，所以我的名字并没有出现在名单上。我那时能怎么办呢？在这期间，他们开始把所有已经登记的人分配去参加强制劳动，有的在萨洛尼卡，有的在附近的村庄里。整件事持续了三四个月。

然后隔都时期就开始了，是吗？

1942年底到1943年初的时候，隔都在巴伦·赫希（Baron Hirsch）区[2]建成了，分成了两个区：南区和北区。他们对人们的活动加以限制，很快又不许犹太人离开隔都了。那些小房子里的居住条件差得让人难以忍受。

犹太人怎么维持生计呢？

在隔都外面被强制劳动的人可以去市场，把他们的财物卖给基督徒。而在隔都里面，食物都是靠分配的。再然后，他们就开始往奥斯维辛运人了。[3]

遣送行动是从1943年3月开始的。最先被送走的就是那些住在巴伦·赫希隔都的人。其他的隔都也都设在萨洛尼卡周边，就在城南和城北。每次遣送一小部分隔都里的人。1943年3月，轮到我们了。他们把我们全家都抓走了。一开始，他们把我们送进了巴伦·赫希区的隔都。还有几家人没能见机行事、成功逃走，也到了那里。在那期间，德国人从那些指定要被遣送的人里把年轻人全都挑了出来——少说也有1200名年轻人，我也在其中。

你们是在哪儿参加强制劳动的？

我们这些被强制劳动的年轻犹太人全都被派去修造萨洛尼卡到

雅典的铁路了。四个劳动营都是专门为犹太人设立的，它们分别是维巴（Viba）、艾索普（Assopo）、里亚诺兰德基恩（Lianoklandkion）和卡里亚（Karia）。每个劳动营里大约有300名犹太人。我被送去了艾索普劳动营，就在离雅典不远的山区。我在那儿干了三个月，住在临时营房里。负责看守我们的是德国人和一些来自其他国家的人，主要是一些参加了托特组织[4]的南斯拉夫人和乌克兰人，他们对我们都很粗暴。那里的一切都那么无情、残酷。

这段煎熬的日子是怎么结束的？

1943年8月，我们完成了工作，就被带回了巴伦·赫希区的隔都。到了那里，我们发现他们已经把我们的家人全都遣送了，所有亲人都被送到了奥斯维辛。我所在的那个队是从卡里亚劳动营回到隔都的，总共300个人，全都骨瘦如柴。跟我们之前建造铁路时所在的劳动营相比，隔都的食物还要好一些。

一两周后的某天，下午两点钟左右，我们接到命令，要把自己的东西打包收拾好。他们告诉我们就要出发去波兰了。我听说这事之后，就和我的弟弟在最后一刻逃出了隔都。这批人运走了，不过我和我弟弟，还有其他几个人，最终成功逃跑了。

你们往哪儿逃的？

我们全都逃往不同方向。我和我弟弟不知道该怎么办。我想起来之前曾在萨洛尼卡的一家店里干过活。那家店的地下一层也卖东西，我认识一个希腊人，就在那儿工作。我们把自己的遭遇告诉了他，他说："你们就待在这儿，待在地下室里。"我们待在那儿，躲了起来。半个小时过后，他跑回来说："你们得离开这儿。"我们问他为什么，他说："他们看见你们了。他们不会放过我们的。"我们就问他怎么办，他回答道："从这儿出去以后，就直接去那个村子里。你们在那儿一定能找到游击队。你们已经别无选择了。”我们听从了他的建议。其实，他是个好人，也真的很想帮我们，只是他害怕会连累到自己。

所以，我们就像流浪汉一样，从一个地方漂泊到另一个地方。按照那个希腊人的建议，我们总是走在路中间，中间隔开十米远。幸运的是，我们身上还有一点点钱。我对弟弟说：“我们得想办法找到游击队。”我们游荡了五天，没日没夜地走，直到在一个山区被德国人和跟他们勾结的希腊人给抓到。我弟弟身上有出生证明和身份证，但我身上什么文件都没有。我向我弟弟要来了他的出生证明，然后把我的名字加了上去。也就是说，我伪造了自己的出生证明。

“你们是什么人？”当我们被抓住的时候，他们朝我们喊道。

“犹太人。”我们回答道。

“你们在山里做什么？”

“我们在这儿干活，就在村子里。”

“你们之前去哪儿了？萨洛尼卡所有犹太人都已经被逮起来了！”

他们就那样接着盘问我们，狠狠地打我们，“你们难道不知道萨洛尼卡的所有人都被逮起来了吗？”

“不知道，我们一直在村子里干活。”

他们盘问着我们，狠狠地打我们的头和脚底。尽管很疼，我们还是一口咬定，自己是在农村干活的工人，没有告诉他们我们是从巴伦·赫希逃出来的。因为如果有人从德国人的手中逃了出来，他们一定会毫不犹豫地把那些人当场杀掉。

但是这些德国人不相信我们，决定彻底查个清楚。他们先把我带到了一边，让我脱下袜子和鞋子。他们把我的脚掌捆在一根木棍上，把我的手往下绑，然后狠狠地打我的脚底。"说！"他们吼道，"你们两个从哪来的？是不是游击队员？"

"我们不是游击队员。"

他们一直打着我的脚底，直到我的腿和脚都完全失去了知觉。实在是太疼了，我什么感觉都没有了。

我知道我什么都做不了，也没什么要说的。我们命该如此。就在那时，那个审讯我们的德国人走过来对我说："很好。如果你不想说实话……"突然间，我听到了一声枪响。然后那个军官又说："如果你不想说实话，你的下场就会和你弟弟一样。我们刚刚枪毙了他。"我还是咬定不松口，对他们说我什么都不知道；然后，他们又狠狠地抽打我的腿部和脚底。几分钟后，我被带到了一个树林里，他们逼我把衣服脱下来。一名中士又开始审问我。

"犹太人，快说你之前去哪儿了！"

"哪儿都没去。我就一直在村子里转悠。"我很害怕会被杀死，所以我没告诉他们我是逃出来的。我编了个故事，告诉他们我在农村一直以来是怎么干活的。我就是这样活下来的。

"说实话！你之前在哪儿？到底是不是游击队员？"

"我不是游击队员。我在不同的村子里到处转悠找活干，就这么过日子的。"我回答道。

他用步枪瞄准了我，又问道："说！关于游击队，你都知道些什么？"

"我什么都不知道。"我又答道。

"说！不然我就毙了你！"

慢慢地，他明白过来，他从我口中什么都得不到。他骂骂咧咧、唾沫飞溅地说了一会话，就把我带到了帕布洛·麦拉（Pavlo Mela）。

帕布洛·麦拉是哪里?

帕布洛·麦拉是萨洛尼卡的一所监狱。他们又在那儿审问我——“那些游击队员……你见过他们吗?”所以一切又回到了原点。我们在那里被关了6个月。期间又有几个犹太人被抓了进来，人数超过了10个，最多时候有15个犹太人。萨洛尼卡犹太人已经清空了，只剩少数躲过突击搜捕的人，还有几个拥有西班牙国籍的犹太家庭。现在希腊全境只剩下为数不多的犹太人了——主要在约阿尼纳、拉里萨（Larissa）这样的小地方，还有雅典。

然后发生了什么事?

雅典的犹太人被关进海德集中营[5]之前，德国人把我们从帕布洛·麦拉带到了雅典。在那儿，他们对待我们的方式简直令人毛骨悚然。我还记得党卫队里有个军官特别残暴，他把我们带去让一个基督徒牙医看，然后问他：“告诉我，这些是什么东西?”那个牙医给我们做了检查，然后茫然地回答道：“他们是人类。”而这位军官听了之后却大声喊道：“不，他们是劣等的犹太人!”

我们是第一批到达海德集中营的。我们在那儿待了几个月，直到雅典的犹太人也开始遭到德国人的围捕。一开始，他们把还没有登记的犹太人关了进来，这里面就有列昂·科恩[6]——我们就是在那里认识的。

集中营里的人慢慢多了起来，如果我没记错的话，最后总共关了60名犹太囚犯。一天，德国人下达了一道命令，要把雅典所有已经登记过的犹太人都抓起来，关进海德集中营。就这样，有一天他们全都被抓了起来，送到了海德。从萨洛尼卡来的10个犹太人和雅典的犹太人一起，在那儿待了一个星期左右的时间。

几天后，就在1944年的4月里，我们乘着火车被送到了奥斯维辛。路上花了10天时间。这批人里又来自各个地方的犹太人，包括阿尔塔、约阿尼纳，还有一些其他地方。

请描述一下你们到达奥斯维辛时的情景吧。

我听到德国人说的第一句话就是："把所有东西都留下，赶快下车！"所有的兄弟姐妹们就都从火车上爬了下去，然后站台上的"挑选"就开始了。那时候将近上午11点了。随后，德国人就把人们从奥斯维辛送到了比克瑙。

那时候比克瑙这个名字对你有没有什么意义？

什么都没有。我们当时坚信自己会被送去干农活。然而，当我们到了那儿的时候，才发现自己陷入了人间地狱。

对于刚刚到达比克瑙时的那些日子，你还有什么印象吗？

我记得列昂·科恩是我们中间唯一会说德语的人。他问一个囚犯我们的家人都在哪里，那人指了指上面的烟囱，说："他们正在去天堂。"我们以为他是在胡说八道。随着时间的推移，我们意识到那儿正在发生一些可怕的事情。空气中总是弥漫着一股肉体烧焦的刺鼻味道，挥散不去。他们让我们去洗了个澡，然后在我们的左手臂上文上了一串数字。我的数字是182527。从那时起，这串数字就成了我的名字。我的名字再也不是扫罗了。

你能描述得再仔细一点吗？

我一到那儿，他们就把那串数字文在了我的手臂上。他们把我们带到了淋浴室，剃掉了我们的头发，拿走了我们的衣服，逼我们穿上了囚服，给我们文上了编号。那儿有个人拿着一支笔和一根烧烫的针，他把号码文在我们每个人身上：画上五个点，拿针戳五下，血就流了出来。我们简直与牲畜无异，他们就像是在给我们打上烙印似的，把我们当成牛马，在我们身上做标记——他们就是这样对待我们的，把我们当成牲畜，当成动物。

他们在淋浴室往我们身上文数字的时候，我们能闻到皮肉烧焦的刺鼻气味，不过我们那时候还是没想到这是焚烧尸体的气味。

文上号码之后，你们被带去了哪里？

中午的时候，他们给了我们一份汤，然后就把我们带到了“隔离营”[7]。倒霉的是，我那天晚上走了出来，傻乎乎地在栅栏那里撒了泡尿。当时我们不知道不能出来四处走动。一个波兰的营头抓住了我，挥舞着拳头把我打了一顿，直到把我的鼻梁打断，得亏没有用拳头把我活活打死。我们在“隔离营”里待了两个星期。

他们是怎么选人加入“特别工作队”的？

德国人只是到“隔离营”来了一趟，选了 250 个身强体壮的男子去做工。我们先前都不知道自己是被选去干嘛的，一直到开始干活才明白过来。我们和另外 200 个人一起，往干活的地方走去。

那 200 个人里面，有多少是希腊来的犹太人？

他们都是从希腊来的，因为那批人就是从希腊运来的。过了些时候，焚尸场也来了一些波兰人、捷克人和俄国人。三号（四号）焚尸场也有三个非犹太裔的俄国人。

我们就这么一直走、一直走。路上，我们问道：“这是要去哪儿干活？”

“一座工厂。”他们是这么回答的。然后我们就走到了一片小树林。我们看了看四周，映入眼帘的是一间小小的农舍，就那么间孤零零的房子。我们走了进去，当他们打开屋门的时候，我们几乎不敢相信自己的眼睛。房子里面全都尸体，是之前运来的那一批人的，少说也有1000多具。整间房子全都是尸体。我记得，他们从我们中间挑了六七个人出来，我也在其中。然后就对我们一顿毒打，棍棒像雨点一样落在我们身上。"动起来！动起来！开始干活了！"他们尖声喊叫着，劈头盖脸地打我们，让我们根本没法去想自己看到的到底是什么。我们不得不搬运起尸体来。那儿有一个池子，是个很深的坑，他们把坑叫做"地堡"[8]。

我们要把那些尸体摞起来，码得像沙丁鱼罐头一样，其他干活的人则负责把木柴劈开。我们往坑里放的时候是按这样的顺序来的——先放一层木头，再放一层尸体，然后再放木头，之后又是尸体、尸体、尸体，直到整个坑都被填满为止。边上放着一桶汽油，是事先早就准备好的。党卫队里管这事的人把汽油泼上去，拔出手枪开了几枪，这才把汽油点着。火柴是不顶用的。火势旺起来之后，就要把尸体扔进去，尸体、尸体、尸体，全是尸体，然后就是烧、烧、烧。周而复始，仿佛永远烧不完似的。就是这么回事。"动起来！动起来！"还不断地毒打我们。"把所有的尸体全都烧了，把这批人彻底清除掉！"他们告诉我们要干12个小时的活，但根本不是这么回事！我们两点钟到那里，一直到第二天的二点才离开，其实是连续工作了24小时。

你刚刚提到的那个坑在哪？

那个坑也叫"地堡"。我方才回到奥斯维辛的时候，没能找到那个尸坑和那间小屋。它之前就在四号（五号）焚尸场的后面。

你能描述下那个尸坑吗？

那个坑很深，我估计大概有四米深的样子。尸体是从上面扔下去的。我们几个人站在一起，然后把尸体扔进去，一具摞着一具。我们可以顺着一个梯子下到坑里。等到我们把尸坑填满之后，他们就往尸体身上倒上汽油，接着一个党卫队军官就开枪把汽油点燃。坑里的火没日没夜地烧着，而我们的工作就是把尸体扔进去，一刻也不能停歇。

那些尸体是从哪来的？

“地堡”附近有一个小房子，那就是个毒气室。人们进去之后，德国人就会往里面投放毒气，然后里面的人就会感到窒息。接着，他们就会朝着天空大喊：“以色列啊，你要听！”但是没人听得到他们的喊叫，也没人会朝他们看上一眼。有时我也会问自己：“上帝的奇事和神迹究竟在哪里？”

那个坑离他们用来毒杀犹太人的屋子有多远？

几十米吧，大概有 30 米远。

那些尸体堆进坑里，有什么特定顺序吗？

有的。我们先把尸体一排排地放好，然后再往每一排尸体上放上一根根木头：尸体、木头、尸体、木头——就是这样的顺序。

他们用的是哪种木头？

那些木头都是从高高的树上砍下来的，不是木板，是那种实实在在的大块木头。

当时“特别工作队”里有多少人在“地堡”干活？

我估计总共有 300 来个人吧。

你在“特别工作队”里看到过女队员吗？

没有，工作队里只有男人。很多人说一开始有个女人，头发剃了，不过我没见过。

那时你在哪儿睡觉？

我们在比克瑙的营房里睡觉，不是十一号就是十三号。我们每天从那儿走去干活。每当我们回到营房里的时候，他们就让我们唱歌。我们就唱希腊语的歌曲，唱一些民谣。[9] 德国人喜欢希腊语的发音。我们总是唱得特别大声。

营房那里有人看守吗？

有的，不过这也没什么必要，因为我们是封闭状态，与外界隔开的。再者说了，那儿根本就无处可逃。就连厕所也都在营房里，所以我们也不需要出去。

吃的东西够吗？

我们拿到的食物和集中营里的其他囚犯都是一样的。当你干这样的工作的时候，你是根本不会考虑食物的问题的。我那时整天只想着一件事，那就是怎么逃出去。

你在干活的时候，有没有时间和“特别工作队”的其他成员聊一聊？

没有，组长一直在催，让我们动作再快一点。随着时间的推移，我们也变得格外消沉起来。我们已经不像会思考的人了。我们只是干活、吃饭、睡觉，就像机器人似的。

你那时挨打了吗？

每个人都挨打了，并不止我一个。他们打我们的背部和头部。这套制度让我们根本没时间去思考自己身在何处、在干什么。一旦我们落后了，哪怕只落后一点点，他们也会上来就是一顿毒打[10]。

德国人都用什么打你们？

他们用的是棍子或者鞭子。党卫队的人有特制的橡胶管。

你是什么时候第一次看到犹太人运到比克瑙的？

一开始的两个星期里，有几批人来到了比克瑙。我还记得我第一次看到一批人抵达时候的情景——我听到了尖叫声。我实在很难相信人的喉咙里竟然能爆发出这样的尖叫声。那一批人很多，有将近 3000 人。他们的尖叫声直冲云霄。然后，德国人就残忍地杀害了他们；他们不是一个一个杀的，而是一下子杀了几千人！尽管那时我才刚刚接触到这些事情，我已经开始在心里问自己："上帝的奇事和神迹哪儿去了？"他们投放了毒气，把里面的所有人全都杀死了！

有一次，我看到有一个女人落在后面，还没进去，还带着一个小婴儿。毒气室里已经站满了人，门也已经锁上了，而那个女人和孩子却还在外面。谁知道呢，或者还有人被留在了外面，但是我只看到了那个女人和她的孩子。到如今，我还觉得这件事仿佛就发生在昨天。党卫队里有个人很年轻，18 或 20 来岁的样子，他把那个婴儿从妈妈的怀中夺了过来，杀死了他，紧接着又杀死了那个母亲。他就这样残忍地用枪把这对母子杀了。

一天晚上，尸体被火化之后，一辆卡车来到了集中营，上面载着的都是一些年老、体弱或者身体残疾的犹太人，还随身带着衣物和其他东西。他们把车里的人和东西一股脑全都倒进了坑里，仿佛只是在倒一车石子——这些人都还活着！这种事我见到过两次：一次是我在"特别工作队"的第一天，另一次则是其他人运来的时候。那些人被扔进"地堡"之后，就这么活生生地被烧死了。我还记得"特别工作队"里有个希腊犹太人也跳了进去，葬身火海。他看见了眼前的一切，然后就跳进了坑里。事实就是如此。

当你走到树林里的尸坑那儿时，有什么感觉？

我们当时有一种感觉，但是无法名状。我们什么都不知道。一方面，我看见了坑底下躺着的尸体；而另一方面，组长和党卫队的人一直在毒打、辱骂我，一旁的狗还叫得特别凶。那里简直就是人间地狱。如果人死后真的有地狱的话，我想也不过如此了。那是地狱，真正的地狱。这不是信不信的问题。如今，当一个人身处比克瑙时，他不知道、也不明白当初怎么会发生这种事情：党卫队有个二十岁出头的年轻人，用枪接连打死了一个几个月大的婴儿和他的母亲。我们这个世界怎么会发生这种事情？那个年轻人心里到底是怎么想的？

你是什么时候开始在二号（三号）焚尸场干活的？

后来德国人发现，像在比克瑙时那样在尸坑里火化尸体是行不通的。再加上冬天很快就要来了，所以他们就不那么做了。因此他们开始在焚尸场里火化遇难者的尸体。他们把我们分配到焚尸场去干活。我被分到了二号（三号）焚尸场，后来就一直待在那儿。

几乎每天都会运一批人来，有时甚至不止一批。焚烧尸体的工作每天都在进行着。他们在那里没日没夜地焚烧着犹太人的尸体，焚尸炉里夜以继日地燃烧着熊熊烈火，我们则总是得清理焚尸场和里面的焚尸设施。

你能描述下焚尸场的那栋楼从外面看是什么样的吗？

从外面看上去，它就像是一栋用红砖砌成的普通建筑。脱衣室和毒气室都在地下那层。焚尸炉被建在一楼，上面则是个阁楼。从外面看，它就和普通的建筑没什么两样。你根本不会怀疑什么。焚尸场的四周全都围着带电铁丝网，还有几处岗楼。就算有人真的逃了出去，他也没什么可去的地方。那儿的每一个角落都有德国人在把守——到处都是高度警戒。

是不是总有一个守卫站在焚尸场门口？

那当然了。他们是两班倒的，分白班和夜班。我们每天要点两次名。逃跑是绝对不可能的。

你能描述一下在二号（三号）焚尸场的工作吗？

在二号焚尸场，每个人都有一项指定的工作。那儿的活也是两班倒的，分夜班和白班。每班工作时长为 12 小时。我在脱衣室工作，同时也负责把尸体从毒气室里运出来。

德国人把受害者全都赶进脱衣室里，谁要是落在后面，就会遭到他们的毒打。他们根本不给这些人思考的时间。“动起来！动起来！动起来！”你在那里只能听到这几个字。他们不会让任何人有空去想自己到底身在何处。每一个人到了那儿都完全无法思考。脱衣室在地下，里面有许多长凳和衣架。到了那里以后，德国人就会让他们把衣服挂起来，并且记住自己挂衣服的位置。一听他们这么说，人们就不会胡乱猜想后面会发生什么事。他们把衣服脱了下来，穿过房间，一个接一个地走进毒气室。

人们脱衣服的时候，你在哪儿？

我们就在脱衣室里。那里也有一些德国人。他们手上拿着短棍站在那儿，赶着人们往前移动。德国人不允许我们跟受害者说话，因为他们担心我们会跟这些人透露什么消息。等到所有人都因为毒气窒息而死之后，我们就可以开工了。

会不会有人不愿意把衣服脱下来，非要穿着一点衣服的？

这种事当然有，只不过我没有亲眼见过。他们被带到毒气室之后，一切就结束了。当他们往毒气室走的时候，德国人会毒打他们，对他们大喊大叫，所以一切都进行得快极了。

请描述下你在那儿干活时的日子吧，从早到晚都在干什么？

有时候，我要跟已经连续做了十二个小时的人一起干活，尽管他们其实已经轮完班了。可工作只完成了一半，毒气室里还有一半是满满登登的，所以我不得不把那些尸体从里面拖出来。等到尸体全部运出来之后，我们就要往毒气室的地板上泼水，然后把残留的齐克隆晶体清理干净——这些晶体之前是从上面的网格管道里倒下来的。之后，毒气室又变得整洁干净，可供再次使用了。

在这期间，从另一边又运来了一批人，那时我已经又干了8个小时的活了——再之前，我已经工作了4个小时，完成了前一批犹太人被杀害之后剩余的工作。运到之后，人们被带进了下面的脱衣室。这时毒气室已经被清理得干干净净了，里面的通风设备正常运行着，所以一点臭味也没有。然后，这些人就被带到了毒气室。等到门一关上，通风设备就被关掉了，然后人们才意识到他们就要死了。可是，到了那时候，他们已经无可奈何了。一切都结束了。

你们事先知道人是从哪个国家运来的吗？

我们不知道，因为我们只能听到一些传言。“加拿大营”的工人们总是最早知道，因为他们就在站台上。有一个下级军官，总是骑着一辆摩托车，他会在人快运到的时候通知我们一声，好让我们把焚尸炉的火提前生起来。

你们能提前多久听到消息？

一两个小时吧，这样我们就能用煤把焚尸炉的火给生起来，把火烧旺。他们之所以这么做，就是希望一切都能准备就绪。等到焚烧时间一到，也就是尸体要被扔进焚尸炉的时候，炉里的火就应该猛烈地烧起来了。就像准备烧烤一样，你也得先把火生好。没有火是做不成烧烤的，对吧？这个也是一样的道理。这件事全都一样。

那些受害者是怎么被分配到各个焚尸场的？

如果二号（三号）焚尸场已经在全负荷运转了，那么这批犹太人就会被送去三号（四号）焚尸场。那儿有个德国人，他整天骑着辆摩托车。这人被称为“死亡天使”。他会骑着摩托车过来通知哪里的焚尸炉需要生火。他个头不高，一直是他做这个差事。他对工作的分配了如指掌。毕竟这就是他的职责所在。

还有一个党卫队的人，就是莫尔长官，他是个十足的虐待狂。他曾把一个口哨塞到人们的嘴里，然后朝口哨开枪。有时，他也会朝人们头上开枪。他们全都是虐待狂。莫尔总是在焚尸场周边转悠。

人们一般是晚上运到吗？还是说白天也会运过来？

白天晚上都有。不过这个完全没什么影响。真正重要的是焚尸场什么时候是空着的。有时，运输车得在轨道上一直等着，因为焚尸场里已经没有多余的空间了。

请描述下你和那些运到集中营的人是怎么接触的吧。你有没有机会跟他们说话？

没有。毕竟我也不会说他们的语言。我只懂希腊语和拉地诺语。有那么一次，我和他们说上话了。我发现，从布瑙运来的人里有我在萨洛尼卡的一个邻居。我从老远的地方就看到了他，他拖着一条腿跌跌撞撞地走着。"扫罗，你现在怎么样？"他问道。"你还好吗？"我问他。我很惊讶会在那儿看到他。

"炸弹，美国佬投的，我受伤了，所以他们不得不把我的腿截掉。"然后他就问我他究竟是怎么个死法。

所以他知道自己快要死了，是吗？

是的，他肯定知道了。从他来到焚尸场的那一刻起，他就知道了。我问他："你干嘛要问呢？这对你有什么好处呢？"

"别这样！你必须告诉我。最起码我们应该知道。"他回答道。他并不在乎自己快要死了，他只想搞清楚这一切。

所以我就跟他说了。"过程是这样的：你要在地下室把衣服全部脱掉，其他人也都要脱，然后你们所有人都要去毒气室。毒气会把你们全都毒死，然后他们就会把尸体全都烧掉。"他想知道，所以我就告诉了他。

就我个人来说，我不确定自己到底能不能活着离开那儿。我知道我自己有一天也会死，只是不知道是什么时候，可能是下个星期，也可能是下个月。生命已不重要，死亡就在眼前。我们从不曾考虑生命，我们每日每夜、每分每秒都在考虑死亡。

你不怕在尸体中发现自己的亲人吗？

我不怕，因为我的家人早在1943年就被送到那儿了，我是1944年才去那儿的。

“特别工作队”里有没有人找到过自己的亲人？

有一次，有个男人被送到这边来，他有个兄弟就在“特别工作队”干活。他的兄弟认识在那儿工作的党卫队军官。于是，他就请求其中一个人救救自己的兄弟。那个党卫队军官回答道：“他无论如何总要死的，就算今天死不了，那明天也肯定逃不掉。”这名党卫队军官把那人从焚尸场救了下来，但还是在别的地方把他一枪打死了。

还有一次，从科孚运来了一批人。我在焚尸场有个同事，曾是希腊陆军军官，名叫佩波–约瑟夫·巴鲁克[11]。巴鲁克听说他的家人从科孚到了这儿，而且已经被带去四号（五号）焚尸场了。负责和德国人联系的波兰队长们就在那儿工作。他告诉队长们他的家人来了，希望他们能批准他去四号（五号）焚尸场看看自己的家人。队长们同意了。他走到了四号（五号）焚尸场，看到了他的家人。后来，我问他：“约瑟夫，你有没有跟他们说，他们就快被杀害了？”他回答道：“我怎么能跟他们说这种事呢？我真的办不到。”他看到了他的亲人，但却什么都没说。确实，他能对家人说什么呢？都到那个时候了，就算告诉了他们，又有什么用呢？

那你自己呢，除了从希腊来的那群人以外，你私底下和任何人都不能有接触吗？

不能。后来就再也没有从希腊来的人了。我到那儿的时候，一切都差不多要结束了。最后一批希腊犹太人是从科孚来的，他们被送到了四号（五号）焚尸场，在那里被屠杀殆尽。

有没有哪批人让你印象特别深刻的？

有的，有一次来了200个孩子，年龄都在8岁到10岁之间。他们知道自己就快要被杀了，有人之前跟他们说了。他们把这些孩子带了进来。真的太恐怖、太可怕了。

那些孩子是从哪儿来的？

我也不知道，可能是从波兰来的吧。

请描述下毒气室吧。

二号（三号）焚尸场的毒气室设在地下。它的墙是灰色的，天花板也是灰色的。地面是水泥的。整个毒气室很大，至少能容纳两千五百人。每批犹太人都是一下子全部进入毒气室的。他们把每个人都推了进去。整个房间看起来就像是淋浴房一样。里面有一套通风系统，可以让空气保持流通。天花板上装着许多淋浴喷头，一个挨着一个。整个天花板上全都是淋浴喷头。这些是用来“消毒”的——他们就这样向人们解释。每个进入毒气室的人都以为他们真的是来洗澡的。但是，那些淋浴喷头里连一滴水都没有落下来。人们不断被赶进去，直到毒气室里站满了人。等到所有人都进去之后，门就锁上了。

门关上之后，会发生什么事？

门被关上之后，他们就会把通风设备关掉。接着，就会有几个德国人乘车赶过来——那辆车上有个红十字标志，装着毒剂的罐子就在车里面。一个德国人戴上面具，然后从毒气室的上面把毒剂投放下去——第一罐毒剂从一个窗口倒下去，第二罐就从旁边的窗口倒下去，以此类推。

毒剂是什么样的？

它看起来就像是一颗颗小石子。过了几秒钟或者几分钟以后——那里发生的事情让我们的脑袋都不太灵光了——所有人都死掉了。等到他们全部被杀死之后，门就会被打开；我们为了活命，不得不开始干活。有时，毒气室里还会残留一些有毒气体，如果我们吸了进去，也会出现窒息的症状。

毒气室有几扇门？

就一扇门。人们从这扇门进去，我们也从这扇门把尸体运出来。毒气室的门比一般的房门要大一点。很厚重，是用钢铁制成的。

毒气室里的男人和女人是在一块儿的吗？

所有人都在一块儿，所有的亲人都在一起，尸体一层摞着一层。他们一直都是在一起的。

人们在毒气室里能随意走动吗？

当然不行！这是不可能的，而且也没人能从里面出来。那里没有足够的空间。人们在里面挤得严严实实的，互相紧挨着，就像沙丁鱼似的。

你经常需要进到毒气室里面吗？

是的，是的，经常要进去。

你说毒剂是从天花板上面的开口投放进来的。它是直接掉在地上，还是落在人们的头上？

不，不是这样的。天花板上有几个开口。每一个开口里都有一个通往下面的网格管道。这些管道是用穿孔金属板制成的；它从天花板上的窗口垂下来，一直垂到地板上。然后呈小球状的齐克隆就从管道里掉下来。气味扩散开来，那就是毒气。

管道接触到地板了吗？

差不多。下面还留了一点点空当，方便清扫。我们把水倒到地板上，然后把残留的球状晶体全都清扫干净。我们总是要往地上泼水，这样一来，在地板上拖拽尸体、清理受害者的屎尿和秽物[12]时就更方便一点。

德国人清楚地知道该怎么设计才能让毒气室发挥出最大的效率。如果人们在里面被关了整整一个小时，就算没有投放毒气，他们也会窒息而死的。只要关上门就行了。整个毒气室是一个完全密闭的空间，墙体是用水泥筑成的。外面的新鲜空气是绝对进不来的，什么都进不来。通风设备可以让人们在进入毒气室时不会先窒息。

通风系统是怎么工作的？

通风设备就安装在墙上。你根本不会注意到它，只会感到有一股寒气袭来。但你几乎听不到它的声音。那儿有一个金属封盖，上面有几个开口，整个墙面上几乎到处都有冰冷的空气钻进来。通风设备是一直开着的，只有在投放毒气的时候，才会把它关掉。德国人的伪装工作做得很巧妙。他们认为，把秘密保守到最后一刻是至关重要的。多完美的骗局！

那儿是不是很暗？挤满受害者的毒气室里有没有照明设施？

里面是有灯光的，灯光是必需的，因为德国人要从上面往下看，判断人们是不是全都死掉了。所以，人们是在灯光底下站着的。门上的那扇窗很大。

当党卫队的人把管道打开、往里面投放毒剂时，里面的人们能看到吗？他们看得到有东西倒进来吗？

你只会注意到毒气弥漫开来时的刺鼻气味。然后，人们就开始尖叫起来。所有人都在里面，门关得严严实实的，而且里面的空气还不能流通；接着，他们就开始感觉到有毒气了。直到那时，人们才反应过来自己被骗了。

你能听到人们的尖叫声吗？

我记得他们在里面祷告。我经常能听到“以色列啊，你要听”这样的祷词。除了《施玛篇》之外，还有什么可说的呢。不过，没人听得到，也没人看得到。我时常扪心自问：“如果此时此地都没有上帝的奇事和神迹，哪里还能有呢？”然而什么都没有发生。这不是十个人的死活的问题，而是整个民族的存亡。那儿必然是需要奇事和神迹的，可是却什么都没发生。

多久之后毒气室的门才会再次打开？

党卫队的人检查确认所有人都已经死了之后，门就可以打开了。但是那时还不能走近那里，因为空气里残留的毒剂还能够置人于死地，能让站在那儿的人一命呜呼。门打开之后，党卫队的人就退开了，然后通风设备打开，门就这样敞着半个小时。等到里面的毒气全部散尽，我们就可以开始干活了。

毒气室的门打开的时候，你看到了什么？

我看到了尸体，死去的人们像雕塑一样站立着。屋里的气味很可怕，因为人们在极度恐惧之下会大便失禁。

尸体有没有呈现出某种特殊的颜色？

我没注意过。我们不会去想这些人，我们心里只想着这里的空气。如果我们想到这些人，想到我们所在的这个地方，我们会立刻精神崩溃的。

有没有出现过毒气室的门打开之后，里面还有人活着的情况？

我从没遇到过这种事。我觉得这种事是绝对不会发生的。毒气室是完全密闭的，而且里面的毒气也不会渗漏出来。

几天之后，你是不是对毒气室门打开后的景象习以为常了？

那时我已经不再是人了。如果我是人的话，这种事情我根本连一分钟也忍受不了。我们之所以坚持了下来，就是因为我们已经被剥夺了人性。

有没有人本来是在毒气室外面等着的，但最终却在其他地方被杀害？

有时毒气室里面已经塞满了人，而外面还剩下一二十个赤身裸体的犹太人，他们就会被带到楼上焚尸炉旁边的一个地方，那里看上去就像是个岗亭——德国人便在那里，用一把装有消音器的手枪，朝这些人的后颈开枪。[13]

德国人在楼上用枪把人们打死，就在焚尸炉旁边。有人跟我说过，一次，有一家犹太人从德国被送到了这儿。之前在德国的时候，那个德国警卫是他们的邻居。那晚，他们一整夜都在一起吃吃喝喝；然后到了早上，那个警卫把他们一个一个全都开枪打死了。党卫队的人就是这么做的。随后，便由楼上干活的“特别工作队”成员把尸体搬到焚尸炉里。其他就没什么要做的了，他们已经被枪杀了。

毒气室的门敞开半个小时之后，通风设备就被打开了，然后我们就开始干活。我们打开屋顶的窗子，开始往外面运尸体。我们每个人都有自己的活要干。我的工作就是和尸体打交道。

我很抱歉，得让你如此详细地描述这一切。你负责的具体是什么工作？

我们开始把尸体运出去。一开始，我们也对此束手无策。尸体一具压着一具，像沙丁鱼似的互相紧挨着。然后，他们给我们拿来了一根棍子和一把叉子，并且告诉我们："抓住他们身上皮比较松的地方，再用力拖。这样你就能搬得动一整具尸体了。"而这也就是我们要做的工作：我们用叉子把尸体挪开，因为不这么做根本就搬不动。毒气使得这些尸体都黏在一起，仿佛抹上了胶水似的。我们搬运着尸体，一刻也不得停歇。等到毒气室被清空之后，我们也有了更多的操作空间。我们就往水泥地上泼上水，好让它再滑一点，这样，拖起尸体来就更轻松了。

你们所有人都要把尸体从毒气室里运出去吗？

是的，每个囚犯一次搬一具尸体。因为一开始空间不够，所以一开始先进去两个人。然后，等到搬出一些尸体之后，里面就腾出了一些空间，就能让更多人进去搬运尸体。我们就是这样分工的。

谁负责把水泼到地上？

我们。每当我们感觉地面干了的时候，就会把水龙头打开。

你们用什么方法把尸体给搬出来？

一个一个来，一具一具地搬。一，二，一，二，一，二。进展比较慢，这项工作要花上几个小时的时间，可不是一会儿就能做完的事。那就像是一个装满了大木箱的仓库一样，里面的木箱得搬出来，不同之处在于我们搬运的是尸体。除此之外，别无二致。

你们是不是得很用力才能把尸体分开？

是的，有时是要很用力。我们几乎所有的工作都是用一把叉子完成的，而不是用手。用叉子分开尸体更方便。

把 2500 具尸体从毒气室搬出去需要多长时间？

12 小时，说不定更久。我什么感觉都没有，我觉得自己就像是在拖拽一些大木箱似的。我们对待尸体并不会那么温柔，队员们就那样生拉硬拽，只把那些尸体当成一堆死物。

尸体是怎么从毒气室运到焚尸炉的？

毒气室在底层，要想把尸体运到焚尸炉那里去，我们得用上一台升降机。我们把 6 到 8 具尸体装进升降机，具体装多少要看尸体的身材。升降机往上攀升到焚尸炉的位置，然后尸体就在焚尸炉被焚化成灰。

那台升降机是电动的吗？

是的，它就像一个巨大的金属台子，尸体就摆放在上面。它的表面非常平滑，边上还有侧栏围着。升降机装载着尸体往上攀升几米，然后再空空如也地回到原位。

请描述一下焚烧尸体的过程。

焚烧之前，我们要把尸体清洗干净。焚尸的工作日日夜夜都在进行着。他们设计了这样一套方法，在焚尸炉的底板上摆放尸体：把几具瘦削的尸体和一具肥胖的尸体放在一起，因为脂肪能够加快尸体火化的速度。[14] 火化那些干瘦的尸体要难一些，因为火烧不起来。一直以来都是这样火化尸体的——我们把尸体从毒气室里搬出来，然后尸体在楼上焚烧成灰。每个人都有专门的工作要做：焚烧尸体之前，要把尸体的头发全部剪下来，还有人负责拔牙齿，有人负责把尸体身上的戒指和珠宝摘下来。

不过，大部分时候，你所在的小队负责的工作都是在人们窒息而死之后把尸体从毒气室里搬出来……

是这样，没错。从我加入“特别工作队”开始，再到后来离开奥斯维辛，我的主要工作都是搬尸体。其他囚犯则和我不一样，他们都在焚尸炉那里干活，比如加拜就是这样。他负责把尸体扔进焚尸炉里去，看着就像是在工厂做工似的。

焚尸是整个流程的最后一步吗？

不完全是这样。日日夜夜都有尸体从毒气室里搬出来。这些尸体在楼上被火化成灰，而我们每隔两三天就要把焚尸炉里面的残骨清理出来。如果没有人运到焚尸场来，我们就要做这样的工作了。那儿有一个仓库，里面装满了残骨。我们先要把这些骨头全部砸碎，砸到比砂砾还要细碎。两周的时间里，有一两千人被送到了焚尸场来，而他们如今只剩下这么一小堆砂砾似的骨灰了……再然后，我们去拿带把手的圆木棍，用它们把这些残骨彻底捣碎成灰。你肯定不会相信：几千个人最后就变成了这么一堆尘土。

这些工作是在哪里进行的？

就在一层焚尸炉边上的地上，不过是在外面，在一个院子里。这片地方有个小小的顶篷遮着。装残骨的仓库也在那里，我们就在仓库干活。这些活干完之后，我们就把骨灰扫起来，全都装进一辆卡车里。

我们是看着一批批人运过来的，数以千计，到了第二天早上，就只剩下了骨灰。一个月后，我们看到了那个仓库，里面装着的是四万个人的骨灰。那么多人死了，留下的只有这些东西。

被德国人残杀的那些人的骨灰，德国人是怎么处理的，你知道吗？

每隔几天，差不多一周一次，会有几辆德国卡车载着一些囚犯开过来，把骨灰全都运到河边去，好抹掉所有的证据。德国人说，有人曾经问过他们往河里倒的究竟是什么东西，他们回答说是“鱼食”。一开始，我们也不知道他们会怎么处理这些残骨，当时都是在焚尸场的大院里处理掉的。院子里挖了一个很深的坑，残骨就被倒到了坑里。后来我们收到命令，要把坑里的所有残骨全部清理出来，再全部碾碎成粉末。所以，我们就把埋在二号（三号）焚尸场大院那个深坑里的残骨给挖了出来，碾碎之后的骨灰全装上卡车拉走了。就是在那时候，他们想出了一个好主意，就是把所有的东西全都倒进河里去，销毁一切证据，这样就没人看得到了。

有多少人在你工作的那栋焚尸场楼里干活？

大家被分成了几个组，负责不同的工作。有几个人在楼下负责把尸体从毒气室里搬出来，还有些人则负责把尸体抬到升降机上去。我们要拖着尸体走很长一段路，所以中间会有人过来接手。还有一个组在楼上的焚尸炉那儿干活。

你们早上几点起来？

如果我没记错的话，每当我们要上白班时，就要六点钟起来。

你会先吃些东西吗，还是直接就去干活了？

我们会先吃些东西，不过能用来吃东西的时间并不多。我们的食物倒是一直很充足，就连后来俄国人来了之后也是如此。食物都是被带到毒气室的人们随身带的，留在了脱衣室里，所以“特别工作队”的队员就会把这儿那儿的东西全都拿走，想拿什么就拿什么。[15]

这些吃的足够我们活命了，但是我们在地狱里啊——不管有没有食物都在地狱里，所以又有什么意义呢？无论如何，我们都不可能活下来的。我们就像是掉进了圈套的老鼠，四面八方都封死了。老鼠怎么可能从圈套里逃出来呢？反正我们肯定是没机会了。我们怎么可能从那里逃出去呢？

你们是不是隔三差五地可以休息一下？

在大多数情况下，我们是不能休息的。如果你有吃的，你就要边干活边把它吃完。有时候，有人在遗物里发现了食物就会吃掉，什么都没找到的人也不会挨饿，因为伙伴们会把吃的分给他们。德国人吃牛肉时会把牛肝拿掉，因为他们不喜欢肝脏的味道。他们会把动物内脏拿到焚尸场里焚烧。等到火烧起来之后，我们就会把牛肝拿出来，把它弄熟。干完活之后，我们就把牛肝吃了。

你们会偶尔喝点酒吗？

经常喝酒的人会这样。但我没有。不过那里什么酒都有。[16]

轮完班后，“特别工作队”的囚犯会干些什么？

我们一直待在那儿。他们不让我们出去，我们被隔离起来了。他们把我们严严实实地关在里面，不让我们离开焚尸场的那栋建筑。有人会从集中营的食堂里把一桶桶的汤水拿到焚尸场这边来，不过他们也不能进到楼里面。有时候，我们不得不走出去把汤水拿进来，这样集中营里的其他囚犯就不会看到我们，我们也不会看到其他人了。德国看守像鹰隼似的盯着我们。谁要是在外面被逮到了，就会被当场处决。

闲下来的时候，德国人不干涉你们吧？你们空闲时间都在干什么呢？

我们吃东西、唱歌，什么都做，想做什么就做什么。在楼上的时候，我们可以随心所欲。我们在阁楼里的时候是没人看管的。什么都不干的时候，我们就去睡觉。

不过，你们从来都没有离开过焚尸场的那栋建筑，走到集中营那边去吗？

没有，我们从来没这么做过。根本不可能。我们当时被彻底隔离了。这种隔离对我们希腊人造成的伤害要比对其他人更深一些，因为他们在那儿说的语言我们不懂。

也就是说，你们从来没有以任何方式与其他囚犯接触过。

是的。我们和他们之间没有任何接触。我们完全是独自生活的。

在哪儿?

楼上，就在焚尸场的阁楼里，那里有一个房间，里面有些木床。我们两百个人都睡在那儿，队长则住在其他地方。[17] 阁楼上是一块很大的地方，分出很多小房间。我们就是从那儿走出去干活的。我要下两层楼，那些在焚尸炉那里干活的人只下一层就行了。

床上有垫子吗?

我们有一些简陋的草垫，还有毯子，不过我们根本不需要这些东西，因为上面其实很热的。楼下的焚尸炉把整栋楼都给烘热了。

有些高官会时不时地造访焚尸场，视察屠杀行动进行的情况。有没有哪次视察让你印象特别深刻的?

一天，穆夫提来到了焚尸场。他当时就离我不远，组长说这位就是穆夫提。[18] 那是1944年的8月。穆夫提戴着一顶奇怪的帽子。他是来观看焚尸过程的。可能他也想在巴勒斯坦采取类似的手段。德国人向他解释焚尸场里的整套屠杀机制是怎么运作的。他们给这位穆夫提穿上了德国人的制服，不过他头上戴着的帽子还是自己的。我在外面看到了他，就在那栋楼前面。当时，我们正忙着敲骨头，而组长则在焚尸场里面干着活。我也不知道组长是怎么能脱口而出说那人是穆夫提的。除了他以外，还有很多德国军官会到焚尸场来，把受害者们遗留下来的贵重物品偷走。他们经常这么干。

“特别工作队”的囚犯之间有没有建立起亲密的关系或友谊?

有的，我和他们当中的很多人都成了朋友，比如约瑟夫·萨卡尔、列昂·科恩、佩波-约瑟夫·巴鲁克、雅科夫·加拜、马塞尔·纳加里[19]、什洛莫·威尼齐亚，还有丹尼尔·本·纳克麦斯[20]。其实我们哪止是朋友啊，我们是兄弟。他们对我们来说，就是生命中的一切。

你是在奥斯维辛结识他们的吗，还是说之前就认识他们？

我跟他们所有人都是在奥斯维辛认识的。不过，我之前在雅典的海德集中营就已经见过列昂·科恩了。

你们会不会偶尔聊一聊，谈谈眼前的残酷现实之外的事情？

我们整天都在聊。

你们都聊些什么？

聊聊希腊，聊聊战争前的家乡。事实上，别的也没什么好谈的。你根本不可能去想未来的事情。说真的，我们当时都在等待着死亡的降临。

“特别工作队”里有些囚犯不是从希腊来的，你们和他们怎么交流？

用手势啊！我们怎么可能在那儿学语言呢？那是死亡的国度。我们都在走向死亡。学东西又有什么用呢？

德国人是怎么对待你们的？

他们总是催促我们快点干活：“快点！快点！动起来！动起来！动起来！”我们知道没人能活着离开这儿，大家都心知肚明：到时所有人都会被杀死。我们从不曾想过活着。德国人用尽了各种借口把人们当场处死，有些托辞根本微不足道——没有审判，也没有半句废话，一声枪响，人就死了，一切都结束了。我们的命根本一文不值。

有没有哪个党卫队军官的施虐倾向特别明显的？

他们人人都是天生的虐待狂，尽管外表看起来像天使似的。一次，党卫队有个人来执勤站岗。他长得很清秀，所以我就问他：“你这样的人怎么会来这种地方？”不过后来事实证明，他其实是这群虐待狂里最凶残的一个。有次他在楼上杀死了两百个人，就在楼上的焚尸炉旁边，用一把手枪把那些人一个一个地全都击毙了。每开一枪之后，尸体就被直接扔进了焚尸炉里，那情景像极了黑手党。一切都结束之后，他洗了洗手，说道："我刚刚只是干了件小事罢了。"

那儿有最丧尽天良的虐待狂。人在那里是会丧失人性的。你每时每刻都会感到死亡仿佛已经来临了。你会老想着自己气数已尽，死期就在明天或是后天，而且你根本不可能活下来。

主管我们的是党卫队的莫尔。这人就是个狂热的疯子，他甚至还亲自参与焚尸。有人曾无意中听到他说，如果艾希曼命令他把自己的家人全都火化了，他也一定会照做不误。有时，他会在即将被送进毒气室的母亲们中间转来转去，和某位母亲带着的小儿子说话——每当这种时候，他的残忍就都表露无遗了。他这么做的时候，嘴上总带着一抹笑。他会抱抱那个男孩，给他一些糖果，劝那个母亲把孩子交给他。然后，他就会带着孩子来到外面的深坑，把他活生生地扔进火海里。

你说你只会说希腊语和拉地诺语。如果是这样的话，你是怎么和那些德国人打交道的呢？

我能听懂一些单词，比如"los！"（动起来！），"Arbeit！"（干活！），和"antreten！"（到这边来！）这样的词。这就够了。

你认识往毒气室里投放毒剂的那个德国人吗？你知道他叫什么吗？

我不知道，因为我们都是远远地看着这一切的。我们希腊人都会站到一边去。毕竟我们不懂德语，所以不会跟他们靠得太近。我们觉得躲远点更安全。

德国人有没有打你们？

德国人没有打我们，负责打我们的是队长。[21]他也不想打我们。我现在不想怪罪任何人了。鞭打，鞭打，无休无止的鞭打。我也挨过鞭子，不过我现在谁都不怪了。这就是现实啊。组长看到有个德国人走了过来，如果这时他不打我们的话，德国人会杀了他的。毕竟，他做组长的任务是什么？就是要让我们干活干得再快一点啊。这一点没什么好争论的。

一个人看过了这么多死人，见过了成千上万具尸体，他会怎么办？

能怎么办呢？我们什么都做不了。我们每天都在那个地方。一个月，两个月，八个月，我一直看着这样的场景，无休无止。上百万犹太人就那样死了，就像法老的奴隶一样。我们听不懂他们的语言，不知道我们卷进了什么局面，对一切都一无所知。我们就像是一艘已经分崩离析的船的碎片一样，能顶什么用呢？

一直以来，我们总是看着死亡在身边徘徊。今天死的是这个人或那个人，明天早上或者下午就轮到你了。我们的脑袋里只想着一件事：死亡。除了死亡，根本不作他想。死亡和等死成了我们的日常。那里的情况就是如此。除了死亡，你还拥有什么呢？

你们就没想过自己能活下来吗？

我们告诉自己，眼前的生活离死亡那么近，仿佛被判了死刑一样。我们不知道未来会发生什么，我们什么都不知道。我们只是无法去想活下来的可能性。不去想也许还好一点，不要去想。有时，我心里也会纳闷："外面的人们怎么会不知道这儿发生什么事了呢？"

你是怎么应对这种情况的？

我不知道。我也说不清。我在成千上万具尸体中间吃东西、喝咖啡、喝茶，什么都做。囚犯们在那个地方把尸体从毒气室里搬出来的时候，我们也会在那儿吃吃喝喝——就在尸体旁边。现在想起这些事时，我也不知道人在那种条件下是怎么活下来的。怎么做到的？怎么能做到？我也不知道。究竟怎么做到的？那些尸体……如今，过着平凡生活的人如果看到了一具尸体，一定都会吓得魂飞魄散。可是在那里，我们看到了上千具尸体——有小孩、老人、年轻人，还有孕妇。那么多！整个民族都在那里。

你在比克瑙有没有遵守什么宗教戒律？

没有。我对宗教没什么偏见，不过那时我一直等着神迹和奇事出现，但最终也没能看到。

你能跟我讲一讲“特别工作队”囚犯的自杀事件吗？

如果你没有负罪感的话，那你是根本没有理由去自杀的。我们想活下来。就算知道希望渺茫，人们还是想要活着。

换句话说，你并没有感到良心不安。

没有。

在那个如此残酷的世界里，你们有过一丝丝活下去的信念吗？

没有，因为不值得，人们只不过是那样活着，等待着死亡的到来而已。

你有没有想过可能坚持不下去？你有没有想过去死？

是的，我这样想过。我和一个朋友曾经想过在毒气室的门打开的时候把毒气吸进去。那时候我们只觉得没什么活头了。我有个朋友是跟我一起干活的，我们俩曾经打算这么干，不过最后我们还是走了出去，躺了下来，吸入新鲜空气。这样我们就能够继续呼吸了。

这只不过是一个实验，其实我们并没有认真地考虑过自杀的问题。

关于“特别工作队”的起义，你知道些什么事？

有一个希腊犹太军官，名叫佩波–约瑟夫·巴鲁克，我之前在希腊时就认识他。他当时和关在集中营里的两名苏联战俘联络。其中一名战俘也是军官。佩波和这名苏联军官联系上了奥斯维辛一号集中营的地下组织。慢慢地，他们弄到了不少炸药，带进了比克瑙。[22]

他们为袭击和出逃做了充分的准备。某天，他们把暴动的计划告诉了我们。大家都想在身上带点什么东西。我只有一把很大的折刀，藏起来也很容易。每个人在暴动中都有事要做。

你负责什么？

我负责对警卫实施偷袭，把他们抓起来，解决掉里面的两个警卫之后，把他们的制服拿走。我们计划让两个会说德语的人把制服穿上，装作带队的德国人，领着“特别工作队”的人从一号、二号、三号和四号（二号至五号）焚尸场里逃出来。

整个计划已经准备就绪，但是就在10月7日暴动开始后，我们突然听说一号（二号）焚尸场的“特别工作队”成员逃出去之后被处决了。随后，德国人把那些人的尸体运到了我们所在的二号（三号）焚尸场，命令我们把这些尸体全部烧掉。所以我们的确尝试过，只不过计划进行得并不顺利。

拉乌·雅侯恩（Raoul Jahoun）[23]是“特别工作队”的，他从三号（四号）焚尸场逃到了我们这边来，因为他的兄弟们就在这儿干活。之前在海德集中营的时候，我曾遇到过雅侯恩家的四兄弟。拉乌告诉我们，三号（四号）焚尸场“特别工作队”的人点着了床垫，放火烧了整栋建筑。他们好像已经全部都被处死了。随后，德国人照常来到我们所在的焚尸场来清点人数。他们发现多了一名囚犯。

德国人把拉乌找了出来，当场就把他枪毙了。我还记得，他的一个兄弟抬走了他的尸体；等到尸体火化完之后，他捡起那些骨头，装进了一个木箱里。列昂·科恩写了封信，也放进了那个木箱。那儿有一棵树，所以我们就决定用它作为标记，把那个装着骨头的木箱埋在树下。前不久，我在波兰时去找了找那个地方，不过那里的一切都变了样，已经面目全非了——那儿已经砌了台阶，我什么都没找着。很可能那个木箱到现在还埋在那儿。[24]

发动起义失败之后，集中营的督查官来调查事情的经过。“那些囚犯究竟有没有实现什么计划？”他问警卫们。“没有，他们什么都没做成。”他们这样回答道。

所以，这场起义就是这样结束的。到处都是警卫。我们还能做什么呢？就算有人可能已经逃出了集中营，他们还是会杀了他的。起义缺乏组织，结果什么都没做成，而且所有人都被杀死了。我们这些二号（三号）和四号（五号）集中营的“特别工作队”成员，就是仅有的幸存者。

我们又开始接着干活。到了1944年11月，一切都快要结束的时候，我们按照德国人的要求，炸毁了焚尸场。德国人给了我们工具和设备，让我们在直径半米的柱子上钻了些洞。等我们钻完，他们就把炸药塞进洞里，然后把整个焚尸场都给炸了。

你说的是二号（三号）焚尸场吗？

不是，所有焚尸场都是如此。最开始是二号（三号）焚尸场，然后是一号，最后是三号（四号）焚尸场和四号（五号）焚尸场。焚尸场是一个一个分开炸毁的。德国人不想留下它们存在过的任何证据，任何可能让人想起焚尸场的东西都不能留着。什么都不行。等到炸完之后，我们就把砖头垒起来拉走，为了不留任何证据。好在德国人为了避开苏联人，很快就撤离了，所以他们并没有把所有东西全都毁掉。他们还是留下了一些证据：棚屋，还有几栋楼。不过除此之外，就什么都没了，一切都已被夷为平地。

现在我们来聊一聊你作为囚犯的最后一段日子。关于那段时间，你还记得些什么？

1944 年 12 月，他们开始“疏散”比克瑙。德国人把“特别工作队”的囚犯从比克瑙赶了出来，送到了一个单独的营房去。他们想把我们全部处死，好销毁所有证据。我对朋友们说：“这儿有些不对劲。他们为什么要把我们关起来？”他们把我们关在营房里，不让我们跟外界有任何接触，不过我们还是听到了外面的响声。我们看着所有人为了所谓的“疏散”从营房里走出来，行军出发。我们就从营房里逃了出去，混在人群里。就这样，我们跟着大部队往前行进。我们以为这样就能得救了。

当我们到达毛特豪森[25]时，从一号（二号）焚尸场来的两名看守正在搜寻我们，他们到处盘问：“谁是在‘特别工作队’干活的？”当时，我们瘦了很多，因为我们已经走了好几天，却几乎什么都没吃。所以他们并没有从人群中认出我们。再加上我们还戴着帽子，这么一来根本没人认得出我们。他们找了又找，还是没能发现我们。在去毛特豪森的一路上，他们都在搜捕我们！你想想，他们直到最后一刻还在找我们，就是想把我们全部杀掉。

你能描述下这场所谓的“死亡行军”吗？

我们冒着雪往毛特豪森行进，一路上连一块面包都没得吃。大家都巴不得什么时候能被一枪打死。谁要是走不了了，德国人就会毫不犹豫地给他一枪。但是，“死亡行军”里发生的任何事情，都不能和我在焚尸场的所见所闻相提并论。

我们到了毛特豪森之后，立刻被分配去干活了。我在古森[26]干了几个月后，被送到了梅尔克集中营[27]去。1945年5月，我们被带到了一个树林里，然后美国人来到那里，救了我们。

你能描述下获救那天的情形吗？

事情发生在1945年5月的5日到7日。我们被带进了一个树林，然后也是在那儿得救的。获救那天，“特别工作队”的囚犯亨利·雅侯恩就在我身边死掉了。就在我们得救的两小时前。他是活活饿死的，那儿什么吃的都没有。再过两个小时就能得救了，可是他却死了。

因为天气寒冷、条件恶劣，我的背部出现了水肿的症状。我觉得自己有些不对劲，于是想让他们把我送进医院，可是我不会说他们的语言。我走到美国军队集合的地方，在美国士兵们用的帐篷旁躺了下来，然后念叨着“krank，krank”（“病了，病了”）。

他们发现我躺在那儿，看到了我手臂上的编号，然后就把我送进了林茨的一家医院，我在那里调养了三四个月。等到身体好转了，我觉得自己还是离开比较好，因为这个地方让我有些难受。里面挤满了德国人，谁知道他们之前是干什么的！所有活了下来的希腊犹太人最后都回到了萨洛尼卡。

幸存者们是怎么回到故土的？

我经由南斯拉夫回到了希腊。那时，起码有一千名犹太人回到了希腊——每天一二十个。这其中就有我的熟人、朋友还有弟弟，他之前想方设法逃回了雅典，然后加入了游击队。[28]

我们没有钱，社区也没什么能帮得上忙的。他们可以保障我们每天都能吃上规律的三餐。那时候，大家都还盼望着萨洛尼卡的所有犹太人都能回来——他们觉得这样的等待是值得的。我这才意识到，原来没有人知道灭绝营里发生了什么事。一次，我弟弟和他的朋友们邀请我去了一家餐厅。吃饭时，他的朋友们让我跟他们说说奥斯维辛的事。我就告诉他们："没人能活着从那儿回来，他们已经全都被杀死、烧成骨灰了。"我刚开口，弟弟就打断了我，像是在说："别跟他说话了，他脑子有点问题。你相信他的话吗？说他们把人给烧成灰了？"连我这样亲身经历过的人，他们都不相信。没人会明白的。

在希腊待了一段时间之后，我和另外几个幸存者都觉得，除了"以色列地"之外，我们已经没有别的去处了。我们的家人在萨洛尼卡被遣送，去了集中营，然后在那里惨遭杀害，什么都没留下。我们怎么能继续在那儿生活呢？想象一下，那个地方曾经住着你和你的家人，然后你在心里跟自己说："这是我过去生活过的地方，一家人在一起——四个兄弟姐妹，还有父亲和母亲。"对于我们来说，这段生活已经画上句号了。

1946 年，我们搬到了巴勒斯坦。我们是乘着亨利埃塔·索尔德号（Henrietta Szold）到达海法的，坐这艘船的全都是非法移民。等待我们的是和英国人的抗争——他们不肯让我们下船。

我们告诉他们，我们想在以色列地生活，而且我们没有别的国家可去了。但是，英国人还是把我们赶到了塞浦路斯。我和其他从萨洛尼卡来的犹太人一起，在塞浦路斯的一座英国营地里待了三个月时间。另一座营地里也全都是从罗马尼亚和波兰来的犹太人，他们是经由意大利来到这儿的。塞浦路斯成了一个巨大的难民营。三四个月后，他们把我们分了组，好让我们拿到去往以色列地的移民护照。不过，护照的数量太少，连营里的一半人都不够分，所以他们决定抽签。我抽中了签，成为了 1946 年第一批移民到巴勒斯坦的人之一。

你到那儿之后，发生了什么事？

我到了巴勒斯坦以后，就去耶路撒冷看望了我的一位叔叔，之前在希腊发生过的事情又重演了。我开始跟他说起那些事情，但他连一个字也不想听："胡说八道！你以为我会相信你吗？"他也不相信我。他也觉得我精神出问题了。

他不愿意相信你？

他根本不想谈起那些事情！那种事太不可思议了，而且也的确让人费解。当我说起"焚尸"和"屠杀"时，别人就会觉得我不正常……我也想过到底是不是自己错了。这些事情的确是人类无法理解的。反正从那以后，我就很小心了。在家人或者朋友面前，我一个字都不提，就算是最亲近的人也对那些事一无所知。如果连他们也不愿意相信我，我为什么还要告诉他们呢？

一开始我在建筑工地上找到了工作。后来独立战争爆发，我参了军，在海军服役两年。1950 年底我退伍了，第二年结了婚。我有两个孩子，一儿一女，他们都已成家了。

你觉得自己是靠什么幸存下来的？是靠运气？还是能力？

都不是。事实上我真的很难相信自己竟然活了下来，到今天也是如此。每当我想到我还活着的时候，我总是会告诉自己我生活在一个集中营里——因为我根本不可能逃离那里。

你经常会这样想吗？或者会经常回忆起来？

有些事情是不可能忘却的。我失去了整个家庭——母亲、父亲，还有两个妹妹。

你晚上会梦到这些事吗？

不，我不会梦见这些。我想搞明白我当初为什么会遭遇这种事情。

你感到羞愧吗？

没什么好羞愧的。对犹太人和"特别工作队"命运的裁决早已经下来了。我们没人犯过罪，连东西都不曾偷过。我们是德国人的受害者，他们就那样随心所欲地对待我们。我们唯一的罪过就是生为犹太人。

我想问你一个问题，和信仰、宗教以及上帝有关：在这一切发生之前，你相信上帝吗？大屠杀的创伤是不是让你丧失了信仰？还是说你的幸存让你更加坚定了自己的信仰，相信是上帝的护佑在帮助你、指引你？

我相信上帝，不过不像信教的人那样去信，他们什么都没经历过。我活下来已经是个奇迹，它证明有一种无上的力量存在着，掌控着这个世界。

有一件事，直到今天我还记忆犹新，就是两三千人聚在一起的壮观情形——他们第二天早上就会变成一堆骨灰和尘土。谁能忘掉这种事呢？谁也忘不掉。这一幕既不是从别人那里听说的，也不是从书本里读到的，而是我亲眼看见的，所以不可能遗忘。现在有些东西我能感觉到了，但那时候我还感觉不到。

现在，我也会惊讶地问自己那里到底发生了什么事，然后试着去找到问题的答案。说到底，那些受害者不是罪人，不是小偷，不是杀人犯；他们是无辜的，什么坏事都没做过。那么这种事情是怎么发生的？答案只有一个：我们没有自己的国家！这就是原因。如果我们那时候能有自己的国家的话，这种事就不会发生了。那些在战争之前来到以色列地的人都活下来了，这是事实。是谁帮了他们？上帝吗？并不是。好吧，也有可能是上帝的恩赐……

极端正统派犹太人宣称：大屠杀之所以会发生，是因为犹太人没有听从《托拉》经卷的教导，没有遵守诫命；但是在希腊，所有人都是有信仰的。我每天晚上都去犹太会堂，安息日和周五晚上也是如此。但这又有什么用呢？现在我心里的优先次序已经变了：首先是国家，其次才是宗教。如果有人想要信教的话，那么我祝福他，但是国家仍然是第一位的，它的重要性超出任何形式的宗教热忱。对于犹太人来说，除了以色列以外，任何国家都是没有意义的。在美国，所有的犹太人都在祈祷，但有用吗？他们坐在那里祈祷，想着这种事情再也不会发生在我们身上了。然而，他们错了。

我很难向人们解释我在那儿看到了什么。一批批人不分昼夜地运到那里，成千上万的人，形形色色的家庭，来自不同的国家。如今，我们有了自己的国家，那些去美国淘金的年轻人应该好好想清楚，将来他们的孩子会遇上什么事。

最后，我还想再说一句。有一天，党卫队的那些强盗们听说从荷兰和比利时运的人来了，都急匆匆地赶了过来。他们都知道比利时有钻石，所以有两个党卫队军官进入了脱衣室，然后搜查那里的人，寻找钻石。我听到他们这样说："这些犹太人啊，他们已经被抛弃了，连自己的国家都没有。"然后，他们就把那些犹太人全都杀死了。

现在，既然我们有了自己的国家，我就再也不会离开她——我不去美国，不去巴黎，哪儿也不会去。这是因为我曾亲眼看到一个没有国家的人会变得多么微不足道。人应该生活在自己的国家里，而且这个国家也得强大起来。这就是我在奥斯维辛－比克瑙的"特别工作队"干活时学到的东西。

第六章　尾注

1　关于奥斯维辛 – 比克瑙焚尸场的编号，参见第一章第 35 条。

2　巴伦 · 赫希（意为赫希男爵）区建在萨洛尼卡火车站附近，由莫里斯 · 德 · 赫希男爵（1831—1896）捐赠建造，作为来自基希涅夫和莫吉列夫的难民的避难所，占地面积 3 万平方米。第二次世界大战前夕，这里是穷人住的贫民窟。

德国人把萨洛尼卡的犹太人聚集在这附近，然后把他们运送到奥斯维辛。巴伦 · 赫希区的生活条件极其恶劣，在犹太人前往集中营前，也就是希腊的最后日子里，他们忍受着拥挤和各种各样的剥夺，还要遭受德国人、希腊人甚至是犹太人叛徒和告密者的殴打。

3　1943 年 3 月 15 日开始把萨洛尼卡的犹太人运到奥斯维辛，到 1943 年 8 月为止，持续了 5 个月。一共有 48532 名犹太人，分 19 批运送。其中有一批被运往特雷布林卡集中营（Treblinka），并于 1943 年 3 月 28 日到达该目的地。

4　托特组织是纳粹德国一个组织，主要承担大型建设项目，特别是军事项目，以其创始人、工程师弗里茨 · 托特博士的名字命名。1933 年 6 月，托特被任命为道路建设总监；1938 年 12 月，作为"四年计划"的一部分，他担任协调建筑部门的全权代表。他还负责建设"西墙"，即德国西部边境的堡垒系统。他去世后，该组织继续扩张，征用了 100 多万名苦役，包括外国劳工、战俘和集中营囚犯。该组织最知名的项目之一是兴建米特尔维克工厂——一座制造导弹和飞机发动机的巨大地下工厂。

5　海德集中营，参见第二章第 6 条。

6　列昂 · 科恩，参见第七章。

7　"隔离营"，参见第二章第 13 条。

8　"地堡"，参见第二章第 19 条。

9　希腊犹太人以热爱歌唱和音乐而闻名，我们从幸存者那里了解到，即使是在集中营里，希腊犹太人仍竭尽所能保持传统。

10　对于"特别工作队"成员来说，鞭打是比较少见的惩罚方式，主要用在他们在一号和二号"地堡"劳动期间。去了新的焚尸场之后，德国人用截然不同的方式对待他们。

11　佩波 – 约瑟夫 · 巴鲁克，参见第四章第 11 条。

12　关于这个问题，参见第五章第 28 条。

13　如果是处死一小群人的话，一般采用枪杀，因为德国人认为用毒气处死这些人不值得。

14　平均而言，女性比男性拥有更多脂肪这一说法是正确的。此外，男性和女性脂肪沉积的部位和数量也不同。

15 除了值钱的东西不能拿，“特别工作队”囚犯可以随意拿受害者的遗物。

16 “特别工作队”和党卫队之间能交换食物、香烟、甚至烈酒。扎曼·雷文塔尔写道：某些“特别工作队”成员还是酒鬼，他们的需求都能得到满足。有关这方面以及“特别工作队”成员“秘密写作”的出版物，参见第一章第 108 条。

17 像营头和营房文书（Schreiber）这些有管理权的人，一般都有独立的房间。

18 此处所说的穆夫提，不是耶路撒冷的穆夫提阿明·侯赛尼（Hajj Amin al–Husseini），而是他的侄子穆萨·阿卜杜拉·侯赛尼（Mussa Abdalla al–Husseini）。1944 年，他在一个叫格罗比（Globe）的德国人陪同下参观了奥斯维辛。1951 年，他参与暗杀约旦国王阿卜杜拉，后在安曼被处以绞刑。拉玛特阿维夫的作家珍妮·勒贝尔（Jennie Lebel）提供了这则信息，对此我深表感谢。

19 马塞尔·纳加里（Marcel Nadjari），参见第四章第 16 条。

20 丹尼尔·本·纳克麦斯（Marcel Nadjari），参见第四章第 17 条。

21 队长，参见第二章第 24 条。

22 有关组织抵抗、与主营中的抵抗组织联络的事情，参见 *The Scrolls of Auschwitz*, pp.223–224, 227–228, 233–235。

23 拉乌·雅侯恩。“特别工作队”里的雅侯恩兄弟有三四人，包括艾伯特（Albert）和拉乌（Raoul）。起义开始前，拉乌就被党卫队枪杀。艾伯特在解放之前几天因肺炎死于埃本塞集中营。伊扎克成功地从二号（三号）焚尸场逃往一号（二号）焚尸场，但在“死亡行军”中被枪杀。扫罗·哈赞称，营内雅侯恩兄弟共有四人：拉乌试图从二号（三号）焚尸场逃出来，不幸中枪；亨利在解放前两小时于埃本塞集中营去世（艾伯特和亨利可能是同一个人）；另外两兄弟的命运依然未知。

24 1987 年，扫罗·哈赞在战后首次回到波兰，并和作者一起前往比克瑙，准备一个叫做“萨洛尼卡 – 奥斯维辛”广播节目。哈赞提到的台阶是比克瑙大纪念碑的一部分，在一号（二号）和三号（四号）焚尸场之间。

25 毛特豪森，参见第二章第 39 条。

26 古森集中营，参见第四章第 51 条。

27 梅尔克集中营，参见第二章第 40 条。

28 在从萨洛尼卡遣送到奥斯维辛 – 比克瑙集中营的 6 万犹太人中，只有两三千人活了下来。

第七章

列昂·科恩：
“我们已被非人化，我们犹如机器人”

在列昂·科恩的房间，电视上方摆放着一幅相片，相片里是一个帅气的年轻人。坐在我对面大扶手椅上的那个人，身上还能隐隐看到相片里的风采。我认识列昂·科恩的时候，这个来自萨洛尼卡、曾经意气风发的年轻人已经老弱不堪。他走路很困难，健康状况堪忧，活着已然成为负担。几个月后，他就过世了。

列昂·科恩的希伯来语不是很流利。我跟他交谈时用的是英语和一点法语。科恩是一个练达务实的人。如果大屠杀没有发生，他可能成为很富有、很有影响力的人物。他第一任妻子现居雅典，她父亲约书亚·普莱亚（Yehoshua Perahia）是萨洛尼卡一位富有的犹太银行家。

作为奥斯维辛－比克瑙的“特别工作队”的一员，列昂·科恩做的是一份可怕的工作：从犹太人尸体的嘴里拔下金牙。日复一日，他不得不用力掰开死人紧闭的下巴，寻找他们嘴里的金牙。我不知道这是不是焚尸场里最痛苦的工作，但是我猜想，要把死去的犹太同胞身体一部分拔掉，肯定很令人难受。列昂从来没有忘记过那些日子。他的描述很忠实，令人毛骨悚然。我能想象出他怎样掐指计算每天从尸体上撬下来的金子有多少克。

在他的晚年，命运也没有对他报以微笑。他晚景凄凉，痛苦孤单，一贫如洗。他挚爱的一个亲戚也躲开了他，去了雅典。他的身体每况愈下。他没有得到德国的赔偿，明显是因为官僚式的拖延或漠视。他的面容展现了他的美德：正直、礼貌、有人情味，从不自以为是、自我欣赏。列昂·科恩对每个人都很体贴，除了对他自己。他在奥斯维辛－比克瑙也确实是这样待人处事的。

在大屠杀之前，列昂·科恩是个商人，为希腊军队供应给养。十几岁年纪轻轻的时候，他就已经很富有，拥有一笔财产。德国人夺走了他在萨洛尼卡的家产，但却夺不走他的骄傲，夺不走他高尚的人格。

我永远忘不了我跟列昂·科恩在一起的几个小时，忘不了他给我带来的心灵震撼。在三次会面中，他每次都热情地招待我。就在他生命的最后几个月，病情已重，他还道歉说：“我很快就会好起来。到那时，我会很高兴再跟你见面。”我最后一次采访他的时候，他已经卧病在床，从此就卧床不起。即使如此，他努力回答我的问题，叙述他在奥斯维辛的那段生活。谢谢，亲爱的列昂。希望这一章可以作为对你的纪念。

科恩先生，我想跟你谈谈你在奥斯维辛－比克瑙期间作为“特别工作队”队员的那段生活。不过，我希望你先谈谈在希腊的童年时光。你在哪里出生？

1910 年 1 月 15 日，我出生于萨洛尼卡。后来，我就读于列昂·盖特纳（Leon Gatenyo）商学院，一座法德联合院校。毕业后，我开始找工作。一开始，我在当时萨洛尼卡举办的一个国际博览会工作。后来，我在一家卖唱片和收音机的公司上班。那时迪卡公司刚在希腊运营。后来我被招入希腊军队。

你在家里接受传统教育了吗，还是说你接受的是世俗教育？

不是十分传统的犹太教育。我能记得的唯一跟犹太教有关的事情，就是一周一次的希伯来语课。老师教了最基础的词：ani（我）、ata（你）、bu（他），anabnu（我们）——真的是很基础的希伯来语。相比较而言，我接受了极好的法式教育，因为我们的老师是法兰西联合会骑士学校的校长和创办人。他教给我们一些最精美的法国文学作品。

你父母是做什么的？

我父亲是很富有的成功商人。他从德国和奥地利进口商品。他也是私人市场里的零售商。他跟布鲁塞尔的小商人有很多生意往来。他手底下的员工有 15 人。他一年有六个月在希腊之外的其他地方出差。

你有兄弟姐妹吗？

有，我们总共四个兄弟姐妹。除了我，我们家还有两个人在大屠杀中幸存下来——我弟弟罗伯特（Robert），现居里昂；我的姐姐艾格尼丝（Agnes），她从 1947 年开始就住在巴黎，几年前去世了。我的妹妹玛戈特（Margot）当时怀孕了，被德国人抓住送到了巴隆赫希（Baron Hirsch）隔都。[1] 后来她和我们的母亲都被送到了奥斯维辛－比克瑙。还没等到她生产，胎儿就被人从子宫里扯出来，她也因此丧生。我的父亲算是幸运，德国人进入萨洛尼卡一年后，他就过世了。

德国人到萨洛尼卡的时候，你多少岁？你还记得德国人占领初期发生的事情吗？

那时我 30 岁。德国人占领之前，我是希腊国防部的官方供应商。我给国防部提供各种各样的商品——除了军需品外，还有各类商品。我在德国有个代理人，叫弗朗茨·杰森（Franz Jessen）。他帮我进口重要的军需品，提供给军队。我当时生意做得很好，有不少重要的人脉。无论到哪里，大门都为我敞开。德国占领期间，希腊和德国互相勾结，买卖兴隆。

德国人即将占领萨洛尼卡的那个月，你在那做了什么事？

德国人到来之前几个月，我应征加入了希腊陆军。别忘了意大利和希腊也加入了 1940 年到 1941 年冬季的战争。战争爆发的三个月前，我跟军队做了一笔很大的军火交易。那时希腊处于梅塔克萨斯（Metaxas）统治之下，他是一个独裁者，设法统一了整个国家。战争爆发后，希腊人民团结一致，共同抵抗，守卫国土，犹太人当然也在其中。

你记得你第一次遇到德国人的情形吗？

我当然记得。我坐在办公室，德国人进来要跟我谈话，说他们知道我是希腊军队的供应商。我承认之后，他们就命令我为他们的造船厂提供补给。他们说，从那时起他们将接管国防部。我告诉他们我会按他们的要求做；我没有选择。同时，我打电话给好友巴罗奇（Barotzi），他在希腊海关工作。我把德国人的要求告诉他，跟他说我不想做德国人的供应商，并且问他是否愿意担任这个职务。他回答："好啊，有什么不可以呢？但是我没有钱。"我让他放心，说他一定能找到人投资军备供应。

针对犹太人的法令变得越加严酷。1942 年的夏天，成千上万的犹太青年，包括我在内，被召集到艾里弗瑟瑞斯广场（Platia Eleftherias），就是自由广场。烈日炎炎下，希腊士兵折磨了我们几个小时。德国人在周边站着，幸灾乐祸，哈哈大笑，还拍了照片。我可以不用一直站在那，因为我有份文件，可以证明我在造船厂帮德国人工作。

你下一次面对面遇见德国人是什么时候？

那是在 1942 年，我被送到萨洛尼卡的德国监狱。我设法逃走，回到了办公室，跟另一个合伙人重新恢复我的生意。为了我们的安全，我们设法在联合银行的账户里存了点钱，那是萨洛尼卡最大的犹太银行。我把没签名的支票送到银行，下午我到银行，亲自去那里签字。就在那家银行，我遇见了我的第一任妻子。她是这家银行的所有人兼总经理约书亚·普莱亚的女儿，我是后来才知道的。她很年轻，非常漂亮。她父亲不是很赞成我们的婚事，但是爱情战胜了一切。1943 年 1 月 15 日，我们在萨洛尼卡最大的犹太会堂扫罗堂（Beit Shaul）举办了婚礼。两个月后，德国人把萨洛尼卡的犹太人送到奥斯维辛。

一开始，我们被送到离家不远的隔都，位于萨洛尼卡的贫民区。我们从那里逃到了更远的隔都，我们想，德国人不会那么快到那里抓犹太人送去集中营。后来我们发现，德国人也开始在那里遣送犹太人，我们决定逃到乔治国王区的隔都，就在我表妹家附近，战争之前就只有犹太人在那里聚居。那时候，我岳父已经不再经营那家银行了。德国人也侵占了他的房子，那栋有五间卧室的海边豪宅。在隔都，十个人共用一间狭窄拥挤的房子。我岳父的好朋友尼科斯·哈吉亚纳基斯坚持让我们逃出隔都。家里除了我跟我的妻子之外，没有人想逃出去。他们认为逃跑只会让我们都陷入危险。

我有两个好朋友，他们都是基督徒。其中一个是巴罗齐——我之前已经提到过，他在海关工作。另一个叫赞比西（Tzambazi）。他们帮我们伪造了文件，证明我们是希腊人。我化名雷奥尼达斯·科基纳吉斯（Leonidas Kokinakis），我妻子化名阿玛丽娅·科基纳吉（Amalia Kokinaki）。我岳父新的希腊名字叫帕瑞迪斯（Peridis）。一天晚上，我的两个基督徒朋友十分焦急地来找我们，说我们必须马上收拾行李，逃离隔都。他们发现德国人打算第二天就开始运送犹太人去集中营了。但只有我跟我妻子两个人准备逃走，其他人都拒绝了。战争结束后，我发现我的表妹也被带到奥斯维辛-比克瑙，她饿死之前对营中的一个朋友说："我们是多么愚蠢啊！当时不听尼克的话。要是我听他的，就可以从隔都逃走了。"

我们的朋友谋划了一个方案：我们要假装喝醉酒。我们拿出两瓶茴香烈酒，拆掉我们衣服上的黄色大卫星。我戴上一顶帽子，我妻子包上方头巾。然后我们开始大声唱希腊民歌，大声嬉笑。我们经过德国人的指挥部时，故意边走边唱，嬉笑打闹。我们甚至给了德国人一些酒。他们说："danke schön, danke schön!"（"非常感谢，非常感谢！"）

我们的朋友把我们带到萨洛尼卡贫民区的一栋房子，我们在那待了几天，就去了萨洛尼卡外的一座村庄，叫做斯迪洛卡斯（Sidirokas）。那个时候，没有任何犹太人能够在一个地方安然度过几天。那个村庄靠近意大利占领区。我们在那至少待了一周。给我们提供住宿的房东认识一个在意大利占领区的铁路技术员。我们计划跟他一起搭上前往拉里萨[2]和雅典的军列逃走。房东告诉那个技术员，我们是新婚，新娘父母不同意这桩婚事，所以只能私奔。那个技术员愿意帮助我们，把我们藏在他的储存柜里，当然，我们要给他一些小费。

整个旅程花了两天。我们蜷缩在储存柜里，无论如何都不能出去，否则火车上的士兵就会发现我们。火车上一个意大利高级军官发现了我们，我想我们完蛋了。不过，奇怪的是，那个军官居然友好地跟我们聊天，只是警告我们不要违反安全规则。毫无疑问，他知道我们是什么人。当我们跟他告别时，他祝福我们一切顺利，还吻了我妻子的脸颊。

我们在离雅典不远的一个小地方下了火车，坐上出租车继续前行。到雅典后，我们去了阿哈诺恩街 50 号，那是戴奥尼西斯·克罗克特萨斯（Dionissis Kolokotsas）的家，战争前他是我公司驻希腊南部的代理。虽然不知道我们要来，克罗克特萨斯毫不犹豫地让我们进了他家。几天之后，我们搬到雅典的帕提西亚区，在那租了个小房子。一个月后，由于我岳父有朋友在意大利驻雅典大使馆，在尼科斯·哈吉亚纳基斯（Nikos Hadziyanakis）和几个使馆工作人员的帮助下，我们跟岳父一家团聚了。我们不得不给岳父岳母造了假身份：普莱亚无论是在希腊语书写还是在口语方面都很流利，但是他长得完全是一副犹太人的样子；他的妻子，也就是我的岳母，只会说法语和拉地诺语。

后来我们躲到另一个地方，房东来自克里特岛，我告诉他，我岳母是聋哑人，岳父是来自小亚细亚的难民。为了掩饰，我们在房间里贴上圣母玛丽的画像，当地的主教还来探视过我们。这段期间，尼科斯多次在萨洛尼卡营救我岳父的家人，有一次就抢在德国人逮捕他们之前。

三个月后的一天，我像平常一样去理发店打听消息，吸吸新鲜空气。店里的理发师伊格莱西斯（Inglessis）勾结了德国人——我之前不知道，他到德国人那里告发我。我岳父那天本来想跟我一起去的，幸运的是那天他待在了家里。这个叛徒知道我岳父是个有钱的银行家，有一天他企图用我妻子诱捕我岳父，但是阴谋没有得逞。碰巧，那天早上我有个希腊朋友也在理发店。我一被抓住，他就马上叫他的好朋友——一个名叫乔治·拉达斯（George Ladas）的工厂主——跑到我妻子和岳父母躲藏的房子里，告诉他们我已经被捕了，并催促他们快点离开。

这次他们同样在犹豫，乔治几乎是强行把他们带到雅典富人区一座安全的公寓中，那是我妻子某个好友的住宅。他们在那里感受到无与伦比的善意和热情。我妻子和岳父母本来可以整个战争期间都躲在那里，但是我岳父天生为别人着想，他不想成为任何人的负担，谢绝了这些朋友的好意。他宁愿另寻他处，躲藏起来。因此我妻子和岳父岳母搬到远离雅典市区的卡利塞（Kalithia）地区，住进一栋与外界隔绝的房子。他们三个一起住在房东公寓的一间房里。

一天，我妻子耳朵不舒服，去找了一名希腊医生，名叫阿萨纳西奥斯·帕帕森阿索珀罗斯（Athanassios Papathanassopoulous）。医生跟他的父亲一样都是共济会会员，所以愿意帮助我妻子和岳父母。他把他们带到诊所，在其他两名医生的帮助下，把他们藏在不同人的家里。我妻子在那名医生的母亲家里安然度过战争，我的岳父岳母也在另一所公寓里安然度过。那名医生想尽办法，让他们晚间可以团聚。三名医生尽心尽力地照顾我的妻子和岳父岳母。

遭到德国人的逮捕后，你接下来遇到了什么事？

德国人把我带到街角的一家药店，然后又带到了“九月三号”

街的盖世太保总部。他们用枪指着我的额头，命令我闭嘴，把我关到一座小监狱里，殴打我，折磨我。那天晚上 11 点，有个留着长胡子、戴着墨镜的男子进来说："你这个垃圾。""我犯了什么事？"我问他。"你不告诉我们你岳父藏在哪儿。"他回答。我说，"我不知道那里的地址，但如果你想去，我可以带你们去。"他说，"你是什么意思？你要么在撒谎，要么就是个傻子。"

他们把我推进一辆小车，押着我回到家里。当然那里已经没有人了。德国人已经把房子洗劫一空，之后他们把我带到一名德国军官面前，他开始打我。我毫不动摇，坚称自己不知道岳父藏身何处。他们把我带到一个房间，我听到他们对我说，"如果你为我们干活，就可以赚很多钱。"但是我心里只想逃跑。这时，在萨洛尼卡逮捕我的军官正好走进来。他记得我，知道我之前逃跑了。

他们把我从那里带到海德，那里是一座中央监狱，专门关押要被处死或放逐到劳动营的囚犯。他们把我关进一间牢房，里面已经关着其他犹太人了。我一直被关在那里，直到逾越节。同时，在犹太叛徒例如雷卡纳蒂（Recanati）兄弟的协助下，德国人也开始逮捕犹太人。那间牢房关了 60 名犹太人。我们在那待了几个月。

德国人继续在雅典围捕犹太人。他们命令雅典的首席拉比[3]交出这片教区所有犹太人的名单和地址。拉比很机智地回答说，当天无法交出名单，让德国人给他一周的时间。他们给了他五天。拉比利用这五天时间催促犹太人抓紧逃离。在首席拉比的警告之下，很多犹太人都设法逃走了。

德国人是怎么围捕雅典犹太人的？

德国人下令在犹太教堂的入口贴上通知，说逾越节前犹太人可以在那里领到十公斤逾越节薄饼，还有一些油和糖。逾越节前一天的早上，很多犹太人聚集到那里。德国人开来了二十辆卡车，他们就是这样诱捕了那些毫无疑心的犹太人。[4]德国人把他们从那里运到了中心火车站，就是斯塔诺·拉里西斯（Stanos Larissis）车站。

德国人有没有说要把你们送到奥斯维辛？

没有，他们没有清楚地说要把我们带到哪儿去。他们总是想方设法迷惑我们、误导我们。但是我记得在火车上，尼哈马（Nehama）先生的女儿[5]朝我说："不要担心，列昂！"我回答："你说'不要担心'是什么意思？我们是去送死的！"

你怎么知道的？

隔都里到处都是传言，我们也听说了。我不知道传言来自何处，但是人们都在议论，说德国人给犹太人准备了悲惨的结局。

你们这批人是什么时候出发的？

我不记得的具体的日期了。但是我想我们是在 11 月末到达（奥斯维辛）的。

你记得德国人是怎么接收你们的吗？

当然记得。门格勒医生已经在那里等着了。[6]他是个年轻人，30 多岁。他旁边站着一个女的，显然是他的主要助手，此外还有两条德国大狼狗。门格勒开始挑选："Links, rechts, link, rechts"（"左边，右边，左边，右边"）。年轻人都指派到一边集中，妇女、孩子和老人则集中到另一边。我被指派到了年轻人这一边。站了很长时间之后，有人命令我们坐下。一个叫萨尔瓦托（Salvator）的犹太人，来自萨洛尼卡，他也在那里；他的妻子是德国人。他是首批来到奥斯维辛犹太人之一。他问我们怎么样。[7]

你是怎么被选到"特别工作队"的？

当天我们就被带到比克瑙去了。在奥斯维辛主营，有一个小的焚尸场。实际上真正的灭绝营应该是比克瑙。他们带我们去了营房；我记不得是几号营房了。他们把我们隔离在那里。之后我们的手臂上就文上了号码。

我能看一眼你手臂上的号码吗？

当然可以，请便。你看——182492，这就是我在比克瑙的号码。这是我的“新名字”。在营房里，我们五个人睡一张铺。几天后，一些朋友警告我们不要加入“特别工作队”。他们说，如果我们被迫去那里工作，几个月后就会被杀害。进入“特别工作队”的所有人几乎都没有幸存的机会。德国人从来就没打算让那些目睹他们罪行的人活下去。

是谁警告你们不要加入“特别工作队”？

在焚尸场附近工作的犹太人看到了发生的一切。他们中间有个犹太医生。

他们有没有向你解释“特别工作队”是什么意思？

有，当然有，解释得一清二楚。他们告诉我们，到“特别工作队”的任何人都不可能活着走出去。

我们在营房里待了几个月。一天，一个德国人带着一个犹太医生来到我们营房，医生是来为囚犯做“检查”的。因为我德语讲得很流利，所以伙伴们选我当翻译。我走到医生面前，请他们别让我们去“特别工作队”。

几天后来了一个年轻的德国人，会讲法语，大概30岁，他跟营区长谈话。第二天他走到我面前，问道：“你会说法语，是吗？”我说我会，并问他想要我干什么。他告诉我，他需要两百个强壮的人去火车站做一些装货的工作。我告诉他，营中的希腊犹太人加起来大概有两百人，可以做这个事。他们适合做各种力气活。

显然，我很信任他，我真的认为他指的是一般的体力活。我想，如果我们向德国人展示我们的体力和做事情的能力，他们就会好好对待我们。那时我们多幼稚呀！那个人说明天他会过来，然后就离开了。我们必须做好准备，等着出发。我回到希腊朋友中间，把那个年轻德国人的要求告诉他们。他们问我要做的是什么工作。我让他们冷静，并且告诉他们我们会在一块，而且有东西吃。

第二天那个人来了，说道："所有希腊人——跟我走！"我们大概有 150 人，当时已经被隔离囚禁了整整一个月。我们离开营房后，德国人问，"你们会唱歌吗？怎么不唱呢？"于是我们唱起了歌。我们一向喜欢合唱一些歌曲，包括希腊民歌、爱国歌曲或者其他的歌。我们当时心态还不错。

他带我们在集营中行走，一直走到了十三号营区。[8] 德国人打开营房的门，命令我们进去。我们都进去了。里面已经有一些囚犯。他们问我们："你们为什么来这里？"我们说，我们是来这里帮他们做火车站的工作。他们其中一个人说："你们傻呀！这是'特别工作队'。什么火车？做梦吧！"我无比震惊，非常害怕，一下子呆了。那个囚犯说，"他们骗了你。相信我，这里是'特别工作队'。"所以他们是骗我们加入"特别工作队"的。原来那个囚犯就是我们的营区长，名字叫乔治。

听说这个消息之后，你那些伙伴有没有抗议？你们有没有试图违抗这个可怕的命令？

抗议？向谁抗议？我们到达营房之后，德国人就把我们关起来了，就是这样。

从那时起，你们就加入"特别工作队"了？

是的，事情就是这样发生的。他们把 150 个希腊人分配到 4 个焚尸场，我们人生中翻开了“特别工作队”这一章。

你是什么时候开始工作的？

就是当天晚上。我们到达“工作地点”，德国人把我们分组，五个人一组。我们组中有个人，他得知所谓的“工作”就是焚烧死去的犹太人，就纵身跳入火海之中。要去焚烧犹太同胞的尸体，他无法忍受。

你能描述一下开始在“特别工作队”干活的情形吗？

我们在营中的第一晚，焚尸场的老囚犯们告诉我们要做什么工作。但是跟现实比起来，他们的描述根本不值一提。

我们都很震惊，但是只有几个人想要自杀。自杀再简单不过了。第二天早上，我们走到营中。德国人没有带我们去焚尸场，而是去了焚尸坑。[9]我看到尸坑旁边有几辆车，附近有一座房子，房门很小。后来，我得知人们就是在房子里被毒气毒死的。我在外面等了大概半个小时，然后德国人命令我们打开门。

一大堆尸体倒了出来，我们开始把尸体搬到车上。那种车是很小的，没有顶盖，就像在煤矿用的那种车，比铁路车皮要小得多。我们把尸体运到大坑那里。先在尸坑里堆上妇女和儿童的尸体，在它们上面码上一层木头，然后再堆上男子的尸体，一直这样堆着，直到尸坑填满，至少堆了三米高的尸体。然后德国人把汽油倒进尸坑里。尸体和木头一起熊熊燃烧起来。

看到那么多尸体，也许还是平生头一次，你心里是什么感受？

我该怎么说呢？真的很恐怖。我没法用语言形容。就是很恐怖。

所以你一开始是在焚尸坑工作的？

是的。

那后来呢？

后来他们分配我去焚尸场工作。一开始我被带到三号（四号）焚尸场。[10]

你在那待了多久？

三天。后来我必须离开，因为我跟营头起了争执。所以我又到了二号（三号）焚尸场，一直待到最后。

你能描述一下那栋建筑吗？

可以，那是一栋很长的楼。地下有脱衣室，再往里则是毒气室。从各方面看，毒气室都像一间淋浴室。要下 15 级台阶才能到达脱衣室。

你能描述一下毒气室吗？

好的，毒气室很长。我想大概有 50 米长，6 米宽。

毒气室装得下多少人？

很多，好几百人。他们一脱完衣服就被直接带到毒气室。

“特别工作队”的人一直都待在脱衣室吗？

是的，有一组“特别工作队”的队员先在毒气室等待受害者。他们的工作是：当人们有骚动情绪时，让人们冷静。人们时不时会表现得焦虑不安。这组人要确保整个过程安静地进行，没有骚乱。德国人不能容忍出乱子。

脱衣室有多少“特别工作队”队员？

大概 15 个。

你有没有警告过那些犹太人，告诉他们已经掉入陷阱，很快就会在隔壁的房间被毒气毒死？

你疯了吗？！把这样的事实告诉人们？我怎么可以跟他们说，他们马上就会被杀害了？你不可能把这样残酷的真相告诉任何人。你得知道，那个体系太复杂，无论如何我们都无法干涉。人们注定逃不过一死，对此我们无能为力。德国人用最残忍的方式欺骗了人们。我们没有选择，只能奉命行事。我们还能做什么呢？即使警告了这些人，我们又能改变什么呢？那些家庭，无论是一家之长还是其他成员，没有人有机会生还。没有人活下来。逃跑根本不可能。我再说一遍——不可能。

在人们一步步被杀害的过程中，你们都没有机会提醒受害者吗？你们从来都没有告诉人们他们正在走向死亡吗？

完全没机会。我们一直都没机会跟人们单独相处，一刻都没有。德国人一直围在那里。是他们命令我们去误导那些受害者。谁敢把事实告诉那些犹太人，就会被立即处死。德国人担心的就是爆发骚乱，打乱了整个安静的过程。

那么，“特别工作队”的囚犯有没有跟受害者有过短暂的交谈？

有。德国人不在的短短几分钟，人们问了各种各样的问题。比如说，“消毒之后，我们会被送到哪儿？德国人要把我们怎么样？”——人们问了一些简单的问题，因为他们不知道几分钟之后会发生什么事。

他们一直都问同样的问题吗？

一直都是诸如此类的问题：“他们待会儿要带我们去哪儿？”“接下来要做什么？”每个人都会问这样的问题。我们回答说，消毒之后就可以拿回他们的衣服和财物，然后就要开始工作。我们都是这样答复他们，或者给他们类似的回答。我觉得我们没有选择，只能这样告诉他们，因为这样可以让他们消除内心的不安和恐惧。

你认为受害者相信“特别工作队”的囚犯吗？

我觉得他们绝大多数都相信我们。至少，在我的印象中是这样。

在你的记忆中，有没有人质疑你的回答，怀疑这里的事有蹊跷吗？

没有。他们当中很少人能想象到他们会被如此残酷迅速地杀害。年轻人比较担忧，但是总的来说，人们相信他们被告知的一切——至少表面看起来并没有怀疑。

你还记得信奉宗教的犹太人和没有信奉宗教的犹太人有什么区别吗？

在我看来，没有什么区别。

人们在脱衣室待多久？

大概二十分钟，有时候半个小时。

你要催促他们快点脱衣吗？

不用，一般情况下没必要。命令下达之后，我们要保证脱衣室里的平静气氛。我们必须让受害者有点信心，不要让他们恐惧。这就是里面的策略。这种策略是要保证他们安静镇定地走进用假喷头做伪装的毒气室。在有些情况下，如果脱衣的速度不够快，德国人就会用鞭子打他们，一边喊着："Los, los! Schnell, schnell !"（动作快点！动作快点！）[11]

首先是妇女和儿童脱衣服，走进毒气室。接着轮到男人。毒气室的门再次打开，男人们被推了进去。

关于毒气室，你还有什么可以告诉我的吗？

我经常会看到毒气室。我亲身走进去过——当然，是在人们被毒死之后。接下来的工作特别令人作呕。

毒气室看起来怎么样？

像一间淋浴室。喷头看着跟真的一样，整个场景很真实。每个进去的人都认为马上要冲个澡，所有这些程序都是为了消毒。

毒气室可以挤多少人？

一号（二号）焚尸场的毒气室可以装两千人。

毒气室的墙是什么颜色？

应该是介于灰白之间的颜色。

毒气室的地面是什么材质的？

整个地面都是混凝土的。地上的角落有些槽，用于排水，至少看起来像是排水的，因此所谓浴室的谎言也就显得更完美。

那里冬天肯定非常寒冷……

冬天，他们会在毒气室放一些铁质的火炉，这样人们进去的时候就不会被冻僵。

你说过妇女和孩子先进去，在那里等着，我理解得对吗？

妇女和孩子脱完衣服后，先进入毒气室，门先锁上。然后男子也被带进去。因此，他们所有人都在一块等待“淋浴”或者“消毒”。

毒气室里面有灯光吗？

有，毒气室里面已经点亮了灯。我前面说过，寒冷的季节还会有取暖炉。那样妇女和孩子就可以先等着，直到男人也进去。

男人们进去与妇女和孩子会合之后，会发生什么事？

我们发现有些骚动。

为什么？

我想是因为人们感觉到有些不对劲了。也许他们问了德国人，并且注意到喷头里没有水流下来。我曾经听到一个人因为没有水而向站在那里的德国人抱怨。德国人假装不知道，回答说“真的吗？没水？我会安排修理。请等一下！”几分钟后，其他德国人来了，锁住了门，一切就结束了。

这个过程一直都是这样进行的吗？

妇女和孩子一直都是先进去，接着是男人。有时候要排成长队，因为有时候一下子运来了几千个犹太人，塞满了整个焚尸场。

所有人都塞进毒气室之后，发生了什么事？

党卫队的带着毒剂罐来到了这里。他们打开屋顶上的窗户，把毒剂倒进去。毒剂看起来像蓝绿色的沙砾。每次都是由德国人来倒毒剂，而不是“特别工作队”的人，从不例外。

我记得有一次，“特别工作队”的人被叫去打开窗户，窗户上盖着厚重的水泥板。开口处有导管伸进毒气室，借着这个机会，我近距离看到了毒剂罐。倒毒剂的德国人带着防毒面罩，只有盖子关上了才会摘下面罩。

投放毒剂之后，你听到过毒气室里发出声响吗？

当然听到过。我们听到大声的惊叫。毒气室里的每个人都在嘶喊，因为他们已经完全绝望了。当时他们意识到死亡在逼近，所以呼喊求助。至今我还能听到那种惊叫声，它将萦绕我的余生。我永远也摆脱不了。

你听到人们在窒息时发出的惊叫时，你有什么感受？

那种感觉很可怕，但却很真实：那时候我们已经变成了机器人，对于工作中体验到的强烈情感，完全不敢正视。真的，这些情感是我们工作的一部分，一般人都无法忍受。我们努力抑制这些情感，把自己当做“正常人”，才可以把发生的一切当做不得不做的“工作”，是德国人命令我们做的。我们就是这样熬过来的。我们不去想工作中骇人的一面，不让任何情感侵扰我们。我们没有任何情感，因为在任何情感迸发之前，我们早就扼杀了它们。

人们在毒气室里窒息时，你们在隔壁的脱衣室做什么事？

我们要做好多事情。我们整理好人们留下的衣物以及从家里带来的包裹，把所有东西放到一处，这样它们就可以一起被运走。

但是，人们不是被迫把财物留在奥斯维辛火车站站台上的吗？

没错。是的，那些东西被“加拿大”工作队的人取走了。但是人们在去毒气室的路上也带了一些东西。“加拿大”工作队的人整理财物，一一分类——鞋子、眼镜、行李箱，等等。他们把所有东西送到比克瑙一个叫做“加拿大营”的地方。所有衣服要在那里消毒，其他的东西也要再次分类，最后那些有用的东西就会被送到德国。

人们也带了食物吗？

带了，当然有食物。这对我们来说很重要。他们带了各种食物，我们可以拿来吃。我还记得在匈牙利犹太人带来的东西中发现了鹅油，还有其他东西。每一批人都会带来一些食物，我们可以吃。还不仅仅有食物，我记得匈牙利犹太人把《托拉》经卷也带到了脱衣室。

人们在毒气室里的时候，发生了什么事？

德国人等了 15 分钟，查看里面的情况，确保每个人都死了。他们一旦确定里面的人已经全体死亡，就会下令启动毒气室的通风系统。

人们在毒气室窒息而亡的时候，你在哪里？

我一般都在脱衣室。

你也要搬运毒气室的尸体吗？

不要。这是专门负责搬运尸体的小组来做的，他们只做这个工作，不做其他事。

尸体被搬出毒气室后，要怎么处理？

有一台升降机把尸体运到一楼，毒气室顶上。

你还记得那台升降机吗？

那是一台很简单的升降机，像一块厚板似的，四周都是敞开的，他们把尸体放在升降机的金属底板上。那是一台电动升降机。尸体放在升降机地板上之后，升降机就升上去。

每次能装多少尸体？

15 到 20 具。一旦开始装尸体，我就要到一楼去。我正常工作的地方就在一楼。

你能从房子里面上到一楼吗？

不是，我从外面的楼梯上去。

你们每个班次的时间多长？

12 个小时——从早上 6 点到晚上 6 点，或是晚上 6 点到早上 6 点。

你要做什么工作？

在他们把尸体扔进焚尸炉之前，我要检查那些被害者的嘴巴，然后把他们的金牙拔下来。德国人只让一名囚犯负责这个工作，那样就不会损失金子。

你做这个工作，给你配备合适的工具吗？

有。我有两种不同的钳子，用来拔牙的，那不是一般的钳子，而是牙医专用的。

是牙医诊所用那种吗？

是的。那真是令人恐惧、恶心的工作。尸体发出令人不堪忍受的恶臭。

对于你的工作，他们是不是用了一种嘲讽的称呼？

他们把我和其他做类似工作的人称为“牙医”（牙科技师）。

是谁这样叫你的？

营头，好像是他。

这是个非常讽刺的名字，不是吗？

是的，当然。德国人也会称我“希腊牙医”。

你的工作地点在哪？

在一楼，大概离焚尸炉三米。

你的工作结束之后，还要做什么？

还需要号令一声，把尸体扔进焚尸炉。我必须发个号令，让人把尸体扔进去。号令是“推进去！”每一个举动都有独特的说法。把尸体推进焚尸炉的人技术很娴熟。他们把尸体抬起来，放在小担架上，然后从焚尸炉的门把尸体推进去。

你也会发“放进去”的号令吗？

嗯。有时候由我来发号令，有时候是德国人发。每隔半个小时发号一次。

为什么是每隔半个小时？

因为焚烧一炉尸体需要这么长的时间。在那段时间，会有更多的尸体会运到一楼来，所以我要继续拔他们的金牙。

所以你只有半个小时拔牙。

不，更少，只有十分钟。

你说的是多少尸体？

让我想想。我要算算……十分钟 60 到 70 具尸体。

如此快速地从尸体的嘴里拔掉牙齿，你怎么做到的？

这完全是可能做到的。你撬开尸体的嘴巴，看看里面有没有金牙，然后接着下一具尸体，以此类推。有时候很快。

请给我详细讲讲你是怎么干活的。

尸体平放在地上。首先我要弄开他们的嘴巴。我必须要用很大力气。嘴巴闭得很紧，所以我必须用一把钳子才能撬开。每次发现一颗金牙，我就用另一把钳子拔下来。我用的是牙医专用的钳子。我一见到金牙，立马就用钳子把它拔下来。我们有时候也会把假牙拽出来。

第一次做这个工作时，你肯定觉得自己忍受不了这种事。

不管能否忍受，我都不得不做。这种工作非常令人厌恶，但是我还是做了。你会意识到根本逃避不了。我在比克瑙时，有时候两批人运来，中间有点空闲时间。那时候我们就得打扫焚尸炉。有一次打扫时，德国人发现骨灰中有两颗金牙。你知道他们怎么对待我？他们用镶嵌着金属的皮带抽我的屁股，整整打了十下。他们指责我怠工，警告我最好不要再犯。

你拔掉牙齿之后，其他囚犯要多长时间才能把尸体运到焚尸炉？

每次我处理完一排尸体，德国人就下令“推进去”。这是把尸体放进焚尸炉的号令。

谁训练你来做这个工作的？

我在工作中积累了经验。相信我，一开始，我很紧张。我觉得自己没法把这个工作做好，如果我犯错，德国人肯定饶不了我。换句话说，我知道只要我忽略了一颗金牙，他们就会杀掉我。结果，慢慢地我对这项工作得心应手，我甚至可以说出哪一排哪一具尸体有金牙、齿桥等等。久而久之，我变成了专家。

你收集了一定数量的金牙之后，要做什么事？

我把它们收到靴子旁边挂的小袋子里。然后我们叫施瓦兹（Schwartz）过来。施瓦兹的绰号是“财政部长”，因为他的工作是熔化金牙，铸成2厘米宽、5到6厘米长的金条，然后上交给德国人。

施瓦兹是谁？一个德国人？

不是，他是“特别工作队”中的一名囚犯。他不用做很多体力活，只要把金子弄干净，把金子和剩余的有机质分离开来，只留下纯金。然后浇铸成金条，上交给德国人。当我看到一颗特别大的金牙时，我会自己留着。毕竟，我自己也需要生存，不是吗？

你拿这些金子有什么用？

我一般会拿去给一个党卫队的人，他每天晚上会来找我。他问我需要什么，然后第二天带给我。我经常问他要一些烈酒或特别的食物。他拿走金子，第二天早上带回一个袋子，里面装着我要的东西，并且说：“请你拿着，先生。”

他叫你“先生”？

是的，或者也叫我“希腊人”。

他没有用你的囚犯号码称呼你吗？

完全没有。

这个德国人每天都来吗？

每天。

一直都是同一个德国人吗？

是的，一直都是同一个德国人。

你们是如何交易的，标准是什么？

这取决于我发现的金子尺寸有多大。有时候很小，有时候大一些。无论怎样，他总是满足我的要求。大多数时候，他给我带的都是鸡肉、烈酒、饼干还有其他好吃的。

我发现“特别工作队”和德国人进行了各类交易，很是活跃，这是从什么时候开始的?

从一开始就有了。那时一个党卫队的人来找我，问我是否有什么东西可以给他。我给了他一些金子。我还能做什么?

你害怕他吗?

不怕。他还能怎么收拾我呢?无论如何，我已注定难逃一死，不是今天就是明天。那里的情况就是这样。德国人拿了金子之后，问我：“你有什么想吃的吗?或想喝点酒?”

你知道我们在奥斯维辛共收集了多少金子吗?根据我的计算，我们为德国人熔铸了数吨黄金，都是从被杀害的犹太人那里得来的。

“特别工作队”的囚犯和德国人之间，在什么可以做、什么不可以做这方面，有没有什么共识?

有。我给你举个例子：当德国人想要某些东西，就让我们去偷。我们要很小心行事。“小心，不要被抓到!如果他们逮着你，你就会被枪毙。”我们称这种事为“组织”。当德国人想要我从受害者的财物中帮他们偷点东西时，他就会说，“帮我组织一下。”

你是怎么做到日复一日地和尸体打交道的?你是怎么熬过来的?

到第二天我已经像一个机器人一样毫无感情地干活。有时候我要帮忙把尸体装进焚尸炉，打开焚尸场里的炉门。

那要怎么做?

我用帽子裹着手打开焚尸炉的门，炉门非常烫。

你只是在空闲时间帮忙装尸体，还是经常要做?

只有当我有空闲时间的时候才做。他们会叫我把焚尸炉的门打开。如果我没时间帮忙，抬担架的一个人就会去打开炉门。但是有时候尸体太重了，没有我的帮忙他们打不开门。我只是打开门；其他的事，也就是把尸体装进焚尸炉，是他们的工作。

焚尸炉里放多少尸体?

三具到五具，取决于尸体的状况。如果尸体不胖，我们会设法在炉里填四五具尸体。我们按照三具男尸和两具女尸的组合来装填，因为妇女一般更胖些。每过半个小时，新的尸体又会重新填进五座焚尸炉。每座焚尸炉有三个门，尸体就是从炉门塞进去的。有一组队员专门负责把尸体填进去。

那组队员都很强壮。他们用的担架跟医院里那种抬病人担架很像。担架都是金属做的。担架前端两边各有两个把手。装填的命令下达后，尸体就会被放置在担架上。队员们抓着担架的把手，打开焚尸炉的门，里面温度极高。两个人抬着担架，举到炉门那边。第三个人从旁边用金属杆把尸体推进焚尸炉。然后他们就把炉门关上。

这个过程花很多时间吗?

不会。不幸的是，这不需要多少时间。我们真的变得很专业。这些只需要五分钟。每半个小时，我们就要往焚尸炉里装新的尸体。整个过程是自动的。每个焚尸场都有几座焚尸炉，所以每半个小时要烧掉大概 50 到 75 具尸体。焚尸是 24 小时都在进行的。

你说装运尸体的人都很强壮。有谁在奥斯维辛那种环境下还能保持强壮?

我们跟奥斯维辛的其他囚犯不一样，不会营养不良。我们属于“特别工作队”，有很多食物。我们在人们带进奥斯维辛的物品中找到了各种食物。有时候我们找到了真正的美食：有萨拉米香肠，有培根，甚至有鱼子酱。我们只需要拿过来，就可以大口吃了。

也就是说，你没有营养不良的问题?

只要一直有人运进来，“特别工作队”的人就不存在营养不良的问题。

你每天工作几个小时？

十二个小时，没有间歇。下班之后，我们要去洗澡，因为身上无比肮脏。我们会拿到一块肥皂，也可以去换一身衣服。夏天，我们去那栋楼的院子，坐在草坪上。冬天，我们就住到阁楼上的房间里去。

下班之后，你们可以做自己想做的事吗？

可以，我们可以做自己想做的事，当然，只要我们不离开焚尸场就行。

晚上六点之后，你做什么事？

我们一直在聊天。我记得一个叫施特劳斯沃格尔（Straussvogel）的人。休息时间，我们坐在院子中，他说要让我解放之后去巴黎去找他的妻子——如果我运气好活下来的话。解放之后，我在去美国的路上不得不暂时在法国停留。那时候船不够，去美国也不容易。我设法找到了他的女儿。在她的公寓里，我看到了她父亲的画像。她问我跟他父亲在奥斯维辛是否是朋友。“是的，”我回答道。她带我逛了巴黎，要我留下来。但是我已经结婚了，不能在那里逗留太久。

你们的宿舍区在哪？

在楼上，二楼。我们在那里倒是有床。

冬天房间里有供暖吗？

没有必要。楼下焚尸炉的热气让整栋楼都很暖和。

你们也跟其他囚犯一样睡在铺位上吗？

不是，我们睡的是真正的床。

你们要点名吗?

当然要。每天早上出去工作之前，我们都要点名。给我们的命令是："到这里集合!"

你每天都看到犹太人走进毒气室，再也出不来了。你是怎么忍受这样的工作的?

如果你遇到我那样的处境，你会怎么做?要知道，我根本没有选择。我不能擅自行事。那时候我们没有感情。我们已经完全被抽干了。我们封锁了自己的内心；我们被非人化了。我们像机器人一样工作着。我们被剥夺了人类的情感。我们真的就像动物，不再是人。这很恐怖，但是事实就是这样——一场悲剧。

面对这么多的死人，再冷静的人都会发疯的。你是怎么保持清醒的?

这个嘛，就像我之前跟你说的那样，在奥斯维辛，我们没有人变疯，因为我们已经不再是人了。我们变成了"机器人"。

你想过自杀吗?

没有，我知道自杀拯救不了灵魂。我曾经跟一个一起工作的党卫队员聊天。他比其他人年长。他说："不用担心。你们会逃离这里，继续长久地生活下去"。我问他："还有很多剩余的犹太人需要我们焚烧吗?"他笑着说："记住我的话，你还有很长的人生。有传言说苏联人已经逼近奥斯维辛了。"

你跟营中的非犹太人有过接触吗?

我们跟一些在营中工作的非犹太裔波兰人打交道。有时候他们会帮助我们。在计划起义的时候，我们认为他们会帮我们，也希望他们能帮忙。

起义是谁的主意?

如果我没弄错的话，这是苏联战俘的发起的，他们在一号（二号）焚尸场的“特别工作队”工作。这场起义是在1944年初开始策划的。那些苏联人曾经在军队里待过，他们的经验在起义中可能会发挥作用。

你们是怎么准备起义的?

我们在筹备起义时，给每个加入起义的人都分配了具体的任务。我们都知道自己要做什么。领导任务的不仅是“特别工作队”的囚犯，还有比克瑙的其他囚犯，比如“加拿大”工作队的队员。那些在蒸汽车间工作的人要负责在德国人赶过来时放火、引燃爆炸物。“特别工作队”则负责杀死尽可能多的党卫队员。每个队的囚犯都完全知道自己要做什么，并做好了准备。我记得原定的起义日期是1944年8月15日。[12]

在原定起义日期的前几天，一些奥斯维辛主营的非犹太起义者说，“你们最好推迟。苏联人已经快到门口了。”所以我们决定推迟起义计划。那时候除了男营的5万名囚犯，女营也有5万人。[13] 当我们听说苏联人要来了，起义的筹划者——也就是“特别工作队”的囚犯——决定再等一等。也就是说，起义推迟主要是因为起义中非犹太领导者的影响。[14] 卡明斯基是起义的领导者之一，他宣布：我们没有选择，只能延迟行动。一段时间之后，德国人开始怀疑卡明斯基参与反抗组织。他被带到“加拿大”营区，经受各种折磨。他没有说出任何事，也没有供出任何同志。[15]

所以德国人知道抵抗运动正在开展?

显然是知道的。可能他们获得了某些消息。

你也参与筹划起义了吗?

当然。我们每个人都有任务。

你有武器吗？

没有，除了一些从集中营里带出的手榴弹。我的任务是：在一号（二号）焚尸场的人发出信号后，在我工作的焚尸场放火。由于我们没有可以点火的材料，所以我决定收到信号后就点燃被子。根据计划，这就是我的任务。

起义按照计划开始了吗？

不幸的是，并没有开始．首先是因为那些奥斯维辛的非犹太反抗者不跟我们配合。他们找借口说：“看，苏联人马上就要来了！现在去德国人那送死多傻，解放就在眼前。”他们就是不想跟我们配合。最后，我们失去了耐心，因为根本看不出他们要接应我们。因此，我们决定准备在下一个合适的时机再发动起义，不再期盼有奥斯维辛营里的人提供援助。

1944 年 10 月 7 日，他们通知说德国人打算把三号（四号）焚尸场的“特别工作队”迁走。我们知道那意味着什么：他们打算杀害这些人。我们认为行动的时候到了。我们跟地下组织的各个队都取得了联系。[16]

快到十点半，苏联“特别工作队”的囚犯向所有反抗队伍发出号令：今天我们要发动起义。两点前，德国人就要清除掉三号（四号）焚尸场的一批“特别工作队”囚犯。所以他们先来了，命令人们报到点名。我们很清楚这次点名的结果是什么。

“特别工作队”的希腊人听到点名的命令，就发出了起义的信号。信号发出后，“特别工作队”起义就爆发了。我们当中有几个人攻击了德国人，抢了他们的武器，然后开始逃跑。另一队人切断了焚尸场周边的电栅栏。还有人点火烧了二楼宿舍区的被子，一些人逃到附近的焚尸楼。德国人呼叫了援军，用自动武器朝各个方向射击。

警报声[17]在营中响起，德国援军从四面涌入，整个焚尸场火光四起。我要专门提一下三号（四号）焚尸场的其中一个反抗者，名叫马塞尔·纳德贾里（Marcel Nadjari），他是一个好人。这时候，一号（二号）焚尸场的人看见从三号（四号）焚尸场冒出的火焰，开始逃跑。他们意识到起义已经进入高潮。那时候，他们终于可以将他们那个残酷的队长扔进火中。[18]不幸的是，他们最终在附近的森林里[19]被抓住了，而且在那里被就地处决了。我们一号（二号）焚尸场的人在起义中什么也没做[20]，因为我们没有接到任何指示。我们在等待有人给我们发指令，但是由于那天的情况所限，我们没有联系上其他的反抗者。

起义平息之后，德国人集合了所有活着的“特别工作队”囚犯。他们对我们说，由于我们没有参加起义，所以不会惩罚我们。因此二号（三号）焚尸场的人活了下来，包括我在内。同时，德国人把二号（三号）焚尸场伙伴们的尸体带了回来，他们因为逃跑而被枪杀。德国人命令我们焚化他们的尸体。

起义结束后，你在“特别工作队”还继续工作了多久？

我在“特别工作队”一直工作到1945年1月。但是在1944年10月末，他们接到命令，停止了毒气室的灭绝行动。[21]

你是怎么逃离奥斯维辛的？

德国人想在他们离开前把比克瑙夷为平地。他们想毁灭所有痕迹，掩盖在那里犯下的罪行。因此，他们找来了爆破专家，在犯罪地点安了炸药，焚尸场和毒气室都安了。所有的囚犯都被派去焚尸楼周边挖坑，用来填埋炸药。爆炸之后，我们还要负责从炸塌的墙和烟囱上捡出砖块，堆放整齐。之后，我们就回到十三号营区。

1945 年 1 月 16 日，有传言说苏联的军队已经到了奥斯维辛的门口。我记得德国人命令我们到一处单独的营地集合。我们意识到德国人想在关闭集中营、离开这里之前，找个机会除掉我们。我们决定立刻展开自救行动。我们的计划是混进其他要离开比克瑙的囚犯。他们命令所有囚犯转移到奥斯维辛去。每个人都尽可能多带点食物。就是这样，在德国人的命令下我们开始行军。

德国人离开奥斯维辛后，带这些囚犯去了哪儿？

去了毛特豪森。

解放之后，你回到你出生的国家了吗？

嗯，我回到了萨洛尼卡，在那里待了一段时间。

解放之后，你还受到奥斯维辛那段记忆的折磨吗？

有，我花了好长时间才恢复过来。我离开奥斯维辛之后的头 6 个月什么也做不了。我晚上不敢闭上眼睛；每天晚上我都做噩梦。半夜听到犹太人在毒气室窒息前的惨叫、呻吟和祷告，我经常在惊叫中醒来。我还在睡梦中听到升降机运送尸体到焚尸炉的声音。

我想告诉你一件奇怪的事：解放后的最初时期，每次有人看着我，或者跟我说话的时候，我总是不由自主地看着说话的人，观察他的嘴巴。我想看看他是否有金牙。你相信吗？我已经变成了一台“自动机器”。如果哪个人有假牙，我远远就能分辨出来。

这种情况持续了多久？

至少一年。奥斯维辛是我人生的悲剧！要从奥斯维辛的经历中解脱出来，对我来说太不容易了。一开始，我无法开始新生活。重新开始生活，“脱离”奥斯维辛，是一个漫长的过程。

你有没有把你在奥斯维辛所做的工作告诉你的家人？

我只跟我的妻子和岳母说了这些事。我无法跟家里的其他人说。

列昂，你现在还会受比克瑙那段记忆的困扰吗？

当然。那段记忆总是会浮现，对此我无可奈何。我无法克服它们。它们一次又一次出现，我无法让它们停止。这些记忆，还有囚禁在那里的几个月时光，摧残了我的健康。我现在的身体状况真的很差。说起来很伤心，没有人关心我的状况，也没有人做任何事来帮助我获得作为大屠杀幸存者应有的权利。

当你看到德国人不停地在比克瑙杀害犹太人，你相信会还有犹太人在这次灭绝中幸存吗？

我希望有一些犹太人能在世界的某个角落活下来。我相信战争终将在某一时刻停止。我曾经有机会跟运进来的一个男子聊了几句。我问他，“你相信德国人最终会弥补他们的罪过吗？”他回答，“这是个多无知的问题。我来告诉你吧，你千万别忘记！这种情况就像一间杂货店店主给顾客赊了账。他把账记在账簿上。说不定哪天账簿上就洒上了墨水，没人能辨认上面写了什么。那些债务就会永远被清除了。德国人的罪行也是如此。他们会通过各种方式掩盖他们的罪行。几年之后，人们对于奥斯维辛就知之甚少了。渐渐地，奥斯维辛就会从公众的意识中消失。世界也不会太关注犹太人的命运。这场灾难就会逐渐淡去，德国人的罪行也会被忘记，整件事就这样化为乌有。”

那是个多聪明的犹太人啊！他在二号（三号）焚尸场被齐克隆B 毒害前的几分钟说了这番话。

第七章 尾注

1 巴隆赫希隔都，参见第六章第 2 条。

2 拉里萨坐落在一个开阔的山谷，是塞萨利省的首府，也是该省最大最发达的城市。它是特里卡拉和沃洛斯犹太社区的中心。第一批到塞萨利（Thessaly）定居的犹太人似乎是在 5 世纪到达的。有 250 名拉里萨犹太人被送到比克瑙，只有 6 人幸存。遇害者之一是阿尔贝托·埃雷拉（Alberto Errera），前希腊海军军官。战争期间他加入了游击队，但是被抓住了。列昂·科恩证实说，是埃雷拉提议要独自或组队设法从比克瑙逃跑。1944 年夏天，他带领一队自愿出来的人把焚尸场里的骨灰运到维斯瓦河，撒入河中。有一天，埃雷拉袭击了一名党卫队员，跳进河中逃跑，但是被抓住枪杀了。

3 这里指的是伊莱休（Eliahu，或者伊莱亚斯 Elias，以利亚 Elijah）·巴兹莱（Barzilai）拉比，他是当时雅典的大拉比。当时，迪特尔·威斯里舍尼（Dieter Wisliceny, 党卫队的上尉，也是强制驱逐希腊犹太人行动的组织者）命令他写一张雅典犹太人的名单，包括地址和职业；一张 1940 年初至 1943 年 9 月期间从萨洛尼卡逃往雅典的希腊犹太人名单；一张从萨洛尼卡逃难至雅典的意大利犹太人名单，还命令他上交一份参与从中欧偷运犹太难民至巴勒斯坦的人员名单。1943 年 9 月 21 日，巴兹莱拉比勇敢地拒绝德国人的反复要求，并且立刻在犹太会堂召开雅典犹太人集会。他向威斯里舍尼报告说，自己没有能力服从他的命令，因为缺少社区的档案，也没有人手能帮他做人口调查。他跟希腊反抗组织的代表达成了协议，让他们承诺保护犹太人，使其不受盖世太保的迫害。拉比跟他的家人一直躲在乡下，直到解放。

4 参见第二章第 3 条。

5 约瑟夫·尼哈马，萨洛尼卡一个著名的银行家。他拥有一座宝贵的图书馆，里面珍藏着哈斯卡拉运动（Haskala，犹太启蒙运动）中自犹太启蒙思想家门德尔松以来的现代希伯来书籍。1941 年 4 月至 5 月期间，德国人查抄了这座图书馆。

6 约瑟夫·门格勒 1943 年 5 月到达奥斯维辛，所以正如科恩所说，他完全有可能负责列昂·科恩这趟车的筛选。每次提及到门格勒，都要格外小心，因为很多幸存者多次说遇见他，但那些时候他都不在奥斯维辛。奥斯维辛的其他党卫队医生也会执行筛选的工作，比如：克莱恩（Klein）、蒂洛（Thilo）、克尼格（König）、恩特里斯（Entress）、罗德（Rohde）、基特（Kitt）和赫尔墨森（Helmersen）。

7 此人也许是“加拿大”工作队的一员。

8 十三区在比克瑙集中营 BIId 营。

9 这里指的是“二号地堡”，除了焚尸场之外，“地堡”有时候也部分地运作。

10 关于奥斯维辛-比克瑙焚尸场的编号，参见第一章，第35条。

11 由于运人来的趟数越来越快，脱衣室里无比拥挤，很多受害者不得不在外面等待。在这样的情况下，德国人变得越来越暴怒，有时人们刚一进来，德国人就对他们施暴。

12 关于起义日期的选择及其延后，参见 Ber Mark (ed.), *The Scrolls of Auschwitz*, Tel Aviv, 1985, pp.225–229. 具体内容，以及关于“特别工作队”成员的“秘密写作”的其他相关出版物，请参见第一章第108条。

13 确切的人数要少一些。1945年1月18日，54651名囚犯从奥斯维辛撤走。

14 文献参见 Ber Mark (ed.), *The Scrolls of Auschwitz*, Tel Aviv, 1985，p.228。

15 关于卡明斯基之死，参见 *The Scrolls of Auschwitz*, p.229。以及 Ota Kraus and Erich Kulla, *The Death Factory: Document on Auschwitz*, Oxford, 1966, pp.256–258。

16 关于尝试与反抗组织联系，参见 *The Scrolls of Auschwitz*, pp.113–138。其中讨论了集中营的大起义计划及其失败，以及 Israel Gutman Anasbim *va–efer—Sefer Auschwitz–Birkenau*（*People and ash—Auschwitz–Birkenau book*）, Merhavia, 1957, pp.121–133。

17 每次有人企图逃跑，警报就会响起。参见 Rudolf Vrba and Alan Bestic, *I Escaped from Auschwitz*, London, 1964, pp.209–210。

18 这里指的是队长卡罗尔，一个境外德意志裔人（第三帝国境外的德意志人）。卡罗尔仰仗自己的权力，对“特别工作队”的囚犯残酷无比。起义期间，“特别工作队”抓住难得的机会解决了他。

19 根据幸存者们的证词（尤其是波兰消防员们的证词），那些逃跑的人在拉伊斯科的谷仓里被抓获。拉伊斯科是奥斯维辛的一座附属营，他们在那里被杀害。

20 二号（三号）和四号（五号）焚尸场的囚犯并没有积极参与到起义中去。因为起义发动时，他们没法跟其他两个焚尸场的同伴联系上。

21 焚尸场基本都是在1944年11月2日停止毒杀行动的。参见第二章第37条。

第八章

雅科夫·西尔贝格：“焚尸场中，度日如年”

即使是在比克瑙焚尸场这样的人间地狱里，德国人也没能摧毁犹太人的心灵，甚至连一丝伤痕也没留下。如果说这一点需要证明的话，你在雅科夫（扬科）·西尔贝格的脸上便能找到证据——尤其是他那朴实的微笑，纯净得如同赤子。如今，他膝下有两个子女，已经是四个孩子的祖父了。但他仍然还像是波兰扎克罗奇姆（Zakroczym）的那个少年一样，天真纯稚。不过，雅科夫在“特别工作队”的经历还是改变了他内心某些东西：他不再信仰上帝了。而在那之前，他曾是一名正统派犹太教学校的学生，他的家庭是犹太祭司的后代，“祭司”的希伯来词语是“科安尼姆”（kohanim），“科恩”(Cohen) 这个常见的犹太姓氏就来自于此。他已经放弃了信仰，不再像在父母的家中那样遵循极端正统派的生活方式。

离开信仰的世界，是他在用自己的方式控诉造物主——不过他强调自己“并没有离开宗教”。这只是雅科夫经历的众多危机中的一场罢了。他是一个大家族的后代，整个家里只有零星几个人在这场大屠杀里活了下来。自从他在奥斯维辛重获自由，他就一直不懈地想要将自己从大屠杀的梦魇中解脱出来，克服它们带来的痛苦和折磨，他在以色列安顿下来之后更是如此。

从雅科夫进入“特别工作队”的第一天起，他就经历着精神和信仰上的双重折磨，也一直在试图做着不可能的事：“抛弃”他所在的工作队的队员。他先是请教了雷布·朗非，一位从马库夫来的犹太教法官。朗非是雅科夫在“特别工作队”的同事，他查阅了犹太文献中的各种语录，希望能平息雅科夫心中的不安和焦虑——毕竟作为一个虔诚的犹太教徒，他的整个世界已经在眼前分崩离析了。

雅科夫那时还很年轻，因为道德上的困境而备受煎熬。所以，他开始尽可能逃避自己在“特别工作队”负责的活计。

站在洛娃（Lowa）和雅科夫·西尔贝格位于霍隆的朴素的公寓里，你能清晰地感受到大屠杀沉重的余痛。这对夫妻一直在用各自不同的方式，努力摆脱着那个名叫“奥斯维辛”的噩梦。

洛娃出生于波兰的罗兹，那时也被关进了奥斯维辛。直到今天，在隔都和集中营里遭受的那些煎熬还在折磨着她。夫妻俩一直尽力不让他们的孩子受到这些痛苦记忆的影响，而且他们也做到了。他们有两个孩子，一个叫伊扎克（伊戈），另一个叫鲁哈莱（Ruhaleh）。孩子是夫妻俩的支柱，也是他们当之无愧的骄傲。他们一家人生活得很快乐——纳粹德国并没有把他们的生活变成只有恐惧和绝望的地狱。

尽管经历了这么多苦难，雅科夫还是挺了过来，而且他现在正试着保存体力，养精蓄锐。即便是重获自由之后，幸运女神也没有关照过他；他已经经历了数不清的病痛和疾苦——他自己、妻子还有两个孩子都遭遇过这些。但他依然很硬朗，而且还是那么乐观开朗、心地善良。“我不可能去仇恨一个人。”他在我的耳边轻声说道，尽管我们当时正谈论着一个让他痛苦不已的故事：他在“特别工作队”的一位同伴，没能达到他一直以来全力守护的道德期待。当我劝他谴责那个人在比克瑙焚尸场的所作所为时，雅科夫不假思索地推脱说：“我没有权力去评判他。”

我和他见了很多次面。其间，雅科夫一直反复念叨着一句让我难以忘怀的话，这句话足以表达大屠杀的创伤给他带来的压抑和沮丧：“即便这个世界上所有的树都变成了笔，所有的海洋都变成墨水，人们也不可能写尽大屠杀期间发生的一切。”谁能比他更清楚这一切呢？

不过，即使经历了这么多事情，他依然没有诉苦，没有抱怨，没有索赔，也没有表达过一丝怨恨之情。他现在已经能够平静地对待自己、家人以及身边的其他人，而这种内在的从容是显而易见的。雅科夫出生于 1918 年，如今已逾耄耋之年，他自认为是一个“简单的犹太人”；离开比克瑙时的他和刚刚进去时一样，自始至终都是一个圣徒。

关于你的童年和少年时代，你还记得些什么？

1918 年 1 月 17 日，我出生于一个叫扎克罗奇姆[1]的小城，那儿离华沙不远。我们一家都是虔诚的哈瑞迪犹太人（极端正统派犹太教徒），也是祭司家族的血脉。我祖父是哈西迪派犹太教徒，不时出入于大拉比的朝堂，会见大拉比本人。他是做粮食生意的。我的外祖父开着一家面包店。我父亲则是犹太教学校的学生，当时全部精力都放在学习上。他每天早上去犹太会堂，然后在那里埋头学习，一直学到深夜。就这样过了几年后，我的外祖父年纪也大了，于是他把我父亲叫到跟前，劝他去学一门手艺，好负担家计。他建议我父亲照着他的样子做个面包师。

除了你之外，家里还有几个孩子？

我是老大，我有个弟弟叫以西结（Yechezkel），那时大概 15 岁，还有两个妹妹，一个叫察雅 – 乔克（Chaya–Chayke），17 岁左右，另一个叫拜拉 – 贝雅（Bayla–Bella），大概 10 岁。[2] 察雅在奥斯维辛集中营幸存下来，几年前去世了。拜拉 – 贝雅死在了奥斯维辛，和她一同被杀死的还有我的母亲、祖母和弟弟。

我在一所犹太学堂（男童宗教学校）上学，每天都要去会堂。我那时很虔诚的，用今天的话来说，就是个哈瑞迪。在家时，我们会遵循戒律，奉行所有的仪式，还会庆祝节日。

你们在家用什么语言？

主要是意第绪语，偶尔也用希伯来语。

你们家的生活条件怎么样？还记得吗？

我们住在一间房里。

一大家人住在一个房间里？

是啊，后来连祖母也搬进来了。那儿没有自来水，我们要用水泵和辘轳从一口井里打水出来；等到桶装满之后，再拎回家去。一家人和邻居们共用一个厕所。

你家里能接受犹太复国主义的观点吗？

我父亲的确很想“回归”（aliya，即回到以色列地）……他在米兹腊西（Mizrachi，一个宗教性的犹太复国主义组织）运动中很活跃，而且经常给犹太民族基金（Jewish National Fund）捐钱。我们社区有一些犹太复国主义运动重要的活跃分子。

那你对这个怎么看？

我很感兴趣。一次，我和一个朋友专门去了趟华沙，去听泽夫·雅勃廷斯基（Zeev Jabotinsky）的演讲。我还去过一次米兹腊西的"基布兹"（集体农场），因为那时我听说他们马上就能拿到委任统治政府下发的"证书"（即前往巴勒斯坦的移民签证）了。但是最终，我还是没拿到。

你所在的小城有哪些公共机构？

城里有一个犹太浸池（mikve，犹太人的教仪性净身池），一座图书馆，一座礼堂，还有形形色色的青年运动组织，比如犹太复国主义青年运动（Ha–Shomer ha–Tsa'ir）、犹太人劳工总联盟（Bund）和贝塔尔（Betar）。

有哪些宗教机构？

我们有一座犹太会堂，会堂里面有一所犹太学堂，一所塔木德律法学校（Talmud Torah），一个经书书房（beit midrash，宗教学习场所），还有几个哈西迪教派的小会堂。我清楚地记得，我们的拉比名叫斯雷布雷尼克（Srebrenik）[3]，他是个了不起的人，精通《托拉》经卷。直到今天，我都还能回忆起他每周教导《托拉》经卷时的布道。

你周围的人看报纸吗？

我们会看《今日报》[4]（*Haynt*）和《时刻报》[5]（*Moment*）。

你还记得刚刚被占领时的事情吗？

那时，我并不在扎克罗奇姆。我从父亲那里学到了烘焙的手艺之后，就搬到了索哈契夫（Sochaczew）[6]和叔叔一起住。我叔叔在那里开了一家面包店，于是我就在那里给他帮忙，一直到战争开始。

我想干点活，挣点钱。

德国人占领了索哈契夫之后，就把我带到了德国，到了古宾（Gubin）城附近的一个地方。我在那儿的一个帐篷营地里待了半年时间。那时正好是冬天。我们没有干活；真的，我们什么都没干。德国人每天会给我们分发一点面包。营地里大部分都是犹太人。

后来，他们又把我们从那里送到了华沙隔都。我们就住在格西娅（Gesia）街上。那时大概是1941年底，或是1942年初。后来，我试图从那儿逃走，穿过德国和总督辖区（Generalgouvernement，即当时被德国军队所占领的波兰领土中，未直接与德国合并的部分）之间的边界。他们抓住了我，把我关到了格拉耶沃（Grajewo）附近的一个劳工营里，我在那里待了半年左右。

从劳工营里出来之后，我就去了普翁斯克[7]。我在那里有些亲戚，而且后来嫁给我的鲁巴·普兹索斯基（Luba Pszozowski）也住在那里。我到普翁斯克去给我的叔叔帮忙，在那里，我遇到了鲁巴。她信奉的是现代正统派"雅各之家"教派，当时大约20岁。

普翁斯克的犹太人都已经被驱逐到隔都里了。我的家人也都在那儿。父亲已经不在人世了。德国人有天来带走了他，然后他就再也没回来过。我在隔都里的一家面包店工作，那里负责为隔都里的居民供应面包。德国人会给我们面粉。我们在隔都的那段时间里，我的妻子怀孕了。

普翁斯克隔都里的情况很可怕。各种物资都短缺得厉害，而且德国人一直在残忍地虐待我们。大家私底下流传着一些故事：有一个地方叫做特雷布林卡，德国人在那里对犹太人做了怎样怎样的事情……只是隔都里的犹太人都不愿意相信这一切。[8]

多亏我在面包店里干活，所以才能在普翁斯克一直留到最后。

后来，整个隔都就被清除一空了。

我妻子在隔都里怀上孩子的时候，考虑到当时的情况，她想把孩子打掉，所以就打算和我一起去找助产士。我劝住了她。我们都盼望着这场战争能很快结束。我的舅舅奈坦（诺桑）·梅尔·别斯尼安卡［Natan(Nossan) Mejr Bierznianka］是我和我妻子的媒人，他也出面帮我劝她。

也就是说，她到奥斯维辛的时候是怀着孕的。

没错，那时还是孕期的头几个月。她的母亲和两个兄弟都和我们同一批运去，他们仨都死在了那里。

我在奥斯维辛没能见到妻子，不过我后来见过一个幸存下来的女性朋友，她之前和我妻子是在一块的。她现在就住在以色列。这个朋友跟我说了我的妻子经历的一切，还有她被德国人带走之前干活的地方。他们把我的妻子从奥斯维辛带到了另一个集中营。他们在站台上时，没看出来我妻子已经怀孕了。

在你被带到那儿之前，“奥斯维辛”这个名称对你来说有意义吗？

没有，什么意义都没有。

你事先有没有接到要被送走的通知？

有的。在我们之前，已经有几批人送走了，所以我们知道总会轮到自己的。一天，他们把我们从家里撵了出来，我们连行李都来不及收拾。大家只来得及拿走最重要的东西，然后就出发了。

去奥斯维辛的路上，有哪些人跟你在同一个车厢？

我们是从普翁斯克运出的最后几批之一，车上还有我的母亲，我的兄弟姐妹，以及我妻子和妻子的家人。那时是1942年的冬天。[9]我以为我们上的只是平常的铁道车厢。我还记得我的母亲为了在旅途中打发时间，把她的毛线活计拿了出来，然后就坐在车厢里织毛衣——愿她在天之灵能够安息。犹太委员会的主席拉梅克（Ramek）也在我们这批人里[10]。他是个好人。他不遗余力地把所有人团结到一起，直到抵达奥斯维辛。

你们是哪一天到达的?

1942 年底。

除此之外，关于你们到达奥斯维辛时的场景，你还记得些什么?

那时是晚上，大家都看不清眼前的东西。我们不知道发生了什么事，也不知道到了哪里。上面有强光照了下来。我们看到许多牵着狗的德国人，还有穿着条纹衣服的囚犯。后来，我才知道他们就是“加拿大”工作队的犹太队员。他们不怎么跟我们说话，几乎连一个字都不说。

你们有没有问他们这是到了哪儿?

我们问了，但他们就像哑巴似的。没人回答我们。后来来了一个德国人，开始进行“挑选”——这个去左边，那个去右边。

我的弟弟以西结那时 15 岁，他和我在一块。以西结一头金发，看起来一点都不像犹太人，反而像是个十足的“非犹太人”（sheigitz，外表不像犹太人的犹太人）。他想偷偷挪到我这边来，但德国人不让他过来。所以，我就一个人在这边。那是我最后一次见到他。

那时，你和的弟弟知道哪边更安全一些吗?

我们知道，因为年轻力壮的人都在我这边，而老人和小孩都在另一边。我们就猜到了这是怎么一回事。

“挑选”之后发生了什么事?

德国人把我们带去了一个营房。在那里，我们有了新的“名字”——就是胳膊上的编号。我的新名字是 84129。就这样，我开始了在奥斯维辛集中营的新生活。

你还记得他们把编号文在你身上的情景吗？

我记得。其实并没有那么痛，他们是用针文上去的。负责这项工作的是从捷克斯洛伐克或法国来的囚犯，他们已经是集中营里的老手了。接着，他们就把我们带去洗澡。我们身上带着的所有东西都被拿走了，取而代之的是集中营里的制服。凌晨三点时，德国人把我们叫出去点名[11]。天冷得很，有些人都撑不住了。第二天早上，我们领到了四分之一块面包作为“早餐”，然后就去干活了。

一开始，我被分去了一个叫做“施芬梅尔队”（Schilfenmeier）的工作队，队名来自于队长的名字[12]。我们负责挖鱼塘，而且大冬天得在水里干活。当时的条件实在是太恶劣了。我们得忙活一整天之后才能回来。每天干完活回来，每五个人里总要死一个。另外四个人把那具尸体带回来埋掉……

你是怎么摆脱那个折磨人的工作队的？

一段时间之后，我开始了解集中营里的规矩，并且意识到原来大家几乎每天都能去不同的工作队。于是我便这么做了。到了早上，我就去了另一个工作队报到。在那里，我遇到了一个犹太人，他很同情我，便同意我加入了进去。那是个施工队（Baukommando），在那儿能学到很多和建筑有关的东西。我在那儿工作了一段时间，那儿并不算太糟。

继施工队之后，我又去了衣物仓管队（Bekleidungskammer）[13]。那儿的日子很轻松。队长[14]很赏识我，让我当了厨务长（Kalifaktor），然后我就负责队长和党卫队的伙食。

在分到“特别工作队”之前，我一直都在衣物仓管队里干活。我们住在比克瑙的男囚营五区，算是囚犯里的上等人了。

我再跟你说说我在仓管队那段时间的事吧。

犹太人会时不时地从集中营里出逃。逃跑的人有些被德国人抓了回来，然后处以绞刑。绞刑一般是在周日的午饭前后进行的，而且我们都得在那儿站着，看他们是怎么被绞死的。有一个差点逃出去的犹太人叫列昂·舒默（Leon Shumer），是从克拉科夫来的，他是被抓回来的人里胆子最大的一个。列昂被绞死前，他用波兰语说道：“愿活下来的人能让德国人血债血偿。”其他波兰人也是和他一起被绞死的，不过他们什么都没说。

你是什么时候发现他们在奥斯维辛杀人的？

他们把我们带到“桑拿室”[15]之后，我曾见过两个在奥斯维辛待了较久的女囚犯，这是早些时候的事了。这两个人告诉我：“再过一会，你就会看到烟从烟囱里冒出来。片刻之间，那些之前和你一起来到这儿的人就要上天堂了，他们都会从烟囱里出来。”

你当时听明白这是什么意思了吗？

我听了她们的话后，就大概知道她们的意思了。

他们是什么时候把你调去“特别工作队”的？

是从匈牙利运的人来的时候。那时，有个波兰大营区长[16]和衣物仓管队的犹太队长吵了一架。那个大营区长想要什么东西，但是我们队长不想给他。衣物仓管队全部都是犹太人。我们有两名队长，他们俩关系也不好。这次争吵之后，他们就把衣物仓管队的人全都调去了“特别工作队”。因为仓管队里的条件一直都挺好的，所以我们比其他的囚犯更胖、更强壮，穿得也更好一些。我在仓管队期间加入了反抗组织，而且在里面很活跃。

谁带你加入的？你是怎么联系上他们的？

是这样的：有一个拉多姆（Radom）来的犹太人，名叫雷柏，编号是32000。有一次，他告诉我他需要我，让我到他的营房那边去。我便去找他，他就把事情都跟我说了。他告诉我，因为我的工作是处理人们留下的财物，况且我和同伴们偶尔会发现各种各样的珍贵物品，而他正好又需要银子。我问他要银子干什么，他说他们想成立一个地下组织，目前已经有很多同志了，只是仍需要帮手。

除了雷柏之外，还有谁跟你联络，通知你集中营里的地下活动？

地下组织的领头人是个苏军中尉，叫比拉托夫（Pilatov）。我把自己在囚犯随身物品中找到的金银物品全都拿给了他。我就是这样和他联系的。我每次参加他们的会议时，他们都会把计划告诉我。他们开始准备自制的炸弹和其他一些装备。地下组织里有很多犹太人和苏联人。我也不记得里面到底有多少犹太人了。我和里面很多人都很熟。其中的犹太人有的来自切哈努夫，有的来自拉多姆，也有一些是法国人。其中有一个人叫于勒（Jules），也在衣物仓管队工作，负责领导法国小分队。他们和集中营外的人也有联系。

我还记得，集中营外的人总是让地下组织耐心等待，要等到起来反抗、发起暴动的恰当时机。与此同时，他们也会向已经逃出集中营的人伸出援手。那时的情况就是这样的……这些是我加入“特别工作队”之前的事。

你前面说到，衣物仓管队里发生了一些事，才使得上面把你们调去了“特别工作队”？

是的。那时，从匈牙利运来了好多批人。每批的人数都很多，所以工作量也大大增加；而站台和焚尸场里的人手又不够。不过，还有另外一个原因。那个波兰大营区长对我们工作队队长动了肝火，所以就决定把我们全都调走。一天晚上，他们宣布“闭营”（Blocksperre）[17]，然后波兰大营区长就把我们带走了。因为我们比其他囚犯要强壮一些，他就把衣物仓管队的所有人都派去了“特别工作队”。

你加入“特别工作队”后发生了什么事？最开始的时候是什么样子？

我能说什么呢？“特别工作队”简直太可怕了。第一天晚上，我走进去，看到了那些尸体……还有燃着熊熊烈火的炉子……我一到那里，就看到了这样的景象：偌大、狭长的房间里，人们已经变成了一具具尸体，一层层摞着，一直到天花板那么高的地方。他们已经都不成人形了，身上变得肿胀、黑紫。幼儿、妇女、女孩……都已经不成人形了。尸体之所以会摞在这儿，是因为焚尸炉已经来不及烧了。我问自己：“我这是在哪里？……”尽管我们知道发生了什么事，但是眼前的一切，还有人死后的样子，都是我从来没有想过的……我不敢相信竟然会有这样的事情。

然后，我就跑去找什洛莫·克什鲍姆（Shlomo Kirshenbaum），他是我的朋友，当时在那里做队长。他是马库夫人，我们先前结识，之后关系就亲密起来。我们是非常好的朋友。

他看到了我，然后问道：“你在这儿干什么？”我告诉他：“听着，什洛莫，我莫名其妙地到了这里，而且我现在知道这里是干什么的了。到了明天早上，我就不在这儿了！我到时就死了……明早，我就要去铁丝网那儿……去摸电线……我死都不干这个活。”

你当时想自杀？

是的，当然。

克什鲍姆告诉我："你听着，第一晚的确会很难受，但是你必须得习惯这一切。"

然后我就说："一个人怎么能习惯这一切？再说了，我已经活不了了！"我之前也听说过，"特别工作队"的人是活不长的。

他把我带到了他的房间——毕竟他是管事的队长，然后又给了我一些烈酒，可能是威士忌或其他什么酒，我喝了一杯又一杯。"听着，"他说道，"我刚到这儿的时候，想法和你一样，然而我还是习惯了。而且我现在还在干着活。我相信你也能适应这一切，在这里干活。"

我喝完酒之后，睡了整整一夜。醒来之后，我开始从一个截然不同的角度来思考问题：我要竭尽全力活下来，然后把我经历的一切告诉世人。

你的想法为什么会出现这样的转变？

很难说。这就是人生吧。人是坚强的；生命的力量比自杀的欲望还要强大。自杀并不是什么好办法。

更何况，我想看着德国人得到应有的报应。从那一刻起，我就竭尽全力去克服困难，努力活下来，做着我的工作。我想活下来，就是这么简单。

第二天，我就和什洛莫·克什鲍姆一起干活了。他跟我说道："你就先跟我一起干吧。这样你会轻松一点，等你习惯了再说……"

你在哪个焚尸场干活？

在三号（四号）焚尸场。[18]

你开始在焚尸场里干活时，就没出什么问题吗？

我自己就是问题所在。我很迷茫，也不知道要干什么，要怎么做。就我个人来说，也有个很大的问题：我来自一个祭司家庭，而且我那时还是有信仰的！我是祭司家族的人，而根据犹太宗教律法，祭司是不能靠近坟墓的！祭司必须远离逝者，才不会被玷污。而我当时还是个虔诚的犹太人！

什洛莫·克什鲍姆告诉我，“马库夫来的法官”（犹太教法法官）[19]也在焚尸场干活，不是一号（二号）就是二号（三号），他认为我应该跟法官聊一聊。

我找到了法官，想请他出出主意。当时有一个组织叫“丧葬会”（hevra kadisha），里面的犹太人都是因为上帝的缘故才在那里干活的。但是我们来奥斯维辛又不是为了谋生，而且我对这种事情根本什么都做不了，因为我是祭司家族的人。所以，我还是很纠结。我要做的工作和我所有的毕生信仰完全是背道而驰的。

所以，你觉得有必要从一名犹太教法的权威那里寻找答案。

是的。我还问了他许多其他关于这些事情的问题。

你之前知道这位法官吗？他很出名吗？

那是当然。

他跟你说了什么？

他说：“别担心。我们来到这里是为了完成上帝的旨意。这是上帝想看到的，我们要这么做，因为这是戒律规定的。这就是造物主的意志。我们的力量是改变不了他的意志的，就像我们没办法控制他的决定一样。”他还告诉我，在他看来，我们的所作所为之所以是戒律中的规定，是因为这样一来，那些犹太人也算是举办了葬礼……

你对他的解释满意吗？

那时我肯定是很满意的。人总是愿意相信比自己更厉害、更权威、更睿智、更明辨是非的人的。

你还问了他什么问题？

我问他："那么，那些被杀死的小孩子呢？他们做错了什么？他们什么都不知道！……他们才来到这个世上，才开始呼吸！"

法官告诉我："孩子也是有罪的。小孩子，包括新生儿，都被他们母亲的乳汁给污染了。他们继承了母亲的罪。"

那位拉比法官真的这么说了吗？说那些刚开始呼吸的小孩子也被罪恶玷污了，所以注定要死，注定要被残忍杀害？

是的。他的这番话让我坚定了一个非下不可的决心：要活着，要平心静气地面对自己，要和其他幸存者交谈，告诉他们一个人要承受多少苦难才不枉一生。

当你和拉比谈完话时，就已经决定要接受他的想法了吗？

毕竟我那时还很虔诚啊！我想活下去，我只是想活下去而已。

你们是在哪儿交谈的？

就在焚尸场里。

在那之后，你有没有再跟他聊一次？

没有了。我们只聊过那一次。

为什么？

大家各有各的事要做……

我觉得，关于这件事你还有一些话想要说，是吗？

我那时觉得，继续活下去和接着干活都是必须的，但是我永远都是工作队里最晚干活的那个。最主要的事情就是不要去做第一个。

你的意思是？

我尽量避免去做那些可能造成心理创伤的工作。

你怎么避开呢？你们能选择做什么、不做什么吗？

我的朋友什洛莫帮我解决了一切问题。他是负责分配工作的。他会决定由谁干焚尸炉那边的活。他总是会选择体格比较强壮的人。那里的活是最辛苦的，而他们都觉得我是个没心眼的人。在什洛莫的分配下，我负责把尸体从毒气室或储藏尸体的房间里拖出来，然后送去火化。

你有没有让他给你派点一个人做的、轻松一些的活？或者他知不知道你……

他已经明白我是怎么想的了，也知道我能做什么事……你会很快适应那些事情。这的确令人难以置信……

所以你的工作就是把尸体从毒气室里搬出来。你还干过其他的活吗？

我也剪过一次头发，拔过一次金牙；我还曾经在尸体的手指上搜寻过戒指。

雅科夫，你能尽可能详细地描述下是怎么把尸体从毒气室里搬出来的吗？他们变成什么样了？

他们把毒气室的门打开后，我们就看到窒息而死的人们的尸体乱糟糟地堆在一起。小孩子们在最下面，最上面是成年人，体态比较胖的人在中间。每个人都想爬到上面，想要喘口气。那一幕简直太可怕了。因为窒息的缘故，人们的身体变得肿胀，泛着青黑色，互相绞缠在一起。为了把他们送到焚尸炉那边，我们得把尸体分开，但这实在太难了。

你们最后是怎么把他们分开的？

太不容易了。一开始的确很难，不过后来我就学会了怎么才能干得快一点。

你们要等多久，才能等到毒气室的门打开？

大概十五分钟。然后他们就会把窗户也打开通风。不过里面还是会有一股难闻的味道,所有我们干活时有时得戴上防毒面具。

你们怎么把尸体搬出来?

用一根带子。我们会把带子绑在尸体的腿上,然后再拉着一条腿或胳膊把他们拽出来。尸体是感觉不到这个过程的。

你们把尸体搬出来时,它们是温热的,还是冰凉的?

还有温度。他们的身上肿胀不堪,泛着蓝紫色和青黑色。我在毒气室里见到的景象简直令人毛骨悚然,实在太可怕了:尸体全部纠缠在一起,很难分开,因为他们已经成了一团。我们把尸体一具具分开。毒气室里的人——的确太恐怖了。他们已经面目全非。所有尸体叠放在一起,已经不成人形了。我们得把他们从毒气室里搬出来,然后送到储存尸体的房间去。房间里有人负责把尸体分组:女尸放在一边,男尸放在另一边,然后小孩也单独分出来。他们把女尸的头发剪了下来,摘下她们手上的戒指。“牙医”会把尸体嘴里的金牙拔出来。

有时,你们会不会看看那些死者的脸,好确认下是不是自己认识的人?

里面有些人是我们认识的,但是“新人”还是一直源源不断地往这边来。有时,一下子会有几千人送过来,用了不止一天一夜的时间才全部毒死。不过,每一批的人数一般都在两千到两千五之间。有时,尸体会在那个房间里放上一两天,然后他们就全都膨胀起来。里面恶臭难忍——就像鱼在桶里放了很久后的那种气味。尸体全都纠缠在一起;这些人都是在毒气室里窒息而死的。即便所有的海洋都盛满了墨水,所有的树木都做成了笔,也写不尽我们在集中营里每日每夜、每时每刻目睹的暴行。

把尸体搬出来是不是很费力?

是的，尸体沉得简直像铁桶一样，而且都已经僵硬了。我有段日子很辛苦。在焚尸场里干活简直度日如年。

你要怎么处理尸体?

我要把他们运到焚尸炉那里。那边的其他囚犯会接过这些尸体，然后塞进炉子里去。

你们把尸体放在哪儿?

就放在焚尸场边上的地上。尸体火化之前，头发得剪掉，眼镜得拿掉，戒指得从手指上摘下来，金牙要拔掉，整副假牙都要拽下来。我们要把贵重物品全都收集起来。

他们要头发干什么?

我们把头发扎成一捆一捆的，装到袋子里。然后，德国人会过来，把袋子装上卡车后运走。

拔下来的那些金牙呢?

那儿有两个犹太人，是这方面的专业人士，我猜他们是从捷克斯洛伐克来的。他们把这些金子熔成金条。

如果有大批的人抵达集中营，那时会怎样?

我们会把尸体扔到坑里，那些坑就在外面，一个挨着一个。接着，我们再往上面放上些树枝。有时候抵达集中营时，人已经死了一半了，剩下的人都是“穆塞尔曼”。“穆塞尔曼”就是那些走不动路、干不了活、活不得也死不了的人。把毒气用在他们身上就太浪费了，所以德国人就会把“穆塞尔曼”活活扔进火里烧死。

尸体被运到焚尸炉那边之后呢?

有两个在焚尸炉那边干活的人会把尸体抬到炉门的位置，然后另一个人再把尸体给推进去。后来，德国人又发明了一套办法：他们决定一次只能火化一具男尸、一具女尸，再加上一具小孩尸体。这样一来，焚尸的效率就高了起来，因为男人们要瘦一些，女人们丰满一些，而小孩子都胖乎乎的。德国人把小孩称为“添头”（Zulage）[20]。从那以后，他们就一直以三具尸体为一组进行火化：一具男尸、一具丰满的女尸，再加上一具童尸。一具尸体身上的热度和火焰会使另外两具也烧起来，而尸体的脂肪可以维持火焰。

你们每天要干几个小时的活？

这要看运来的人有多少了。每当从匈牙利运人来的时候，他们是没有时间把焚尸场里所有的犹太人都烧完的。所以，他们就会像之前那样用土坑来焚烧尸体。他们把树木和尸体一起扔进坑里去，这样火就能烧得更旺。尸体里的脂肪会淌到另一边的沟里。

像这样一直做着这项工作，日复一日地把尸体拽到焚尸炉那里去，你觉得自己是怎么做到的？

那位拉比曾对我说过：“我们要把一切告诉后人。”一个人能习惯这样的事情，仿佛它根本不存在一般。这样一来，我们就变成了“机器人“。我们能不带任何情绪地坐在尸体中间吃东西，就像那些尸体根本不存在一样。

你搬运了那么多尸体、干了那么多天活之后，对于手中拽着的物体是什么，是不是完全无动于衷了？

我的确变得冷漠了。人已经失去感知的能力。对于我来说，尸体已经没有任何价值了。慢慢地，我对尸体已经产生不了人的情绪了。我已经不能把它们和人体联系起来了。有时，尸体的身上全都是血污和粪便。你会习惯这样的场景，所以在休息的间隙或者感到饿的时候，人们就会在尸体上坐下，然后吃起东西来。

你是说坐在尸体旁边吃东西？

是的。

不难受吗？不会破坏食欲吗？

只要你饿，就能做到，而且德国人只让你休息几分钟。你会对这样的工作习以为常，以至于变得麻木不仁。当他们让我们休息或是我们自己感到疲惫时，大家就会拿出食物，然后坐在尸体上开吃，仿佛那是另一个世界的事。任何事情都会习惯的……人是能习惯这样的工作的。

即使是面对这样的现实？

是的。我们坐在尸体上吃东西。我们还会喝茶。你眼前全都是尸体，但是你还是喝得下去，吃得下去。

你有没有拖拽过自己亲人或熟人的尸体？

可能有过吧。之前在衣物仓管队的时候，有一次我发现了我姨妈的一件衣服。

之前，你曾说过："这样一来，我们就变成了机器人。"在你看来，"特别工作队"的所有队员都是如此吗？

并不是所有人都是如此，我们的想法也不是尽然相同的。我们中有各种各样的人。

有一些人是不是已经丧失了道德准绳了？

是的。那位法官十分睿智，所以他看得出来。

你得"习惯"那些每天都在上演的悲惨现实。有没有什么事情让你分外震惊的？

在那里，我知道了党卫队的莫尔，他很出名，是纳粹里面最丧尽天良的一个。

我还记得，有一次来了一批人，有个男孩从里面逃了出来，然后藏在了灌木丛里。其他人都已经去脱衣室了。莫尔真的是个虐待狂。还没等那个孩子说出一个字来，莫尔就已经开枪把他打死了。谁要是被他带出去，就再也回不来了。

另一件事是我亲眼看见的。德国人带了一个很胖的男人过来，然后抽干了他的血，直到他最终死去。你信吗？把他的血都抽干了！他们说需要抽点血给德国士兵用。他们还会把女人身上的肉割下来，生生地割下来。

这些是为了做"医学实验"吗？

不是，是为了做手术用。

你还记得什么事？

我们中间有一个人和我是同乡，叫以西结·米拉（Yechezkel Mila），我俩之前在扎克罗奇姆是邻居。莫尔因为一些事怀疑他，然后当场就把他给杀了。我记得很清楚。他用枪打死了以西结。

莫尔四处走动时总是随身带着一把手枪。他经常玩一个小游戏：他本人是个很厉害的狙击手，所以就总想着向所有人证明这一点。一天，他命令我在嘴里叼上一支香烟。他往后退了些，然后扣动了扳机——香烟被子弹打成了两截。这件事发生在楼外面，就在场院里。

还有两件事我也记得。焚尸场场院四周的栅栏上总是爬满了疯长的野草，有时人们会把毯子搭在上面。一次，有个五六岁的小女孩躲了进去。莫尔注意到了什么，然后就把那孩子拉了出来，一枪打死了她。当时那里有 100 到 150 个男人，他们中体格好的应该当场让那个混蛋血债血偿的！

第二件事发生在焚尸场的尸坑旁。一次，他们从集中营里带了一些人过来。其中有些还活着，这些人和尸体一起带了过来。德国人把他们从七区的"医务室"里赶了出来，把这些人活生生地扔进了火里。莫尔拿着把步枪走到了尸坑边上，看着这些人掉进火海之后，就朝他们开起枪来。

如果你没意见，我想再聊一聊稍早之前的事。你能跟我说说毒气室里的人是怎么窒息的吗？你看到了什么？还记得些什么？

他们把囚犯赶进毒气室里，直到里面挤满了人。这些人站在里面，一个挨着一个，全都挤在一起。德国人把齐克隆倒了进去，然后关上了窗户。每当这时，里面便开始骚动起来，吵闹声要过十分钟才能停下来。接着，德国人就把门打开，给里面通风。他们让我们把毒气室打扫一下，好好冲洗一番，然后再给毒气室换换气，好在下一批人到达之前驱散里面的气味。

尸体在炉子里火化时，你有没有往里面看过？

当他们把炉门打开的时候，我们就会看到里面的火焰和尸体的形状，它们在热浪中扭曲着。焚尸炉里尸体的四肢全都在热浪中晃动着，仿佛起死回生了一般。那些胳膊和腿在焚尸炉里不断变换着位置。一个死人在被火烧时是没有感觉的，但在焚尸炉里，他就像有了感觉似的。熊熊烈火和滚滚热浪改变了人的形状。他看起来并不像一块木头，他的四肢和肌腱受热之后，身体就开始动弹起来。

我还想聊一聊在这之前的事情。当囚犯们进入焚尸场的建筑时，你看到了他们。他们的举止中有没有什么迹象，表明他们知道死期已近？

一般来说，他们是不会起疑心的。可能有些人会注意到一些迹象，察觉到情况不太对。不过，一直到最后一刻，他们都不知道自己要被杀死了。德国人直到最后还在骗他们！有一个党卫队的人，诨名叫摩西·布拉克（Moishe Burak）[21]；场院里的囚犯们还没进去时，他就站在囚犯们面前，告诉他们：“快点洗！那头咖啡和蛋糕已经给你们准备好了。"

德国人在这方面颇有手段，总能让别人相信他们说的话。那是一种很特别的感觉……他们会说："现在你们要去淋浴室，去洗个澡，那头已经为你们准备好了咖啡和蛋糕。"或者，"你们最好快一点——等你们脱掉衣服洗过澡之后，他们已经备好咖啡和蛋糕等你们了。"他们会制造假象。毒气室里有排水的沟槽，看起来就像是淋浴室一样，所以人们就进去了。这些人一旦进到里面之后，党卫队就再也不会让他们出来了。进去的人中没有一个出得来的。人们在里面等着水流出来，不过却落了空。这就是一个骗局。

人们脱下衣服，一丝不挂地走进"淋浴室"，而当毒气室里挤满了人时，门就关上了。然后，一辆车身上印着红十字标志的救护车开了过来。车上载着的就是齐克隆。德国人打开罐子，把齐克隆倒进去。就是齐克隆 B，是蓝色的。

有时，我们也会把党卫队的话原封不动地说给囚犯们听："过一小会，你们就能拿到咖啡和蛋糕了。"

毒气室看起来就像是一个淋浴室。天花板上有一些管道。德国人不断把人推进去，直到里面满满当当的，挤得像沙丁鱼一样。然后，他们就把门关上了。毒气室外面的外墙上有一个很小的开口。德国人把面罩戴上之后，打开了装着毒剂颗粒的容器，然后把它们从开口倒了进去。当我们清理毒气室时，总能看到这些毒剂颗粒残留的痕迹。

囚犯们走进毒气室之后，你还能看到他们吗？

能。德国人把他们塞进毒气室里——我刚刚也说过了，里面挤得就像沙丁鱼似的。然后就把门关上了。

进去多少人？

这要看运来的人有多少。毒气室里的人站在那儿等着。红十字车开了过来，然后德国人走出来，打开窗户，再把齐克隆倒进去。

当人们意识到自己被骗了的时候，他们是什么反应？

他们开始砸门，开始尖叫。慢慢地，里面就安静下来了。等到彻底安静下来的时候，德国人就让“特别工作队”进去干活了。

往里面投毒气的时候，你们在干什么？

我们就在那等着。

你们互相之间会说话吗？

没什么好说的。

有没有犹太人识破了德国人的骗局，进而拒绝甚至反抗的？

我还记得有一次，有一群之前住在华沙、拥有美国国籍的犹太人被送了过来。这些人都是纳粹骗局的受害者。他们都穿着考究，然后一整批人都被送到了焚尸场来。其中有一个十分漂亮的舞者。她放倒了一个党卫队的人，杀死了他。我也不知道她是怎么办到的，总之她抢到了那个人的手枪，然后用枪打死了他。这件事在奥斯维辛引起了轩然大波。后来，她和其他人一起被活活绞死了。[22]

这样的事情之后还发生过吗？

没有了。

在你看来，为什么只有少数几个人在面对德国人时采取了行动？

一个赤裸的人是最无助的。他已经失去了所有的意志力……他们剥夺了他的人格。

“特别工作队”的成员们有没有规律的日常生活？

我们早上很早就起来了，那时往往天都还没亮，因为得点名。有些人还要做晨祷[23]。然后，我们吃了些东西就去干活了。我们分两班干活:白班和夜班。每当要回营房时,有一部分人会带一些东西回来,这种行为是很危险的。他们想拿这些东西去换香烟。我们的晚上都是在营房里度过的,互相之间讲一讲白天是怎么过的,做了些什么,就是一些闲谈。我们每个人都有自己的故事。

我一直都住在十三区,直到在那里的最后一刻。我并没有在焚尸场的建筑里住下来。我每天走去那里上班。

每到周末,如果我们不用干活,就会去集中营里听管弦乐团的演奏[24],他们一般都是在下午表演。还有一些苏联囚犯会在那里跳起舞来,这就是那里的情景。而与此同时,还有些人在焚尸场里干着活,焚烧着尸体……

我在"特别工作队"期间,一直有一批批的人运进来。后来,他们在奥斯维辛集中营里铺设了一条轨道,连接着奥斯维辛和比克瑙,这样就可以把人直接到焚尸场来了。[25]人们就这样直接送到焚尸场去了。在集中营拆毁之前,那段时间是高峰期。每当犹太人运进来时,"加拿大"工作队的囚犯们会在那里接收他们。他们带来的行李和东西都被转移到了一个单独的营区;在那里,"加拿大"工作队的人在衣服里翻找着金子和值钱的东西。所有的好东西都要送去给德国人,剩下的就留给这个营区里的人。就在当天,那批人会被送到焚尸场去。那样的一天过去之后,我们都要累趴下了。人们坐立不安,也没什么胃口。那些日子真的很辛苦。在焚尸场里的每一天都度日如年。

你有没有想过自己能活下来,活着离开奥斯维辛?

人活着总要心存希望,等待着奇迹的降临。我终究还是做到了。我拥有了一个模范家庭,有两个孩子,我的儿子拿到了硕士学位,女儿拿到了博士学位,我还有四个孙儿孙女。你说说,这些不值得吗？

你在“特别工作队”里挨过饿吗？

在那里是不会挨饿的。因为吃的东西很多。只要是人们身上带来的东西，我们全都能拿走。

我对这个问题很好奇：“在‘特别工作队’里干活的都是什么样的人？”现在回头看的话，你怎么看自己在“特别工作队”里的同事们？

他们并不是普通人。“特别工作队”里都不是普通人。没有眼泪的人是不能称之为人的。

你说“他们不是普通人”。这是什么意思？

我是指他们说话的样子。

他们说话的方式很特别吗？你是说语气还是风格？

他们说的语言……我也不知道他们在说什么。听起来很粗鲁。就像我们今天用一种很低俗的方式谈论性一样。那是一种截然不同的生活。

在你看来，他们之所以这样粗鲁地说话，是不是因为他们干的活计？

是的。我之前说过，一个人应该……如果他哭不出来，那他就不是人了。他已经没有感觉了……

你说“特别工作队”的人从来都不哭。你自己也没哭过？

我没有哭。直到今天，我也从没掉过眼泪。

就算是到“特别工作队”的第一天也没哭吗？

自从我走进了那个世界之后，就再也没哭过。我不知道我到底身在何处。我已经不再是个人了。我也不知道自己是谁，在做什么。

你并没有被同事们“感染”，这是为什么？你是怎么保持初心的？难道你的内心就没有发生一点改变吗？

我已经不是那个进入奥斯维辛之前的自己了。我对很多东西充满了怀念。我已经不再是过去的自己了。真的。你认识我的儿子和女儿……如果你能认识我的孙女和孙子的话……我孙子是个天才……

“特别工作队”的人是怎么被杀死的？你还记得吗？

德国人也没有放过“特别工作队”里的囚犯。他们时不时地会过来一趟，然后从“特别工作队”里挑出一组人，把他们运到奥斯维辛，然后在那里杀掉他们。一般来说，在被杀死之前，人们能在“特别工作队”里干上 6 个月，或者一两年时间；这要看他们什么时候进来的。我在“特别工作队”干活期间，只发生过一次清洗事件——300 名队员被杀死了，然后德国人在暴动期间又处决了 300 人。自那以后，可能就只有最后 100 人留下来了。那时，德国人想把奥斯维辛所有事情的痕迹都抹得一干二净，甚至包括死者的残骨。我们把那些骨头敲碎，碾成细细的粉末；接着，德国人就把这些骨灰洒到维斯瓦河里，这样便什么痕迹都没有了。

我想再聊聊你的朋友们每天的生活。“特别工作队”里有一些人会拿他们在脱衣室里找到的各种东西做交易，你对他们有印象吗？

他们在做交易，和外面的人交换东西。

外面的人指的是？

德国人，还有不在“特别工作队”干活的囚犯。犹太人会随身带一些东西过来，那些在集中营外面干活的人就把东西卖给住在那一片的波兰人。

最紧俏的商品是什么？

烈酒。

你们是想借酒消愁？

不是的。该怎么说呢，我们只是想要忘掉脑袋里的那些东西。

你是不是有时也会喝醉？

我并不需要这样做。自始至终，我都在另一个世界里。我想保持头脑清醒，这样才能知道他们在外面说着些什么。我会问那些和外面有联系的朋友们：外面怎么样了？我们有什么机会么？他们说没办法带那么多人到森林里去，因为没有足够的空间。

你说的一定是集中营里抵抗运动的成员吧。你前面说过自己在抵抗运动中很活跃，能不能就这一点说得再详细一些？

早在他们把我们调到“特别工作队”之前，我就已经加入抵抗组织了。不过在“特别工作队”期间，我还是和外面的同志保持着联络。我们是这样做的：每当我们去外面拿从食堂送来的食物时，都会收到一些“手书”——其实就是一些小纸片，上面用意第绪语写着一些情报；还有一些关于集中营内外情况的报告。负责把东西交给我们的人叫雷柏，我前面曾经说起过他。雷柏总是告诉我，我一定要活下去，总有一天要和所有人一起重获自由，而且那一天已经快到了，现在战线正在向我们靠近。雷柏是拉多姆人，他是个政治犯，在奥斯维辛的时间比任何犹太囚犯的时间都要长。他的编号是 32000。雷柏就是最早参与集中营建设的人之一，担任五区的勤务官（Stubenführer）[26] 一职。这个区的营区长 [27] 是个波兰人，叫希维克，他是个好人。后来，希维克又被任命为大营区长。总的来说，在集中营身居要职的犹太人还是有几个的。文书室（Schreibstube）[28] 里的所有成员都是犹太人。他们会见到送来的囚犯们，给他们登记信息，并负责把编号文在他们的前臂上。也有一些来自法国和捷克斯洛伐克的犹太任职囚犯。

你还记得抵抗组织成员的名字吗？

我们的领头人叫比拉托夫，我先前也说起过他。他是一名苏联战俘。别人都说他也是犹太人。不管怎么说，他一直都在尝试与犹太人联系，而且组织抵抗运动、为所有计划做准备的人都是他。我和他当然也会见面。每当我有什么问题时，我就会去找他，他总是说："我们没办法带上这么多人。"我们碰头的地方在五区，有时我们也会在衣物仓管队的营房里碰头。

那时我值夜班。我们中的15到20个人便聚到一起来，具体人数取决于任务的内容。有时，我们会给那些计划逃跑的囚犯们提供钱和衣服。集中营里有一些从外面来的波兰公民，他们在营里工作，会把外面的消息带给我们。

你能说一下"特别工作队"暴动发生的背景吗?

那时，有传闻说他们要把最后一批"特别工作队"的人杀掉，所以我们只能做好准备。筹备起义花了很长时间。策划这一行动的人是队长卡明斯基。我们从抵抗组织那里拿到了炸弹、他们自制的手榴弹，还有少量手枪——其中手榴弹藏在二号（三号）焚尸场的屋顶上。炸药则是在军火工厂工作的姑娘们偷偷带进来给我们的。发起起义的前一天晚上，莫尔注意到有些不对劲，就把卡明斯基带出去杀了。卡明斯基是暴动中第一个死于德国纳粹之手的殉难者。他身体强壮，是个正派的好人。对于"特别工作队"的人来说，他是他们的守护天使，甚至对于德国人来说也是如此——因为他们过去常常要向他请教。

卡明斯基是"特别工作队"里的厉害人物，而且他能接触到党卫队里的所有高级军官。大家都说，如果德国人连卡明斯基都能杀，那我们就不用等了。当他们把卡明斯基杀掉的时候，我们就知道自己也时日无多了。

第二天，三号（四号）焚尸场的队员把那里的建筑烧毁了，还传来了枪声……整个集中营陷入了恐慌之中……等到一切都结束的时候，还活着的人们都集中到了一起。有几名党卫队员是部署在一号（二号）和二号（三号）焚尸场附近的，正要去要去警戒线（postenkette）[29]接班，有几名工作队队员在路上抓住了他们，把他们干掉了。这几个人的尸体被丢进炉子烧了，这就是信号……

起义爆发的时候，我正在离四号（五号）焚尸场不远的地方。我们当时正忙着把剩下的残骨碾成粉末。

可以说起义的发生是自然而然的事情，因为之前德国人来到了三号（四号）焚尸场，把我们的四名同伴带走了。因此，那里的抵抗分子拒绝从焚尸场里出来；他们就在里面执行了计划。他们烧了那栋楼。那儿的屋顶是用瓦片盖的，里面是有木头的。屋子里的床也是木头的，床垫则是用稻草做的——这些条件让火势立刻大了起来。他们并没有把焚尸场炸掉，只是烧毁了它。那场火真的很大。他们也抓住了几个德国人。场院里面一片混乱，也出现了几具德国人的尸体，但没人知道是谁杀了他们。

起义开始的时候，集中营里的景象十分混乱。德国人朝我们开起枪来。警报声响了起来，然后他们发布了“闭营令”。所有还在集中营里的人都不准走出营房。

那天，我们总共死了300多人。我亲眼看到子弹从背后打进了他们的头部。我很难解释自己是怎么活下来的，直到今天我也不知道。那时，我身边活下来的人还有什洛莫·克什鲍姆、德拉贡兄弟，还有几个朋友，现在住在其他国家。

起义结束之后，我们不得不把被德国人杀死的同志们烧成灰烬，再把他们剩下的骨头碾成粉末。然后，他们又把我调去了拆房工作队（sprengkommando）[30]，队里的人负责把焚尸场的痕迹全部抹掉。

我们先把焚尸炉给拆了，拆下来的砖头和金属都被送去了德国。然后，我们又在焚尸场里的水泥墙上钻了些洞，好填上炸药把焚尸场给炸掉。工作队里的一个人站在楼外边，一拉导火索，就把那些楼炸毁了。我是负责这项工作的最后一批人之一。

集中营里有四座焚尸场。我们炸毁了两座大的，也就是一号（二号）和二号（三号），这两个焚尸场都可以容纳两千多人。三号（四号）和四号（五号）焚尸场要小一些，只能容纳一千五百多人——这两座留了下来。那时，还有一些人会运来，人数不多，所以德国人还得用这两个地方来杀人。

拆房工作队归“特别工作队”管。德国人想要尽快把尸体和焚尸场的残余销毁干净，所以他们就支使我们去做。就这样，我们不得不把焚尸场拆毁了。这也是我们在那儿的最后一项工作。当我们把焚尸场炸毁时，我的心里真的很痛快！痛快得不得了！

我想跟你聊一聊宗教和信仰的问题，这些对你来说都是很宝贵的。在大屠杀之前，你是个信徒，是有宗教信仰的。但在那之后，你就丧失了信仰。这是为什么？

如今，我觉得它已经离我很遥远了。我指的不是宗教，而是信仰。之所以这样，是因为我在那里亲眼所见的事情：德国刽子手莫尔从一位母亲那里把婴儿抢走，抓着他的腿，把他的脑袋往墙上撞——如果这样的事情都能发生的话，那么信仰就没有价值了。当我看到那一幕，看到那个婴儿的脑袋被撞到墙上时，我崩溃了，我曾经的信仰也崩塌了。

你在奥斯维辛经历的信仰危机，全都是你的所见造成的吗？

当我看过那些事情之后，我再也没办法再有信仰了。他们把年幼的孩子从母亲怀中夺走——这些孩子都还没犯过过错啊，他们为什么要被置于死地？尽管那位拉比告诉我，母亲的乳汁也会影响到孩子的纯洁，但我的信仰已经动摇了，它再也不是之前的样子了。

你现在已经坦然接受自己没有信仰这件事了吗？你后不后悔？

我已经不可能回到从前了。但是，每到安息日我都会参加读经小组或者讲道班；我只在节日时才去犹太会堂。最近，我很喜欢听末底该·以伦（Mordechai Elon）拉比的布道。

你在比克瑙时会祷告吗？你有没有遵守什么宗教戒律？

没有。

你没有默默地祷告吗？比如“以色列啊，你要听”？

没有。我不信这个了。

你还记得“死亡行军”和之后的事吗？

1945 年 1 月 15 日，他们把我们从比克瑙带到了奥斯维辛，我们在那里待了一天。德国人在那里组织队伍，准备出发。我们在那里见到了几个朋友，我告诉他们：“这是最后一程了。他们不会就这么带我一起走的。”

德国人为什么不在撤离集中营前，把所有“特别工作队”成员全都杀掉？

他们没时间了。所有囚犯都混进了人群。大家都混到了一起。你根本看不出哪些人是“特别工作队”的。

你们离开奥斯维辛之后，德国人有没有试图把“特别工作队”成员找出来？

路上走到某一处的时候，德国人来问：“哪些人是‘特别工作队’的？”我们没有一个人应声。

1945年1月17日，我逃离了队伍。那是下午时分，当时已经是冬末了。他们一路上都没给我们吃的东西，而且天气又冷得厉害。我想了想，下了个决心：不管发生了什么，我都不会去行军的目的地的……我已经没什么牵挂了，所以就干脆逃走了。还有三名男子也跟我一起逃了出去。德国人朝我们开着枪，但是那些子弹并没有打中我，仿佛有奇迹似的。我们在森林里走了半个晚上。那是在上西里西亚的普什奇纳森林。我们在那里发现了一间守林人的小屋。到了晚上，我们就出去找点吃的。不过我们并没有一起行动：大家分开之后，各自朝着不同的方向开始了逃亡。在一个村子里，我们遇到一个德国人，他答应收留我们几天。战线还在那里，但是党卫队的人已经不在附近了。周围只有宪兵队的人。

我在这些士兵中间周旋。有个德国人用怀疑的眼光看着我，问道："你是什么人？"我当时头顶光秃秃的，因为他们把我的头发给剃了，我就说我是从苏联红军手下逃出来的。他要看我的文件，但是我什么都没有。他又问道："你为什么没有头发？"我当时急中生智，告诉他我因为得了斑疹伤寒，头发都掉光了。我就这样躲过了一劫。

我从那里去了别尔斯克（Bielsk）[31]，那儿已经没有犹太人了。我在森林里转了两天。那时，红军也到了那里。有个宪兵问我："你在干什么？"我回答他："我在找……我也不知道自己在找什么。"他听了后说："跟我来一趟。"那时刚好天快黑了。我没有休息或者睡觉的地方，所以我就跟着他走了。他告诉我，我们已经来到了红军的指挥部。我在那儿坐了半夜，直到有个军官把我叫了过去。我把自己的故事原原本本地告诉了他。最后我说道："我还能去哪儿呢？我已经无处可去了。我没有钱，没有吃的，什么都没有。”

他走了出去，跟一个人商量了一下，然后又把那个士兵叫过来，让他带我去找了一户人家收留我，那户人家管我吃住。我和那家人待了一周时间。我当时身体很虚弱，而且连换的衣服都没有。那家人见状，就拿了些衣服给我。

后来，犹太人陆陆续续地到了别尔斯克。在那里，我心里盘算着："我得给德国人一点颜色看看。"所以，我就加入了民兵，在里面待了一两个月时间。在别尔斯克，大部分居民都是德国人，到了晚上，我们就出去找德国人。我对他们做了所有我能做的事情。就这样过了一次、两次、三次之后，指挥官把我叫了过去，说："我们现在已经不在交战状态了。如果你还是这样干下去，那么后果自负。"我被他的威胁吓到了，所以决定离开那里。从民兵队跑出来之后，我便去了切申（Cieszyn）[32]。

到了那儿以后，我还是想离开，不过我要去哪儿？去所有犹太人都想去的地方——以色列地。不过我还是没能成行。那时，有很多犹太人都到了切申。他们告诉我："回波兰吧，回华沙吧。那儿有很多犹太人，你在那儿一定能生活得更好。"

我听从了他们的建议，去了罗兹。在那里，我便加入了隶属于公社运动的尼扎亨基布兹（kibbutz nitzahon），尽管我并不是那种热衷政党的人。我在那里等待着，希望有机会移民到巴勒斯坦。在波兰，我遇到了我现在的妻子，洛娃·索罗维奇克（Lowa Soloveitchik）。她也是奥斯维辛的幸存者。我们在基布兹里形影不离，后来便结成了夫妻。我报名参加了前往巴勒斯坦的动员运动，但是他们不愿意接收我妻子，因为她在战争中失去了一只眼睛。我就离开她去参加训练了。

一天，洛娃找到我说："雅科夫，我怀孕了。你走吧，我要留在这儿。""那谁照顾你啊？"我问她。所以，我就去了动员运动的指挥部，这次动员是由巴勒斯坦来的一位特使领导的，具体叫什么名字我不记得了。他说："听着，我们现在正是需要人手的时候。我们不是在玩战争游戏……你妻子随后会过来的。"我告诉他："如果她不能和我一起走的话，我是绝对不可能撇下她一个人的。"就这样，我又回到了我们所在的基布兹。在那里，我一边做着各种各样的活计，一边等待着移民巴勒斯坦的"证书"。1947 年，我终于等到了。

那一年，我和妻子去看望了一些朋友，并且见到了几个儿时的伙伴，他们当时正在犹太事务局工作。其中一个朋友告诉我："你听我一句劝，现在去巴勒斯坦是不值得的。留在这儿吧。"我说："这是什么话？我非走不可啊！为了这一刻，为了去巴基斯坦，我已经等了这么多年了！"他们说，我得先在法国好好待着，跟去巴勒斯坦是一样的。"你先在这边工作一段时间，然后再离开。"他们说服了我，就这样，从 1947 年到 1951 年期间，我一直在法国的犹太事务局工作。我的职位是营地协调员，我妻子则在那里当了一名护士。当我到达以色列之后，他们把我送到了尼查林（Nitzanim）儿童之家——1951 年到 1959 年期间，我一直在那里工作。

我在尼查林做厨师长。这门手艺也是在集中营里学来的。

1959 年，我们为了孩子着想，搬到了霍隆。他们慢慢长大了，得上学才行。自那时起，我便一直住在霍隆。

雅科夫，如果你不介意的话，我想跟你聊一聊在"特别工作队"的经历对你战后的生活产生了怎样的影响。1951 年，你从法国来到以色列之后，有没有跟别人说过你过去的经历？

没有，我从来没跟任何人说起过。四十年来，没有一个人知道我的过往。我沉默了四十年，从来没有告诉过任何人。

但是当人们看到你的胳膊时，他们会看到编号。

大家都看到了。

这时你会怎么告诉他们？

我就说自己进过集中营，像很多犹太人一样。

你从来没有说起过“特别工作队”这个词吗？

从来没有过。

建立家庭之后，你把这事跟妻子说过吗？

我什么都没说。家里没有一个人知道这些事。我们结了婚之后，孩子就出生了，我还是什么都没说。所有人都对此一无所知。而且我一直为自己感到羞耻。我把一切都埋藏在心底。

是什么让你感到羞耻？

我想告诉你，我是感到羞耻的。我为我自己感到羞耻，也为一个人能做得出那样的事情而感到羞耻。这也是我妻子和孩子为何对这些一无所知。谁会相信我呢？我为什么那样做了呢？我能有什么借口呢？谁会信呢？直到今天，我儿子还在说：“如果我早知道你过去经历了什么，可能我在家时的表现和对你的态度也会不一样。”

战争结束后，你怎么应对和毒气室有关的那些回忆？

我很消沉，一直在逃避自己。我的生活里只有两件事：干活，睡觉——这样我才能逃离这些痛苦的回忆。我没怎么管过孩子们；他们能长大成人，都多亏了他们的母亲。她一直在照料他们。但我做不到。我只想着两件事：睡觉，还有逃避。我一直在逃避自己。一天又一天过去了，这依然没有改变。漫长的夜晚真的很折磨人，对我来说就像酷刑一样。

在我们之前的一次谈话中，你说你曾经在一个面包店里上夜班，这样就不用回忆那些事情，也不用做梦了。

我觉得我这么做，是因为我不想去想那些事情。夜晚对我来说实在太漫长了，所以我试着在晚上工作，好熬过一夜又一夜。但是白天对我来说也十分可怕。就这样，我一直都在逃避自己。这样的状态持续了很多年。如今，有时到了晚上，所有的回忆又会回到我的脑海里。我不想回忆起来，但是它们还是会浮现在心头。你根本就忘不掉。我想，一个人只要还活着，他可能直到最后一刻也忘不掉这些事情。

那你找到解决办法了吗？

可能吧，但是我的人生已经很辛苦了。我没法告诉你我到底受了多少罪。我看见了那里发生的一切。在那些无法入眠的漫漫长夜里，我的思绪总是会回到那个地方。然后我就会吃点药。发生这种事情，简直让人难以置信。实在是难以置信。在梦里，我从不同的方向、不同的角度、用不同的方式看着那里发生的一切。

我想再重复一遍："即便世界上所有的树木都化作笔，所有的海水都变成墨水，也写不尽大屠杀里发生的一切。"

你现在相信你在奥斯维辛的经历是真实的吗？

那是当然。我是亲眼看到这一切的啊。正是因为这样，我现在才会这么痛苦，每一个夜晚才会如此难熬。

每当那些记忆重现时，你哭过吗？

我已经再也哭不出来了。所有的人类情感，还有那种想哭的冲动，都已经在我体内死去了。是的，我前面也跟你说过，我觉得我已经不再是个人了。

请你原谅我下面的问题：有人说，你的羞耻感其实是为了掩饰心里的罪恶感。你同意这种说法吗?

当然同意。可能我就是罪人吧。为什么这么多人里，偏偏是我呢?我在奥斯维辛集中营里受的苦还不够多吗?为什么站在地狱边缘、甚至一只脚踏入地狱的人是我?

你现在还这么想吗?

我得说，我还是要感谢上帝，因为我已经历过七层炼狱，如今还拥有了一个模范家庭，孩子们事业有成，孙子孙女也很讨人喜欢。我想，至圣的上帝已经宽恕了我的罪恶。

第八章　尾注

1　扎克罗奇姆是华沙的一个小镇。15 世纪初，犹太人就在这里定居。18 世纪末，该镇有 100 户犹太人。犹太人拥有面粉厂、纺织厂、酿酒厂和皮革厂等企业。他们是当地工业产品的主要经销商，也是农民生产的农产品的采购者。有组织的犹太社区成立于 19 世纪 20 年代。1868 年，一座巨大的犹太新教堂落成，被视作该地区最大最华丽的犹太教堂之一。来自扎克罗奇姆的犹太祭司闻名波兰。1907 年，这里建成了第一座犹太人公共图书馆。1916 年，犹太复国主义组织的一个分支在此成立。

两次世界大战间隔期间，扎克罗奇姆建起了一家免息贷款机构，一座供穷人孩子上学的宗教学校，还有一家合作银行。既有的社会机构也得到了进一步发展，例如那些探访病人、安置无家可归者、提供招待的机构。波兰几乎所有的犹太政治群体，包括泛锡安主义（the General Zionist）、米兹腊西运动（the Mizrachi）、劳工锡安主义（Po'alei Tsiyyon）、修正派锡安主义（the Revisionists，宗教锡安主义）、以色列正教（Agudath Israel）、犹太人劳工总联盟（the Bund）、赫哈鲁兹青年运动（the Hehaluts youth ovement）、锡安主义青年运动（HaNoar HaTzioni、贝塔尔（the Betar）和楚孔夫特运动（Zukunft，犹太社会民主工人联盟）都在这里设有分部。当时首席拉比为伊扎克·斯雷布雷尼克。在他任内，“贝斯·雅各布”（Beth Jacob）女子学校和塔木德律法学校成立，夜校开班。

第二次世界大战前夕，扎克罗奇姆约有 1800 名犹太人。战斗打响后，许多犹太人受伤或者被杀害，还有大部分逃往了华沙、普翁斯克或者附近的城镇等。战斗结束后，约有 300 名犹太人回到镇上。1941 年 6 月末 7 月初，老人和没有居住许可证的人都被遣送到波米祖维克（Pomiechowek）；1941 年 11 月中旬，剩余的犹太人又被遣送到新德武尔隔都，和当地犹太人遭遇了同样的命运。纳粹占领期间，犹太教堂被夷为平地，犹太墓地也被毁掉。

2 西尔贝格先生说的可能是战争之初的事。

3 西尔贝格先生指的是伊扎克·斯雷布雷尼克拉比，他是战争期间扎克罗奇姆的首席拉比。

4 《今日报》是波兰最重要的犹太报纸之一，1908 至 1939 年在华沙发行，由塞缪尔·雅各布·杰肯（Samuel Jacob Jackon）和秉持着犹太复国主义理念的两兄弟诺亚及尼希米·芬克尔斯坦（Noah and Nehemiah Finkelstein）创立，前身是 1906 年至 1908 年在华沙发行的《犹太日报》。创立之初，该报纸吸引的是品味一般的读者。随着时间流逝，它逐渐成为犹太复国主义和波兰犹太人民族斗争的重要载体，在与犹太复国主义组织支持的《犹太人民》合并后，尤为如此。从 1921 年开始，亚伯拉罕·戈尔德贝尔格（Abraham Goldberg）负责编辑，伊扎克·格伦鲍姆掌握基调。1932 年，报纸所有权移交给由编辑委员会成员、行政人员和印刷工作人员组成的团队。最后一期《今日报》于 1939 年 9 月 22 日出版。

5 《时刻报》是波兰最重要的犹太报纸之一，1910 年在华沙创立。其编辑为泽维·普里鲁基（Zevi Prylucki），他引进了包括希勒尔·蔡特林（Hillel Zeitlin）和 H. D. 诺姆伯格（H. D. Nomberg）在内的几名《今日报》记者，随后这两份报纸处于不断的激烈竞争中。《时刻报》被视为代表犹太人和犹太民族利益的无党派报纸，但其后期越来越受亚博廷斯基修正派犹太复国主义的影响。由于德军开始轰炸华沙，《时刻报》在 1939 年 9 月（犹太新年和赎罪日之间）发行最后一期，随后停办。

6 索哈契夫市位于华沙区，14 世纪末、15 世纪初就有犹太人定居于此。最早来到这里的犹太人是做放贷和租赁生意的。18 世纪起，大部分犹太人依靠商业和手工业谋生。1860 年，附设宗教学习室的新犹太教堂建成（该教堂毁于二战期间）。19 世纪 80 年代，犹太社区变成了以索哈契夫拉比亚伯拉罕·伯恩斯坦哈比为核心的哈西迪犹太教中心。在其任期内，建成了一座大型犹太教学习中心，成百上千的教徒在安息日和其他节日来到这里拜访他。

此外，这里还有古尔和阿姆希诺夫小型犹太教堂以及格罗济斯克哈西迪中心（由宗教领袖领导的社区）。19 世纪末，大部分索哈契夫犹太人都信奉哈西迪派。

索哈契夫犹太人参与了 1863 年波兰一月起义。19 世纪末期，早期犹太复国主义组织成立，一所选用希伯来语作为教学语言的学校也落成了。1913 年，一座犹太图书馆建成。第一次世界大战末，索哈契夫有 2400 名犹太人；而到了 1931 年，人数达到 3000 左右。两次大战间隔期间，几乎所有的波兰犹太派别都在这里设立分会。犹太复国主义阵营由泛犹太复国主义者（General Zionist）和米兹腊西派牵头；两个最令人瞩目的青年组织是犹太复国主义青年运动和贝塔尔。该联盟和其附属青年运动组织以工会活动和公众信息方面为主。以色列正教（Agudath Isreal）从属于哈西迪派（the Gerrer Hasidim），建立了以色列正教青年运动组织和以色列正教女青年运动组织。

索哈契夫的犹太文化生活在战时得到繁荣发展。1927 年，一座希伯来语学校落成。以色列正教运营着“贝斯·雅各布”女子学校，并成立了耶索代伊·哈托拉（Yessodei Hatorah）男子学校。第一次世界大战前，犹太图书馆就已经建成，并用来举办讲座和集会。犹太体操和体育协会也成立了。出生于索哈契夫的犹太作家在犹太人中间享有盛誉。

20 世纪 30 年代出现了本土反犹主义组织的煽动和迫害。他们发动暴乱、亵渎坟墓、挑衅犹太人、抵制犹太商业、污蔑犹太人举行“血祭”、盗窃犹太人财物、殴打犹太人、放置炸弹，等等。德军占领波兰时，城市里有 2500 名犹太人。德国人毁了犹太公墓，烧了犹太人的家园。1940 年 1 月，犹太委员会和犹太警察武装成立。1941 年 1 月 18 日，约 900 名索哈契夫的犹太人被驱逐到日拉尔杜夫（Zyrardow）。第二天，德国当局发布命令，在这里设置隔都。犹太人被迫搬至隔都，且只允许携带少量行李。隔都被铁丝网包围，外有德国宪兵把守，内有犹太警察监视。由于空间不足，每间房要挤下不下五人，而且送往隔都的食物也十分匮乏，犹太人常常会挨饿。在美国犹太人联合救济委员会的帮助下，犹太委员会设立了施粥站。

1941 年 2 月，所有留在索哈契夫的犹太人都被遣送到华沙隔都，与关押在那里的所有犹太人遭受了同样的命运。事实上，他们遭受饥饿和疾病折磨的情况比当地犹太人更严重。他们中的大多数人在 1942 年夏季大遣送期间死于隔都或死亡集中营。

在从索哈契夫被遣送的过程中，几十名当地犹太人分散隐藏在附近，主要是儿童，但大部分被当地人出卖给德国人。只有少量索哈契夫犹太人在大屠杀中幸存。

7　普翁斯克是华沙区一个小镇。第一批犹太人于 15 世纪中期抵达普翁斯克。18 世纪，犹太人开始增加，他们的经济活动也得到极大拓展（从事谷物、木材、鸡蛋、牛肉和农产品等贸易）。

19 世纪初，普翁斯克进行了一项实验，犹太人在周围的村庄定居，从事农业和工厂劳动。几个普翁斯克的犹太人参加了 1863 年的波兰起义。

19 世纪后半叶，哈西迪教派在普翁斯克迅速发展，哥斯廷纳（Gostyniner）拉比影响力很大。大多数男孩都在私立宗教学校接受传统教育，在犹太学堂上学：很小的孩子去“赫德尔”（heder，幼童宗教学校），小学年龄段的孩子去塔木德律法学校。

虽然第一次世界大战前夕物质匮乏,但普翁斯克犹太人的文化生活依然蓬勃发展,他们还积极参与政治事务。1917年,普翁斯克建立了一座公共图书馆,1918年,成立了以色列正教分会。

一战结束时,该城有4460名犹太人。1931年,犹太人口达到4913人。两次大战间隔期间,小镇已有了系统的犹太教育机构,成立了大量的公共协会,包括犹太商人协会、合作信贷基金、信贷合作银行、无息贷款基金、探望病以及庇护无家可归者的机构等等。当时,各种政党及其领导的青年运动非常活跃。在该城的复国主义运动动中,犹太复国主义青年运动占有重要地位。在普翁斯克的犹太公共领域内,各种复国主义政党拥有绝对影响力,他们发起并执行各种互助、教育、文化项目。塔布思(Tarbuth)协会成立于1920年,它积极组织文化活动,传播犹太启蒙运动的原则。20世纪30年代,反犹主义日益加剧。

普翁斯克隔都建于1941年。大约有七八千人都挤在隔都里,3800人被迫迁到别处。1940年7月,犹太委员会组建,亚伯拉罕·雅各布担任委员会主席。1941年5月,隔都修建完成,并且被封锁起来。1941年春天,由于太过拥挤,爆发了斑疹伤寒。经伊莱休·芬格斯坦(Eliahu Fenigstein)和阿图尔·贝尔(Artur Baer)两位医生提议,历经千辛万苦,终于在隔都修建起犹太医院、诊所和药房。1942年4月,这种流行病逐渐减弱。为了抵御该病,在犹太委员会卫生督察员的主持下,在一座宗教学习中心修建了一个公共浴室。普翁斯克隔都成了一个医疗中心,为该地区没有犹太医生的各个隔都提供医疗服务。

1941年7月,1200名隔都居民被送往波米祖维克集中营。1942年10月28日,第一批人离开普翁斯克,被送往奥斯维辛,他们都是年老体弱的人。大约两周之后,其他的人也陆续被运过去。总共分了四批,每批2000人。1942年12月16日,最后一批人被送往奥斯维辛,他们都是年轻人、高级工人和犹太委员会认定的"照顾对象",包括犹太委员会主席、他的妻子和两个孩子、隔都孤儿院的340名孩子以及他们的老师格伦贝格(Grünberg)女士。这些人都死在了奥斯维辛。

1943年,在奥斯维辛集中营第九营区,一群来自普翁斯克的囚犯发动起义反抗德国人,报复虐待犹太人的囚犯队长。他们与一群苏联战俘相互联系。几乎所有普翁斯克的犹太人都在大屠杀中丧生。大屠杀过程中,普翁斯克的犹太教堂、宗教学习中心和很多犹太住宅被毁。战争过后,曾经的犹太墓地上建起了两座工厂。

8 普翁斯克犹太人知道等着他们的是什么结局。1942年夏天,主管隔都犹太医院的阿图尔·贝尔医生有个姐夫从特雷布林卡灭绝营出逃,出现在人们面前,把灭绝营里见到的事情告诉人们。有关犹太人在集中营里被集体灭绝的消息由此传开。驱逐前的最后几天人们留下的信件保存在了伊曼纽尔·林格布鲁姆(Emanuel

Ringelblum）收集的档案里。从信件中可以看出，普翁斯克犹太人在走上人生最后一程的时候，已经是无能为力地接受了命运的安排，但也许还怀有一点希望，盼着自己能幸运地活下来。

9　雅科夫·西尔贝格和他的家人显然是在 1942 年 12 月 16 日凌晨被运离普翁斯克的，和他们同行的还有犹太委员会的主席拉梅克，西尔贝格在他的证词里也提到了这位主席。

10　犹太委员会的主席亚伯拉罕·雅各布·拉梅克是一位来自姆瓦瓦的年轻人，是一名裁缝。战争前，他与一名普翁斯克女子结婚，并迁至该地。德国人刚占领普翁斯克的时候，他是街道清扫员。他是被选中担任犹太委员会领导纯属偶然。一开始，德国人向他提出了一些小要求，例如为德军提供一些杂物。拉梅克知道如何取悦他们，并且善于说服犹太人，让他们相信把德国人想要的东西拿出来是值得的，称这是一种贿赂，可以帮助犹太人挺过这场“风暴”。他显然找到了门路，与德国的分区管理员及其副手建立了联系。作为犹太委员会的主席，拉梅克利用他以前的关系，尽力释放被拘捕的犹太人，甚至和德国人做交易，为隔都换取食物。据说，拉梅克在杀掉几个臭名昭著的犹太人时起了重要作用，这几个犹太人是盖世太保在普翁斯克和华沙的密探。

拉梅克和他的家人在最后一批从普翁斯克隔都送往奥斯维辛的犹太人当中。他们于 1942 年 12 月 16 日动身，一抵达就惨遭杀害。

11　点名（Appell）是集中营和灭绝营囚犯的惯例。每天要点两次名，一次在黎明，囚犯出去工作之前；一次在晚上，囚犯回来的时候。有时候会进行“特殊点名”，比如有人逃跑的时候。这种情况下，囚犯往往要站好几个小时。

12　“施芬梅尔”工作队（字面有“负责芦苇的人”的含义），可以联想到这个队的任务是在湖底打草、烧荒。

13　衣物仓库是存放给囚犯衣的物的，几乎所有的衣服都是从运到集中营的人们那里拿来的。大部分在衣物仓管队工作的囚犯和管他们的队长都是犹太人。

14　队长，参见第二章第 24 条。

15　桑拿室，参见第三章第 16 条。

16　营区长这一职位仅供任职时间长的囚犯担任，比营头的职位高级。他们从德国人那里接受命令，维持营中的纪律，尤其要迅速、正确地执行德国人的指令。在奥斯维辛和比克瑙的各个营，都有犹太人及非犹太人担任此职。

17　闭营令，即营中宵禁，在集中营内有特别行动的时候宣布，尤其是要杀人的时候。例如，在绞刑前把囚犯集中起来、要把囚犯带到毒气室或是把转移到其他营区，等等。宵禁结束前，囚犯们不能离开营房。起初，只要有犹太人运抵营房，按规矩都要宣布“闭营”。后来，只有在特殊的群体（例如吉普赛人）要被处决之前，才会宣布"闭营"。

18 关于奥斯维辛－比克瑙焚尸场的编号，参见第一章第 35 条。

19 "马库夫来教法官"——雷布·朗非（Lajb Langfus），参见"Notes on the Identity of the Anonymous Author and on His Manuscript"，in Ber Mark (ed.), *The Scrolls of Auschwitz*, Tel Aviv, 1985, pp.166–170。关于这一点的细节和关于"特别工作队"成员的"秘密写作"的其它出版物信息，参见第一章第 80 条。Nathan Cohen, "Diaries of the Sonderkommandos in Auschwitz: Coping with Fate and Reality," *Yad Vashem Studies*, Vol. 20, Jerusalem, 1990, pp.195–197。

20 "添头"（Zulage）是囚犯们的行话，指的是"额外的东西"，主要是指额外的食物，这对他们来说意义重大。

21 摩西·布拉克，参见第三章第 53 条。

22 见第三章第 51 条。

23 关于宗教仪式，参见第一章，"宗教生活"。

24 在奥斯维辛和比克瑙有一些由囚犯组成管弦乐团，他们会在不同场合进行演奏。例如，周日在指挥总部大楼对面的草坪上，有为党卫队举行的音乐会表演。管弦乐团表演的遗址如今依然可见。有门路的囚犯（他们通常称为"表现突出者"）有时可以参加特殊的音乐会。在囚犯们去工作或回到休息室的时候，即早晨或下午，管弦乐团经常在集中营门口演奏。

25 参见第二章第 23 条。

26 勤务官主要负责打扫、整理囚犯住所，西尔贝格实际上指的是营房内勤工作。

27 营区长由德国人任命，管理囚犯居住的营房。

28 文书室，即集中营注册处，负责营内管理事务。诸如营内人数、运来人数和入营人数、最新囚犯数量之类的信息都准确记载在索引卡片上。在文书室工作的只有囚犯（有男有女），这算是一份好差事。

29 警戒线，即瞭望塔的哨位。营地周围有两圈哨位，小的是内圈，大的是外圈。奥斯维辛和比克瑙的"小"圈是直接沿着带电铁丝网布置的，把营地围住；"大"圈绕着外围，圈起大约 40 平方千米的区域。"小"圈只有晚上早些时候（即人们工作结束时）才有人把守。"大圈"上的哨位白天有人把守。

30 拆房工作队是 1944 年 11 月至 12 月成立的，当时快到了集中营清空的时候。拆房工作队负责爆破建筑物，主要是炸毁焚尸场，因为德国人想在撤离前毁尸灭迹。爆破用品包括黄色炸药等。

31 别尔斯克是普洛克的一座城镇，16 世纪早期就有犹太人到此定居。19 世纪，犹太社区得到极大发展，成立了社区自治行政机构，建起了犹太教堂，也请到了拉比。1939年秋天，德国人改镇名为施泰因豪森，并将其并入切哈努夫区，后来又把整个地区并入德国。这就是为什么后来西尔贝格印象中“大部分居民是德国人”。1939年至1941年期间，别尔斯克有200名犹太人，大部分都在1941年3月被遣送至斯卢皮亚·诺瓦（Slupia Nowa），留下的少部分人也在年底被遣送。

32　切申是波兰和捷克斯洛伐克的边境城镇，距离别尔斯克–比亚瓦西面35公里，是波兰最古老的城镇之一，大约建立于1200年前。奥尔扎河流经切申，1920年起成为波兰和捷克的界河。